绿色金融百科知识

ENCYCLOPEDIC KNOWLEDGE OF GREEN FINANCE

一本书掌握绿色经济与绿色金融知识

主编◎顾蔚
副主编◎王觉民 谈鑫

中国经济出版社
CHINA ECONOMIC PUBLISHING HOUSE
北京

图书在版编目(CIP)数据

绿色金融百科知识 / 顾蔚主编；王觉民，谈鑫副主编 . --北京：中国经济出版社，2023. 4

ISBN 978-7-5136-6648-0

Ⅰ. ①绿… Ⅱ. ①顾… ②王… ③谈… Ⅲ. ①金融业-绿色经济-中国-通俗读物 Ⅳ. ①F832-49

中国国家版本馆 CIP 数据核字(2023)第 047992 号

责任编辑　葛　晶
责任印制　马小宾
封面设计　久品轩

出版发行　中国经济出版社
印 刷 者　北京艾普海德印刷有限公司
经 销 者　各地新华书店
开　　本　710mm×1000mm　1/16
印　　张　23
字　　数　340 千字
版　　次　2023 年 4 月第 1 版
印　　次　2023 年 4 月第 1 次
定　　价　88.00 元
广告经营许可证　京西工商广字第 8179 号

中国经济出版社 **网址** www. economyph. com **社址** 北京市东城区安定门外大街 58 号 **邮编** 100011
本版图书如存在印装质量问题，请与本社销售中心联系调换(联系电话：010-57512564)

编委会

主　　编　顾　蔚

副 主 编　王觉民　谈　鑫

编写组成员　（按姓氏拼音排序）

陈思银　陈　郑　董佳昊　胡树光　李琳芸

刘卢琰　罗静宜　罗　正　倪睿延　倪　云

聂世鹏　邵秋玉　王　悦　吴千旭　徐丽华

徐邱航　薛业成　杨盛梅　张海洋　张　敏

赵诗琪　赵书婷　赵原爽　赵梓衡　周海娜

周　荞　周沈露

PREFACE

前　言

2020年，基于理论研究与实践运用相结合的宗旨，中研绿色金融研究院（以下简称“中研绿金院”）开始筹划编写《绿色金融百科知识》，对绿色金融在碳达峰、碳中和新时期下各个重要领域内的关键词进行体系化的阐述与释疑。一年多以来，中研绿金院依托自身学术力量，组织成立了编写组，较为系统、全面地对绿色金融领域相关方面的重要词条进行了逐一解读、互联网发布并整合编辑成册。作为中研绿色金融研究文库的最新一本书，《绿色金融百科知识》对应对气候变化、绿色经济增长和绿色金融与碳金融发展等方面超过100项词条进行了百科书式的解释，各词条之间分类明确、结构清晰，为关心绿色低碳发展和投身绿色浪潮中的读者提供了一个了解绿色金融、掌握绿色金融关键知识的实用工具。

《绿色金融百科知识》共分为三个部分，第一部分重点阐述了绿色经济与绿色金融，在经济发展、产业调整、技术升级，以及金融服务、金融产品和金融创新等方面介绍了50个词条。第二部分围绕碳达峰、碳中和的主题，在全球应对气候变化与实现“双碳”目标等方面详细介绍了36个词条。第三部分将双碳与金融相结合，在碳投融资、碳交易、碳资产管理等方面介绍了28个词条。每一项词条都涵盖了定义、现状、挑战、影响等内容，部分还配有相关案例的阐述。词条既可独立学习，也可贯通使用，这使得《绿色金融百科知识》既体现一定的标准化，也具有一定的可读性。

《绿色金融百科知识》的词条在互联网发布过程中，得到了一大批领导、专家和朋友的关注，在编写过程中也得到了中研绿金院领导的大力支持，在此向大家表示感谢，同时也向编写组成员表示感谢。

希望《绿色金融百科知识》能够对读者朋友们了解绿色发展与绿色金融有所裨益，对推进绿色领域相关工作有所帮助。同时，也欢迎广大读者对其中的疏漏给予指正。

CONTENTS
目 录

第一部分　绿色经济与绿色金融

第二部分 碳达峰与碳中和

第五章 全球碳减排路径

第六章 碳达峰与碳中和

第二部分

绿色经济与绿色金融

—— 第一章　绿色经济 ——

第一节　绿色经济

一、绿色经济的定义

绿色经济是以市场为导向、以传统产业经济为基础、以经济与环境的和谐为目的而发展起来的一种新的经济形式，是产业经济为适应人类环保与健康需要而产生并表现出来的一种发展状态。绿色经济的内容覆盖面很广，经济生产、分配、交换、消费的各环节都可以力行环境保护和生态建设。对生活、工业废弃物的再利用和无害化处置，可持续生产和消费模式的循环经济建立，技术创新和产业转型，减少煤炭、石油等高碳能源消耗，减少有害气体和温室气体排放，实现经济社会发展和生态环境保护“双赢”等，都属于绿色经济范畴。

二、绿色经济内容介绍

（一）绿色经济的提出背景

绿色经济的产生源于对人的物质发展与自然关系的反思。传统的工业生产考量的是投入与产出间的单纯效率关系。为了产出的增加，无节制消耗和环境问题层出不穷。20 世纪中期以来，经济、资源、环境、社会等相互间的矛盾日趋激化，引发了人类对传统生产模式的绿色反思。

1962 年，美国生物学家雷切尔·卡逊在其创作的科普读物《寂静的春天》一书中，用虚构的故事揭示了工业生产污染物对自然环境和生态系统所造成的巨大破坏，她倡导工业生产无论是过程还是结果，都要注重减少对自然与生态的破坏。1987 年，世界环境与发展委员会发表了《我们共同的未来》报告，提出了"可持续发展"概念，针对工业发展所带来的环境、资源等问题的挑战，提出了明确的思路，得到了广泛的理论认可与政策应用。英国经济学家戴维·皮尔斯 1989 年出版的《绿色经济蓝皮书》中首次提出"绿色经济"。此后，低碳经济、循环经济、气候经济等概念不断被提出。

（二）绿色经济的主要特征

发展绿色经济依托制度与技术创新带动经济生产与消费模式改变，实现经济资源高效利用、经济持续稳定增长、环境和社会包容等发展效益。因此，绿色经济发展呈现以下特征：

第一，绿色经济发展注重经济资源、人文社会与自然环境的和谐发展。基于经济生产与运行应实现可持续发展的理论，绿色经济是对传统工业发展方式进行深刻反思的成果。从实践来看，也是人们通过生活、生产方式和发展模式的重新选择，为应对环境污染、生态破坏而实施的策略。

第二，绿色经济发展依靠技术创新和制度创新。在应对资源消耗与环境污染问题时，技术创新发挥着重要的调节和应对作用。现代经济社会的发展不仅见证了技术创新的巨大推动力，也不断见证制度创新的动力。以环境风险管理、气候风险监测、自然资源资产负债表、环境信息披露、环境声誉资产核算等为代表的制度工具创新，能够确保绿色发展战略落地，推动绿色发展工作的进展，提升国家、行业、企业等不同层级的绿色发展能力和水平。

第三，绿色经济发展倡导经济增长方式由传统转型为绿色。绿色增长方式不仅考虑绿色的资源节约和环境保护，还要考虑人类社会产出的增长。绿色增长方式超越了传统经济生产系统，将生产过程与自然、环境、人类社会乃至更多因素的相互作用与相互关系考虑在内，扩展了考量的视角，以包括资源、环境、人类社会等更丰富的生产要素组合来建构生产函数，将绿色作为经济增长的引擎，加速绿色生产、绿色流通、绿色消费、绿色投资、绿色金融等的有机融合，求得人类持续发展的更优解。

第四，绿色经济发展关注人的发展与人际公平。绿色经济发展的理论从全社会和全体民众的视角出发，有力地平衡了商品经济下单纯货币收益和人的发展内容收益的关系，促进人的自由全面发展。并且，绿色经济发展充分考虑了不同地域、代际等人际差异，通过各种行动消除影响人际差异的资源、环境、地缘和代际危机，更好地实现人际交往和合作，促进了公平的实现。

（三）绿色经济的实施原则

从国家治理角度而言，绿色经济是行政表述，包含着环境友好型经济、资源节约型经济、循环经济的取向和特征，政府在实施绿色经济制度时，应遵循的原则如表 1.1 所示。

表 1.1　绿色经济的实施原则

序号	实施原则
1	立足国情，稳步推进
2	坚持统筹发展，共赢多赢
3	坚持高端规划，试点先行
4	坚持以人为本，改善民生
5	坚持市场调节，高效配置
6	坚持科技先导，创新驱动
7	坚持结构优化，协调发展
8	坚持推进改革，扩大开放

三、我国绿色经济发展情况

我国绿色经济发展最早源于 1972 年。我国政府在参加瑞典斯德哥尔摩联合国人类环境会议一年后，举办了首次环境保护会议。我国绿色经济发展大致经历了以下四个时期：1979—1991 年绿色经济孕育期；1992—2003 年绿色经济发展初期；2004—2012 年绿色经济加速发展期；2013 年以后绿色经济深化期。

现阶段属于完成“双碳”目标的特殊时期，在习近平生态文明思想的指导下，我国对绿色经济的重视程度越来越高。截至 2020 年，我国全年生产总值为 1015986 亿元，在高耗能行业中，生铁产量 88752 万吨，同比增长 4.3 个百分点；粗钢产量 105300 万吨，同比增长 5.2 个百分点；钢材产量 132489 万吨，同比增长 7.7 个百分点；水泥产量 237691 万吨，同比增长 1.6 个百分点；平板玻璃产量 94572 万重量箱，同比增长 1.3 个百分点。但原煤产量为 384374 万吨，同比只增长了 0.9 个百分点。可以看出，传统的钢铁、水泥、玻璃等行业产量上去了，但是煤炭等燃料的能源消耗却并没有以相应幅度增长，这说明我国在节能减排方面的成效增大，绿色经济占比在增加。

另外，高技术制造业和装备制造业增加值分别比上年增长 7.1%和 6.6%，也间接证明了绿色发展已经深化到制造业中。再者，2020 年绿色信贷余额达 11.95 万亿元，绿色债券达 2165.8 亿元，首期绿色发展基金规模达 885 亿元，绿色金融的发展成效显著。为实现 2030 年前实现碳达峰、2060 年前实现碳中和的碳减排目标，我国于 2021 年 7 月 16 日正式开启全国碳排放市场。

四、我国促进绿色经济发展的措施

（1）利用利益引导机制，培育绿色新兴产业，推动绿色产业集聚，延长产业链，提升价值链，提高产品附加值。

（2）加强绿色技术研发，培育发展绿色产业的人才，建立支持绿色产业的产学研合作体系和绿色人才培养激励机制。

（3）完善金融投融资渠道，发展绿色金融，吸引天使投资、风险投资和股权基金等股权投资来发展绿色经济，通过绿色信贷政策引导社会资金流向绿色产业。

（4）通过政府采购和绿色产品补贴等措施，刺激绿色消费，推动绿色生产和绿色消费良性互动。

（5）加快修订和制定绿色经济相关法律法规，加大环境执法力度，逐步构建系统、高效的绿色经济法律体系，强化法律的执行。

第二节　低碳经济

一、低碳经济的定义

低碳经济（Low-Carbon Economy）是指在可持续发展理念指导下，通过技术创新、制度创新、产业转型、新能源开发等多种手段，尽可能地减少煤炭、石油等高碳能源消耗，减少温室气体排放，达到经济社会发展与生态环境保护双赢的一种经济发展模式。

二、低碳经济内容介绍

（一）低碳经济的提出背景

“低碳经济”是在 20 世纪 90 年代以来气候问题备受关注的国际大背景下

提出的。瑞典科学家阿列纽斯在1896年预测的大气中二氧化碳（CO_2）浓度升高将带来全球气候变化，已被确认为不争的事实。在此背景下，1992年《联合国气候变化框架公约》、1997年《京都议定书》获得通过。2003年英国政府在《我们能源的未来——创造低碳经济》能源白皮书中首次提出了低碳经济的概念。

在全球气候变暖的背景下，以低能耗、低污染为基础的“低碳经济”已成为全球热点。欧美发达国家大力推进以高能效、低排放为核心的“低碳革命”，着力发展“低碳技术”，并对产业、能源、技术、贸易等政策进行重大调整，以抢占先机和产业制高点。低碳经济的争夺战，已在全球悄然打响。

（二）我国低碳经济的发展成绩

面对气候变化的压力和国际低碳发展趋势，我国也在积极地实施适应气候变化的政策和行动。2007年6月，我国正式发布了《中国应对气候变化国家方案》。2007年9月8日，时任中国国家主席胡锦涛在亚太经合组织（Asia-Pacific Economic Cooperation，APEC）第15次领导人会议上郑重提出了四项建议，明确主张“发展低碳经济”。2008年两会期间，全国政协委员吴晓青明确将“低碳经济”提到议题上来。2010年3月，生态环保、可持续发展成为两会的主题，低碳环保成为全国政协“一号提案”。

中国2020年碳排放强度比2015年下降了18.8%，超额完成了“十三五”约束性目标，而我国非化石能源占能源消费的比重达到15.9%，也超额完成了中国向国际社会承诺的2020年目标。中国2019年的温室气体排放达到了140.93亿吨二氧化碳当量，占全球总排放量的27%以上。2018年我国碳排放强度比2005年累计下降45.8%，表明我国已经提前兑现2020年碳排放强度比2005年下降40%~45%的国际承诺。“全球碳计划”等国际组织的数据显示，近十年来中国碳排放量增速已经明显放缓。

（三）生态经济、循环经济、绿色经济与低碳经济的比较

生态经济、循环经济、绿色经济和低碳经济的共同点及区别分别见表1.2、表1.3。

表1.2 生态经济、循环经济、绿色经济和低碳经济的共同点

本质内涵	理论基础	追求目标
强调环境友好、资源节约、生态平衡，主张人与自然和谐相处	自然学科（生态学、系统学等）、社会学科（经济学、管理学、伦理学等）	实现经济社会的可持续发展

表 1.3　生态经济、循环经济、绿色经济和低碳经济的区别

经济形态	核心内容	提出背景	研究角度
生态经济	经济和自然系统的协调发展	20 世纪 50 年代，生态环境和经济发展的矛盾加剧	经济与生态系统的协调
循环经济	物质循环利用	20 世纪 60 年代，环保运动	资源减量化、再循环、再利用
绿色经济	资源消耗低、环境污染少、产品附加值高、生产方式集约	20 世纪 60 年代，绿色革命	绿色生产、流通、分配
低碳经济	低碳产品、技术及能源的开发和利用	20 世纪 90 年代以来，气候问题	碳排放

三、案例分析——诺和诺德(中国)制药有限公司

诺和诺德公司成立于 1923 年，总部位于丹麦哥本哈根，是一家致力于提升糖尿病诊疗水平的企业。1994 年，诺和诺德来到中国，27 年来已经在中国建立起集研发、生产与运营于一体的全产业链。迄今为止，世界上主要胰岛素制剂和先进的胰岛素给药系统绝大部分出自诺和诺德公司。

（一）可再生能源风电项目

在中国，作为全国首批实现化石能源全部转化为可再生能源的企业之一，诺和诺德天津工厂电力消耗已于 2016 年 10 月提前四年完成了总部设定的 100%使用可再生能源的目标。所有生产用电均源自内蒙古自治区太仆寺头支箭风电场的风能。仅 2017 年，中国区生产用电共计 90516 千兆焦耳，相当于减少二氧化碳排放近 30000 吨。

（二）有害废弃物减量化项目

公司引入一套减少有害废弃物产生量的处理线，在工厂预销毁间和一般废弃物仓库完成安装，无新增土建需求。此操作的目的是减少有害废弃物的产生量、减少对环境的危害并创造经济价值。

投入使用之后，会减少诺和诺德天津开发区工厂有害废弃物的产量，减少量预计由原来的 232 吨/年(以 2018 年为例)，减少为 116 吨/年。

（三）诺和诺德节水项目

作为一家胰岛素生产厂，诺和诺德的生产过程中需要大量用水。在过去

的几年中，公用工程部门不断利用新技术并引进回收水再处理系统进行水的多次循环再利用以达到节水的目的。通过不断地改进工艺、开发新技术，运用人工智能制造实施了生产用水的多次再利用、中水回用、拉动式生产注射用水，在 2020 年实现同比节水 27%，达到 6 万吨。

（四）响应国家“碳达峰”和“碳中和”的号召

天津工厂在不断扩大和提升产能的同时，大幅降低了单位产品的能耗值，并 100%使用绿色风电。同时，通过智能化的能源监控系统对全公司的能耗进行实时监控，对数据进行充分分析来实现能源精细化管理；通过优化设备的日常运行、维修来提高设备能源效率；通过引进新技术、新材料节能项目的实施来实现节能目标。天津工厂还包括空压机余热回收再利用、安装磁悬浮压缩机和空调系统 EC 风机等项目，在 2020 年共节约电 1100MWh(1.1M 度)。

第三节　生态经济

一、生态经济的定义

生态经济(Ecological Economy)是指在生态系统承载能力范围内，运用生态经济学原理和系统工程方法改变生产和消费方式，挖掘一切可以利用的资源潜力，发展经济发达、生态高效的产业，建设体制合理、社会和谐的文化以及生态健康、景观适宜的环境。生态经济是实现经济腾飞与环境保护、物质文明与精神文明、自然生态与人类生态的高度统一和可持续发展的经济。

二、生态经济的发展历史

（一）要生态还是要经济（Ecology or Economy）

随着第二次工业革命的爆发，以煤炭、石油为能源，以钢铁、塑料为基本原料，以冶金、化工、汽车为主要产业的经济形态成为主流。直到 1962 年，美国海洋生物学家卡逊出版了科普读物《寂静的春天》，详细描述了杀虫剂 DDT 可能对人类健康造成的危害，并表示社会对工业经济造成的空气污染、水污染和土壤污染做出了严重反应。在这一阶段，经济或者生态似乎只能二选一。

（二）既要生态也要经济（Ecology and Economy）

由 30 多位研究未来问题的专家组成的罗马俱乐部于 1972 年发布了第一份报告《增长的极限》，提出了可持续增长的概念。可持续发展经济学实质上是生态与经济的结合。美国经济学家杰弗里·萨克斯建议，世界经济应调整发展模式，以确保可持续发展。经济发展不仅应提高总体生产水平，还应确保社会包容性和环境可持续性。

（三）生态就是经济（Ecology is Economy）

生态系统提供的功能也被视为经济活动的产出参数，这就是绿色 GDP，最初是由 1972 年诺贝尔经济学奖获得者约翰·希克斯于 1946 年提出的，即将自然资源作为一种生产成本计入经济投入和产出的过程。这一指标实际上代表了国民经济增长的净正效应。

（四）生态经济（Ecological Economy）

我们可以将前三个阶段称为工业经济发展的三阶段论，而第四个阶段则是生态经济。美国经济学家肯尼思·鲍尔丁在 1966 年发表的《一门科学——生态经济学》中开创性地提出了生态经济的概念和生态经济协调发展的理论。20 世纪 90 年代日本东京大学今村奈良臣教授提出了基于农业经济发展模式的生态经济。

三、我国生态经济的发展现状

（一）污染防治投资及环保能力建设情况

1. 工业污染治理投资保持高位

根据我国环境统计重点调查单位填报数据，2013 年和 2015 年先后印发实施的《大气污染防治行动计划》《水污染防治行动计划》极大地促进了工业污染治理投资，2014 年、2015 年和 2016 年的投资额分别达到 997.7 亿元、773.7 亿元和 818.9 亿元。近年来，工业污染治理投资继续保持较高水平(见表 1.4)。

表 1.4　2016—2019 年重点调查对象中工业污染治理投资情况　单位：亿元

指标	2016 年	2017 年	2018 年	2019 年
工业废水治理项目	108.2	76.4	64.0	69.9
工业废气治理项目	561.5	446.3	393.1	367.7

续表

指标	2016 年	2017 年	2018 年	2019 年
工业固废治理项目	38.9	12.7	18.4	17.1
噪声治理项目	0.6	1.3	1.5	1.4
其他治理项目	109.7	144.9	144.2	159.1
合计	818.9	681.6	621.2	615.2

资料来源：《2016—2019 年全国生态环境统计公报》(www.mee.gov.cn)。

2. 环保能力建设资金使用总额稳健增长

2016—2019 年，环保能力建设资金使用总额逐年升高，上升了 69.8%(见表 1.5)。

表 1.5　2016—2019 年环保能力建设资金使用情况　　单位：亿元

指标	2016 年	2017 年	2018 年	2019 年
水污染防治能力建设	247.4	463.1	484.0	680.6
大气污染防治能力建设	116.8	291.4	280.1	500.6
固体废物污染防治能力建设	16.0	367	30.6	20.0
噪声污染防治能力建设	2.9	10.6	6.9	4.8
土壤污染防治能力建设	18.7	38.3	77.0	86.9
生态保护能力建设	113.6	96.9	238.7	112.7
核与辐射安全环境保护能力建设	2.3	63.9	5.8	5.8
环境监管能力建设	565.1	362.5	305.6	430.2
合计	1082.8	1363.4	1428.7	1838.6

资料来源：《2016—2019 年全国生态环境统计公报》(www.mee.gov.cn)。

(二)环境状况及污染治理情况

1. 全国废水污染物排放量显著下降

从 2016 年到 2019 年，废水中化学需氧量、氨氮、总氮、总磷、废水重金属(铅、汞、镉、铬和类金属砷合计)和工业源废水中石油类、挥发酚、氰化物排放量均有不同程度的下降，分别下降 13.8%、18.5%、4.8%、34.4%、28.1%和 50.0%、46.0%、34.0%(见表 1.6)。

表 1.6　2016—2019 年全国废水污染物排放量

指标	单位	2016 年	2017 年	2018 年	2019 年
化学需氧量	万吨	658.1	608.9	584.2	567.1
氨氮	万吨	56.8	50.9	49.4	46.3
总氮	万吨	123.6	120.3	120.2	117.6
总磷	万吨	9.0	7.0	6.4	5.9
废水重金属	吨	167.8	182.6	128.8	120.7
石油类(工业源)	万吨	1.2	0.8	0.7	0.6
挥发酚(工业源)	吨	272.1	244.1	174.4	147.1
氰化物(工业源)	吨	57.9	54.0	46.1	38.2

资料来源：《2016—2019 年全国生态环境统计公报》(www.mee.gov.cn)。

2. 全国废气污染物排放量显著下降

2016—2019 年，废气中二氧化硫、氮氧化物和颗粒物排放量均逐年下降，相比 2016 年，2019 年分别下降 46.5%、17.9%、32.3%(见表 1.7)。

表 1.7　2016—2019 年全国废气污染物排放量

指标	单位	2016 年	2017 年	2018 年	2019 年
二氧化硫	万吨	854.9	610.8	516.1	457.3
氮氧化物	万吨	1503.3	1348.4	1288.4	1233.9
颗粒物	万吨	1608.0	1284.9	1132.3	1088.5

资料来源：《2016—2019 年全国生态环境统计公报》(www.mee.gov.cn)。

3. 工业固体废物产生及利用量总体上升

2016—2019 年，一般工业固体废物产生量逐年上升，相比 2016 年，2019 年上升 18.7%；一般工业固体废物综合利用量、处置量总体上升。工业危险废物产生量、综合利用处置量均逐年上升，相比 2016 年，2019 年分别上升 55.7%、74.6%(见表 1.8)。

表 1.8　2016—2019 年全国工业固体废物产生及利用

指标	单位	2016 年	2017 年	2018 年	2019 年
一般工业固体废物产生量	亿吨	37.1	38.7	40.8	44.1
一般工业固体废物综合利用量	亿吨	21.1	20.6	21.7	23.2
一般工业固体废物处置量	亿吨	8.5	9.4	10.3	11.0

续表

指标	单位	2016 年	2017 年	2018 年	2019 年
工业危险废物产生量	万吨	5219.5	6581.3	7470.0	8126.0
工业危险废物综合利用处置量	万吨	4317.2	5972.7	6788.5	7539.3

资料来源：《2016—2019 年全国生态环境统计公报》(www.mee.gov.cn)。

四、案例分析——浙江安吉生态保护与经济发展双向并进

（一）人居环境整治创造初始条件

20 多年前，安吉县大力发展化工、建材、印染等产业，走上了工业强县之路。经济高速增长的同时，安吉县却忽视了环境保护问题。自 2005 年习近平同志在安吉余村调研时首次提出“绿水青山就是金山银山”理念以来，安吉把每年新增财力的 70%用于农村人居环境和民生改善，实现了农村污水、生活垃圾无害化处理等 13 项公共服务的全覆盖。安吉以关停污染行业和环境治理为代价，为生态经济的发展创造初始条件。

（二）统一规划和全域整治凸显生态禀赋

安吉县遵循“一次规划、分步实施”的原则，全县 187 个村统一规划，全域是大景区，村庄是小景点。2018 年 8 月，安吉启动全域土地综合整治，全面推进山水林田湖草系统治理，构建农田集中连片、建设用地集中集聚、空间形态集约高效新格局。整治后，安吉新建高标准农田 4400 余亩，改善耕地质量 2430 亩，综合治理废弃矿山 550 亩。统一规划和全域整治，为安吉提供了充足的土地资源和辐射长三角区域的优质生态禀赋。

（三）特色产业引领生态经济纵深发展

安吉县通过生态资源管理，鼓励发展一村一品、一村一业，融合发展一、二、三产业，实现了“一山三吃”：生态农业，108 万亩竹海，每年带给农民 11 亿元收入。生态工业，发展竹地板、竹家具、竹饮料等七大产业 3000 多个品种。生态旅游，从浙北“农家乐”第一村大溪村到全域旅游，旅游人次、旅游收入年均增幅达 40%以上。2019 年，安吉吸引游客 2800 万人次，旅游总收入 388.2 亿元。

（四）生态经济吸引资本和人才投入乡村振兴

近年来，安吉县乡两级财政共投入 20 亿元，吸引约 180 亿元社会资本。

鲁家村成为全国首批国家级田园综合体，吸引了20亿元社会资本，村集体经常性收入从不足3万元增加到335万元，集体资产从50万元增加到1.2亿元。安吉还成立了乡村振兴专家联盟，吸收浙江大学、浙江农林大学专家开展科技服务、成果转化，新成立的乡村振兴学院成为农村干部、新型农民综合性教育培训平台。

第四节　循环经济

一、循环经济的定义

所谓循环经济（Circular Economy），是对物质闭环流动型经济的简称。区别于传统经济的"资源—产品—污染排放"的物质单向流动的经济发展模式，循环经济是以"资源—产品—再生资源"为主要内容的物质循环型经济发展模式，其主要特点是清洁生产和废物综合利用。

根据普遍认可的国家发改委的正式定义，循环经济是一种以资源的高效利用和循环利用为核心，以"减量化、再利用、资源化"为原则，以低消耗、低排放、高效率为基本特征，符合可持续发展理念的经济增长模式，是对"大量生产、大量消费、大量废弃"的传统增长模式的根本性变革。

循环经济本质上是一种生态经济。发展循环经济可以最大限度地利用资源，从而最大限度地减少废物的排放，有利于从根本上消除经济发展与环境保护之间长期存在的矛盾。这是当前国际社会的潮流与最新发展趋势。

二、循环经济具体内容

（一）发展历史

"循环经济"一词最早由美国经济学家波尔丁于20世纪60年代在提出生态经济时提出。20世纪70年代，循环经济只是一种理念，当时人们主要关注污染物的无害化处理。20世纪80年代，人们意识到应采用资源化的方式处理废弃物。20世纪90年代之后，知识经济和循环经济的发展成为国际社会的两大趋势。20世纪90年代以来，中国引入了循环经济的思想，此后对循环经济的理论研究和实践不断深化：1998年引入德国循环经济概念，确立"减量化

(Reducing)、再利用(Reusing)和再循环(Recycling)”(简称“3R”原则)的中心地位；2003 年将循环经济纳入科学发展观，确立物质减量化的发展战略；2008 年 8 月，中国成为首批通过“促进循环经济的法律”的国家之一。

（二）“3R”原则解析

减量化(Reducing)——属于输入端，旨在减少进入生产和消费流程的物质量；再利用(Reusing)——属于过程，旨在延长产品和服务的时间；再循环(Recycling)——属于输出端，旨在把废弃物再次资源化以减少最终处理量。

处理废物的先后顺序是：避免产生—循环利用—最终处置。即首先要在生产源头充分考虑节省资源，提高单位生产产品对资源的利用率，预防和减少废物的产生；其次是对于源头不能减少的污染物和经过消费者使用的废旧物品等进行回收利用，使其回到经济循环中；只有当避免产生和回收利用都不能实现时，才允许将最终废弃物进行环境无害化处理。环境与发展协调的最高目标是实现从末端治理到源头控制，从利用废物到减少废物的质的飞跃，从根本上减少自然资源的消耗，从而减少环境负载的污染。

（三）我国循环经济的发展现状

“十三五”以来，我国的循环经济发展取得了积极成果。2020 年主要资源产出率较 2015 年增长约 26%，单位国内生产总值(Gross Domestic Product，GDP)能源消耗继续大幅下降，单位 GDP 用水量累计下降 28%。2020 年农作物秸秆综合利用率达 86%以上，大宗固废综合利用率达 56%。再生资源利用能力显著提升，2020 年建筑垃圾综合利用率达 50%；废钢利用量约 2. 6 亿吨，替代 62%品位铁精矿约 4. 1 亿吨；再生有色金属产量 1450 万吨，占国内十种有色金属总产量的 23. 5%。资源循环利用已成为保障我国资源安全的重要途径。当然，这点成绩与 3R 原则的要求相比还有很大的差距，还有很长的路要走。

三、案例分析——菲律宾的生态产业园模式

菲律宾的玛雅农场最初只是一个面粉厂。经过 20 世纪 70 年代开始长达 10 年的建设，形成了农林牧副渔良性循环的生态系统。

面粉厂产生大量麸皮，为了不浪费麸皮，建立了养殖场和鱼塘；为了增

加收入，又建立了肉食加工和罐头制造厂，对畜产品和水产品进行深加工。到 1981 年，农场拥有了 36 公顷的稻田和经济林，饲养了 2.5 万头猪、70 头牛和 1 万只鸭。

为了控制畜禽粪肥污染、循环利用加工厂的废弃物，农场建立起十几个沼气车间，每天生产沼气十几万立方米，可满足农场生产和家庭生活的能源需求。从产气后的沼渣中还可回收部分牲畜饲料，其余用作有机肥料。产气后的沼液经处理后，送入水塘养鱼养鸭，最后再取塘水、塘泥用来肥田。农田生产的粮食又送到面粉厂加工，进入下一次循环。玛雅农场不需要从外部购买原料、燃料、肥料，却能保持高额利润，而且没有废气、废水和废渣的污染，充分实现了物质的循环利用。

第五节　绿色低碳循环经济体系

一、绿色低碳循环经济体系的本质内涵

绿色主要强调的是保护环境、节约资源，它是资源限制、环境压力和社会约束下产生的发展模式与共识，是循环发展的终极目标。低碳是指针对当前环境污染问题、全球气候变化问题而提出的经济发展模式，主要倡导低能耗、低污染、低排放，是绿色发展的重要组成部分和实现循环发展的主要路径。循环主要强调资源的有效再次利用，其核心思想为节约资源，将有限的资源不断低消耗地循环利用。

绿色是经济社会发展的形态，低碳是经济社会发展的标准，循环是经济社会发展的手段，三者相辅相成，有机结合形成绿色低碳循环经济体系。由此可见，绿色低碳循环经济体系是以自然资源条件为基础，以节约资源、保护环境为目的，通过低能耗、低污染、低排放的循环利用方式，实现资源环境与社会经济平衡且可持续的发展模式。

二、绿色低碳循环经济体系的总体要求

（一）指导思想

以习近平新时代中国特色社会主义思想为指导，深入贯彻党的十九大和

十九届二中、三中、四中、五中全会精神，全面贯彻习近平生态文明思想，认真落实党中央、国务院决策部署，坚定不移贯彻新发展理念，全方位全过程推行绿色规划、绿色设计、绿色投资、绿色建设、绿色生产、绿色流通、绿色生活、绿色消费，使发展建立在高效利用资源、严格保护生态环境、有效控制温室气体排放的基础上，统筹推进高质量发展和高水平保护，建立健全绿色低碳循环发展的经济体系，确保实现碳达峰、碳中和目标，推动我国绿色发展迈上新台阶。

（二）工作原则

（1）坚持重点突破。以节能环保、清洁生产、清洁能源等为重点率先突破，做好与农业、制造业、服务业和信息技术的融合发展，全面带动一、二、三产业和基础设施绿色升级。

（2）坚持创新引领。深入推动技术创新、模式创新、管理创新，加快构建市场导向的绿色技术创新体系，推行新型商业模式，构筑有力有效的政策支持体系。

（3）坚持稳中求进。做好绿色转型与经济发展、技术进步、产业接续、稳岗就业、民生改善的有机结合，积极稳妥、韧性持久地加以推进。

（4）坚持市场导向。在绿色转型中充分发挥市场的导向性作用、企业的主体作用、各类市场交易机制的作用，为绿色发展注入强大动力。

（三）主要目标

（1）到 2025 年，产业结构、能源结构、运输结构明显优化，绿色产业比重显著提升，基础设施绿色化水平不断提高，清洁生产水平持续提高，生产生活方式绿色转型成效显著，能源资源配置更加合理、利用效率大幅提高，主要污染物排放总量持续减少，碳排放强度明显降低，生态环境持续改善，市场导向的绿色技术创新体系更加完善，法律法规政策体系更加有效，绿色低碳循环发展的生产体系、流通体系、消费体系初步形成。

（2）到 2035 年，绿色发展内生动力显著增强，绿色产业规模迈上新台阶，重点行业、重点产品能源资源利用效率达到国际先进水平，广泛形成绿色生产生活方式，碳排放达峰后稳中有降，生态环境根本好转，美丽中国建设目标基本实现。

（四）六大体系

（1）健全绿色低碳循环发展的生产体系。推进工业绿色升级，加快农业绿色发展，提高服务业绿色发展水平，壮大绿色环保产业，提升产业园区和产业集群循环化水平，构建绿色供应链。

（2）健全绿色低碳循环发展的流通体系。打造绿色物流，加强再生资源回收利用，建立绿色贸易体系。

（3）健全绿色低碳循环发展的消费体系。促进绿色产品消费，倡导绿色低碳生活方式。

（4）加快基础设施绿色升级。推动能源体系绿色低碳转型，推动城镇环境基础设施建设升级，提升交通设施绿色发展水平，改善城乡人居环境。

（5）构建市场导向的绿色技术创新体系。鼓励绿色低碳技术研发，加速科技成果转化。

（6）完善法律法规政策体系。强化法律法规支撑，健全绿色收费价格机制，加大财税扶持力度，大力发展绿色金融，完善绿色标准、绿色认证体系和统计监测制度，培育绿色交易市场机制。

三、绿色低碳循环经济体系的发展现状

从国际角度来看，发展低碳经济和循环经济、实现绿色可持续发展的经济发展模式已经成为一种潮流。截至 2020 年 3 月，国际上已有 31 个国家提出或实现碳中和目标。到 2020 年 11 月，已有 120 个国家及地区提出碳中和目标，覆盖全球 75%的 GDP、53%的人口及 63%的碳排放；50 个国家实现碳达峰，排放总量达到全球排放的 36%左右。由此看来，大力发展绿色低碳循环经济体系已成为必然趋势。

在我国，绿色低碳循环发展已经成为落实可持续发展的主要路径。我国一直在探索符合自身国情的可持续发展道路：我国“九五”计划把可持续发展确立为国家战略；进入 21 世纪，党和国家相继提出一系列发展理念，如“新型工业化”（2002）、“循环经济”（2003）、“两型社会”（2005）、“低碳发展”（2009）等；2012 年，党的十八大报告把“绿色发展、循环发展、低碳发展”作为生态文明建设的重要途径；2017 年，党的十九大报告正式提出建立健全绿色低碳循环发展的经济体系。2021 年 2 月 22 日，国务院印发了《关于加快建立健全绿色低碳循环发展经济体系的指导意见》，这是根据我国基本国情和国

际趋势、面向第二个百年奋斗目标做出的战略选择，也是目前构建双循环经济、实现双碳目标的具体实施方案。

第六节　环境效益

一、环境效益的定义

环境效益有广义与狭义之分。广义的环境效益指的是在占用和耗费一定自然资源的条件下，由于污染物的排放或环境治理等行为而引起环境系统结构和功能上的相应变化，从而对人的生活和生产环境造成的影响。狭义的环境效益，仅指活动对人的生活和生产环境所造成的有利影响，而将活动对人的生活和生产环境造成的不利影响定义为环境损失，环境效益与环境损失的差额为环境净效益。

如果占用和耗费同样的自然资源，能维护生态平衡，使企业及周边居民的生产和生活环境不致恶化或得到改善，其环境效益就好；如果占用和耗费同样的自然资源，对环境及生态平衡起破坏作用，使人的生活和生产环境恶化，其环境效益就差。

二、项目、活动或政策的环境效益分析

分析环境效益，首先要清楚项目、活动或政策所影响的环境因素。可以从以下几方面进行考虑：

a. 地质。

b. 水文（包括地表水、水域和地下水）。

c. 土壤（土质、水土流失、植被等）。

d. 气象（降水、风力、空气质量、气温等）。

e. 自然资源（能源、矿产、生物多样性等）。

f. 人口（人群健康、迁移等）。

g. 自然景观、人文景观。

h. 生产环境（工业、农林牧副渔等的生产）。

广义的环境效益为：环境收益-环境损失-环保费用。但是在分析具体的项目、活动或者某项政策的环境效益时，根据具体的分析背景，可能重点分

析其中部分内容。例如，只分析狭义的环境效益——环境收益，也可能分析不考虑环保费用的广义环境效益：环境收益-环境损失。

可以定性地描述环境效益的各方面，也可以对各种环境因素的影响进行定量描述，在某些情况下，也可以在参数足够的条件下进行定量的计算。环境收益、环境损失和环境费用的定量计算方法并不相同，具体如下：

（1）环境收益可以通过市场价值法估计活动对环境因素质量提高的市场价值得出。

（2）环境损失的估计有三种方法：

a. 市场价值法：通过市场价值法估计活动对环境因素质量下降的市场价值得出。

b. 治理成本法：通过估计通过环境治理弥补活动的环境影响所需要的成本得出。

c. 替代价值法：当一个活动对环境造成损害导致环境失去某些功能时，其他能够替代该功能的产品的价值可以用于估计环境损失。

（3）环境费用包括三项内容，环保工程投资、环保工程运行费用以及其他环境保护费用。

三、环境效益分析案例——废弃电器电子产品回收利用的环境效益格局

废弃电器电子产品（Waste Electrical and Electronic Equipment，WEEE）含有大量的可回收利用的有价金属，但如果处理不当，将会造成严重的环境污染。妥当处理 WEEE 将会带来一定的环境效益。我国《推动重点消费品更新升级畅通资源循环利用实施方案（2019—2020 年）》《关于完善废旧家电回收处理体系推动家电更新消费的实施方案》等文件陆续颁布，进一步强调了 WEEE 规范回收处理对实现资源循环利用并降低环境污染的重要意义。郭甲嘉等（2021）分析了我国的 WEEE 回收利用的环境效益和空间格局。

郭甲嘉等利用各地统计年鉴中的农村/城镇百户家庭耐用品拥有量数据，采用考虑报废高峰年限的保有量系数法估算了 WEEE 的产生量。在不考虑省际流动的情况下，并假设各地的 WEEE 均被充分规范回收，从而计算各地 WEEE 回收利用的环境效益。然后在假设存在省际流动的情况下计算各地的环境效益。

计算得到，理论上全国可产生的环境效益（狭义的环境效益）为：

（1）节约原材料和能源（以矿石和标准煤为指标）7621.5 万吨。

（2）减少污染物排放（以废气、废水、废渣和重金属为指标）18978.9万吨。

（3）减少温室气体排放（以 CO_2 减排量为指标）232.7万吨。

具体到区域上，则呈现出东强西弱的格局。广东省和江苏省环境效益远高于其他省份。

第七节　绿色贸易壁垒

一、绿色贸易壁垒的定义

绿色贸易壁垒（Green Barriers，GBs），又称环境贸易壁垒（Environmental Trade Barriers，ETBs），是指为保护生态环境而直接或间接采取的限制甚至禁止贸易的措施。绿色壁垒通常是进出口国为保护本国生态环境和公众健康而设置的各种保护措施、法规和标准等，也是对进出口贸易产生影响的一种技术性贸易壁垒。它是国际贸易中的一种以保护有限资源、环境和人类健康为名，通过蓄意制定一系列苛刻的、高于国际公认标准或绝大多数国家不能接受的环保标准，限制或禁止外国商品的进口，为达到贸易保护目的而设置的贸易壁垒。

二、绿色贸易壁垒的内容介绍

（一）绿色贸易壁垒的提出背景

随着工业化的加速以及世界经济的高速增长，资源和环境的破坏和污染问题变得日益突出，如气候变暖、臭氧层破坏、生物多样性减少等。这些问题的存在，直接影响到人类的生存和发展，引起了国际社会的广泛关注。人们的思维方式、消费行为和价值观念发生的变化，发达国家消费者绿色价值观的形成，以及消费者对绿色产品的需求偏好，为发达国家绿色贸易壁垒的形成提供了条件和机遇。

到了20世纪90年代，全球开放程度日益加深，以世界贸易自由化为目标的世界贸易组织（World Trade Organization，WTO）成立。随着关税不断降低，非关税壁垒受到更多的限制，传统的贸易壁垒的运用空间也越来越小。在此种情况下，发达国家为了其自身的利益，开始寻求新的贸易保护措施。绿色贸易壁垒应运而生，成为在各国发展最快的一种贸易壁垒。

（二）绿色贸易壁垒的基本特征

1. 名义上的合理性

绿色贸易壁垒是以保护世界资源、环境和人类健康为名，行贸易限制和制裁措施之实。现代社会人们对生存环境和生活质量的要求越来越高，会很自然地关注环境问题，对于那些可能对环境和健康带来危害的商品和服务表现出了高度敏感性。绿色贸易壁垒正是抓住了这一共同心理，使贸易保护在名义上和提法上有了合理性和巧妙性。

2. 形式上的合法性

绿色贸易壁垒虽然属于非关税壁垒的范畴，但二者的不同之处在于绝大部分的非关税壁垒不是通过公开立法来加以规定和实施的，而绿色贸易壁垒则是以一系列国际国内公开立法作为依据和基础。20 世纪 70 年代以来，国际社会通过有关国际组织及国际会议先后制定了许多多边国际环保协议、规则。它们在形成国际环保习惯法以及对国际贸易造成冲击和影响方面，起着不可忽视的重要作用。

3. 保护内容的广泛性

绿色壁垒保护的内容十分广泛，不仅涉及与资源环境保护和人类健康有关的许多商品在生产和销售方面的规定和限制，而且对那些需要达到一定的安全、卫生、防污等标准的工业制成品产生巨大压力，因此对发展中国家的对外贸易与经济发展具有极大的挑战性。同时，由于绿色贸易壁垒保护措施具有不确定性和可塑性，因此在具体实施和操作时，也很容易被某些发达国家用来对来自发展中国家的产品随心所欲地加以刁难和抵制。

4. 保护方式的隐蔽性

与传统的非关税壁垒措施，如进口数量与配额等相比，绿色保护壁垒具有更多的隐蔽性。首先，它不像配额和许可证管理措施那样，明显地带有分配上的不合理性和歧视性，不容易引起贸易摩擦。其次，建立在现代科学技术基础之上的各种检验标准不仅极为严格，而且烦琐复杂，使出口国难以应付和适应。

5. 较强的技术性

即对产品的生产、使用、消费和处理过程的鉴定都包括较多的技术性成分。

6. 技术要求的相对性

在发达国家之间，环保技术水平比较接近，它们之间的贸易因环保问题导致的纠纷较少。而在发达国家与发展中国家之间，发达国家较高的环境标准和相应的管理措施，对发展中国家来说，往往是一道道难以逾越的绿色壁垒。

三、绿色贸易壁垒的制度表现

在新一轮贸易保护主义运动里，发达国家利用自身技术优势，先后出台各种环保法规标准、绿色标志等创新制度安排，以期达到抑制负外部性的输入与保护国内经济的目的。具体制度表现有环境附加税、绿色标志制度、绿色产品加工标准制度、绿色包装制度、绿色卫生检疫制度、绿色补贴制度等。

（一）环境附加税

环境附加税是发达国家保护环境、限制进口最早采用的手段，即对一些污染环境、影响生态的进口产品征收进口附加税，或者限制、禁止进口，甚至实行贸易制裁。例如美国对原油和某些进口石油化工制品课征的进口附加税的税率比国内同类产品高。

（二）绿色标志制度

绿色标志是由政府部门或公共、私人团体依据一定的环境标准颁发的图形标签，印制或粘贴在合格的商品及包装上，用以表明该产品不仅质量、功能符合要求，而且从生产到使用以及处理全过程都符合环境保护要求，对环境和人类健康无害或危害极少，有利于资源的再生产和利用。取得了环境标志意味着取得了进入实施环境标志制度国家市场的“通行证”。但由于认证程序复杂、手续烦琐、标准严格，增加了外国厂商的生产成本和交易成本，成为其他国家产品进入一国市场的环境壁垒。

（三）绿色产品加工标准制度

产品的标准是指针对有形产品在使用时能成功满足用户需要程度作出的强制性规范。发达国家往往拥有较高的技术水平，而以环境保护为目的的环保技术标准都是根据本国的生产及其技术水平制定的，单靠发展中国家的技术力量很难达到这些严格的环保标准，这就导致了发展中国家的产品大量被排斥在发达国家市场之外。如 ISO9000 系列质量标准体系，以及 1996 年开始推行的ISO14000环境管理系列标准。

（四）绿色包装制度

绿色包装指能节约能源、减少废弃物、用后易于回收再用或再生、易于自然分解、不污染环境的包装。发达国家制定了各种法规，以规范包装材料市场。这些“绿色包装”法规有利于环境保护，但同时大大增加了出口商的成本，也为这些国家制造“绿色壁垒”提供了借口。

（五）绿色卫生检疫制度

为保护国内消费者的利益，满足对商品健康、安全等隐性需求，各国海关、商检机构都制定了不同的卫生检疫制度，对进口商品的品质进行检测和鉴定。发达国家往往把海关的卫生检疫制度作为控制从发展中国家进口的重要工具。他们对食品、药品的卫生指标十分敏感，如对食品的安全卫生指标、农药残留、放射性残留、重金属含量、细菌含量等指标的要求极为苛刻。

（六）绿色补贴制度

为了保护环境和资源，各国政府采取干预政策，将环境和资源成本内在化。发达国家将严重污染的产业转移到发展中国家以降低环境成本，造成发展中国家环境成本上升。而发展中国家的企业大多无力承担环境治理的费用，政府有时不得不给予一定的环境补贴。

四、绿色贸易壁垒的应对之道

虽然绿色贸易壁垒给中国的产品出口造成了一定的冲击，但是对绿色贸易壁垒绝不能采取一概否定的态度，而应在充分分析、研究的基础上，更多地看到它的积极意义。

首先，环境保护是当今世界一股不可逆转的潮流，各国政府的环境保护措施必然会反映到对外贸易上来。当今世界上没有任何一个国家或地区对国外进口的产品不设防。从保护国家安全、保护人类和动植物的生命与健康、保护生态环境的目的出发，对进口产品提出必要的技术要求，并采取必要的技术措施，防止不合格产品进入国内市场是各国政府的重要职责之一。因此，在国际贸易中贯彻环境保护原则是国际贸易发展的必然。从这一点来说，需要对正当的绿色贸易壁垒的积极作用给予充分肯定。

其次，正当的绿色贸易壁垒反映了世界各国对环境保护问题的重视，是人类社会走向文明和进步的标志。因此，要消除进口国对我国产品的歧视和限制，关键还是要以积极的态度顺应全球日益高涨的环境保护要求，努力向国际标准靠拢，提高我国产品的国际竞争力。

此外，绿色贸易壁垒的愈演愈烈也是国际竞争日趋激烈的真实写照。如果我们不以积极的态度做出回应，大幅度地提高我国企业和产品的国际竞争力，那么，不仅会在发达国家市场受排挤，也会在许多后起的发展中国家的激烈竞争面前感到力不从心，也就难以继续保持我国产品出口大国的优势地位。

第八节　可持续发展目标

一、可持续发展目标的定义

可持续发展目标（Sustainable Development Goals，SDGs），又称全球目标，是由2015年联合国大会第七十届会议正式提出的17个全球发展目标，在2000—2015年千年发展目标（Millennium Development Goals，MDGs）到期之后继续指导2015—2030年的全球发展工作。该目标旨在协同行动消除贫困，保护地球并确保人类享有和平与繁荣。

二、可持续发展目标的内容介绍

（一）可持续发展目标提出背景

（1）《联合国千年宣言》。2000年9月联合国召开千年首脑峰会，通过了《联合国千年宣言》。为了促使宣言落地，2001年联合国发布《执行〈联合国千年宣言〉的路线图》，提出了15年期限的千年发展计划。最终确定的千年发展计划包括八大目标和二十一项具体目标。千年发展目标在消除贫穷、疾病、文盲、环境恶化和对妇女的歧视等问题上凝聚了国际社会的发展共识，并取得了巨大的成就。

（2）《改变我们的世界：2030年可持续发展议程》。2000—2015年全球各地在落实千年发展目标的进展上存在较大差异，一些新的挑战逐渐凸显。在2012年“里约+20”峰会上，各国同意创建可持续发展目标来完成“千年宣言”尚未完成的工作，同时增加了对环境的关注，以缓解经济社会发展与自然资源约束的冲突。2013年9月联合国大会召开了专门会议，呼吁国际社会面向未来，制定了“一个发展框架，一套发展目标”。2014 年 7 月，经过政府间磋商后，形成了关于全球可持续发展目标的建议，该建议包括 17 个目标和 169 个潜在指标。2015 年 8 月 2 日文案达成一致，最终名称确定为《改变我们的世界：2030 年可持续发展议程》。

（二）可持续发展目标主要内容

全球可持续发展目标共确立了 17 个目标（见表 1.9）和 169 个潜在指标，这些目标的实施期限为 2030 年。

表 1.9　全球可持续发展目标

序号	可持续发展目标	具体内容
1	无贫穷	消除一切形式的贫困
2	零饥饿	消除饥饿，实现粮食安全，改善营养状况和促进可持续农业
3	良好健康与福祉	确保健康的生活方式，促进各年龄段所有人的福祉
4	优质教育	确保包容和公平的优质教育
5	性别平等	实现性别平等，增强所有妇女和女童的权能
6	清洁饮水和卫生设施	为所有人提供水和环境卫生
7	经济适用的清洁能源	确保人人获得负担得起的、可靠和可持续的现代能源
8	体面工作和经济增长	促进持久、包容和可持续经济增长，促进充分的生产性就业和人人获得体面工作
9	产业、创新和基础设施	建造具备抵御灾害能力的基础设施，促进具有包容性的可持续工业化，推动创新
10	减少不平等	减少国家内部和国家之间的不平等
11	可持续城市和社区	建设包容、安全、有抵御灾害能力和可持续的城市和人类住区
12	负责任消费和生产	采用可持续的消费和生产模式
13	气候行动	采取紧急行动应对气候变化及其影响
14	水下生物	保护和可持续利用海洋和海洋资源以促进可持续发展
15	陆地生物	保护、恢复和促进可持续利用陆地生态系统，可持续管理森林，防治沙漠化，制止和扭转土地退化，遏制生物多样化的丧失
16	和平、正义和强大机构	创建和平、包容的社会以促进可持续发展，让所有人都能诉诸司法，在各级建立有效、负责和包容的机构
17	促进目标实现的伙伴关系	加强执行手段，重振可持续发展全球伙伴关系

（三）可持续发展目标落实方式

联合国在全球、区域和国家层面推出一系列后续行动安排。其中，在全球层面，联合国制定出一套适用于全球的可持续发展目标进展评估指标体系，同时编写全球实施可持续发展目标年度报告。联合国提出继续推动多边贸易体制改革和全球经济治理改革；建立应对腐败、跨国避税的全球合作机制；提出复兴和改进全球可持续发展伙伴关系，建立全球技术促进机制等。

在国家层面，联合国鼓励所有的成员国以可持续发展目标为蓝本，在充分考虑本国国情的前提下，制定国家行动战略，并开展定期的可持续发展目标执行进展评估。可持续发展目标强调各国需要为本国实现可持续发展目标担负首要责任，并制定相应的发展战略和政策，充分调动本国公共资源，促进本国私营部门和外国直接投资参与；强调发达国家要履行已有的资金援助承诺，进一步促进南南合作。

三、我国可持续发展目标实施情况

2015 年 9 月 26 日习近平主席在联合国发展峰会提出，要加强国际社会合作、增强各国发展能力、改善国际发展环境、优化发展伙伴关系和健全发展协调机制。从改革开放以来，中国基本实现了千年发展目标，贫困人口减少了 4.39 亿，在教育、卫生、妇女等领域取得显著成就。中国发展不仅增进了 14 亿多中国人的福祉，也有力促进了全球发展事业。中国积极参与国际发展合作，截至 2015 年，共向 166 个国家和国际组织提供了近 4000 亿元援助，派遣了 60 多万援助人员，其中 700 多名中国儿女为他国发展献出了宝贵生命。除此之外，我国还在科研和实施路径上为 SDGs 落实做出贡献。

在相关的科研方面，针对全球可持续发展的数据困境，2021 年 9 月 6 日，我国在北京成立了可持续发展大数据国际研究中心（致力于加强国内大数据基础设施建设并积极推动数据共享，解析全球大尺度科学问题），为推动联合国 2030 年可持续发展议程的全球落实贡献中国力量。在 16 个可统计的可持续发展目标领域中，有 15 个领域的相关科研论文数量位居全球前十，其中与 5 个可持续发展目标相关的科研产出居世界第一，分别是：清洁饮水和卫生设施，经济适用的清洁能源，产业、创新和基础设施，可持续城市和社区，以及负责任消费和生产。

在实施路径方面，我国从思想、制度、行动三方面去落实可持续发展目标。思想上，构建可持续发展观、习近平生态文明思想，尤其是2015年第十八届中央委员会第五次全体会议明确提出了“创新、协调、绿色、开放、共享”的发展理念。制度上，建立社会主义市场经济体制、经济可持续发展政策体系。2020年9月，习近平主席在第七十五届联合国大会一般性辩论上，向世界做出实现“双碳”目标的中国承诺。行动上，推广可持续农业技术、发展可再生和清洁能源、调整产业结构与布局、推广清洁生产工艺技术、加速“小康住宅”建设、开发推广重大环境污染控制技术与装备等。2021年作为中国碳中和元年，各地已经纷纷开始制定、落实碳达峰、碳中和目标与措施。

第九节　绿色 GDP

一、绿色 GDP 的定义

绿色 GDP（Green Gross Domestic Product，GGDP）是指一个国家或地区在考虑了自然资源（主要包括土地、森林、矿产、水和海洋）与环境因素（包括生态环境、自然环境、人文环境等）影响之后经济活动的最终成果，即将经济活动中所付出的资源耗减成本和环境降级成本从 GDP 中扣除。其中，资源成本又称自然资源耗减成本，是指在经济活动中被利用消耗的价值；环境成本又称环境降级成本，是指由于经济活动造成环境污染而使环境服务功能质量下降的代价，包括环境保护支出和环境退化成本。

绿色 GDP 实质上代表了国民经济增长的净正效应。绿色 GDP 占 GDP 的比重越高，表明国民经济增长的正面效应越高，负面效应越低。

二、GDP 的局限性

GDP 指一个国家（或地区）所有常住单位在一定时期内按市场价格计算的生产活动的最终成果。一般来说，如果一个国家的 GDP 快速增长，则其经济正处于经济高速发展的时期，人民的消费水平和消费能力也会随着国民收入的不断增长而提高。

虽然 GDP 是衡量国家经济状况的一个非常重要的综合性统计指标，但仍有诸多的局限性：

第一，GDP 只反映经济活动的正面效应，而不反映负面效应，因此是不完整的、有局限性的，并不符合可持续发展战略。一些地区经济的快速增长是以高昂的资源和环境成本为代价的。

第二，GDP 不能准确地反映经济增长的实际情况。一方面，GDP 包含了很多不具备实际效益的经济活动。例如，某地发生了重大交通事故，车辆维修、伤者送医等都会增加 GDP；另一方面，由于 GDP 以商品和服务的市场价格为基础，它就不包括几乎所有在市场之外进行的活动的价值，尤其是家庭生产的商品和服务的价值。

第三，GDP 不涉及收入的分配。GDP 能反映一个国家或地区的总体经济状况，但无法反映社会收入分配是否公平合理。

为了更好地衡量一个国家的实际经济发展状况，自 20 世纪 70 年代以来，联合国和世界银行大力推广绿色 GDP 的概念。尽管绿色 GDP 仍有不足，但它很好地克服了传统 GDP 的一些弊端。

三、绿色 GDP 的核算

改革现行的国民经济核算体系，将现行 GDP 扣除环境资源成本和对环境资源的保护服务费用后的结果称为“绿色 GDP”。然而，此核算结果只是狭义的绿色 GDP，因为它只涉及自然意义上的可持续发展，而与社会意义上的可持续发展有关的指标都应该被纳入 GDP 核算体系。如此，绿色 GDP 计算方法应该为：

绿色 GDP＝传统 GDP－(生产过程资源耗竭全部＋生产过程环境污染全部＋资源恢复过程资源耗竭全部＋资源恢复过程环境污染全部＋污染治理过程资源耗竭全部＋污染治理过程环境污染全部＋最终使用资源耗竭全部＋最终使用环境污染全部)＋(资源恢复部门新创造价值全部＋环境保护部门新创造价值全部)

生态环境部环境规划院在 2020 年 12 月发布的《绿色 GDP(GGDP/EDP)核算技术指南(试用)》中参照联合国发布的《环境经济核算体系 SEEA》，提供了绿色 GDP 的核算框架：

$$GGDP = GDP - EnDC - EcDC - EaC$$

其中，GDP 为国内生产总值。EnDC 为环境退化成本(Environmental Degradation Cost)，指在当前治理水平下，生产和消费过程中排放到环境中的污染物对环境功能、人体健康、作物产量等造成的损害，并以货币化表现的成本。EcDC 为生态破坏成本(Ecological Deterioration Cost)，指由于人类不合理利用导致森林、草地、湿地、农田等生态系统的生态服务功能损失，并以货币化表现的成本。EaC 为突发生态环境事件损失(Environmental Accident Cost)，指由于发生突发生态环境事件而产生的各项损失。突发生态环境事件损失主要来自各地生态环境部门的统计数据。绿色 GDP 核算框架见图 1.1。

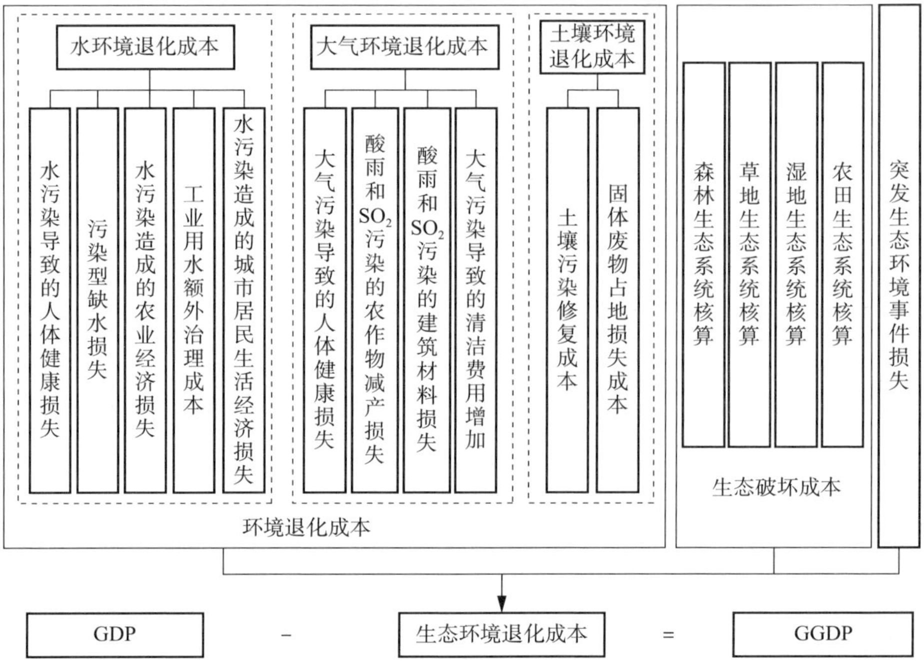

图 1.1　绿色 GDP 核算框架

四、绿色 GDP 在中国发展的背景与现状

在过去近 30 年里，中国是世界上经济增长最快的国家之一，也是国内储蓄率(指银行储蓄额占 GDP 的百分比)最高的国家之一。世界银行的统计显示，自 1978 年以来，中国平均 GDP 增长率高达 9.83%，在全球 206 个国家和地区中位列第二。但是，由于资源浪费、生态退化和环境污染加剧，中国国内储蓄率的很大一部分是用自然资本损失和生态赤字换来的。中国增长的 GDP 至少有 18%是依靠资源和生态环境的“透支”获得的，而资源和生态环境的恶化又使实际储蓄率下降。

中科院可持续发展战略首席科学家、可持续发展战略研究组组长牛文元教授指出，从政府层面上，1995 年至今，我国国民经济核算的理论与实践初步进入“绿色 GDP”阶段。在现阶段，国家制定的能源价格、资源价格、环境价格、生态补偿规则、企业成本核算、绿色税费额度、世贸绿色仲裁等，都要以绿色会计制度为依据。我国已开始启动“绿色核算”的准备工作。

2004 年，中国已经在政府层面提出用绿色 GDP 指标取代原有的 GDP 指标，但由于客观核算和主观观念因素上的阻力，绿色 GDP 尚未得到广泛应用。客观上，资源、环境的资产定价核算难。我国矿产资源、水资源、森林资源等很多资产并不按照市场定价，因此绿色 GDP 的核算就会有很大出入。目前各领域的专家已研究出了不少测算模型与方法，但仍有缺陷，只能在实践中逐步补充完善。主观上，绿色 GDP 的实施意味着观念的深刻转变。然而现阶段各级部门认识程度、推进力度仍然不够，一旦实施绿色 GDP，必将带来干部考核体系的重大变革。

第十节 绿色标准

一、绿色标准的定义

绿色标准通常是一些国家通过立法手段制定的严格的、强制性的环保技术标准，目的是限制他国不符合该标准的产品进口。这些标准大都由发达国家根据其生产水平和技术水平制定。俄罗斯联邦自然资源与生态部绿色标准中心主任拉什德·伊斯马伊洛夫先生认为，绿色标准就是合理利用现代绿色技术解决方案、使用符合绿色标准的材料来对各个行业项目进行评估，如果符合这项标准则发放资格证书。“中国绿色标准计划”发言人认为，绿色标准是基于国家标准对产品和服务提出的绿色要求，是国家标准的有益补充。

二、中国绿色标准计划

中国绿色标准计划是我国第一个以第三方机构为主导的绿色标准系统，对于我国标准与国际标准接轨具有里程碑意义。在国际社会对我国产品设置重重商业壁垒的今天，其对于我国产品参与国际市场竞争将发挥重要的积极作用。中国绿色标准计划也是我国第一个综合性的绿色标准体系，计划将募集公益资金，资助各类现有行业绿色标准的推广应用，对于尚未建立绿色标准的行业，通过联合行业权威部门共同制定绿色标准并推广实施。“中国绿色标准计划”将搭建探索我国特色绿色低碳发展道路的试验创新平台，研究建立不同层次和不同主题(如绿色能源、绿色产业、绿色景区、绿色城市等)的绿色标准，同时建立绿色经济创新示范区和试验基地。

三、绿色标准的影响

绿色标准的应用，不仅有助于我们节能、节热、节水和促进可再生能源的使用等，还能为人们创造良好的生存环境。但对于发展中国家来说，大部分情况下是难以承受的。包括环境技术标准和环境管理标准的绿色标准事实上会变成发展中国家的产品进入发达国家市场的障碍，成为绿色壁垒的重要表现形式。目前涉及环境保护的绿色标准有很多，其中影响最大、影响最广的是国际标准化组织制定的一系列标准，特别是针对工业品的 ISO9000 系列标准和欧盟启动的 ISO14000 环境管理体系标准。ISO14000 要求进入欧盟国家的产品从生产准备到制造、销售、作用以及最后处理阶段都要达到规定的技术标准，它提供了以预防为主、减少和消除环境污染的管理办法，是解决经济与环境协调发展的有效途径，为世界各国在统一的环境管理标准下平等竞争提供了条件，但同时也为发展中国家设置了环境壁垒。

四、中国绿色标准的发展现状

我国现阶段在金融领域已经探索实践了一系列绿色标准，绿色金融领域的标准化建设较好。但其他领域的绿色标准仍然处于初级阶段，还有很大的发展空间。

2015 年 12 月 22 日，中国金融学会绿色金融专业委员会发布了《绿色债券支持项目目录(2015 年版)》(以下简称《目录》)。这是我国第一份关于绿色债券界定与分类的文件。《目录》参照产业和环境政策的原则与相关技术标准，基于项目环境效益的显著性等因素，对绿色债券支持项目进行了比较细致的界定与分类，共包含 6 大类和 31 小类环境效益显著项目及其解释说明和界定条件。

2015 年 12 月 30 日，国务院办公厅印发《国家标准化体系建设发展规划(2016—2020 年)》(以下简称《规划》)，部署推动实施标准化战略，加快完善标准化体系，全面提升我国标准化水平。这是我国标准化领域第一个国家专项规划。《规划》确定的标准化工作的第三个重点领域就是加强生态文明标准化，服务绿色发展。

2015 年 12 月 31 日，国家发改委印发《绿色债券发行指引》，重点支持 12

个绿色循环低碳发展项目。积极发挥企业债券融资在促进绿色发展、推动节能减排、解决突出环境问题、应对气候变化、发展节能环保产业等方面的支持作用，引导和鼓励社会投入，助力经济结构调整优化和发展方式加快转变。

2019 年 3 月，发改委、工信部等七部委联合印发《绿色产业指导目录（2019 年版）》及解释说明文件，首次从产业的角度全面界定了全产业链的绿色标准与范围，是我国绿色金融标准建设工作中取得的一项重大突破。而此前我国已有的绿色标准，包括人民银行、发改委分别发布的绿色债券支持项目标准以及原银监会发布的绿色信贷统计制度标准，均从项目的角度来制定。

2021 年 4 月，人民银行、发改委、证监会联合发布《绿色债券支持项目目录（2021 年版）》，进一步明确了绿色债券的标准和范式，实现了国内与国际的统一与接轨。该目录首次统一了绿色债券相关管理部门对绿色项目的界定标准，绿色项目界定标准更加科学准确。

2021 年 7 月 22 日，人民银行正式发布了中国首批绿色金融标准，拉开了中国绿色金融标准编制的序幕。首批绿色金融标准包括《金融机构环境信息披露指南》（JR/T 0227—2021）及《环境权益融资工具》（JR/T 0228—2021）两项行业标准。这两项标准由全国金融标准化技术委员会归口管理，填补了相关领域绿色金融行业标准的空白，为引导和规范金融机构环境披露工作、创设和推广环境权益融资产品，提供了强有力的标准支撑。

2021 年 10 月 10 日，中共中央、国务院印发《国家标准化发展纲要》（以下简称《纲要》），这是我国标准化领域第一个国家层面制定的发展纲要。与《国家标准化体系建设发展规划（2016—2020 年）》相比，《纲要》关于绿色发展的要求更为具体和翔实，表现在具体到了绿色发展的各个行业领域和专业方向，具有非常高的可操作性和实施性，为实现以标准化推动和引领绿色发展奠定了扎实的基础。

第十一节 绿色产业

一、绿色产业的定义

绿色产业是指在生产和消费的过程中，碳排放量最小化或无碳化的产业，具有低能耗、低污染、低排碳等特征。国家发改委《绿色债券支持项目目录

(2021年版)》把绿色产业分为节能环保产业、清洁生产产业、清洁能源产业、生态环境产业、基础设施绿色升级和绿色服务六大类(见表1.10)。

表1.10 《绿色债券支持项目目录(2021年版)》主要绿色产业一、二级分类

一级分类	二级分类
1 节能环保产业	1.1 能效提升
	1.2 可持续建筑
	1.3 污染防治
	1.4 水资源节约和非常规水资源利用
	1.5 资源综合利用
	1.6 绿色交通
2 清洁生产产业	2.1 污染治理
	2.2 绿色农业
	2.3 资源综合利用
	2.4 水资源节约和非常规水资源利用
3 清洁能源产业	3.1 能效提升
	3.2 清洁能源
4 生态环境产业	4.1 绿色农业
	4.2 生态保护与建设
5 基础设施绿色升级	5.1 能效提升
	5.2 可持续建筑
	5.3 污染防治
	5.4 水资源节约和非常规水资源利用
	5.5 绿色交通
	5.6 生态保护与建设
6 绿色服务	6.1 咨询服务
	6.2 运营管理服务
	6.3 项目评估审计核查服务
	6.4 检测服务
	6.5 技术产品认证和推广

二、绿色产业背景及其特征

(一)绿色产业背景

绿色产业的兴起不是偶然的,有着深刻的时代背景和主客观原因。20世

纪70年代，生态环境问题日趋严峻，主要表现在臭氧层破坏、全球变暖、水土流失加剧、水体富营养化、酸雨、全球生物多样性骤减等方面。这一系列生态环境问题引起了国际社会的高度关注和重视。

1989年加拿大环境部部长在政府官方文件中提出“绿色产业计划”。英国政府定义“绿色经济”这一概念时强调绿色经济的价值在于增长效应在国民经济中的最大化，经济财富能够得到持续的增长，包括低碳发展、环保产品和绿色服务等方面。联合国工业发展组织认为，绿色产业是指那些不以自然环境破坏为代价来获取人类自身发展的产业。布鲁金斯学会将绿色产业定义为“清洁经济”，这一概念同美国劳工局使用的概念相同，认为该经济可以在产品与服务中增添环境效益。

绿色产业并不是指独立于传统的第一、第二、第三产业之外的第四产业，也不是单指环保产业，而是泛指企业采取了低能耗、无污染的技术导致产品在生产、使用和回收等过程中不会对环境造成污染、破坏，这样的企业联合体就构成了绿色产业。可以给绿色产业一个较为准确的定义，即在满足经济社会发展有效需求的前提下，按照生态文明建设和绿色发展的具体要求，符合国家和区域产业发展阶段特征，以较少的资源消耗、合理的资金投入、明显的科技含量、较高的经济产出和社会贡献，能够与生态环境形成良好互动并可持续发展的所有产业业态。

（二）绿色产业的特征

结合生态文明建设的相关要求及国家产业绿色化发展的战略方向，绿色产业具有双重特征，即普适性特征和典型性特征。

1. 普适性特征

绿色产业是未来指引经济社会发展的基础性产业，也是我国走向21世纪强国的主导产业，既属于一种新兴产业，也可以是一种传统升级产业。

绿色产业具有基础性。绿色产业涉及的领域十分广泛，包括从事绿色产品生产、经营及提供绿色服务活动的所有综合性产业集群，如林业、农业、工业、商业、旅游业、建筑业、信息产业、服务业等，涉及国民经济和社会发展的各个领域，属于名副其实的基础产业。

2. 典型性特征

绿色产业具有高科技性。绿色产业发展需要投入高科技，并且高科技和高投入贯穿于产业发展的全部过程中，以科技创新实现产业的发展。科技含量高不仅可以改善产业发展过程中存在的瓶颈问题，不断优化产业自身结构，而且可以使生产出来的产品在品质方面更具绿色属性。

绿色产业具有强竞争性。与其他产业相比，绿色产业具有明显的竞争优势。一方面走绿色产品的路线吸引消费者进行绿色消费，另一方面绿色产业本身的综合实力是其他普通产业所无法比拟的。

绿色产业具有可持续发展性。绿色产业能够使经济、社会、资源和环境协调发展，既满足当代人的需求，又能给后代需要创造持续性。

绿色产业具有正外部性。绿色产业的发展改善了社会公共环境，所有社会主体和公众均可以享受到这种福利。因此绿色产业的发展不仅使自身受益，还使社会其他主体受益，具有明显的正外部性。

三、绿色产业案例

以河南恒星科技股份有限公司打造“绿色工厂”为例。该公司主要生产钢帘线、钢绞线、胶管钢丝、金刚线、多晶硅片等，广泛应用于汽车轮胎、橡胶软管、电力电缆、架空电力线、高速铁路、港口、光伏太阳能用硅晶片切割等行业，属于七大战略性新兴产业中的新材料、新能源领域。

2017 年 1 月，公司投资超 1.7 亿元，通过引进创新绿色设备、研发绿色关键生产工艺、研制新型环保工艺生产线、推动资源回收及循环合理利用等措施，建设钢帘线、超精细钢丝产品的绿色关键工艺创新和系统集成项目。经过 27 个月的建设实施，制造技术绿色化率完成率 101.18%、制造过程绿色化率完成率 134.00%、绿色制造资源环境影响度完成率 150.19%。平均生产每吨钢帘线天然气消耗量下降 5%；用电量下降 9%；废水排放量减少 36000 吨，基本实现零排放。

项目实施期间，公司积极开展科研攻关，获得国家实用新型专利 17 项，申请发明专利 2 项，在新型高效绿色化制造技术和辅助材料关键技术方面打破了专利壁垒，取得了产品的自主知识产权，进一步提升了国际竞争力。2018 年 10 月获得国家级“绿色工厂”称号。

该公司通过在生产工艺中进行绿色化改造，以低碳、节能、环保理念，科技含量高、资源消耗低、环境污染少的绿色生产方式，建立和完善高效、清洁、低碳、循环的绿色制造体系，为众多工业企业的转型发展起到了良好的示范带头作用，大大提升了金属制品行业的绿色制造技术水平。

第十二节　绿色建筑

一、绿色建筑的定义

绿色建筑(Green Building)，指的是在全寿命周期内，节约资源、保护环境、减少污染，为人们提供健康、适用、高效的使用空间，最大限度地实现人与自然和谐共生的高质量建筑。绿色建筑技术注重低耗、高效、经济、环保、集成与优化，致力于实现人与自然、现在与未来之间的利益共享，是可持续发展的建设手段。

二、绿色建筑的内容介绍

（一）绿色建筑的内涵

绿色建筑的所谓“绿色”，并不是指一般意义上的立体绿化、屋顶花园，而是一种概念或象征，指的是在能充分利用环境自然资源、对环境无害并且不破坏环境基本生态平衡的条件下建造的一种建筑，又称可持续发展建筑、生态建筑、回归大自然建筑、节能环保建筑等。

绿色建筑的基本内涵可以归纳为：

(1)减轻建筑对环境的负荷，即节约能源及资源、减少碳排放；

(2)提供安全、健康、舒适性良好的生活空间；

(3)与自然环境亲和，人及建筑与环境和谐共处、永续发展。

（二）绿色建筑的发展史

1. 世界绿色建筑发展史

20世纪60年代，美国建筑师保罗·索勒瑞首次将生态与建筑合称为“生态建筑”，这是“绿色建筑”的起源。1969年，美国建筑师伊安·麦克哈格著《设计结合自然》一书，标志着生态建筑学的正式诞生。1980年，世界自然保护组织首次提出“可持续发展”的口号，同时节能建筑体系逐渐完善，并在德国、英国、法国、加拿大等发达国家被广泛应用。1992年，在巴西里约热内卢召开的“联合国环境与发展大会”上，与会者第一次提出“绿色建筑”概念，绿色建筑体系由此逐渐在越来越多的国家得到实施和推广，各国相继创建了绿色建筑协会。

2. 中国绿色建筑发展史

20世纪90年代，绿色建筑概念开始被引入中国。自1992年巴西里约热内卢联合国环境与发展大会以来，中国政府相续颁布了若干相关纲要、导则和法规，大力推动绿色建筑的发展。2004年9月，建设部"全国绿色建筑创新奖"启动，标志着中国的绿色建筑进入了全面发展阶段。截至2008年，基于我国在绿色建筑方面的国情，住房和城乡建设部已组织实施了绿色建筑评价标识、绿色建筑示范工程建设等一系列措施。2011年，中国绿色建筑评价标识项目的数量大幅度增长，绿色建筑技术水平也不断提高，呈现出了良性发展的态势。2016年，中国人民银行等七部门联合印发《关于构建绿色金融体系的指导意见》，绿色金融在中国迅速发展，在绿色建筑领域也开始了以绿色金融支持绿色建筑发展的初步尝试。

近年来，随着各地绿色建筑标识评价的陆续展开，中国绿色建筑的数量呈井喷式增长(见图1.2)。2020年7月，住建部、发改委等多部门联合发布《绿色建筑创建行动方案》，目标是，到2022年当年城镇新建建筑中绿色建筑的面积占比达到70%，星级绿色建筑持续增加，既有建筑能效水平不断提高，住宅健康性能不断完善，装配化建造方式占比稳步提升，绿色建材应用进一步扩大，绿色住宅使用者监督全面推广，人民群众积极参与绿色建筑创建活动，形成崇尚绿色生活的社会氛围。2021年1月，住房和城乡建设部印发《绿色建筑标识管理办法》，对绿色建筑标识管理做出规范，推动了绿色建筑高质量发展。

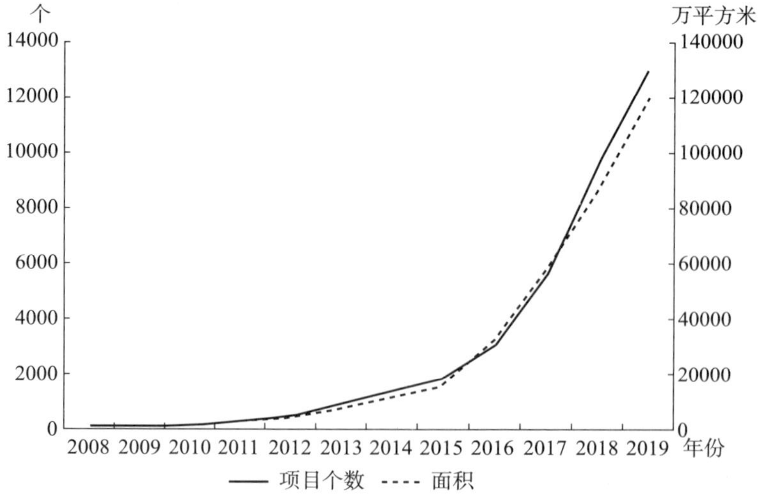

图1.2 绿色建筑评价标识项目发展状况

资料来源：住建部，海南省绿色金融研究院。

（三）我国绿色建筑的评价标准

如何判定一栋建筑是否为绿色建筑是绿色建筑发展中的核心问题。2006年，中国建筑科学研究院、上海市建筑科学研究院联合国内多家单位，从我国的实际出发，借鉴国际上先进的标准体系，例如美国的绿色建筑评分认证系统(LEED)等，制定了《绿色建筑评价标准》。目前，我国采用2019年8月1日起实施的《绿色建筑评价标准》(GB/T 50378—2019)，作为绿色建筑的综合评价标准(见表1.11)。

表1.11　绿色建筑评价标准

<table>
<tr><th colspan="2">评价类型</th><th>各类民用建筑</th></tr>
<tr><td colspan="2">评价对象</td><td>单栋建筑或建筑群</td></tr>
<tr><td colspan="2" rowspan="2">评价阶段</td><td>预评价：施工图设计完成后</td></tr>
<tr><td>评价：建筑工程竣工后</td></tr>
<tr><td rowspan="3">评价指标</td><td>评价指标</td><td>安全耐久、健康舒适、生活便利、资源节约、环境宜居</td></tr>
<tr><td>指标性质</td><td>控制项、评分项、加分项(提高与创新)</td></tr>
<tr><td>评定结果</td><td>控制项：达标或不达标
评分项：分值
加分项：分值</td></tr>
<tr><td colspan="2">评价等级</td><td>三星级、二星级、一星级、基本级</td></tr>
<tr><td colspan="2">评价等级的前置条件</td><td>全装修、全装修工程质量、选用材料及产品质量应符合国家现行有关标准的规定</td></tr>
<tr><td colspan="2">评价等级的确定方法</td><td>满足全部控制项的要求，为基本级；满足全部控制项的要求，且每类指标的评分项得分不小于其评分项满分值的30%，按总得分确定一、二、三星级</td></tr>
</table>

资料来源：百度百科，《绿色建筑评价标准》(2019)。

三、绿色建筑的案例

坐落于英国伦敦的西门子“水晶大厦”是世界十大绿色建筑之一。该建筑集会议中心与展览馆于一体，与同类办公楼相比，可节电50.5%、减少二氧化碳排放65%，供热与制冷所需的能量全部来自可再生能源。该建筑使用了一种节能桩设备，可以利用不同季节中地下与建筑内的温差来调控温度。建筑屋顶还设有光伏系统以生成绿色电力，并可通过雨水收集系统循环利用雨水。在节能高效楼宇领域的BREEAM和LEED国际评估中，“水晶大厦”在“杰出奖”和“铂金奖”两组评选中均获得高分，成为全球最绿色的十座建筑之一。

第十三节 绿色交通

一、绿色交通的定义

绿色交通(Green Transport)，是指为了减轻交通拥挤、降低环境污染、促进社会公平、节省建设维护费用，而发展的低污染、有利于城市环境的多元化城市交通运输系统。

二、绿色交通的内容介绍

(一)绿色交通的意义

绿色交通主要表现为减轻交通拥挤、降低环境污染。这具体体现在以下几个方面：减少个人机动车辆的使用，尤其是减少高污染车辆的使用；提倡步行，提倡使用自行车与公共交通；提倡使用清洁干净的燃料和车辆等。

绿色交通更深层次上是指要发展成为可持续、协调的交通，其协调是指：

(1)交通与环境(生态环境、心理环境)的协调；

(2)交通与未来发展的协调，即交通要适应于未来的发展；

(3)交通与社会的协调，即交通要以人为本，为人类提供安全的交通；

(4)交通与资源的协调，即以最少的资源维持交通的需求。

(二)绿色交通工具

绿色交通工具是指在行驶中对环境不发生污染，或只发生微量污染的载客工具，它的使用是建立绿色交通体系的必要条件，对改善大气质量有很大的作用。加拿大人克里斯·布拉德肖于1994年提出“绿色交通体系”，其论点为绿色交通工具的优先级依次为步行、自行车、公共运输工具、共乘车，最末为单人驾驶的自用车。常见的绿色交通工具见表1.12。

表1.12 常见的绿色交通工具

以交通方式分类	步行交通、自行车交通、常规公共交通、轨道交通	
以交通工具分类	低污染车辆	双能源汽车、天然气汽车、电动汽车、氢气动力车、太阳能汽车
	电气化公共交通	无轨电车、有轨电车、轻轨、地铁

（三）绿色交通的发展

由美国的汤姆斯发明的世界上第一辆电动汽车诞生于1834年，它比1886年问世的世界上第一辆内燃机汽车还要早半个世纪。伴随着工业化的脚步，污染的问题日趋严重，人们逐渐意识到环境保护的重要性。以欧美国家为主的先进国家，纷纷开始强调保护环境、提升居住品质的重要性。1991年美国开始研发高能蓄电池，这是人类在绿色交通探索上的重大进步。继美国之后，法国、德国、意大利的各大汽车公司均投入巨资开始研发镍镉电池、镍氢电池、燃料电池等各种高性能电池。

中国将新能源汽车作为七大战略性新兴产业之一。习近平总书记提出："发展新能源汽车是我国从汽车大国走向汽车强国的必由之路。"国家863计划在启动之初即安排了电动汽车专项，累计投入3亿多元支持多项关键技术的研究，不断探索汽车工业发展战略。自20世纪90年代以来，国家计委、科技部等部门开始有组织、有领导、有步骤地推动电动汽车的研究开发与产业化。"电动汽车关键技术研究""电动轿车概念车开发"等国家"八五""九五"重大科技产业化工程项目，都取得了一批世界领先的技术成果，我国在实践中不断完善战略，缩小了与世界先进水平的差距。2013—2017年，我国新能源汽车市场开始兴起，2018年至今，我国新能源汽车市场走向成熟。过去十年中，中国电动汽车累计销量占世界总量的47%，中国发展培育出了全球最大的电动汽车消费市场，同时成为全球最大的电动汽车生产国。

到目前为止，我国各大一线城市的地铁轻轨都在不断完善与运行中，"绿色出行"的概念已经深入人心。预计到2050年，我国将建成约4500公里的轻轨线路，轨道交通完成的运量可达到城市公共交通运量的50%~80%。

（四）绿色交通的指导思想

绿色交通的指导思想见表1.13。

表1.13 绿色交通的指导思想

基本特征	协和性	只有在交通系统与城市布局、土地利用、环境保护等外部系统协作共生的基础上，才能实现可持续发展的绿色交通目标
	可持续性	可持续性是指人类的经济建设和社会发展不能超越自然资源与生态环境的承载能力，自然资源的持续利用是保障社会经济可持续发展的物质基础
	系统性	从系统论的观点来看，作为生命系统的人类和作为支撑系统的自然一起构成了一个复合系统，体现的是以"人是自然的成员"为价值导向的现代生态文明发展方式

续表

发展原则	人本位原则	城市交通系统归根结底是为人服务的，不仅应满足居民出行的基本需求，而且应当满足居民出行的方式选择需求，并且能把出行的负面影响减小到最低程度
	生态本位原则	生态本位要求处理好交通主体与自然界的关系
	公平性原则	当代人与后代人享有同等的发展权利和使用城市交通资源的能力
	协调性原则	城市交通必须协调好以下关系：一是城市道路交通与土地使用质量之间的关系；二是交通与环境之间的关系；三是交通供需平衡关系；四是动态、静态交通的关系；五是市内交通与市外交通的关系
	延续性原则	城市交通是经济发展的基础和前提条件，经济发展的终极目标是人民生活改善、社会环境整体提升
发展目标	功能目标	主要涉及城市交通的运输质量，包括安全性、可达性、选择性、服务性等，以及满足不同交通需求的能力
	环境（生态）目标	一方面要求城市交通行为对环境产生的负面及消极的影响最小，产生的负面效应在允许范围以内；另一方面要求对步行友好
	资源消耗目标	要求城市交通系统对人类有用资源的耗费较少，如土地、能源、资金（人类的劳力）等

资料来源：百度百科。

三、绿色交通的案例

我国珠海市发展绿色交通取得了阶段性成就。随着经济的增长，人口及机动车保有量不断增加，使得珠海市一度陷入交通拥堵严重的困境。高德地图《2016 年度中国主要城市交通分析报告》显示，珠海市在全国主要城市拥堵榜单中位于全国前 30 名，成为继深圳、广州、佛山之后的省内第四“堵城”。面对交通拥堵日益加剧的形势，珠海市政府大力建设交通枢纽工程，提升交通运输保障能力。

2013 年，珠海提出“智慧城市”建设目标，大力开发建设网页、APP、微信等平台，为市民出行提供智慧便利的方式。2014 年底，珠海提出“4520”交通体系建设概念。“4”是指城市慢行系统要占到整个出行方式的 40%，“5”是指在建成区 5 分钟要走到公交站，“20”是指保障公交的平均运营速度达到 20 公里每小时。短期目标是到 2020 年，建成“3030”的公共交通体系，即城市公交分担率达到30%，轨道交通占整个公交运营的30%。珠海将“4560”作为城市公共交通的远期建设目标，即实现公交出行方式占市民出行的45%，轨道交通承担其中的60%。

2015年是珠海推进实施交通建设大会战的关键之年，珠海市交通运输局决定大力发展绿色交通，推出了公交优先等政策，实行“以人为本、公交优先、绿色低碳”的交通发展理念，目标是截至2019年1月，珠海共拥有公共汽车线路185条、车辆2498辆。为了落实公交优先，珠海市交通运输局制定了公交三年行动计划，并试行定制公共交通出行服务。为发展绿色交通，珠海交通部门大力推进纯电动、LNG等清洁能源公交车与出租车的运力投放。同时，为解决加气站与充电站不足的难题，珠海市交通部门还发布了《珠海市机动车清洁能源补给站专项规划》，规划到2020年，全市设置社会充电站75个，充电桩1434个。

2021年，为构建畅顺的城市交通体系、缓解城市能级量级不足等问题，珠海将全面启动快速路网提升“三年行动计划”，推动打造区域航空枢纽和区域航运枢纽。通过强化城市规划的龙头作用，超前谋划布局适应城市快速扩容需求的交通基础设施，以助推珠海实现从“小而美”向“大而强”“大而优”转型跨越。统计数据显示，2021年珠海推进市级重点交通项目37个，年度投资计划100亿元。截至2021年8月底，年度累计完成投资约65.70亿元，年度投资计划完成率达65.70%。

第十四节　绿色消费

一、绿色消费的定义

2016年，发改委发布《关于促进绿色消费的指导意见的通知》，明确绿色消费是指以节约资源和保护环境为特征的消费行为，主要表现为崇尚勤俭节约，减少损失浪费，选择高效、环保的产品和服务，降低消费过程中的资源消耗和污染排放。

总体上，可以从五个维度理解中国绿色消费的内涵与外延（见表1.14）。

表 1.14 中国绿色消费的内涵与外延

维度	内容
理念	绿色消费鼓励消费的可持续和绿色化
数量	绿色消费体现消费的适度性和减量化
结构	绿色消费体现消费的合理性和平衡性
对象	目前首先关注的是食、住和行等日常生活的主要方面
方法	以消费环节带动生产、流通及处置全过程绿色化

二、绿色消费的内容

（一）绿色消费的产生

1968 年 3 月，美国国际开发署署长高达在国际开发年会上发表了题为《绿色革命——成就与担忧》的演讲，首先提出了“绿色革命”的概念。1971 年，加拿大工程师戴维·麦克塔格特发起成立了绿色和平组织。1972 年罗马俱乐部提出“成长的极限”，发表报告提醒世人重视资源的有限性和地球环境破坏问题。随后，越来越多人认识到人类应该将自己与自然环境和社会环境协调起来，寻求生态、能源、人口三者协调、健康发展，与大自然和谐共处，建立一个环境优美的“绿色文明”。“绿色消费”就是在这些“绿色运动”中提出来的。

（二）绿色消费与传统消费的区别

绿色消费与传统消费的区别见表 1.15。

表 1.15 绿色消费与传统消费的区别

	传统消费	绿色消费
中心	以满足人的需求为中心，无论需求是否合理、适度，也无论这种需求对生态环境是否造成破坏	以满足人的基本需求为中心，以保护生态环境为宗旨
追求	追求奢华，倡导高消费、多消费和超前消费，从而造成大量的浪费。在传统消费理念和消费方式影响下，消费水平的高低成为衡量人们身份与地位的标准。因此，人们为了显示身份和地位而消费，造成了极大的浪费	崇尚自然、纯朴、节俭、适度，在现有的社会生产力的发展水平下，在合理充分地利用现有资源的基础上，主张最大限度满足人的基本需要

续表

	传统消费	绿色消费
前提	是在资源过度耗费、利用率较低的前提下进行的。由于受当前的科学技术水平的限制，在生产消费品时，资源消耗量过大，利用率较低	是在充分利用资源、合理使用资源的条件下进行的。对于不能再生的资源，在开采和消耗的同时，积极开发和寻找可替代资源
结果	已经带来了资源短缺、生态破坏、环境污染等后果	把环境保护和生态平衡放在首位。生产消费过程将实施清洁生产技术。生活消费首先是消费绿色产品，其次在消费过程中不会带来环境污染，如生活垃圾分类包装、不用不可降解的塑料制品、废旧家用电器要合理回收和再利用等

三、中国绿色消费的现状、特点及存在的问题

(1)绿色消费产品供给不足，无论是绿色食品、节能产品、绿色建筑、公共交通还是环境标志产品，规模都较小，远未成为衣食住行必需消费品的主流，相关绿色消费选择的资源环境的规模效益有限。

(2)选择绿色消费品的意愿增长较快，但践行度较低。《公民生态环境行为调查报告(2020年)》中指出，公众高度认可绿色消费的重要性，但只有五成受访者经常做到绿色消费，践行度相对较低。这说明消费行为和生活方式的绿色化面临很大挑战。

(3)推动绿色消费工作尚未进入政府的重要议事日程，政策没有形成体系、激励作用与约束力都不够。具体表现为：一是缺乏系统谋划和顶层设计，国家相关文件与法规只体现了绿色消费的理念和原则要求，具体政策大多为政府部门颁发的管理办法、通知、指导意见等规范性文件，门类不全，政策层次及效力较低，操作性不够；二是对绿色消费的推动力度不足，对绿色消费引领作用不明显。在绿色产品领域，与资源能源节约相关的政策较多、效果较好，但与环保相关的政策少、效果弱，经济政策激励普遍不足，调控作用有限。

四、发展绿色消费的建议

一是生产企业应加大绿色产品研发投入，降低绿色产品的实际溢价水平，从而让消费者买得起用得起绿色产品。二是消费者应树立绿色消费理念，践行绿色消费行为和培育绿色生活方式。三是政府应建立关于绿色消费的中长期目标及具体衡量指标，制定并实施技术、产品、质量等标准体系，提高政

策可操作性，建立绿色消费数据库，构建生态信用体系，通过信用评级与信息共享促进绿色消费激励机制的形成。同时，运用税收减免、补贴、绿色金融等经济手段扶持绿色产业，营造绿色消费氛围。

第十五节　绿色技术

一、绿色技术的概念

绿色技术（Green Technology）又被称作生态技术（Ecological Technology），它发端于20世纪60—70年代西方工业化国家的社会生态运动，是对减少环境污染，减少原材料、自然资源和能源使用的技术、工艺或产品的总称。

二、绿色技术的具体内容

（一）绿色技术的提出背景

绿色技术的发展经历了漫长的历史，也是科技发展的必然趋势。绿色技术的概念被正式提出是在20世纪90年代，在此之前的公害事件和环境问题使科学家认识到绿色技术的重要性。为了解决环境问题，人类需要更为先进的技术来寻求一种新的技术体系，以实现人类的可持续发展。在此背景下，绿色技术应运而生。

从20世纪40年代开始，发达国家出现了一系列因水体、大气污染而引发的公害事件，比如20世纪30年代至70年代著名的八大公害事件，它们分别是：马斯河谷烟雾事件、多诺拉烟雾事件、伦敦烟雾事件、洛杉矶光化学烟雾事件、日本水俣病事件、富山事件、四日事件和米糠油事件。这些污染事件都是工业污染导致的，持续了很长时间，严重影响了当地居民的健康和生命。20世纪70年代至80年代，发达国家的公害事件有增无减，严重恶化了当地的生态与环境，造成了巨大的经济损失。

广大发展中国家也出现了环境问题，即所谓"贫困型污染"，其深层次的根源在于人口、经济、资源、环境四个系统之间的恶性循环。

（二）绿色技术的分类

根据国家发改委2021年1月印发的《绿色技术推广目录（2020年）》，按照应用产业不同，绿色技术可分为五类(见表 1.16)。

表 1.16　绿色技术分类

种类	数量	示例	适用范围
节能环保产业	63	基于燃烧和润滑性能提升的车用燃油清净增效等	交通车辆污染源治理、高效节能装备、土壤修复、余热利用、装备再制造、大气污染防治、资源循环利用、城镇污水处理、工业废水处理、工业尾气处理、高效节水、无毒无害原料替代、新能源装备制造、矿山生态环境恢复、生态农业、绿色畜牧业、绿色交通等 20 余项
清洁生产产业	26	复杂多金属物料协同冶炼及综合回收关键技术等	
清洁能源产业	15	海上风电场升压站结构设计、建设和保障技术等	
生态环境产业	4	基于“类壤土”基质的矿山生态环境综合治理技术等	
基础设施绿色升级	8	基于物联网、大数据和云平台技术的共享两轮车全生命周期智能运营管理技术等	

资料来源：中华人民共和国国家发展和改革委员会《绿色技术推广目录(2020 年)》。

(三)绿色技术的价值

绿色技术的价值主要包括经济价值和伦理价值。

绿色技术的经济价值包括：

(1)内部价值：指绿色技术开发者或绿色产品生产者获得的价值，如清洁生产设备在市场销售获得的价值等。

(2)直接外部价值：指绿色技术使用者和绿色产品消费者获得的效益，如使用绿色食品提高人们的健康水平等。

(3)间接外部价值：指未使用绿色技术者获得的效益。这是所有社会成员均能获得的效益，如干净的水、清新的空气，这也是绿色技术负载的最高经济价值。

绿色技术的伦理价值是指，绿色技术负载着一种新型的人与自然关系，人类社会和自然界是辩证统一的：一方面，人与自然相互联系、相互依存，人本身就是自然界的一部分。另一方面，人要不断地认识自然、改造自然，但人类的发展活动必须尊重自然、顺应自然、保护自然，这是实现可持续发展的必由之路，开发使用绿色技术就是在保护自然。

(四)中国绿色技术的发展情况

中国自 1973 年召开第一次全国环境保护会议起，绿色技术的发展就拉开了序幕。

1996年制定的《中国跨世纪绿色工程规划》中明确指出，我国环境保护重点有能源、电力、冶金、化工等行业，这些行业污染物排放量占全国工业污染物排放量的90%以上。与此对应，我国要相应开发能源、材料、资源回收及利用等方面的绿色技术。同时，农业的可持续发展也是重点。

2001—2005年，基于我国国情，“十五”计划将发展作为主题，产业结构调整作为主线。工业生产方面，主要综合运用经济、法律和必要的行政手段，关停浪费资源、污染严重的厂矿，淘汰过剩生产能力。生态环境保护方面强调城市污染的综合治理，重视农村污染。

2006—2010年，“十一五”规划首次提出建设资源节约型、环境友好型社会，全面推行清洁生产，积极开发和推广资源节约、替代和循环利用技术，加快企业节能降耗的技术改造。

2011—2015年，“十二五”规划对各主要行业的绿色发展做出了具体布局，比如，汽车行业要提高节能和环保水平，冶金和建材行业要在资源利用和节能减排等方面取得新进展，建筑业要推广绿色建筑、绿色施工等。

2016—2020年，“十三五”规划明确创新、协调、绿色、开放、共享的新发展理念，强调和坚持绿色发展。农业生产方面强调利用科技绿色增产，工业方面深入实施《中国制造2025》，利用绿色技术发展绿色行业，构建绿色经济体系。

目前，在“十四五”规划及“两山”理念的指导下，我国正推动经济社会发展全面绿色转型。此外，从微观层面看，自1997年以来，我国绿色发明专利总体呈上升趋势，绿色技术不断取得新突破。

三、绿色技术案例分析——清洁煤技术

清洁煤技术由美国在20世纪80年代中期最先提出，主要是指通过利用新型的煤炭加工、燃烧、转换技术降低煤炭生产和使用过程中对环境污染程度的一种技术。90年代中国开始重视清洁煤技术，于1994年成立清洁煤技术开发研究的专门机构“煤炭工业洁净煤工程技术研究中心”，并在1995年成立“国家洁净煤技术推广应用领导小组”，负责推广清洁煤技术。

清洁煤技术在不同领域有不同的应用，例如：水煤浆气化技术。水煤浆是20世纪70年代世界石油危机中发展起来的一种以煤代油的新型燃料，是一种能够有效减少气体颗粒物排放，降低大气污染程度的清洁煤生产技

术。水煤浆是把灰分很低而挥发分很高的煤研磨成250~300微米的微细煤粉，按煤约70%、水约30%的比例，加入适当的化学添加剂配制而得到的。目前我国在煤炭成浆、制浆、级配及其相关技术等领域的研究处于国际前沿水平。

第十六节　绿色供应链

一、绿色供应链的定义

绿色供应链首次于1996年由美国密歇根州立大学制造研究协会提出。该理论以绿色供应链管理技术和绿色制造理论为基础，旨在从物料获取到产品包装、加工成型的整个生产和运输过程中，使产品生产对环境消耗的副作用最小化、物料资源利用效率最大化。绿色供应链又称环境管理供应链（Environmentally Supply Chain，ESC）或环境意识供应链（Environmentally Conscious Supply Chain，ECSC）。

二、构建绿色供应链的意义

从品牌角度，构建绿色供应链有助于企业塑造绿色健康的品牌形象，提高品牌美誉度与溢价；从供应链角度，构建绿色供应链有助于加强整个供应链的协同效益；从客户角度，构建绿色供应链有助于增加客户的绿色参与度，提升企业社会形象，并赢得客户的长远信任；从竞争角度，整合上下游企业施行绿色供应链标准，有助于链上企业以绿色为核心增强竞争优势。

三、绿色供应链的发展历程

（一）政策历程

欧盟早在2003年便提出电机电子领域的绿色供应链回收标准，后续欧盟及美国等发达经济体相继建立各领域的绿色供应链标准，国外大型企业积极参与其中。

我国绿色供应链发展以地方试点为起点，并从国家标准的建立逐步延伸到各部门具体分工。2015年，天津市出台《天津市绿色供应链管理暂行办法》，其后发布了我国首个地方绿色供应链标准。2017 年 5 月，全国绿色制造技术标准化技术委员会发布了我国首个绿色供应链管理的国家标准《绿色制造——制造企业绿色供应链管理导则》。2017 年 10 月，国务院办公厅印发的《国务院办公厅关于积极推进供应链创新与应用的指导意见》中提出要“积极倡导绿色供应链”并明确部门分工。2021 年 2 月，国务院发布的《关于加快建立健全绿色低碳循环发展经济体系的指导意见》强调加快落实生产者责任延伸制度，特别是加快构建废旧物资循环利用体系，提升资源产出率和回收利用率（见图 1.3）。

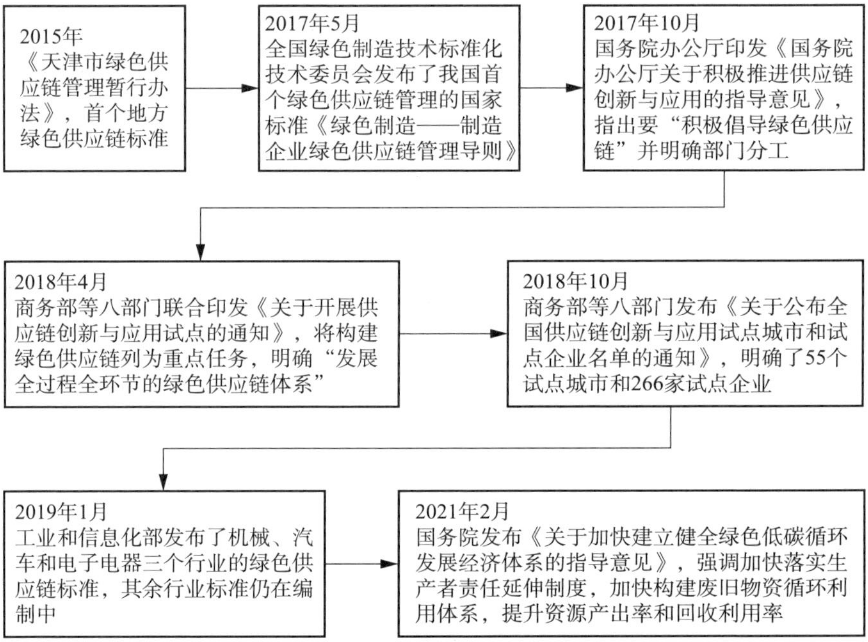

图 1.3　绿色供应链相关政策

（二）市场发展

2016 年 6 月，万科、朗诗等代表性房企发起了“中国房地产行业绿色供应链行动”，并在随后联合发布《中国房地产行业绿色采购标准白皮书》，通过企业绿色采购的方式倒逼上游重污染供应商减少排污、降低碳排放，减轻房地产行业对环境的损害。

绿色供应链与绿色金融结合方面，2019 年，汇丰银行与沃尔玛公司在中国开展可持续供应链金融项目，对沃尔玛参与“十亿吨减排项目”的供应商提供差异性利率优惠；同年，兴业银行发布《绿色供应链金融业务指引》，全面搭建绿色供应链金融产品体系，指导其所辖范围内的金融机构开展绿色供应链金融业务。

四、绿色供应链的发展建议

（一）完善法律法规，明确责任体系，加强环境执法

我国绿色供应链发展目前仍处于政策指导阶段，相关法律法规仍不健全，约束能力有限。因此，要推动绿色供应链发展，势必要完善法律法规，明确绿色供应链中不同环节、职能的责任与义务，同时加大环境执法的力度。

（二）加快建立细分行业绿色供应链标准

目前我国绿色供应链仅有电子电器、汽车、机械等行业有较为明确的官方标准，而其他大多数细分行业标准仍不明确或在制定中。加快建立细分行业绿色供应链标准，有利于推动整条供应链的绿色改革，进而推动与该行业供应链交叉的其他行业建立绿色供应链标准。标准的制定可以沿着供应链传导，有助于推动全行业绿色供应链搭建。

（三）绿色供应链与绿色金融融合发展

建议出台相关政策，规范金融机构给予合规绿色供应链上企业优惠利率；提出激励政策，鼓励金融机构投入资金与资源开展绿色供应链金融服务。通过绿色金融手段解决中小供应商企业资金问题，并加快企业实现绿色转型。

（四）加大社会宣传力度，建立长效市场化激励机制

向公众加大环保意识宣传力度，同时在政府、企事业单位与大型活动中推行绿色采购制度，从而带动个人及社会形成以绿色环保为导向的消费观念。通过改变市场环境、建立群众共识和从需求端有效激励企业进行绿色转型，建成长期有效的市场化激励机制。

第十七节　氢经济

一、氢经济的定义

氢经济(Hydrogen Economy)是能源以氢为媒介(储存、运输和转化)的一种未来的经济结构设想，是 John Bockris 于 1970 年在美国通用汽车公司(General Motors)技术中心演讲时提出的。氢是一种清洁能源，燃烧生成水，不会产生任何污染物。氢经济是以氢作为能源，通过电解水产生氢，其能量来源为各种清洁能源，例如太阳能、核能、风能、潮汐能等。氢作为二次能源可以通过管道输送直接燃烧使用，也可以通过燃料电池转化成电能使用。

可利用氢燃料电池取代当前污染环境、不可再生的化石燃料来发电。加大对储氢材料、氢的电解制取和燃料电池的开发力度，大幅度降低其成本，是实现氢经济结构的重中之重。氢经济的目标是取代现有的石油经济体系，实现可再生可持续发展的经济模式。

二、氢经济具体内容

（一）氢能源的优越性

氢是宇宙中分布最广泛的物质，它构成了宇宙质量的 75%。地球上氢的储量非常丰富，如把海水中的氢全部提取出来，将是地球上所有化石燃料热量的 9000 倍，因此氢能被称为人类的终极能源。氢具有以下主要优点：

(1)燃烧热值高：每千克氢燃烧后的热量，约为汽油的 3 倍、酒精的 3.9 倍、焦炭的 4.5 倍。

(2)氢燃烧的产物是水，是世界上最干净的能源。

(3)氢资源丰富：氢气可以由水制取，而水是地球上最为丰富的资源。从制取到燃烧，演绎了自然物质循环利用、持续发展的过程。

(4)氢燃料电池的效率高过很多汽车内燃机。

（二）氢能产业链

氢能产业链见图 1.4。

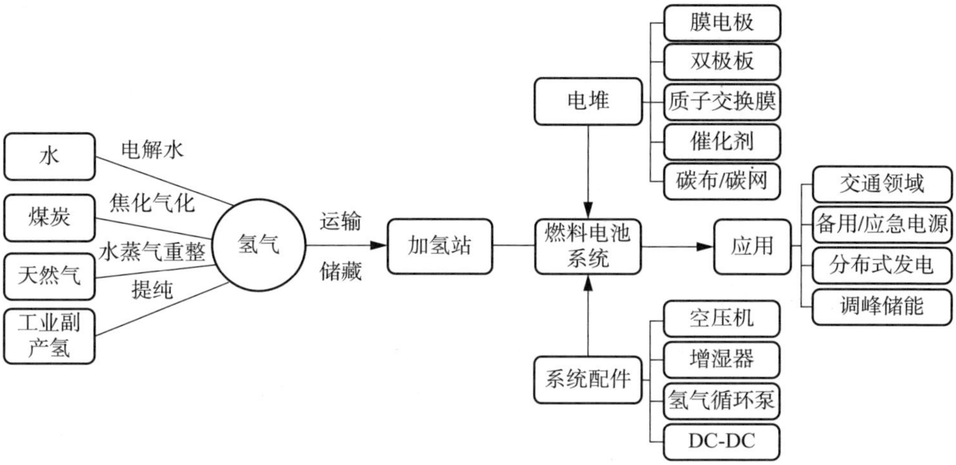

图 1.4　氢能产业链

资料来源：根据 2020 年 9 月 14 日《财经》杂志公开资料整理。

三、中国氢能产业的发展现状及难点

2020 年 4 月，国家能源局发布《中华人民共和国能源法(征求意见稿)》，更新了对能源的定义，将氢能列入能源范畴，这是中国首次从法律上确认氢能属于能源。

目前氢能产业最显著的应用场景是氢燃料电池汽车。在国家和地方政府的政策支持下，近年来我国氢燃料电池汽车行业发展迅速。2017 年，我国燃料电池汽车总销量为 1272 辆，2018 年为 1527 辆，2019 年为 2737 辆，近三年复合增速为 46.69%，历年累计销量为 6175 辆。

氢能和燃料电池产业的大规模应用的难点在于氢气的储运和加注环节。氢在常态下是一种体积庞大的气体，不像汽油那样容易使用。压缩氢气需要消耗能量，而且压缩后的氢所提供的能量也远低于同等体积的汽油。只有储存问题得以解决并且能够标准化，氢站网络以及用于运输氢的基础设施才能建立，氢站才会迅速发展。

氢气输送管线要求很高，高过任何电线管路，也比天然气管线贵将近三倍。因为氢会加速一般钢管的碎裂(氢脆化)，增加维护成本、泄漏风险和材料成本，所以投资建设大量的管线以储存和分配氢到应用端，对进入氢经济时代至关重要。

我国拥有丰富的氢源基础，制氢技术完全能支撑氢能中远期发展。预测显示，到2050年，氢能将占我国终端能源体系的10%，对应用量约为1亿吨。但包括储存与输送设施在内的氢能基础设施发展滞后，且现有方式的储运成本和碳排放对运输距离和供应量较为敏感，亟待开展大规模制氢、储氢和输配工程示范。

四、氢经济在中国的发展方向

（一）制氢路径

中国侧重化石能源制氢。根据万联证券研究所2020年1月发布的报告，中国的氢能源结构中，煤制氢占62%，天然气制氢占19%，可再生能源电解水制氢仅占1%。中国工程院院士、中国矿业大学教授彭苏萍认为，2025年以前，化石能源制氢将是中国最主要的制氢路径。2050年以后，随着可再生能源的发展，化石能源制氢将退居第二。换句话说，化石能源制氢+CCUS（碳捕获、利用与封存技术）是中国氢能产业近20年里首要考虑的路径，有的地方可以因地制宜，比如海南。中国若想实现可再生能源制氢（绿氢）的大规模商业化发展，必须具备两个因素：可再生能源发电成本的下降，以及电解水制氢设备的技术进步。

相反，欧盟的氢能发展规划提出反对化石能源制氢，而要大力发展绿氢，在2030年至2050年实现绿氢的大规模商业化。相关人士表示，欧洲具有大力发展绿氢的条件。德国是全球电解制氢领域的领导者，其电解水制氢装机容量占全球的45%，欧洲其他地区则占28%。而且欧盟拥有密集的电力和天然气基础设施等优势，这使其他国家无法直接复制欧盟的制氢路径。

（二）氢能补贴

中国现阶段的补贴主要集中在交通领域的氢燃料电池上。在财政部以及各地方政府出台的氢能发展补贴政策中，主要针对氢燃料电池车、加氢站等对象给予补贴。例如，佛山市对加氢站建设补贴最高达到800万元，并对每消费1公斤氢气补贴20元。这促进了中国氢燃料电池车辆和加氢站数量的快速增长。相反，欧盟则计划将氢能更多地使用在化学工业、发电，以及建筑供暖等诸多领域，而对燃料电池车的直接补贴不多。

—— 第二章　绿色金融体系 ——

第十八节　可持续金融

一、可持续金融的定义

可持续金融(Sustainable Finance)这一概念目前尚无明确统一的定义。在联合国环境规划署(United Nations Environment Programme, UNEP)发起的调查可持续金融体系设计(The Inquiry Into The Design of A Sustainable Financial System)工作报告《我们需要的金融体系》(*The Financial System We Need*),以及2016年9月,其为G20绿色金融研究小组(G20 Green Finance Study Group, GFSG)提供的调查工作报告《定义和概念背景说明》(*Definitions And Concepts Background Note*)中,对可持续金融和其他相近概念的描述是:"可持续金融包括广泛的环境、社会、经济和公司治理(Environmental、Social、Governance, ESG)的内容,而例如绿色金融范围相对狭窄,仅针对环境问题。那些只针对缓解气候变化和/或适应气候变化影响的(气候金融)范畴则更窄。"

欧盟将可持续金融这一概念定义为:"支持经济增长,同时减少对环境的压力,并考虑社会及公司治理等因素的金融融资。可持续金融还包括可能影响金融体系的ESG相关风险披露是否透明,并通过对金融机构和企业适当地加强管治来减轻此类风险。"

二十国集团(G20)的G20可持续金融研究小组(G20 Sustainable Finance Study Group, SFSG)在2018年7月发布的可持续金融综合报告(Sustainable Finance Synthesis Report)中,将可持续金融这一概念表述为:"直接、间接支持可持续发展目标,为实现强劲、可持续、平衡、普惠的增长所进行的融资以及相关的机构和市场布局。同时，一个适宜的可持续金融发展框架也可通过充分应对风险和市场失灵（如外部性）以提高金融市场的稳定性和效率。”

依照国际资本市场协会（International Capital Market Association，ICMA）在2020年5月的报告《可持续金融概要释义》（*Sustainable Finance High-level definitions*）中的概念，可持续金融被认为是包括气候、绿色和社会责任金融，并考虑被融资机构长期经济发展的可持续性，以及整个金融体系的作用及运行稳定性等更广泛的内容的金融。

综上，可以将可持续金融定义为包含了ESG投资、绿色金融、社会责任金融和气候金融等相近概念，能够促进经济社会可持续发展的金融概念。图2.1直观地说明了可持续金融和其他相近概念之间的关系，特别是各概念所涵盖范围的交集和子集关系。

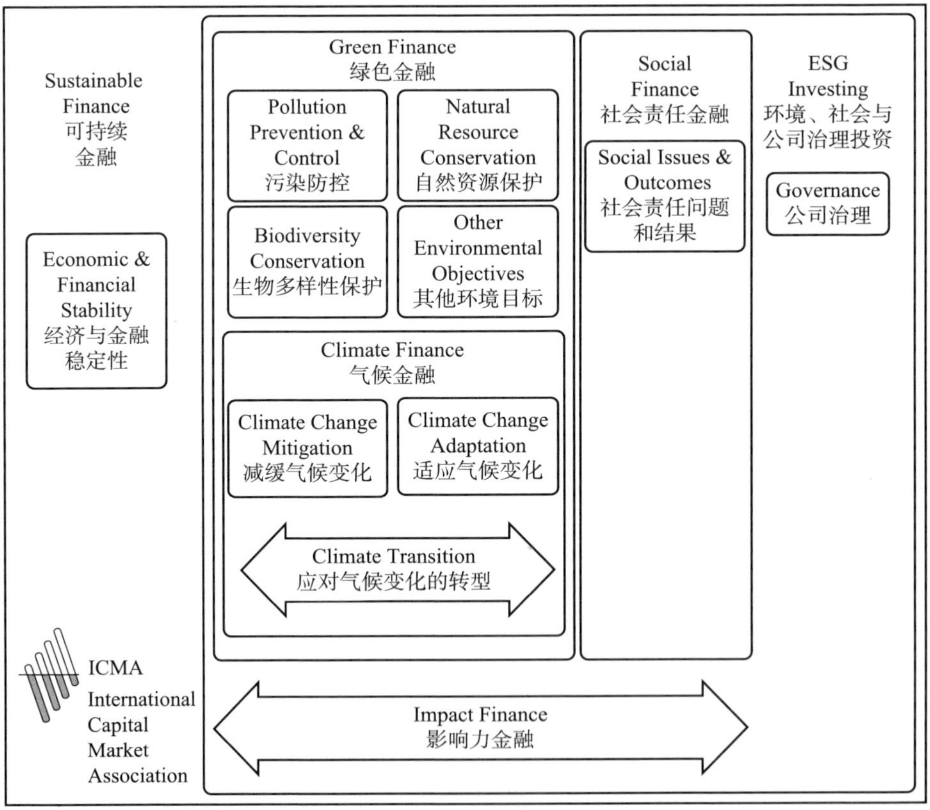

图2.1 可持续金融和其他相近概念之间的关系

资料来源：中国银行提供的ICMA官方报告翻译版本。

二、可持续金融的中国实践

在2019年10月18日举行的国际货币基金组织(International Monetary Fund, IMF)与世界银行(The World Bank, WB)年度会议上，欧盟与中国、印度、加拿大、阿根廷等国家相关机构共同发起“国际可持续金融平台(IPSF)”，旨在动员私营部门投资于绿色转型行业，进一步推动绿色金融发展。IPSF自成立之初就得到了气候行动财长联盟、欧洲复兴开发银行、欧洲投资银行等机构和组织的支持。2020年10月16日，央行行长易纲应邀出席了国际可持续金融平台(IPSF)一周年线上活动，与欧盟委员会执行副主席东布罗夫斯基斯共同宣布，由中欧联合牵头的IPSF绿色分类术语工作组成立，标志着中国可持续金融的进一步发展。

2020年1月，汇丰银行(中国)有限公司推出了“可持续金融碳减排激励计划”，致力于为响应国家政策、投放资源于环保项目、实行低碳经济营商方案的企业提供金融服务支持。该计划适用于能实现碳减15%及以上并在贷款市场协会绿色项目目录内的项目，包括但不限于：再生能源项目、提高能效项目、绿色建筑项目、清洁运输项目等。通过该计划递交的申请项目，除了要通过传统的评估授信审批等流程，还会由专业的技术顾问对申请做出“碳减排适用性审核”和环境绩效评估，符合计划要求并顺利通过的申请方在授信期间还会额外获得通过现金返还方式发放的碳减排优惠金。

2020年5月，香港金融管理局(金管局)和证券及期货事务监察委员会(证监会)成立绿色和可持续金融跨机构督导小组，以加快香港绿色和可持续金融的发展。同年12月，督导小组发布香港的绿色和可持续金融的策略计划并提出短期内需要落实的五个行动纲领：相关行业必须在2025年或之前按照气候相关财务披露工作小组的建议，就气候相关资料做出披露；在国际可持续金融平台下，以采纳共同绿色分类目录为目标；支持制定国际可持续财务汇报准则；鼓励进行以气候为重点的情境分析；建立统筹监管机关、业界持股者及学术机构的平台和可持续金融资料库。

为贯彻落实2020年5月由央行等四部委发布的《关于金融支持粤港澳大湾区建设的意见》，2020年8月，深圳市联合央行深圳市中心支行、深圳证监局等制定了《深圳市贯彻落实行动方案》，该方案提出要将深圳打造成全球金融科技中心和全球可持续金融中心。在打造全球可持续金融中心方面，2020年7月深圳与伦敦金融城成功联合举办“疫情背景下的ESG投资”论坛，围绕

ESG市场的发展现状，讨论交流ESG投资的理论与实践，分享责任投资的经验与做法，共同探讨成份股指数纳入上市公司进行ESG测评方面的要求与规定。同月，联合国开发计划署（The United Nations Development Programme，UNDP）的深圳全球可持续金融中心可行性研究项目启动会在线上成功举办，各方就在深圳市建立一个UNDP旗下的全球可持续金融中心达成了初步共识，并启动全球可持续金融中心可行性研究项目。2021年3月，全国首部绿色金融地方立法《深圳经济特区绿色金融条例》在深圳市正式施行。

第十九节　绿色金融

一、绿色金融的定义

根据中国人民银行等七部委联合印发的《关于构建绿色金融体系的指导意见》，绿色金融是指为支持环境改善、应对气候变化和资源节约高效利用的经济活动，即对环保、节能、清洁能源、绿色交通、绿色建筑等领域的项目投融资、项目运营、风险管理等提供的金融服务。

二、绿色金融具体内容

（一）“三大功能”

所谓绿色金融“三大功能”，主要是指充分发挥金融支持绿色发展的资源配置、风险管理和市场定价三大功能。具体而言，资源配置功能是指通过货币政策、信贷政策、监管政策、强制披露、绿色评价、行业自律、产品创新等，引导和撬动金融资源向低碳项目、绿色转型项目、碳捕集与封存等绿色创新项目倾斜。风险管理功能是指通过气候风险压力测试、环境和气候风险分析、绿色和棕色资产风险权重调整等工具，增强金融体系管理气候变化相关风险的能力。市场定价功能是指推动建设全国碳排放权交易市场，发展碳期货等衍生产品，通过交易为排碳合理定价。

（二）发展历程

2016年8月，《关于构建绿色金融体系的指导意见》出台，中国成为世界上首个建立绿色金融政策框架体系的经济体。2017年党的十九大明确提出要发展绿色金融，绿色发展、绿色金融已经上升为国家发展战略。2018 年中国人民银行牵头成立绿色金融标准工作组。2021 年 4 月中国人民银行、发改委、证监会联合发布《绿色债券支持项目目录(2021 年版)》，中国绿色金融发展正在有条不紊地推进。具体而言，我国绿色金融的发展大致可以分为三个阶段(见图 2.2)。

2005—2008年 起源阶段	2009—2014年 逐步发展阶段	2015年至今 规模化发展阶段
· 国家政策层面:节能减排和环境保护日益得到重视 · 监管政策层面:《节能减排授信工作指导意见》推出 · 金融机构行动层面:第一个绿色信贷产品、第一家赤道银行相继出现	· 国家绿色政策不断加码 · 中国绿色信贷政策体系逐步建立、发展和完善 · 更多银行开展绿色信贷，绿色金融产品逐渐丰富，支持项目的领域范围扩大	· 绿色发展、绿色金融、生态文明政策密集出台 · 绿色金融成为银行重要业务 · 绿色金融体系开始建立，绿色金融上升为国家发展战略

图 2.2　我国绿色金融的发展阶段

(三)发展现状

我国绿色金融发展至今，在标准体系、信息披露、激励机制、产品设计以及国际合作等方面均取得了很大进展。

在标准体系方面，我国已经制定了三套绿色标准，涵盖绿色贷款、绿色债券和绿色产业，分别为中国银监会(现为银保监会)2013 年发布的《绿色信贷统计制度》、发改委等七部委于 2019 年 3 月发布的《绿色产业指导目录(2019 年版)》、中国人民银行等于 2021 年 4 月修订的《绿色债券支持项目目录(2021 年版)》。此外，2016 年 8 月，中国人民银行等七部委联合发布了《关于构建绿色金融体系的指导意见》，为绿色金融体系建设提供了一个全面的政策框架。

在信息披露方面，我国正逐步建立强制性的环境信息披露制度。2017 年，证监会对上市公司定期报告准则进行了修订，强制要求环境保护部门所圈定的重点排污单位披露有关环境信息，对重点排污单位之外的公司的环境信息披露则实行“遵守或解释”政策。

在激励机制方面，我国逐渐发展出了由中央到地方、多层次、创新性的一系列激励机制，包括绿色再贷款、贴息、增信、将绿色信贷和债券纳入合格担保品范围、将绿色信贷绩效纳入宏观审慎评估等，鼓励金融机构支持具有良好环境效益的项目和企业。尤其是中国人民银行于 2021 年 6 月 9 日印发的《银行业金融机构绿色金融评价方案》，标志着银行业金融机构的绿色金融业务发展有了正式、全面的评价体系。

在产品设计方面，我国的绿色金融产品不断创新，除了传统的绿色信贷、绿色债券外，还发展出绿色基金、绿色保险、绿色 PPP 等结合我国国情和行业特点的金融产品。

在国际合作方面，我国深度参与绿色金融议题，于 2016—2018 年担任了二十国集团（G20）绿色金融研究小组联合主席，参与发起了央行与监管机构绿色金融网络（Central Banks and Supervisors Network for Greening the Financial System，NGFS）和国际可持续金融平台（IPSF），并与英国、法国建立了双边合作机制，还将于 2021 年起与美国共同主持 G20 可持续金融研究小组。与此同时，中国还积极与发展中国家围绕绿色金融的知识和实践展开交流。其中，蒙古可持续金融协会在清华绿色金融中心和中国金融学会绿色金融专业委员会的技术支持下建立了该国的第一个绿色金融分类标准。

三、案例

2021 年 8 月 2 日，“国证香蜜湖绿色金融指数发布暨深圳市绿色金融机构授牌仪式”在深圳证券交易所上市大厅成功举行。活动上，国内首只反映绿色金融产业发展的股票指数成功发布，深圳首批 11 家绿色金融机构成功授牌，充分彰显了深圳绿色金融发展的成效。

国证香蜜湖绿色金融指数（代码 980052）是深圳市福田区政府联合深交所信息公司研发完成的国内首只反映绿色金融产业发展的股票指数。该指数基于市场公开信息，科学量化评估企业的绿色金融活动，有助于资源的优化配置，引导更多资本投入绿色产业，助力双碳国家战略，对于整个行业具有极强的引领示范效应。该指数是福田区和深交所信息公司合力打造的第三只“香蜜湖”系列股票指数，前两只分别是金融科技指数（代码 399699）和文化创意指数（代码 980046）。

第二十节　气候金融

一、气候金融的概念

气候金融（Climate Finance）是与应对气候变化相关的创新金融，是利用多渠道资金来源、运用多样化创新金融工具促进全球低碳发展和增强人类社会应对气候变化的韧性的金融模式。气候金融衍生于联合国气候变化大会关于资金机制的谈判。

气候金融是绿色金融的一个重要组成部分。绿色金融除了包括气候金融所关注的应对气候变化，还增加了支持环境改善、污染防治、提高自然资源保护、资源节约高效利用等内涵范围。

二、气候金融内容介绍

（一）背景介绍

工业化在创造日益丰富的人类物质财富的同时，也产生了各种温室气体，加剧了全球变暖，联合国政府间气候变化专门委员会（The Intergovernmental Panel on Climate Change，IPCC）发布的《2021 年气候变化报告》指出，2030 年之前全球平均气温会超过前工业化时期 1.5°C，而这一临界点的打破意味着地球将面临更多的灾难性挑战。全球变暖导致的极端气候变化将给人类赖以生存和发展的地球带来不可逆转的灾难性后果。

（二）气候变化与气候金融模式

现有研究表明，气候风险中的物理风险与转型风险均可能威胁到金融稳定与经济发展。其中，物理风险主要通过银行融资渠道和保险业务渠道，转型风险主要通过资产价值重估渠道影响金融机构资产安全，对金融体系的稳定性产生负面冲击。而且，这种负面冲击可能进一步通过金融与实体经济的相互作用导致宏观经济波动，从而形成恶性循环。

为应对气候变化，机构部门运用多样化的金融工具来促进全球低碳发展、增强人类应对气候变化的能力。通过积极引导资金投向绿色低碳技术，有助于在不大幅牺牲 GDP 增长的情况下，通过提高能源效率及降低能源碳强度来实现碳减排，缓解转型风险。另外，金融机构提高风险防范意识、提高市场数据可得性，都能缓解气候风险。

三、气候金融业务的国际实践

（一）英国

英国是较早实践气候投融资的国家，除了出台气候变化税以外，还针对碳排放交易和基金方面进行了实践。第一，英国是全球首个实施温室气体排放交易机制的国家，碳排放制度是以排污权交易为主体，法律、协议为辅助的混合治理机制。第二，英国绿色投资银行通过控股公司将资金投入到风电企业，所得资金全部用于气候领域。基于这样的运作模式，英国绿色投资银行建立的离岸风电基金成为欧洲最大的可再生能源基金。

（二）德国

设立城市气候融资缺口基金。2020 年 9 月 24 日，德国、卢森堡政府联合世界银行、欧洲投资银行等金融机构，设立了城市气候融资缺口基金。除此以外，德国还出台了《气候保护法》，全球有近 200 个国家都在积极深化减碳行动，但鲜有国家以立法形式强制性执行。

四、中国气候金融的实践

近年来，我国绿色金融发展迅猛，而气候金融作为绿色金融的重要部分，也在其带动下经历了快速的发展。

2020 年 10 月，生态环境部、发改委、人民银行、银保监会和证监会五部委联合印发《关于促进应对气候变化投融资的指导意见》，这是首次从国家层面给出气候投融资方面的顶层设计，自此打开了中国气候投融资的新局面。2021 年 12 月，生态环境部、发改委、工业和信息化部、住房和城乡建设部、人民银行、国资委、国管局、银保监会、证监会九部委联合印发《关于开展气候投融资试点工作的通知》，并发布《气候投融资试点工作方案》，开启了我国气候金融发展的新起点。

在此之前，中国对气候金融已有成功的探索。

2017 年 9 月 28 日，中国工商银行（以下简称“工行”）在卢森堡成功发行首笔“一带一路”绿色气候债券，该笔债券最终发行量折合约 21.5 亿美元，覆盖美元和欧元两个币种，3 年和 5 年两个期限，并在卢森堡证券交易所挂牌上市。工行本次绿色气候债券发行同时创造了六项市场纪录：其一，工行于 9 月 25 日创建的《绿色债券框架》是第一个同时满足国际和国内最新绿色债券标准的框架；其二，本次债券发行框架是第一个获得挪威奥斯陆国际气候与环境研究中心（CICERO）第二意见的中资机构绿色债券框架；其三，工行通过此次发行成为迄今为止唯一获得 CICERO“深绿”评价的中资发行人；其四，本次发行的绿色债券是第一笔获得气候债券倡议组织（Climate Bonds Initiative,

CBI)“气候债券”认证的中资金融机构债券；其五，本次发行的绿色债券是第一笔以“一带一路”沿线绿色项目为主题的绿色债券；其六，创造了单笔发行欧元金额最大的中资绿色债券纪录。

2020 年 7 月，国家开发银行多市场发行 3 年期 100 亿元首单“应对气候变化”专题“债券通”绿色金融债券，用于低碳运输等项目。根据 CBI 统计，2019 年有 2168 亿元人民币（313 亿美元）的绿色债券符合 CBI 气候债券标准，主要投向领域包括交通（37%）、能源（28%）、水资源（18%）、建筑（6%）等。

根据兴业研究的分析，2018 年末我国气候信贷余额超过 6 万亿元，占全部绿色信贷余额的 70%以上；国内发行的气候融资相关的绿色债券超过 1300 亿元，约占绿色债券的 60%；公募发行的环境、社会责任类证券基金规模为 1395 亿元左右。

第二十一节 转型金融

一、转型金融的定义和内涵

转型金融（Transition Finance）广义上是指在经济主体向可持续发展目标转型的进程中，为它们提供融资以帮助其转型的金融活动。狭义上，在全球应对气候变化的背景下，转型金融主要是指对于“棕色产业”和碳密集产业低碳转型的金融支持，主要目的是实现整体可持续发展，减缓气候变化。

二、转型金融提出背景

近年来，为了应对日趋严峻的气候变化问题，全球各界都将“绿色转型”提上了日程。对于金融机构来说，帮助高碳企业向低碳企业转型成为一项艰巨且紧迫的任务。汇丰银行可持续金融全球负责人 Daniel Klier 曾表示：“我们见证了低碳和可再生能源转型的开端。但要实现《巴黎协定》的目标，金融部门必须帮助高碳行业的企业找到向净零排放过渡的方法。”

于是，“绿色金融”应运而生，着力为绿色领域的行业、企业、项目提供金融服务，为实现绿色转型与发展起到了重要作用。但是，绿色金融也存在一定的局限性。在实践过程中，金融市场中渐渐出现了一块“空白”：一方面，金融机构提供绿色金融服务时，越来越重视高污染行业投资相关的资金风险和声誉风险，更倾向于满足绿色低碳型企业的融资需求，而对于高排放企业避之不及；另一方面，高排放企业拥有更大的减碳空间，理应是实现“双碳”目标的主力军，在绿色转型方面恰恰需要更大力度的支持。这种状况导致很多亟待转型的企业长期处于融资受限的压力之下，减碳和零碳目标遥不可及。在高度关联的全球金融体系中，如果高排放企业不能够稳健转型，世界金融体系将面临巨大风险。终于，经合组织（OECD）在2019年提出“转型金融”的概念，填补了这块“空白”。

三、中国转型金融的构想

现阶段的中国在绿色金融领域取得了飞速进展，但是转型金融方面还未形成完整的体系，很多相关的产品、方法和规则只停留在理论层面。国际标准化组织可持续金融技术委员会主席顾问组为中国的转型金融发展提出了一系列构想。

（1）转型金融应当以结果为导向，重点关注转型主体的低碳转型承诺与实践的可信度，并且其行动目标要与中国2060年前实现“碳中和”目标一致。

（2）转型金融监管部门应当鼓励和引导转型主体依据行业、地区特征以及转型主体的起点来制定转型路径和行动方案。

（3）为了确保转型金融产品的市场信誉，转型主体的信息披露应当至少包含四大基本要素：低碳转型战略和公司治理机制；核心业务板块在低碳转型战略中的重要性；设置可靠的转型战略、路径和对应的行动计划；执行层面的透明度。

（4）设置独立的第三方认证机构对转型活动进行专业、客观的评估。转型活动涉及很多技术性评估和量化分析，需要行业和技术专家基于市场实践、技术发展、产业规划、行业特点、法律规范做出判断。

四、国内外转型金融实践

（一）国外的转型金融产品案例

1. 转型期债券

国际上有很多企业会发行转型期债券，也称过渡期债券，目的是为实行减排措施提供支持，实现长期气候目标。转型期债券发行时，发行人应披露净零目标和长期脱碳战略，所得款项专门用于帮助企业减少对气候环境的影响。英国天然气公司 Cadent Gas 在 2020 年发行了用于资助英国天然气输配网络改良的转型期债券，总额达到 5 亿欧元，用于减少甲烷排放，转而使用氢气等清洁能源。2021 年 3 月公司发布了《转型债券影响报告》(*Transition Bond Impact Report*)，根据自身业务布局，分地区展示了转型债券带来的 2020 年温室气体减排量(Annual GHG Emissions Avoided)，如表 2.1 所示。

表 2.1 2020 年温室气体减排量

	东英格兰	北伦敦	西北地区	西米德兰兹郡	总计
年度温室气体减排量（吨二氧化碳当量）	15304.1	8723.3	12793.4	8727.5	45548.3

可以看出，2020 年 Cadent Gas 在东英格兰、北伦敦、西北地区、西米德兰兹郡四个大区的温室气体排放需求都有了不同程度的降低。转型债券募集的资金改良了各地的设备和运作模式，间接带来了显著的减碳成效。

2. 与可持续发展挂钩的债券和贷款工具

这类产品可以是任何类型的债券或贷款，但是特殊之处在于，其利率等相关指标会根据发行方是否达到预定的可持续发展目标而变动，以此激励发行人完成预期内的减碳降能耗等转型工作。

例如，意大利电力公司 Enel 发行了一种债券，如果到 2021 年 12 月为止，Enel 通过可再生能源设施的发电量不足总量的 55%，该债券就可能一次性走高 25 个基点。这类工具与传统绿色债券和转型期债券不同，它没有指定专款专用，允许资金用于一般用途。

（二）中国的转型金融实践探索

尽管面临产品开发难、监管不完善等问题，中国的企业和金融机构仍坚持探索绿色金融市场之外的转型金融市场，力求为高碳排放行业提供有效的解决方案。

2021 年初，中国银行公布《转型债券管理声明》，希望借鉴国际最新气候转型金融经验和建议，通过发行转型债券，帮助客户实现碳减排目标。1 月 7 日，中国银行成功发行境外 50 亿元人民币双币种等值转型债券，这也是全球首笔遵循 ICMA《气候转型金融手册》(后文简称《手册》)的转型债券，中国银行此次债券发行交易包括 5 亿 3 年期美元和 18 亿 2 年期人民币，募集资金用于支持天然气热电联产项目、天然气发电及水泥厂余热回收项目，进一步支持传统行业向低碳或零碳转型。

五、转型金融的未来

自我国提出“碳达峰、碳中和”目标后，绿色金融成为金融热点。作为绿色金融的延伸和扩展，转型金融的概念也开始升温，越来越多的政府、企业、机构开始搭建从高碳走向低碳、从低碳走向零碳的桥梁，而转型金融就是支撑桥梁的根基。政策制定者、银行以及投资者都需要加大支持力度，共同完善转型金融产品创新体系和激励约束机制，不断丰富监管的工具箱，加大产业结构调整，淘汰落后和化解过剩产能，加大对转型产业的金融支持，真正让金融促进改善生态环境，推动可持续发展。

第二十二节　绿色金融体系

一、绿色金融体系的定义

根据中国人民银行等七部委联合印发的《关于构建绿色金融体系的指导意见》，绿色金融体系是指通过绿色信贷、绿色债券、绿色股票指数和相关产品、绿色发展基金、绿色保险、碳金融等金融工具和相关政策支持经济向绿色化转型的制度安排。

二、绿色金融体系“五大支柱”

绿色金融体系“五大支柱”包括完善绿色金融标准体系、强化金融机构监管和信息披露要求、逐步完善激励约束机制、不断丰富绿色金融产品和市场体系、积极拓展绿色金融国际合作空间。不断完善绿色金融体系的“五大支柱”是发挥好绿色金融“三大功能”的必然要求，也是助力实现碳达峰、碳中和战略目标的重要举措。

三、绿色金融体系发展历程

（一）雏形初现

2016 年 8 月 31 日，中国人民银行等七部委联合印发的《关于构建绿色金融体系的指导意见》(下称《意见》),共9个方面35条内容。《意见》明确定义了绿色金融、绿色金融体系,指出了构建绿色金融体系不仅有助于加快我国经济向绿色化转型,支持生态文明建设,也有利于促进环保、新能源、节能等领域的技术进步,加快培育新的经济增长点,提升经济增长潜力。

同时,《意见》从8个方面勾勒出了未来中国绿色金融体系的基本框架,包括大力发展绿色信贷、推动证券市场支持绿色投资、设立绿色发展基金,通过政府和社会资本(Public-Private Partnership,PPP)模式动员社会资本、发展绿色保险、完善环境权益交易市场,丰富融资工具、支持地方发展绿色金融、推动开展绿色金融国际合作以及防范金融风险,强化组织落实。《意见》的出台,使中国成为世界上首个建立绿色金融政策框架体系的经济体,至此,中国绿色金融体系雏形初现。

(二)阶段性成效

2019年8月5日,国务院新闻办公室举行国务院政策例行吹风会,会上中国人民银行副行长陈雨露指出,我国绿色金融体系建设已经取得了阶段性成效,主要体现为“四个最”:

一是市场发展最快速。从2016年我国绿色债券市场发行量跃居世界首位以来,历年发行量和存量规模都居全球前列。绿色贷款余额连年增长,在全部企业贷款中占比接近10%。

二是政策框架最完善。包括我国政府出台的全球第一个绿色金融顶层制度,即2016年人民银行等七部委联合印发的《关于构建绿色金融体系的指导意见》,以及与其配套的绿色债券、绿色信贷、评估认证、信息披露等一系列具体政策,为绿色金融的规范发展提供了制度保障。

三是区域试点最前沿。因地制宜、各具特色的地方实践,特别是在浙江、江西、贵州、新疆、广东5个国家级绿色金融改革创新试验区的发展,为适合不同情况的绿色金融创新理念提供了实践检验的沃土,为全国绿色金融体系建设积累了最前沿的实践经验。

四是全球推广最积极。2016年,我国首次把绿色金融纳入G20峰会议题,2017年作为发起国之一又成立了“央行与监管机构绿色金融网络”(Central Banks and Supervisors Network for Greening the Financial System,NGFS)等绿色金融合作平台,2018年中英又共同发布了“一带一路”绿色投资原则。

（三）持续快速发展

在中国绿色金融体系取得了阶段性成效后，国家构建绿色金融体系的步伐并未停下，继续从构建国家统一的绿色金融标准体系、推动绿色金融改革创新试验区试点经验进行推广复制、发挥政府作用、完善绿色金融发展制度环境等方面推动绿色金融发展实现新的突破，构建更加完善的绿色金融体系。

国家绿色发展基金引领中国特色绿色金融体系建设。2020 年 7 月 15 日，由财政部、生态环境部、上海市共同发起设立的国家绿色发展基金股份有限公司在上海揭牌运营，首期募资规模 885 亿元。该基金将重点投资污染治理、生态修复和国土空间绿化、能源资源节约利用、绿色交通和清洁能源等领域，是我国生态环境保护领域第一个国家级政府投资基金。通过绿色发展基金，依托绿色发展的多层次性，有助于构建多层级的绿色金融体系。

构建以碳中和、碳达峰为目标的绿色金融体系。2021 年全国两会期间，全国人大代表、人民银行广州分行行长、国家外汇管理局广东省分局局长白鹤祥建议，要从战略高度上将碳市场建设和发展纳入中国绿色金融体系整体框架，在碳市场发展规划、顶层设计方面进行全盘考虑和统筹布局，与绿色金融体系的五大支柱建设一并推进，使碳市场成为绿色金融的重要组成部分。将碳市场作为绿色金融体系的重要组成部分，有助于借鉴国际碳金融市场快速发展的基本经验，加快探索碳金融市场发展的新路径，构建以碳中和、碳达峰为目标的绿色金融体系。

第二十三节　绿色金融三大功能

一、绿色金融三大功能的定义

绿色金融的三大功能指充分发挥金融支持绿色发展的资源配置、风险管理和市场定价三大功能。一是通过货币政策、信贷政策、监管政策、强制披露、绿色评价、行业自律、产品创新等，引导和撬动金融资源向低碳项目、绿色转型项目、碳捕集与封存等绿色创新项目倾斜。二是通过气候风险压力测试、环境和气候风险分析、绿色和棕色资产风险权重调整等工具，增强金融体系管理气候变化相关风险的能力。三是推动建设全国碳排放权交易市场，发展碳期货等衍生产品，通过交易为排碳合理定价。

二、绿色金融三大功能背景

（一）绿色金融体系基本框架勾勒完成

2016 年央行牵头出台《关于构建绿色金融体系的指导意见》（以下简称《意见》），初步形成了完整的绿色金融立体发展体系，成为全球首个由中央政府部门制定的绿色金融政策框架。《意见》首次给出绿色金融的“官方”定义，为绿色金融发展确立“三大功能”“五大支柱”的政策思路奠定了基础。

（二）绿色金融发展政策思路的初步确定

2021 年 1 月，人民银行行长易纲就金融领域热点问题接受了新华社记者采访。易纲提出，下一步，关键是做好绿色金融政策设计和规划，发挥出金融支持绿色发展的三大功能，完善绿色金融体系的五大支柱。

2021 年 3 月两会期间，央行副行长陈雨露表示：“人民银行初步确立了‘三大功能’‘五大支柱’的绿色金融发展政策思路，以适应国家产业结构、能源结构、投资结构和人民生活方式等全方位的深刻变化。”要发挥好这“三大功能”，陈雨露表示，有必要进一步完善绿色金融体系“五大支柱”。绿色金融体系“五大支柱”包括完善绿色金融标准体系、强化金融机构监管和信息披露要求、逐步完善激励约束机制、不断丰富绿色金融产品和市场体系、积极拓展绿色金融国际合作空间。不断完善绿色金融体系的“五大支柱”是发挥好绿色金融“三大功能”的必然要求，也是助力实现碳达峰、碳中和战略目标的重要举措。

三、绿色金融三大功能建设情况

（一）资源配置

经过多年的努力，我国支持绿色金融发展的综合政策体系持续完善，绿色金融在标准制定、激励机制、环境信息披露、产品创新等领域取得了全面的进展，在推动金融资源向低碳项目、绿色转型项目、碳捕集与封存等绿色创新项目倾斜和市场环境持续改善中发挥了重要的作用。

在综合政策、法律制度和激励机制方面，我国逐步发展出了由中央到地方、多层次、创新性的一系列货币信贷、监管、评价等综合政策和财政激励机制。

其一，绿色再贷款、中期借贷便利（Medium-term Lending Facility，MLF）、结构性货币、将绿色金融债券和绿色贷款纳入央行中期借贷便利 MLF 担保品范围、将绿色信贷绩效评价结果纳入 MPA 考核、财政贴息、地方财政给予绿色产业企业发行上市奖励、专业化担保机制等综合政策工具及措施，对绿色发展起到了牵引带动作用。

其二，建立绿色信贷、绿色银行、金融机构绿色信贷业绩、金融机构绿色金融业绩等评价体系，特别是 2021 年 6 月央行发布《银行业金融机构绿色金融评价方案》，将绿色信贷、绿色债券正式纳入业务评价体系，并将评价结果纳入央行金融机构评级等中国人民银行政策和审慎管理工具，为下一步建立更全面有力的激励约束机制提供评价基础；2012 年以来的绿色信贷、绿色融资等统计制度也在不断地完善，“绿色指挥棒”作用将会得到充分发挥。

其三，2020 年 11 月 5 日，深圳市出台全国首部绿色金融法规《深圳经济特区绿色金融条例》，并从 2021 年 3 月 1 日起正式施行。这标志着关于绿色金融的法治化建设已经从中央逐步向地方推开。

在标准制定方面，从 2012 年《绿色信贷指引》、2015 年《能效信贷指引》、2017 年《节能减排授信工作指导意见》、2018 年《绿色投资指引》、2015 年《绿色债券自律管理机制》、2015 年《绿色债券发行指引》的制定，到 2021 年央行等三部委制定《绿色债券支持项目目录》、2021 年中国银行间市场交易商协会发布《关于明确碳中和债相关机制的通知》等，标准体系的不断细化和完整，是完善绿色金融体系的重要支柱。

在环境信息披露方面，《意见》明确要求“逐步建立和完善上市公司强制性环境信息披露制度”。2021 年 5 月 24 日，国务院生态环境办公厅印发了《环境信息依法披露制度改革方案》（以下简称《改革方案》）。由此可见，有关上市公司依法披露环境信息的制度设计在逐步完善，企业环境治理主体的法定义务在逐步落实，上市公司强制性环境信息披露已是大势所趋。金融机构环境信息披露主要依据央行的《金融机构环境信息披露指南（试行）》和 TCFD 出具的《气候相关财务信息披露工作组建议报告》；绿色债券的环境效益信息披露相对薄弱。

在产品创新方面，除了传统绿色贷款及创新绿色债券外，人民银行在银行间市场推出碳中和债务融资工具和碳中和金融债，重点支持符合绿色债券目录标准且碳减排效果显著的绿色低碳项目；还发行碳中和主题理财产品、绿色主题基金、绿色保险、绿色 PPP 等结合我国国情和行业特点的金融产品，赋能我国绿色产业的发展。

（二）风险管理

《意见》首次提出开展信贷资产质量压力测试时，将环境和社会风险作为重要的影响因素，并在资产配置和内部定价中予以充分考虑。鼓励银行和其他金融机构对环境高风险领域的贷款和资产风险敞口进行评估，定量分析风险敞口在未来各种情景下可能给金融机构带来的信用和市场风险。

对于国内银行来说，气候压力测试属于前沿性课题，工行 2016 年先行尝试。目前国内银行，尤其是大行均显露出对气候与风险在金融领域影响的重视。在已发布 2020 年度年报的银行中，工商银行、中国银行、建设银行、兴业银行等银行对环境压力测试有所披露。

（三）全国碳排放权交易市场

在全国七省市碳排放权交易试点近十年运行取得可复制、可推广经验的情况下，2021 年 7 月 16 日，全国碳排放交易正式启动，从地方试点起步，到全国市场启动，10 年间，经验不断积累、制度逐步完善。目前全国碳排放权为现货市场，由于碳交易具有较强的金融属性，北京绿色交易所总经理梅德文认为：碳期货等金融衍生品加入进来，碳市场才更为活跃，碳定价才更有效率，才能更好地发现价格和进行风险管理。证监会新闻发言人高莉表示，为配合碳现货市场发展进程，证监会积极指导广州期货交易所加快推进碳期货市场建设。激发碳市场活力、发现合理有效的碳价、推动良好的减排效果，应该是全国碳市场建设的重要目标和任务。

第二十四节　绿色金融体系“五大支柱”

一、绿色金融体系“五大支柱”的定义

绿色金融体系五大支柱是中国人民银行为助力实现“双碳”目标确立的绿色金融发展政策思路。具体而言，绿色金融体系五大支柱包括完善绿色金融标准体系、强化金融机构监管和信息披露要求、逐步完善激励约束机制、不断丰富绿色金融产品和市场体系、积极拓展绿色金融国际合作空间。

二、绿色金融体系“五大支柱”的丰富内涵

一是完善绿色金融标准体系。人民银行遵循“国内统一、国际接轨”原则，重点聚焦气候变化、污染治理和节能减排三大领域，不断完善绿色金融标准体系。

二是强化金融机构监管和信息披露要求。持续推动金融机构、证券发行人、公共部门分类提升环境信息披露的强制性和规范性。中英金融机构气候与环境信息披露试点工作不断推进，试点经验已具备复制推广价值。人民银行组织研发的绿色金融信息管理系统，实现了监管部门与金融机构信息直连，提升了绿色金融业务监管的有效性。

三是逐步完善激励约束机制。通过绿色金融业绩评价、贴息奖补等政策，引导金融机构增加绿色资产配置、强化环境风险管理，有利于提升金融业支持绿色低碳发展的能力。

四是不断丰富绿色金融产品和市场体系。通过鼓励产品创新、完善发行制度、规范交易流程、提升透明度，我国目前已形成多层次绿色金融产品和市场体系，下一步将继续推动产品创新和市场稳健发展。

五是积极拓展绿色金融国际合作空间。在绿色金融国际合作方面，我国积极利用各类多双边平台及合作机制推动绿色金融合作和国际交流，提升国际社会对我国绿色金融政策、标准、产品、市场的认可和参与程度。

三、我国绿色金融体系的发展概况

得益于政府的大力支持、相关政策的陆续出台和各类机构的积极探索，近年来我国绿色金融得以快速发展，特别是在“十三五”期间，中国绿色金融体系构建起基本框架，绿色金融市场逐步形成。

2015 年，中共中央、国务院在《生态文明体制改革总体方案》中首次提出“构建绿色金融体系”。2016 年 8 月 31 日，中国人民银行等七部委共同发布了《关于构建绿色金融体系的指导意见》（简称《意见》），包括 35 条具体的可操作政策指南，清晰阐释了“绿色金融”和“绿色金融体系”的定义，自此我国成为全球首个制定绿色金融顶层设计的国家。党的十九大和“十三五”规划，明确把推动绿色金融发展和构建绿色金融体系定调为“国家战略”。习近平总书记在党的十九大报告中指出：加快建立绿色生产和消费的法律制度和政策导向，建立健全绿色低碳循环发展的经济体系；构建市场导向的绿色技术创新

体系，发展绿色金融，壮大节能环保产业、清洁生产产业、清洁能源产业。2021 年 1 月初，中国人民银行行长易纲在接受新华社记者采访时提出，要逐步完善绿色金融体系的五大支柱(见图 2. 3)。

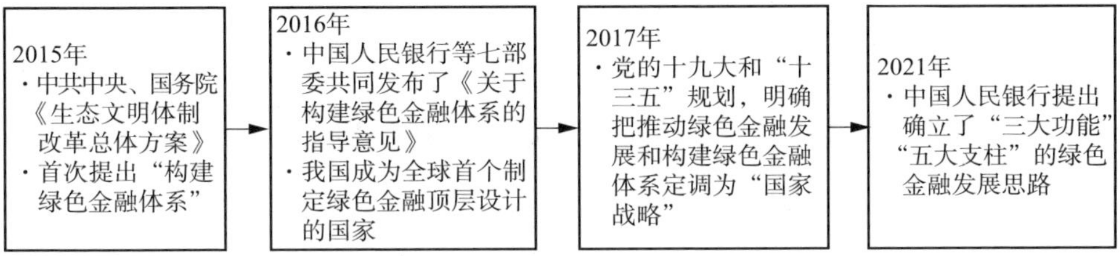

图 2. 3　绿色金融体系相关政策

资料来源：根据新华财经相关新闻整理。

四、绿色金融体系“五大支柱”的意义

“十三五”时期，我国绿色金融改革试点工作取得阶段性成效，有效带动了我国绿色金融市场规模不断扩大。数据显示，截至 2020 年末，本外币绿色贷款余额约 12 万亿元，存量规模世界第一；绿色债券存量超过 8000 亿元，居世界第二。

虽然我国绿色金融市场已完成规模赶超，但是在绿色金融体系上还很不完善。绿色金融体系“五大支柱”将助力绿色金融的资源配置、风险管理、市场定价“三大功能”的充分发挥，推动我国绿色金融体系实现从 1. 0 版本向 2. 0 版本的新跨越。通过货币政策、信贷政策、监管政策、强制披露、绿色评价、行业自律、产品创新等，引导和撬动金融资源向低碳项目、绿色转型项目、碳捕集与封存等绿色创新项目倾斜。通过气候风险压力测试、环境和气候风险分析、绿色和棕色资产风险权重调整等工具，增强金融体系管理气候变化相关风险的能力。推动建设全国碳排放权交易市场，发展碳期货等衍生产品，通过交易为排碳合理定价。

第二十五节　国家级绿色金融改革创新试验区

一、国家级绿色金融改革创新试验区概念

2017 年 6 月 14 日，国务院第 176 次常务会议审议通过了浙江省、广东

省、新疆维吾尔自治区、贵州省、江西省等五省(区)绿色金融改革创新试验区总体方案，决定在五省(区)部分地方设立各有侧重、各具特色的绿色金融改革创新试验区，这就是第一批国家级绿色金融改革创新试验区。后又增加至在全国六省九地设立绿色金融改革创新试验区，探索“自下而上”地方绿色金融发展路径。

二、国家级绿色金融改革创新试验区内容介绍

(一)基本情况

在全球竞相发展绿色经济、寻求经济可持续发展路径的大背景下，建立和完善绿色金融体系已经成为共识。发展绿色金融对我国加快建设环境友好型社会、推进环境治理、促进结构性改革有着现实意义。建设绿色金融改革创新试验区，是推动绿色金融的新尝试，有利于经济绿色转型升级。

考虑到五省八地的经济发展水平、产业结构、资源禀赋及环境承载能力等方面有所差异和试点工作需具有充分的代表性，中国人民银行等七部门联合印发了《浙江省湖州市、衢州市建设绿色金融改革创新试验区总体方案》《广东省广州市建设绿色金融改革创新试验区总体方案》《新疆维吾尔自治区哈密市、昌吉州和克拉玛依市建设绿色金融改革创新试验区总体方案》《贵州省贵安新区建设绿色金融改革创新试验区总体方案》和《江西省赣江新区建设绿色金融改革创新试验区总体方案》，进一步明确八地的具体工作和试验侧重点。

从各地的特色和侧重来看，试验区可分成三类，第一类是浙江省和广东省，第二类是贵州省和江西省，第三类是新疆维吾尔自治区。在浙江省衢州、湖州两个城市，要探索“绿水青山就是金山银山”在金融方面的实现机制，创新绿色金融对传统产业转型升级、对中小城市整体实现绿色发展方面的服务；广东省则侧重发展绿色金融市场；新疆维吾尔自治区着力探索绿色金融支持现代农业、清洁能源资源等，充分发挥其建设绿色丝绸之路的示范和向外辐射的作用；在贵州省和江西省，则要探索如何避免走“先污染后治理”的老路，利用良好的绿色资源发展绿色金融机制，构建绿色发展方式。

(二)国家级绿色金融改革创新试验区的改革分析

国家级绿色金融改革创新试验区成立已有4年时间，在政府的改革推动和政策引导下，各试验区实现了体制机制的重大创新，形成了显著的区域特色，为全国经济产业绿色转型、“碳达峰、碳中和”目标的实现提供了很多值

得借鉴的经验。

1. 绿色金融政策建设

各试验区结合自身产业特征和现有政策基础，在标准、监管、激励等领域制定出全新政策文件，进一步规范绿色金融改革体制机制。同时，通过考察各地企业绿色转型的投融资需求，完善绿色企业、项目评价标准，为本地区符合条件的重大项目提供绿色金融激励，以进一步提高投融资便利性。绿色金融改革创新试验区 2020 年绿色金融政策整理见表 2. 2。

表 2. 2　绿色金融改革创新试验区 2020 年绿色金融政策整理

六省（区）	九地	政策文件
浙江省	衢州市	《绿色企业评价规范》 《绿色项目评价规范》 《关于印发 2020 年衢州市绿色金融考评办法》 《衢州市货币信贷工作指导意见》
	湖州市	《湖州市重大项目专项贷款和财政绿色专项贴息资金实施办法》
广东省	广州市	《广州市黄埔区、广州开发区绿色项目、绿色企业认定管理办法（试行）》 《广州市黄埔区、广州开发区促进绿色金融发展政策措施的通知》
贵州省	贵安新区	《关于调整贵安新区绿色金融改革创新工作领导小组的通知》
江西省	赣江新区	《2020 年赣江新区绿色金融改革创新试验区建设重点工作分工表》 《2019 年高质量考核评价的通知》
新疆维吾尔自治区	克拉玛依市	《克拉玛依绿色金融改革试验区标准实施方案》
	昌吉州	《昌吉州绿色企业认定办法（试行）》 《昌吉州绿色项目认定办法（试行）》 《昌吉州绿色金融发展专项资金使用管理办法（试行）》
	哈密市	暂无
甘肃省	兰州新区	《甘肃省兰州新区建设绿色金融改革创新试验区总体方案》 《兰州新区绿色金融五年发展规划（2020—2024 年）》 《2020 年兰州新区建设绿色金融改革创新试验区工作方案》

资料来源：根据公开资料整理。

2. 绿色金融市场创新

在完善的绿色金融政策体系引导下，各试验区推动绿色金融产品和服务方式创新发展、不断拓展绿色金融融资渠道，地方绿色金融市场稳步增长。

在绿色信贷方面，截至 2020 年 12 月底，9 个试验区绿色信贷余额达 2368. 3 亿元，占全部贷款余额的 15. 1%，远超同期全国绿色信贷余额占比。

绿色信贷质量持续向好，试验区绿色信贷不良率均低于 2%，大部分试验区为 0%。

在绿色债券方面，发行规模稳定增长而且债券品种逐步增加。截至 2020 年 12 月末，绿色债券余额 1350 亿元，同比增长 66%；试验区绿色债券涵盖企业债、公司债、金融债、政府债和中期票据等多种类型。

在交易市场探索方面，截至 2020 年底，试验区环境权益交易总额达 50.969 亿元，主要围绕排污权和碳排放权展开交易。广州市作为全国碳交易试点城市之一，截至 2020 年底，广州市碳排放交易所成交量 1.74 亿吨，总成交金额 34.93 亿元，碳交易规模排名全国第一。

三、案例分析

浙江省湖州市绿色金融改革创新中的实践——“国家级绿色金融改革创新试验区”建设的缩影。

（一）绿色金融发展指数评价建设

自 2017 年 6 月湖州市被列为首批国家级绿色金融改革创新试验区以来，一直积极探索区域绿色金融发展指数的评价建设。中国标准化研究院、中国人民银行湖州市中心支行、湖州市人民政府金融工作办公室、中国银保监会湖州监管分局联合编制我国首个区域性绿色金融发展指数，并于 2019 年发布《区域绿色金融发展指数评价规范》（DB3305/T 123—2019）地方标准。该标准建立了统一的绿色金融发展指数评价指标体系和指标量化监测方法，不仅有助于全面评估衡量区域绿色金融发展水平，监测绿色金融对绿色发展的影响，也为其他试验区科学评估本地绿色金融发展程度提供了参考标准。

（二）绿色金融标准建设

湖州市获批“国家级绿色金融改革创新试验区”以来，相继出台了绿色金改 25 条政策及配套操作办法，发布绿色融资主体认定、绿色银行评级、绿色专营机构评估、绿色信贷产品分类等 6 项地方标准。湖州市积极推动绿色金融认定和评价、产品标准化，逐渐构建起了绿色金融标准化体系，有效解决了绿色认定难、绩效评估难、政策落地难等问题。

（三）绿色金融服务平台建设

为了有效解决企业“融资难”的问题，湖州市积极探索服务平台建设，在全国首创“绿贷通”银企对接服务平台。全市金融机构通过“绿贷通”平台可直接共享环保、节能等绿色信息，有助于企业进行绿色认定和环境风险审查。同时，湖州市还积极推进绿色金融与科技金融的结合，搭建了“绿信通”平台，实现绿色认定精准化、自动化和可视化。

第二十六节　绿色普惠金融

一、绿色普惠金融——绿色金融与普惠金融的结合

绿色金融与普惠金融是两个独立的概念，而它们的交集就是绿色普惠金融。绿色金融与普惠金融是相对独立发展的金融形式。2016 年湖州市安吉农商行开始推行普惠金融的绿色化。汤维祺（2017）认为协同推进绿色金融和普惠金融发展，能够有效推进绿色、和谐发展。姜再勇（2018）指出发展绿色普惠金融可以促进绿色金融普惠化，引导绿色金融向普惠对象渗透，扩大绿色金融的参与主体。他将绿色普惠金融定义为：

绿色金融和普惠金融的服务对象不完全相同，前者主要是为改善环境、应对气候变化和节约资源的经济活动提供金融服务，后者主要服务普惠对象。绿色普惠金融则是两者的交集，即在金融机构商业可持续条件下，为普惠对象提供相关绿色金融服务，促进他们参与绿色经济、绿色产业和绿色项目的金融活动。其本质是坚持可得性、可持续性、绿色性的三者统一，不断增强金融服务普惠对象的绿色发展能力。

二、绿色普惠金融的发展

典型的绿色金融产品，比如绿色项目贷款、绿色债券等，主要服务于大中型企业或项目。但是大量的小微企业分布在生产活动的各个环节，绿色金融如果不能够覆盖到小微企业，其效力将不会得到完美的发挥。绿色金融应当发挥好引导小微企业进行绿色生产经营的功能。而个人生活领域更是需要绿色消费金融服务的支持。

2016 年发改委等部门出台的《关于促进绿色消费的指导意见》，要求银行积极开展绿色消费贷款。2019 年下半年，人民银行与银保监会均着手对绿色信贷统计制度进行修订。新版绿色信贷统计制度的绿色项目统计口径将参照

《绿色产业指导目录(2019 年版)》进行更新，并新增加绿色贸易和个人消费贷等统计类别。

一些银行也积极进行了相关实践。马鞍山农商行立足“以普惠金融为基础，以绿色金融为发展方向”的战略，创新开发稻虾连作贷款等产品和服务。安吉农商行创新推出绿色循环、绿色能源、绿色乡村、绿色农林、绿色科技五大系列绿色信贷产品，“做有情怀、可持续的绿色普惠标杆行”。

三、安吉农商行的绿色普惠金融实践

安吉农商行从 2001 年开始就推行普惠金融，推出了农户贷款证和“诚信彩虹”授信卡。2016 年以来，结合绿色金融服务要求，进一步对产品进行优化提升，以农户经营、消费的实际需求为导向，在授信指标体系中融入环境保护的相关指标，采用信用方式全力满足融资需求，推进普惠金融向纵深发展，真正做到了普惠金融绿色发展。

2016 年 5 月，安吉农商行被列为浙江省湖州市“绿色金融服务改革创新示范点”，在全国地方性小法人机构中成立首家绿色金融事业部，开始探索小法人银行绿色普惠金融之路。引入了绿色金融评价标准，构建了具有地方普惠金融特色的绿色信贷的口径标准、环境效益测算体系、风险评估体系和征信体系。

安吉农商行的丁爱平指出，安吉农商行的绿色普惠金融实践为地方小法人银行的绿色普惠金融发展提供了一些重要启示：

(1)地方小法人银行具有普惠金融基础。他们长期以来服务小微企业和“三农”，是普惠金融的最主要力量。国家对普惠金融有比较优惠的激励政策，地方小法人银行可以同时利用绿色和普惠双重优势。

(2)由于目前的绿色金融评价体系在普惠领域并不完善，地方小法人银行必须构建绿色普惠金融评价体系，才能做好绿色普惠金融。这需要多方力量的共同参与。

第二十七节　绿色金融科技

一、绿色金融科技的定义

关于绿色金融科技的定义，国内外尚未达成共识。2018 年 9 月，联合国

环境规划署在《绿色数字金融》(*Green Digital Finance*)报告中提出，绿色数字金融是由大数据、机器学习与人工智能、移动科技、区块链以及物联网等技术支持的金融创新，帮助环境效益项目进行投融资活动，实现可持续发展目标(Sustainable Development Goals，SDGs)。同时，该报告以金字塔结构的形式阐释了绿色数字金融的典型特征、逻辑框架和应用目标。

绿色金融科技作为新兴领域，只有数年的发展历程，相关顶层设计处于酝酿阶段，但是随着绿色金融和金融科技实践的发展，各界对于绿色金融科技内涵的理解逐渐加深，尤其注重发挥其在推动投资决策可持续化、投融资方式多元化和生产生活方式绿色化等方面的作用。要助力实现中央确定的达峰中和目标，绿色金融必须借助金融科技，实现绿色金融与金融科技的规范融合发展。

二、绿色金融科技的功能和作用

绿色金融科技的功能和作用见图 2. 4。

图 2. 4　绿色金融科技的功能和作用

(一)推动投资决策可持续化

首先，绿色金融科技有助于提升数据质量，增加绿色金融产品收益。监管部门公共数据、绿色企业非财务性生产经营数据等是投资决策的重要依据，运用绿色金融科技有效提高了此类数据规模、覆盖范围和时效性，并支持数据清洗挖掘，从环境、社会和公司治理等角度筛选出合理评价指标体系和资产标的，帮助投资者做出更好的决策。

其次，绿色金融科技有助于量化环境效益和转型风险。通过对折合成节约若干吨标准煤和相应减少的碳排放量等数据进行分析评价，运用利益相关者和项目全运营周期等理论，逐步建立并修正覆盖多个利益相关主体和项目前中后期的环境效益和转型风险评价模型，为投资决策提供重要参考，以遏制“棕色”投资加剧问题，切实降低绿色项目融资成本。

（二）推动投融资方式多元化

绿色金融科技为推动投融资方式多元化提供了技术支撑，通过精准定位资金供给端的投资偏好和需求端的实际需要，多渠道连接绿色企业、项目和投资者，引导私人部门资金进入绿色金融领域，弥补实现可持续发展的资金缺口，有力撬动了社会资本参与绿色投资。

（三）推动生产生活方式绿色化

在推广个人绿色生活习惯方面，绿色金融科技可以实时计算个人日常消费行为，如乘坐公共交通工具和在线支付等的碳排放量，以图像等直观形式展示用户碳足迹，体现出居民生活方式对于环境的具体影响，帮助其树立环保意识，以及针对个人绿色行为选择，给予相应激励。

在推动企业生产方式转向绿色化方面，多个行业相继出台了绿色评价或分级标准，如 2019 年住房和城乡建设部出台新版《绿色建筑评价标准》，2020 年交通运输部发布《绿色港口等级评价指南》。绿色金融科技可以通过动态化监测绿色企业的碳排放量和污染物浓度等关键指标，协助环保主管部门制定完善相关行业的绿色分级标准。金融机构则可以依据企业的绿色分级评分、环境效益测算和信用信息等确定绿色信贷利率，倒逼企业提升生产绿色化水平。

三、我国绿色金融科技发展历程和现状

2016 年发布的《中华人民共和国国民经济和社会发展第十三个五年规划纲要》指出，要加快环境保护大数据建设、深化大数据在各行业的创新应用、探索与传统产业协同发展新业态新模式、发展新兴领域人工智能技术等。自 2017 年开始，《政府工作报告》持续提及绿色金融、“互联网+”、数字经济、人工智能等，为绿色金融科技发展营造了良好的政策环境。

2020 年，央行高层也在相关场合连续表态发展绿色金融科技。9 月，中国人民银行研究局局长王信在“外滩大会”上指出，金融科技通过大数据、人工智能、物联网、云计算、区块链等数字技术应用，能有效缓解相关痛点和难点，绿色金融要引导更多社会资本投向绿色产业，离不开数字技术的支撑。12 月，央行行长易纲在新加坡金融科技节上表示，央行将继续探索利用金融

科技发展绿色金融，支持绿色金融改革创新试验区开展金融科技创新。

四、案例介绍

（一）嘉实基金 ESG 评分系统

作为中国规模最大且最早成立的十家基金管理公司之一，嘉实基金致力于国内深度 ESG 数据挖掘与研究，其 ESG 研究团队与嘉实基金数据化研究中心联手，运用人工智能、机器学习和自然语言处理等科技手段，自主研发建立了一套既与国际通用的 ESG 框架和标准接轨，又充分考虑和反映中国市场现状和特点的本土化 ESG 评分系统。该系统大幅提升了 ESG 基础数据质量、覆盖率、即时性以及投资相关性和有效性。

（二）中国华电集团碳排放管理信息系统

作为世界第三大发电集团和中国五大电力集团之一，中国华电集团建立了一套基于实时数据的数字化、智能化、可视化的电力企业集团碳排放管理信息系统，致力于企业的碳排放数据管理、国家自愿减排（Chinese Certified Emission Reduction，CCER）项目管理、碳配额履约管理、碳交易管理、智能分析决策和监督考核管理等功能的开发。

该系统大大提升了企业碳排放数据获取速度和可靠性，赋能企业碳交易管理和履约交易策略，不仅符合现存不同试点碳市场规则，而且可满足全国碳市场的注册交易系统要求，为中国华电集团掌握更多主动权，积极参与全国碳市场，开展碳排放权履约交易和碳资产管理，推动企业绿色低碳转型升级提供了强有力的技术支撑。随着全国碳市场建设启动，建材、钢铁、有色金属等行业将逐步被纳入，该系统将为地方电力企业集团及其他行业大型企业集团参与全国碳市场提供参考借鉴。

—— 第三章　绿色金融产品 ——

第二十八节　绿色信贷

一、绿色信贷的定义

绿色信贷（Green-Credit Policy）于2007年7月12日由中国人民银行、银监会、环保总局联合提出，是我国一项针对环境违法的企业和项目进行信贷控制的全新信贷政策，旨在遏制高能耗高污染产业的盲目扩张。

二、绿色信贷的内容介绍

（一）提出背景

自18世纪工业革命以来，人类工业文明达到新的高度，而工业化带来的环境问题也纷至沓来。诸如环境污染、资源枯竭、生态失衡等全球性环境问题严重威胁到了人类的生存发展，这引起了全球对于环境问题的重视。为确保人类、经济与自然的和谐发展，人们逐步形成了可持续发展的观念。而金融机构作为经济的血脉，可通过差异化、层次化的信贷标准来控制信贷资金的流向，进而达到调整产业结构的效果，绿色信贷便应运而生。

2007年7月，针对我国节能减排形势严峻、环境违法现象突出、单部门调控范围有限的情况，环保总局、人民银行、银监会联合发布了《关于落实环保政策法规防范信贷风险的意见》，规定各商业银行要将企业环保守法情况作为审批贷款的必备条件之一，对不符合产业政策和环境违法的企业和项目进行信贷控制，我国的绿色信贷发展由此起步。

（二）落实方式

金融机构在信贷发放的过程中，以国家的环境经济政策作为依据，以环境审核作为贷款发放的重要原则，对于环境和社会问题进行审慎性把关。对于环境友好型的企业及项目，加大贷款支持以及出台优惠性的低利率政策；对于污染型的企业及项目进行信贷控制，从而达到信贷资金绿色配置的目的。

（三）发展现状

1. 绿色信贷规模呈现上升趋势

中国人民银行数据显示，从存量上看，截至 2020 年末，全国 21 家主要银行绿色信贷余额超过 11 万亿元，居世界第一位；从增量上看，绿色信贷余额持续保持较高速度的增长（见图 3.1）。从绿色信贷占信贷总规模的比例来看，占比呈现波动上升趋势，2020 年末绿色信贷占比较 2019 年末上升 0.23 个百分点（见图 3.2）。

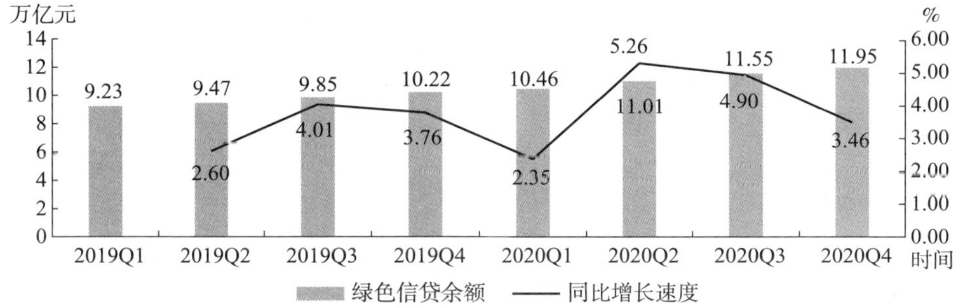

图 3.1　我国主要金融机构绿色信贷余额及增长情况

资料来源：中国人民银行。

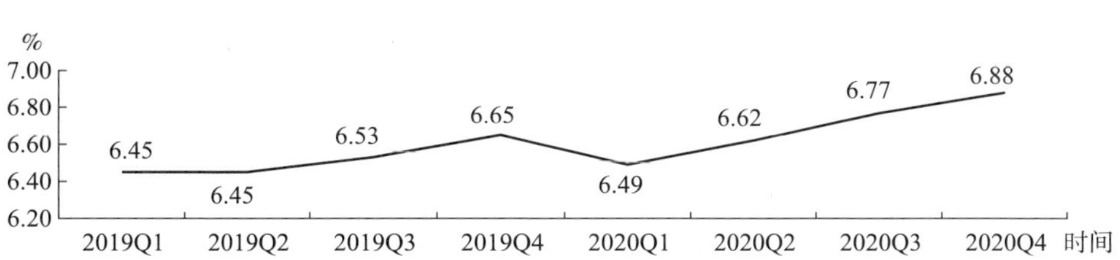

图 3.2　我国绿色信贷占信贷总规模比例变化情况

资料来源：中国人民银行。

2. 绿色信贷相关政策日趋完善

2015 年 9 月，我国出台了《生态文明体制改革总体方案》，方案中提到推广绿色信贷，研究采取财政贴息等方式加大扶持力度，鼓励各类金融机构加大绿色信贷发放力度。2016 年 8 月，我国出台了《关于构建绿色金融体系的指导意见》，要求大力发展绿色信贷，构建支持绿色信贷的政策体系以及推动绿色信贷资产证券化。2019 年 3 月出台的《绿色产业指导目录（2019 年版）》对绿色产业进行了界定及分类，给绿色信贷业务提供了参考的标准。2021 年 1 月出台的《商业银行绩效评价办法》将绿色信贷纳入考核标准，进一步提高了商业银行对于绿色信贷的重视程度。2021 年 6 月 9 日，中国人民银行发布关于印发《银行业金融机构绿色金融评价方案》的通知，明确将绿色贷款纳入考核标准（见表 3.1）。一系列政策的出台，体现出我国绿色信贷政策正在不断强化和完善。

表 3.1　我国绿色信贷相关政策汇总

实施时间	政策名称	相关内容
2015 年 9 月	《生态文明体制改革总体方案》	建立绿色金融体系，推广绿色信贷，研究采取财政贴息等方式加大扶持力度，鼓励各类金融机构加大绿色信贷发放力度，明确贷款人的尽职免责要求和环境保护法律责任
2016 年 8 月	《关于构建绿色金融体系的指导意见》	大力发展绿色信贷；构建支持绿色信贷的政策体系；推动银行业自律组织逐步建立银行绿色评价机制；推动绿色信贷资产证券化
2018 年 7 月	《关于开展银行业存款类金融机构绿色信贷业绩评价的通知》	绿色信贷业绩评价指标设置定量和定性两类，其中定量指标权重 80%，定性指标权重 20%
2019 年 3 月	《绿色产业指导目录（2019 年版）》	将绿色产业进行分类，各地方、各部门要以该目录为基础，出台投资、价格、金融、税收等方面政策措施，着力壮大节能环保、清洁生产、清洁能源等绿色产业
2021 年 1 月	《商业银行绩效评价办法》	将绿色信贷占比纳入银行考核
2021 年 6 月	《银行业金融机构绿色金融评价方案》	将评价对象由银行业存款类金融机构扩展为全部银行业金融机构；将绿色金融业务从绿色贷款扩充到绿色贷款、绿色证券、绿色信托等各种融资类业务；明确了当前纳入考评的境内绿色贷款和境内绿色债券

资料来源：前瞻产业研究院。

3. 绿色信贷主要投资方向较为集中

从我国绿色信贷 2020 年投向的行业来看，交通运输、仓储和邮政业的绿色贷款余额为 3.66 万亿元，占总体绿色贷款的比例为 30.29%。电力、热力、燃气及水生产和供应业绿色贷款余额为 3.51 万亿元，占比达到 29.37%。投向其他产业的绿色贷款合计占比为 40.33%（见图 3.3）。我国绿色信贷的投资方向是较为集中的，主要投向了交通运输、仓储、邮政、能源等行业。

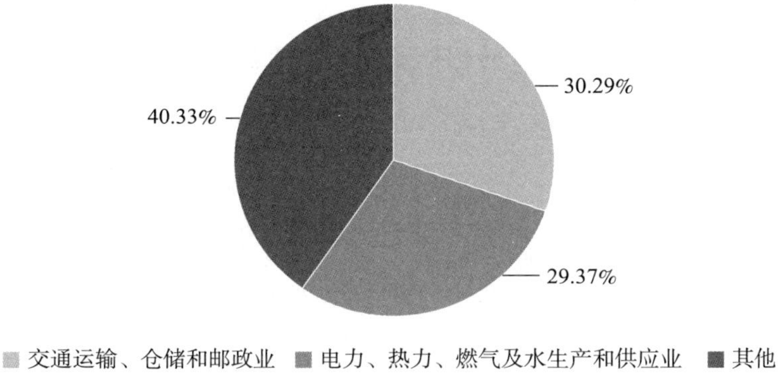

图 3.3　2020 年我国绿色信贷余额结构分布（按行业）

资料来源：中国人民银行。

三、绿色信贷案例分析

苏州工业园区“绿色智造贷”项目

“绿色智造贷”是苏州工业园区政府推出的政府风险补偿基金贷款产品，主要支持智能制造和绿色制造方向的客户，本项目可为园区智能制造项目实施和生产企业、绿色制造项目实施和生产企业提供贷款。

该信贷项目主要通过两种形式对环境友好型企业进行信贷支持：第一种是风险补偿，即政府成立园区风险补偿基金，对于单笔贷款违约损失，最高补偿发放贷款的商业银行贷款本金的 40%；第二种是贴息贴费，即园区给予贷款利息补贴和信贷所产生的相关费用的补贴。

苏州东吴热电有限公司是该项目的第一个受益者。东吴热电曾经在艰难中发展，面对经济增长迟缓、煤价不稳定运行、电网供不应求、环保压力巨大等不利形势，东吴热电亟须向实施技改、扩产、绿色节能方面转型升级，但是融资难题成了其升级发展路上的主要困扰，缺少信贷的支持使转型举步维艰。“绿色智造贷”项目发布之后，东吴热电立即进行了信贷申请。

经过全流程的评估，东吴热电成功获得了 2500 万元的信贷支持，该项目也成功地为企业节约了大约 100 万元的融资成本。“绿色智造贷”的贷款金额将全部落实到东吴热电成立之后最大的节能改造项目——变压器改造上。改造后的变压器能将电厂能源损耗的热量变成电量后直接传送给相关企业，帮助企业节约了能耗，提高了资源利用效率，对于环境的保护大有裨益。

第二十九节　绿色票据

一、绿色票据的定义

依据《中华人民共和国票据法》，票据是指出票人依据票据法签发的，由自己或委托他人在见票时或在指定日期无条件支付确定金额给收款人或持票人的有价证券。

根据2016年8月31日中国人民银行、财政部等七部委《关于构建绿色金融体系的指导意见》(下称《指导意见》)中对绿色金融的定义，可将绿色票据定义为针对与环境改善、资源节约高效利用、应对气候变化等目标相关的绿色产业或项目经营活动而开展的商业汇票相关业务，包括绿色银行承兑汇票和绿色商业承兑汇票。

二、绿色票据的介绍

（一）作用

当前我国在绿色金融领域的主要产品为绿色贷款、绿色债券等，产品还不够丰富，且绿色债券偏向于解决绿色产业长期资金需求问题。而绿色票据可以较好地满足绿色企业的资金支付与短期融资需求，降低绿色企业的短期融资成本，有助于完善绿色产业领域内的多层次融资体系。此外，发展绿色票据可以更好地推动银行信贷资金对绿色经济的支持，助力我国实现“双碳”目标。因此绿色票据是绿色金融体系的重要组成部分。

（二）一般性特点

绿色票据具有普通票据的所有特点(见表3.2)。

表3.2　绿色票据的一般性特点

作用	内容
支付	在企业与上下游贸易往来中，绿色票据与现金一样可以用来付款
结算	企业与上下游之间的债权债务，可以通过票据背书转让来结算
信用	绿色票据的开立和实际兑付之间有时间差，扩张了绿色企业的信用
融资	持有绿色票据的企业可以找银行贴现快速回笼资金，持有绿色票据的银行也可以通过转贴现、回购和再贴现融入资金

续表

作用	内容
交易	绿色票据作为一种高流动性的金融资产，可随时在票据市场交易变为现金
投资	票据市场是货币市场的一个重要组成部分，投资者可以向企业、商业银行或其他机构买入绿色票据或票据衍生品作为短期投资品
调控	绿色票据是商业银行调节绿色信贷规模和资金最灵活、最有力的工具

（三）绿色票据区别于普通票据的属性

最直接的区别是绿色票据的“绿色属性”。

绿色票据直接或间接服务于绿色项目，属于绿色金融的一部分，其依据央行、商业银行对绿色金融的相关政策办理，接受监管部门对绿色金融服务的各项监管。

另外，绿色票据还具有较为鲜明的阶段性特点。只有票据服务于绿色项目时，方可依照绿色票据业务政策办理；票据未服务于绿色项目时，仍应按普通票据业务政策办理。例如，票据在承兑阶段用于绿色项目，或承兑企业为绿色企业，其承兑业务按绿色票据政策办理，如其在贴现阶段仍用于绿色项目，或持票人为绿色企业，仍按绿色票据政策办理贴现；但如其在贴现阶段既未用于绿色项目，持票人也不是绿色企业，则应视同一般票据贴现业务办理。

（四）绿色票据相比普通票据的优势

相对同类普通票据而言，绿色票据最大的优势是由于其因政策扶持而具有较低贴现成本，是中小企业重要的融资渠道。比如在 2020 年 4 月 24 日，中国人民银行等四部委联合出台《关于金融支持粤港澳大湾区建设的意见》（以下简称《意见》），提出推动粤港澳大湾区绿色金融合作，促进绿色金融发展。随后，为落实《意见》，人民银行东莞市中心支行出台《关于开办绿色票据再贴现业务的通知》，通过再贴现工具为金融机构加大绿色产业、绿色企业、绿色项目票据融资提供低成本政策资金支持。

三、我国绿色票据发展

（一）绿色票据的政策不断完善

我国绿色票据发展于 2016 年起步，近年来相关政策支持及制度逐渐完善（见图 3.4）。

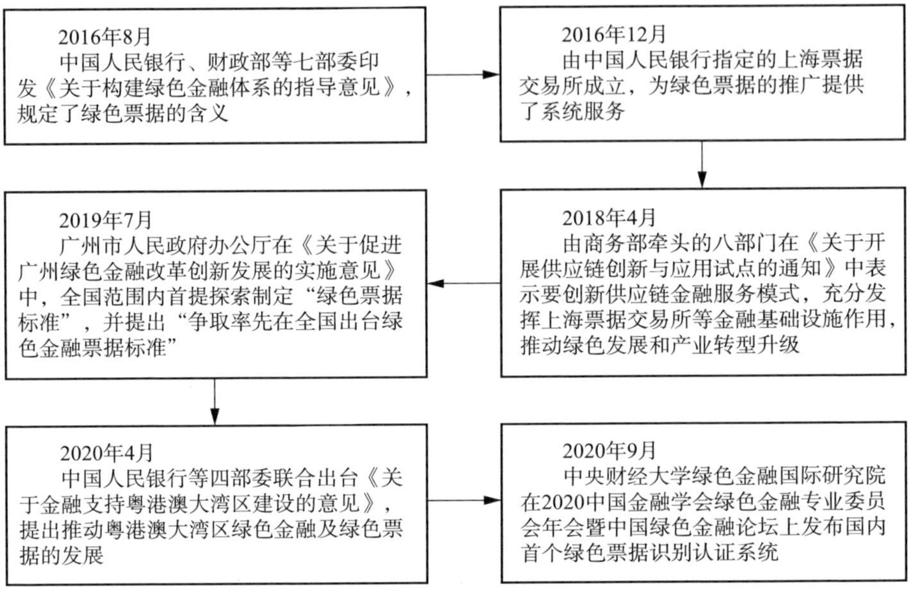

图 3.4　绿色票据相关政策

（二）我国绿色票据发展存在的问题

尽管我国绿色票据的政策及制度支持不断完善，但目前推进绿色票据的发展仍面临以下问题：

1. 绿色票据概念界定模糊，评价标准不一

目前国内外尚没有公认的针对“绿色票据”的权威定义。虽然有部分学者提出过相关概念，但还没有形成普遍市场认同。各地为推动绿色票据业务发展，进行了绿色票据认定标准的探索。如江西已出台《江西省绿色票据认定和管理指引（试行）》和 2021 年江西省绿色票据主体企业名单；深圳通过绿色票据白名单制度划拨了 10 亿元绿色票据再贴现专项支持额度等。

然而，地方对绿色票据的认定标准具有地域性，一张绿色票据会存在跨区域不能互认的可能性，这显然影响绿色票据在全国范围内流通。同时，在全国认定标准无法统一的情况下，激励政策无法实现全国统一，也影响企业使用绿色票据的积极性。此外，目前的绿色票据以贴现环节的支持为主，难以传导至核心企业，并激发其开具承兑汇票。

2. 绿色票据基础设施功能不完善，难以追溯其全生命周期

2019 年 8 月上海票据交易所发布了第三版中国票据交易系统，在再贴现

子系统新增了纸质票据和电子票据的出票人补充信息登记功能，出票人开户行或贴现行可对已贴现票据出票人的企业是否为绿色企业等信息进行补充登记。

然而上海票据交易所作为票据的基础设施，不具备绿色票据的识别功能，只能呈现登记机构的自主识别结果，导致呈现的绿色票据不具备统一标准和统计意义，难以被市场和监管机构接受。同时，上海票据交易所仅有的绿色票据的信息补录功能很难实现对一张绿色票据全生命周期的管理或追踪，导致市场以及监管机构无法进一步进行绿色票据的监督和追溯。

四、案例分析

人行潍坊市中支创新开办“绿色票据直通车”

2018 年 6 月，人行潍坊市中支按照“绿色产业的发展、绿色项目获支持、绿色企业享实惠”的工作思路，制定了“绿色票据直通车”实施意见，以发挥货币政策工具引导作用为切入点，对经银行机构推荐并纳入重点支持名单的绿色企业或绿色项目，在商品交易和劳务供应中签发、收受、转让的商业汇票，优先给予再贴现支持。

该行在试点时按照中国人民银行公告〔2015〕第 39 号所列举的绿色债券支持项目，围绕绿色发展理念，从新材料、新能源等符合绿色经济发展趋势的企业中，推荐 13 家核心绿色企业及 87 家上下游企业，建立“重点绿色企业名单”。该行确定 4 家银行为主办银行，对入选企业实施主办银行制度。主办银行设立绿色票据业务专员，对相关票据进行优先审验，优先为符合要求的绿色票据办理贴现业务。在主办银行制度的引导下，各银行主动推荐绿色企业的积极性明显提升。

“绿色票据直通车”刺激了绿色票据贴现业务发展，业务量增长明显，有利于绿色企业及时获得商业银行资金支持，有助于加速绿色产业链条上的资金流转，一定程度上缓解了产业链上的资金拖欠问题。

第三十节　绿色租赁

一、绿色租赁的定义

根据人民银行等七部委印发的《关于构建绿色金融体系的指导意见》和《绿

色金融术语（试行）》，绿色租赁是指租赁机构为支持环境改善、应对气候变化和资源节约高效利用等经济活动所提供的租赁产品及服务。

二、绿色租赁业务的发展现状

近年来，绿色租赁已成为租赁公司调整产业结构、服务国家战略的重点领域，不少租赁公司都将绿色租赁作为特色业务来重点发展，绿色租赁业务呈现出蓬勃发展的势头。截至 2020 年 11 月，国内 70 家主要的金融租赁公司中有 30 余家将绿色租赁列为主要业务领域，占金融租赁公司总数的 42.9%，业务涵盖了清洁能源、节能环保、城市交通、绿色建筑、生态旅游、智能制造等领域，其中在清洁能源（如风电光伏）、节能环保（如新能源汽车、商用车）等细分板块规模较大。部分租赁公司深耕细分市场形成竞争优势，如中信金租的光伏电力、贵银金租的绿色文旅等。

三、绿色租赁业务的实践案例

2013 年 4 月，华夏金融租赁有限公司（简称“华夏金租”）成立，并于次年确立了以清洁能源为核心、以光伏发电行业为突破口的绿色租赁发展战略。随着绿色租赁行业的不断发展，华夏金租逐步形成了以绿色能源、绿色交通、污染治理、循环经济四大板块为核心的绿色租赁体系。数据显示，截至 2021 年第一季度，华夏金租绿色租赁业务余额 320 亿元，占比 28%。其中，可再生能源及清洁能源项目租赁余额 168 亿元，绿色交通租赁余额 61 亿元。

2020 年 9 月 19 日，兴业金融租赁公司在 2020 中国金融学会绿色金融专业委员会年会暨中国绿色金融论坛上提出了租赁行业首个绿色标准——《绿色租赁行业标准目录》，旨在推动绿色租赁行业发展环境的优化，更好地支持绿色产业发展。《绿色租赁行业标准目录》在绿色金融相关标准的基础上，结合绿色租赁实践情况做出了两大创新：一是梳理了十大类绿色产业相关资产目录及解释作为认定依据，提出根据租赁物认定绿色租赁的标准；二是重点完善了与租赁业务密切相关的绿色交通、生态农业等相关目录，调整了节能改造及能效提升、固废处理、清洁能源、智慧城市等领域子目录设置，精简了绿色服务相关内容。

2021 年 7 月 7 日，浦银租赁发行 2021 年绿色金融债“21 浦银租赁绿色债”，发行规模 30 亿元，期限 3 年，由浦发银行担任牵头主承销商和簿记管理人，认购倍数达 3.7 倍，票面利率 3.38%。本次绿色金融债的募集资金将主要用于风力发电、光伏发电及轨道交通租赁项目。此次资金支持的项目落地后，预计每年可减排二氧化碳近 48 万吨，节约标准煤超过 22 万吨，减排二氧化硫超过 2000 吨，减排氮氧化物超过 320 吨，产生良好的绿色效益。

2021 年 8 月 12 日，广州市首单绿色租赁 ABS 发行仪式在广州开发区金融服务超市举行。此次发行的广州开发区融资租赁绿色资产证券化产品由科学城(广州)投资集团有限公司作为增信方，科学城租赁作为原始权益人，募集资金 2.75 亿元，期限约 3 年，优先 A 档和 B 档票面利率分别为 3.3%和 4.08%，全场认购倍数达 3.9 倍和 2.7 倍，发行利率创黄埔区、广州开发区融资租赁资产证券化产品历史新低。募集资金将 100%投放到绿色优质企业和优质项目中，真正做到运用绿色金融工具，促进区域绿色低碳循环经济发展。

四、绿色租赁面临的挑战

在碳达峰、碳中和的目标下，绿色租赁既蕴藏着机遇，也面临着各种挑战。这些挑战体现在交易对手选择、交易结构搭建、项目资金筹措以及项目风险控制等多个方面。

融资租赁公司在选择客户时，一方面要考虑客户的信用水平，重视企业信用与资产信用，另一方面要考虑项目收益率，注意信用水平和收益水平的权衡。此外，租赁项目期限普遍较长，部分绿色租赁项目周期长达 10 年，很容易出现长期资产与短期负债的期限错配问题。虽然可以通过发行绿色债券等方式缓解问题，但由于资金来源仍以银行信贷、同业拆入等短期借款为主，公司仍需面对期限错配产生的流动性风险。因此，租赁公司需要改善资金结构，拓展融资渠道筹措中长期资金、合理安排租金计划，时刻关注相关风险。

绿色租赁是租赁公司支持绿色金融和实体经济发展、加快自身高质量转型的必然选择。租赁公司要提升资产负债管理、流动性风险管理和成本管理的前瞻性水平，才能顺利地开展绿色租赁业务，更好地履行社会责任。

第三十一节　绿色债券

一、绿色债券的定义

根据2021年4月21日中国人民银行、国家发展改革委、证监会联合发布的《绿色债券支持项目目录（2021年版）》（以下简称《目录》）的最新定义，绿色债券是指将募集资金专门用于支持符合规定条件的绿色产业、绿色项目或绿色经济活动，依照法定程序发行并按约定还本付息的有价证券，包括但不限于绿色金融债券、绿色企业债券、绿色公司债券、绿色债务融资工具和绿色资产支持证券。

二、绿色债券的介绍

（一）来源

大力发展绿色金融，是深入践行“绿水青山就是金山银山”理念、推动生态文明建设的内在要求，是实现绿色低碳发展和“3060目标”的重要举措，也是“双循环”新发展格局下金融供给侧结构性改革的重要内容。近年来，在绿色金融直接融资领域中，绿色债券既是发挥主力军作用的融资工具，也是推动我国经济绿色转型的主要金融工具，它的出现正是源于保护环境、应对气候变化和能源节流等绿色可持续发展的需求。

经济绿色转型需要大量的资本支持，但是绿色项目回报低、周期长、市场化程度低等属性在一定程度上限制了其融资的有效性。相比信贷产品，债券作为相对长期、稳定的融资来源，可降低期限错配的风险。同时，绿色债券作为贴标债券，一般已通过第三方评估认证，降低了投资人自身识别绿色产业项目难度。我国部分地方政府对绿色债券发行机构实施的贴息或税收减免的优惠政策，还可一定程度上帮助绿色债券发行人降低发行成本，弥补绿色产业项目因公共属性损失的财务回报，增加融资优势。因此绿色债券一经推出，便迅速获得市场广泛认可和使用。

（二）国内绿色债券的主要品种

目前活跃在我国资本市场上的绿色债券有：绿色金融债券、绿色企业债券、绿色公司债券、绿色债务融资工具和绿色资产支持证券。监管机构包括中国人民银行、国家发展改革委、财政部、银保监会、证监会等。

（1）绿色金融债券，是金融机构法人依法发行的、募集资金用于支持绿色产业或绿色项目并按约定还本付息的有价证券。由中国人民银行（以下简称“央行”）核准发行和监管。

（2）绿色企业债券，是符合条件的境内企业按规定发行的、募集资金主要用于支持绿色产业或绿色项目的企业债券。由国家发展和改革委员会（以下简称“国家发改委”）核准发行和存续期监管。

（3）绿色公司债券，是符合条件的节能环保、可持续发展以及应对气候变化等绿色企业发行的公司债券，募集资金必须投向绿色产业项目。由交易所或中国证券监督管理委员会（以下简称“证监会”）核准发行，由中国证监会监管。

（4）绿色债务融资工具，是非金融企业在银行间交易商协会注册，在全国银行间债券市场发行和流通的，募集资金专项用于节能环保、污染防治、资源节约与循环利用等绿色项目的债务融资工具。

（5）绿色资产支持证券，是结构化的绿色金融产品，所募集资金需用于绿色产业项目的建设、运营、收购，或偿还绿色产业项目的银行贷款等债务，即源于原始权益人拥有的收费收益权或债权进行绿色资产证券化，或将符合绿色产业支持目录的信贷资产打包入池进行募集资金。

（三）绿色债券与普通债券的区别

“绿色”属性的认证是绿色债券与普通债券的最大区别。绿色债券与普通债券主要有以下五方面不同：

（1）资金投资方向。与普通债券不同，绿色债券所募集资金应主要投资于绿色产业项目，鼓励设立专门的账户实现专款专用。2020 年 11 月，上交所和深交所分别发布了关于绿色公司债券上市的业务指引，明确要求：绿色公司债券募集资金确定用于绿色项目的金额应不低于募集资金总额的 70%。而对普通债券的资金投向没有太大的限制。

（2）债券期限。由于某些对于生态环境的投资需要较长时间才能形成回报，因此债券存续期限通常会覆盖整个建设期和运营期，目前市面上已发行的绿色债券大多为中长期融资债券。

（3）披露要求。由于发行人需向投资人和社会证明募集资金使用途径是在绿色项目并产生了真实的绿色效益，因此监管机构通常对于绿色债券环境信息披露有着更高的要求，并鼓励由独立第三方专业机构在发行前进行绿色认证或评估，在存续期对环境信息披露及环境效益进行第三方鉴证。

(4)政府支持。由于绿色项目所带来的正外部性，绿色项目更容易获得政府机构的政策支持，绿色债券发行也更容易获得发行利率、贴息或奖补等优惠条件。

(5)绿色债券的投资者。绿色债券会吸引某些愿意为环境效益支付溢价的绿色投资者。

（四）绿色债券的发行步骤

绿色债券发行主要包括确定绿色项目、安排独立审查、追踪报告、发行债券和监督债券所筹资金用途并作年度报告五个步骤。

三、我国绿色债券发展现状

（一）绿色债券方面的政策不断完善

在中国绿色债券的发展进程中，2020 年以前市场缺少统一的界定和规范，2021 年最新《绿色债券支持项目目录(2021 年版)》出台，对国内绿色债券支持项目的范围、各类绿色债券定义和分类标准进行了统一，并覆盖到了所有的绿色债券类别。

（二）绿色债券的发行规模不断扩大

受政策指引，2016 年至 2019 年中国境内绿色债券发行量逐年攀升，市场规模不断扩大。2020 年由于疫情原因，绿色债券发行总量较之以往略有下降。根据央行披露，截至 2020 年末，符合国内标准的贴标绿色债券发行量已经达到 1.2 万亿元，规模仅次于美国，位居世界第二。预计 2021 年绿色债券发行将大幅放量，再创新高。

（三）发行券种多样化

随着绿色债券政策的全券种覆盖，绿色债券发行券种越来越多样化。截至 2021 年 5 月末，绿色债券已涵盖金融债、中短期票据、公司债、企业债、可交换债、资产支持证券等 18 种债券。随着政策的推动和市场逐步提升认知，金融债占比不断下降，实业发行的绿色信用债规模大幅提升。

四、案例分析

中国市场境内首单非金气候债券花落南京江北新区

2020年4月29日，南京江北新区公用资产投资有限公司(以下简称“江北公用”)成功非公开发行境内首单非金融企业气候债券，发行规模4.9亿元人民币，期限3年，发行利率3.75%，低于人民银行同期贷款基准利率100BP。所募资金全部用于江北新区绿色环保项目建设。

针对该气候债券发行，江北公用勇于开拓创新，在无先例可循的情况下，积极学习研究气候债券发行管理的各项标准与要求，高效决策，主动管理，以极高效率组织完成了整个国际国内认证、审批、注册与发行流程。经国内领先的第三方评估认证机构绿融(北京)投资服务有限公司(“iGreenBank 绿融”)认定，该债券不仅符合国内绿色债券标准，而且符合国际气候债券标准。根据 iGreenBank 绿融出具的报告，该债券被上海证券交易所贴标绿色债券。同时，国际气候债券倡议组织采纳 iGreenBank 绿融意见，认定该债券为“水资源设施”类气候债券。

第三十二节 绿色信托

一、绿色信托的概念

根据2019年12月26日中国信托业协会发布的《绿色信托指引》，绿色信托指信托公司为支持环境改善、应对气候变化和资源节约高效利用等经济活动，通过绿色信托贷款、绿色股权投资、绿色债券投资、绿色资产证券化、绿色产业基金、绿色公益(慈善)信托等方式提供的信托产品及受托服务。

绿色信托要求信托公司在筛选企业/项目时应遵循以下基本原则：

(1)优先考虑服务国家绿色发展重点扶持、认可的企业和项目；在环境、社会和公司治理(Environmental、Social、Governance，ESG)方面表现优异的企业；节能、环保等环境指标优于行业标准的企业及项目。

(2)严格控制信托资金投向高排放、高污染、高能耗型企业及项目，但信托资金用于此类企业进行技术改造、节能减排，推动绿色发展的项目除外。

二、绿色信托的主要业务模式

信托公司开展绿色信托业务可以运用的金融工具有：绿色信贷、绿色股权、绿色债券、绿色资产证券化、绿色产业基金、绿色供应链金融、碳资产交易、绿色公益(慈善)信托等。

(1)绿色信托贷款。信托公司通过技术升级改造贷款、并购重组贷款等在降低能源消耗、控制污染物排放等方面取得积极成效，信托贷款已经成为绿色信托主要的业务模式。

(2)绿色股权投资。信托公司可以与券商、私募等合作，深入发掘绿色企业的投资机会，募集资金用于已上市或未上市企业股权、定增、优先股、可转债等。

(3)绿色债券投资。为符合条件的绿色企业发行私募债，降低绿色企业融资成本。

(4)绿色资产证券化。信托具有财产独立、风险隔离、管理灵活的优势，既能以银行的绿色信贷为基础资产开展信贷资产证券化业务，也可以介入企业资产证券化和私募资产证券化。

(5)可交易绿色权益融资。围绕碳排放交易权等可交易绿色权益，信托公司可以提供相关产品和服务，比如为碳排放交易各方提供流动性支持。

(6)信托型 PPP 绿色产业基金。信托公司长期从事实体产业投融资和项目管理，与政府、基础设施建设运营机构、大型金融机构等都有着十分密切的业务合作关系，开展信托型 PPP 绿色产业基金具有天然的优势。

(7)环境公益信托。面向社会公众，以公益信托的方式推动绿色公益事业发展的信托业务类型。

三、绿色信托发展情况

(一)绿色信托规模稳步增长，助力绿色经济可持续发展

信托公司积极开展绿色信托业务，支持节能减排、生态保护、清洁能源等绿色产业的发展。绿色信托规模与数量逐年增加，2019 年存续绿色信托项目达到 832 个，存续规模达到 3354.6 亿元(见图 3.5)。

(二)绿色信托制度不完善，信托公司开展绿色信托的能力有待提升

虽然中国信托业协会已经发布了《绿色信托指引》，但是法律制度和行业

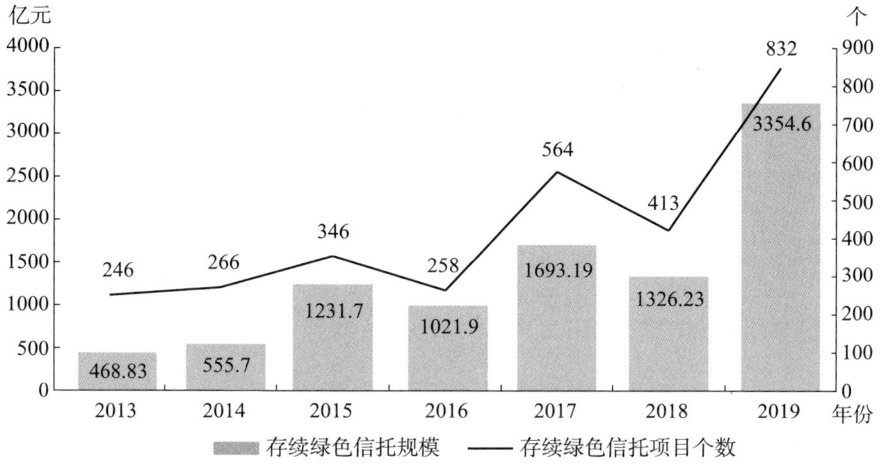

图 3.5　2013—2019 年绿色信托规模变化

标准体系仍旧不完善。信托公司对于绿色产业发展的专业和技术特性掌握程度不足，服务绿色产业发展的能力尚待提升。截至 2019 年底开展绿色信托的信托公司仅有 14 家。

绿色信托盈利模式不清晰。绿色产业项目盈利能力通常较低，对政府补贴的依赖程度较高，市场机制不完善。这一问题将随着碳达峰与碳中和的推进、可交易绿色权益市场的发展而有所缓解。

四、案例——重庆信托青海黄河债转股项目

2017 年，重庆信托成立了“重庆信托 · 国寿青海黄河债转股集合资金信托计划”，共募集资金 80 亿元，信托资金用于认购“电投黄河(嘉兴)能源投资合伙企业(有限合伙)”(以下简称“黄河基金”)80 亿元的 A 级有限合伙(Limited Partnership，LP)份额。国家电力投资集团有限公司(以下简称“国家电投”)作为 B 级有限合伙人认缴 20 亿元出资，国家电投集团产业基金管理有限公司作为普通合伙人/执行事务合伙人/基金管理人认缴 0.1 亿元出资。黄河基金对青海黄河上游水电开发有限责任公司(以下简称“青海黄河”)进行增资，青海黄河以黄河基金的 100 亿元增资款用于归还存量银行贷款，达到“债转股”降低资产负债率的目的。信托计划终止前，青海黄河的母公司国家电投集团黄河上游水电开发有限责任公司回购合伙企业持有的青海黄河股权，或以增资协议约定的其他方式实现合伙企业对青海黄河投资的收回；合伙企业将以收到的股权回购款或其他方式收回的资金按照本信托计划所持合伙份额的比例

向本信托计划进行分配，以实现信托资金的安全退出，并为受益人获取信托收益。具体交易结构如图 3. 6 所示。

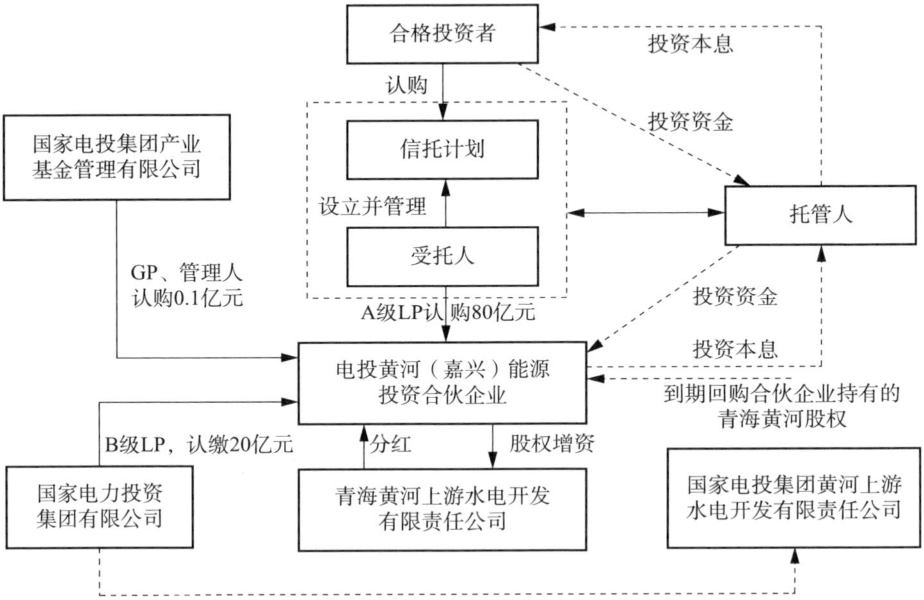

图 3. 6　国家电投集团对黄河水电回购青海黄河股权投资提供流动性支持

第三十三节　绿色基金

一、绿色基金的定义

绿色基金指专门针对节能减排战略、低碳经济发展、环境优化改造项目而设立的专项投资基金，旨在通过资本投入促进节能减排事业发展、维持人类赖以生存的美好环境。绿色基金也泛指投向绿色产业的基金，根据国家发改委印发的《绿色产业指导目录(2019 年版)》，绿色产业包括六大类：节能环保产业、清洁生产产业、清洁能源产业、生态环境产业、基础设施绿色升级、绿色服务，涉及绿色装备制造、清洁能源、环境治理、能源节约、绿色城市(绿色基建)、绿色服务等多个领域。

二、绿色基金的相关内容

（一）绿色基金的分类

同普通基金一样，绿色基金依据发行方式可分为公募基金、私募基金，两者区别主要如表 3.3 所示。

表 3.3 公募基金与私募基金的区别

项目	公募基金	私募基金
备案要求	由基金管理人向中国证监会备案，分为发行审核、募集结束备案审核	由私募基金管理人向中国证券投资基金业协会办理私募基金产品备案
募集方式	公开募集	非公开发售
募集对象	社会公众、无人数限制	少数的合格投资者、每只基金有人数上限要求
投资门槛	无投资门槛	门槛一般在 100 万元以上
产品规模	几亿元至上百亿元	几千万元至几十亿元
投资限制	投资品种、投资比例、投资与基金类型的匹配上有严格的限制	由协议约定
披露要求	非常严格，投资标的、投资组合、产品净值等信息都要披露	保密性较强，监管无明确要求，仅对购买该产品的投资者披露
投资标的	以证券为主要投资对象	以股权投资基金为主，含创业投资基金
业绩报酬	基金公司看重管理规模，业绩为管理费	管理人与投资者共进退，管理费通常按比例提成
投资目标	超越业绩比较基准	追求绝对收益和超额收益
投资风险	与私募基金相比，风险较小	与公募基金相比，风险较大

根据投向不同，绿色基金可划分为绿色证券基金、绿色股权基金等，除此之外，绿色基金还可以根据投资目标、投资理念、资金来源和用途等进行分类。

（二）绿色基金是我国绿色金融体系不可缺少的环节

（1）政策引领。绿色基金是中国绿色金融体系的重要组成部分，2016 年 8 月，人民银行等七部委联合印发《关于构建绿色金融体系的指导意见》，支持设立各类绿色发展基金，实行市场化运作。2018 年 11 月，中国证券投资基金业协会发布《绿色投资指引（试行）》，明确绿色投资的内涵，推动基金行业发展绿色投资，改善投资活动的环境绩效，促进可持续的经济增长。

(2)绿色基金作为绿色金融体系的重要组成部分，随着绿色发展上升为国家战略。2020 年 9 月，习近平总书记在第七十五届联合国大会一般性辩论上宣布，我国力争于 2030 年前二氧化碳排放达到峰值目标，于 2060 年前实现碳中和愿景。在我国碳达峰、碳中和目标指引下，未来预计将会成立更多聚焦低碳节能投资的绿色基金。2021 年 3 月央行行长易纲在中国发展高层论坛上表示：对于实现碳达峰和碳中和的资金需求，各方面有不少测算，规模级别都是百万亿元。这样巨大的资金需求，政府资金只能覆盖很小一部分，缺口要靠市场资金弥补。

(3)在绿色产业融资需求中必不可少。首先，新的绿色产业的项目有股权融资的需要，这是传统的信贷、债券融资难以解决的；其次，我国污染治理和环境保护方面的融资一直存在困难，相关项目通常由于投资规模大、时间长、收益不高、风险不易评估、担保抵押征信困难等问题，难以取得银行贷款或其他传统的融资。因此，很多绿色项目的融资亟待社会资本的参与，在目前我国生态环境领域资本市场不完善的情况下，政府的桥梁纽带与政策的引导显得更为重要，能够起到提高社会资本参与的信心、推进绿色领域投融资市场化的作用。

三、中国绿色基金的发展情况

在中央和地方一系列政策支持下，我国绿色基金发展稳中求进，国际合作基金、国家绿色发展基金、地方绿色发展基金、PPP 绿色项目基金、产业集团绿金投资基金、绿色 PE/VE 基金等多种类型绿色基金蓬勃发展。截至 2020 年末，全国已设立并在中国证券投资基金业协会备案的绿色基金已超过 850 只，总投资规模达数千亿元，投资领域主要集中在低碳节能产业。其中 2020 年新成立备案的绿色基金 126 只，其中股权投资基金(Private Equity Fund，PE)、创业投资基金(Venture Capital，VE)、证券投资基金数量分别为 77 只、17 只、32 只，分别占备案总数的 61%、13%、26%；投向生态环保领域、低碳节能领域、循环经济领域数据分别为 38 只、86 只、2 只，占比分别为 30%、68%、2%。2015—2020 年绿色基金新增数量及增长率如图 3.7 所示。

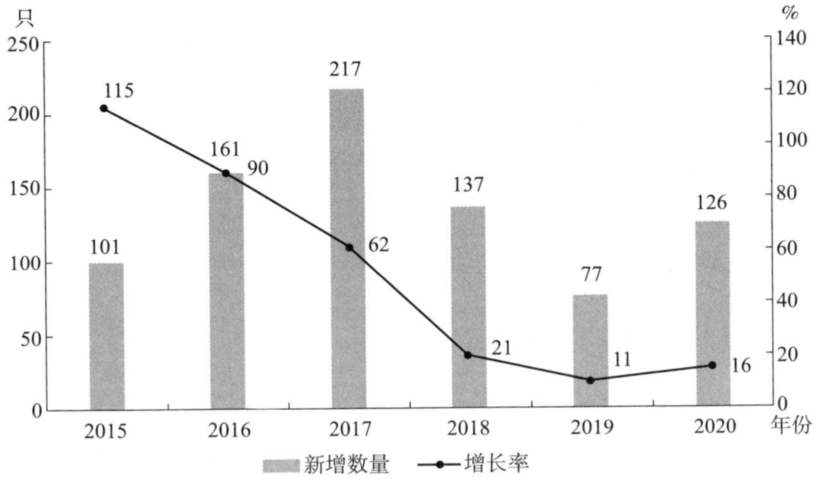

图 3.7　2015—2020 年绿色基金新增数量及增长率

资料来源：中国证券投资基金业协会、Wind 数据库。

第三十四节　PPP 环保产业基金

一、PPP 环保产业基金定义

PPP 环保产业基金是指财政资金参与市场的环境保护产业基金，扶持和引导其投向环境保护的企业和产业。通过发行基金，将投资者的资金结合起来，为环保产品提供资金和管理支持，并在适当时机抽回资本，以获得资本增值。

二、PPP 环保产业基金内容

（一）PPP 环保产业基金特点

PPP 环保产业基金主要有如下特点：

第一，财政资金占比不高。在 PPP 环保产业基金的构成中，财政资金所占比例不高。这是因为作为股权投资的范畴，这种基金只能投资于未上市的企业，这就在一定程度上增加了投资风险。据此，财政资金在其中主要发挥的不是投资作用而是引导作用。作为政府的风向标，指引更多的风投资金投向环境保护相关的产业。

第二，充分利用政策优势。PPP 环保产业基金本身能够充分体现政府扶持环保产业发展的政策方向，发挥政策优势，并且政府信用背书能够为环保产业基金增信。除此之外，财政补贴和贴息等措施，可以有效抵御项目风险。

第三，积极发挥杠杆优势。PPP 环保产业基金可以在自有资金的基础上撬动多倍杠杆，以获得更多有效融资。通过杠杆作用获取的资金收益，除去付给优先级有限合伙人(金融机构)的管理费、托管费等，仍然可以在营业收入一定的情况下提高净资产收益率。

（二）PPP 环保产业基金设计要点

责权明晰、风险分担、利益共享的 PPP 契约是 PPP 环保产业基金设计的基础。PPP 的核心在于合同双方的契约精神。一般在运作 PPP 项目时，会需要一个特殊目的载体(Special Purpose Vehicle，SPV)。在证券行业，SPV 指特殊目的的载体，也称为特殊目的机构/公司，其职能是在离岸资产证券化过程中，购买、包装证券化资产和以此为基础发行资产化证券，向国外投资者融资。

SPV 中包含从投资、管理、建设、运营到维护的完整体系，而且这个 SPV 会作为与政府签约的主体。在 PPP 环保产业基金中，出资的政府有时也参与 SPV 的构成，从而通过政府资本和社会资本在 SPV 中的融合，伴随其投资、管理、建设、运营和维护的全过程，实现全生命周期的风险分担和利益共享。

所以，第一层次的契约，就体现在政府与 SPV 之间签署的合约。第一，合约要明确 SPV 主体；第二，要明确 SPV 的环境责任和目标；第三，要明确出让的特许经营权范围；第四，要确定具体可操作的考核指标；第五，要明确政府与 SPV 之间的责权利规定。

三、案例——土壤修复产业基金

土壤修复产业基金是由北京易修复生态科技有限公司联手中节能大地环境修复有限公司、博天环境集团股份有限公司、山东新鸿大地环保科技有限公司、武汉都市环保工程技术股份有限公司等 7 家公司共同筹建的，称为“易修复棕地产业基金”。易修复棕地产业基金总规模是 100 亿元，首期基金大约 10 亿元。

在该基金筹建成立过程中，易修复生态平台是主要的牵头发起方，由中国生态修复网团队策划，平台包括项目众包、产品发布、在线预约服务、修复社区等功能。中国生态修复网、易修复生态平台定期将适合的项目信息(包含具体可实施项目或者优质企业等)优先推荐给易修复棕地产业基金，由产业基金管理机构负责对项目组织调研评估，并召开项目投资研讨会讨论商定是否参与投资。

四、推进 PPP 环保产业基金的建议

第一，认可 PPP 环保产业基金是一种特殊形态的 PPP 模式。目前国家为推广 PPP 模式出台各种优惠政策并进行资金扶持，国家应该认可并大力推广这种特殊形态的环保 PPP 模式，以解决中低利润环保项目投融资问题。

第二，PPP 环保产业基金中合同和特许许可是关键。PPP 环保产业基金往往涉及整个流域或者整个区域，地域面广，涉及的行业众多，这就使合同管理更为复杂，怎样签订有严格法律效力的合同，明确政府和 SPV 之间的责任及权利，是十分重要的。为规范和扶持这种特殊形态的 PPP 模式，建议环保部门出台专门的政策和操作指南，以规范和理清责权利，减少纠纷。

第三，在基金融资中，担保是关键。作为 PPP 模式环保产业基金，其最大的产出是生态资源产品。例如，流域水资源保护，其最大产出就是流域纯净的水资源，是生态资源产品。这些生态资源产品是否可以通过市场化方式获得价值评估，是否可以将生态资源产品作为抵押用于发行债券或者获得银行贷款，这些都需要政府进一步推进生态环境资源的定价及其市场价值化、货币化、金融化。

第三十五节　国家绿色发展基金

一、基金概要

国家绿色发展基金是由财政部、生态环境部、上海市共同发起设立的，国务院授权财政部履行国家出资人职责，财政部委托上海市承担国家绿色发展基金管理的具体事宜。

二、发展历程

国家绿色发展基金的设立是我国生态环境保护进程中的一个热点和难点，

其探索和发展历程大致可以分为早期研究、中期探索、设计建立三个阶段。

（一）早期研究阶段

早期的研究主要是针对排污收费制度改革的政府主导型国家环境保护基金。1994 年世界银行中国技术援助项目《中国排污收费制度设计及其实施研究》(TA-B-8-1)开启了中国排污收费制度的改革进程。该项目提出了国家环境保护基金建议方案，同时国家环境保护局也向亚洲开发银行等金融机构寻求设立国家环境保护基金的支持。鉴于当时排污费资金的中央地方分配机制刚刚建立、很多地方不支持中央集中排污费资金、排污费资金收入规模只有 50 亿元、对排污费资金性质认识差异较大等原因，基于排污收费制度的国家环境保护基金建立最终无果，但研究层面的工作基本上没有停止。

（二）中期探索阶段

2003 年，排污收费制度改革方案开始在全国全面实施。随着新排污收费制度改革的推进，中央按照 10%的比例集中了地方排污费资金，环保部门又开始讨论排污费资金的使用政策，试图通过设立环境保护基金继续保持能力建设的资金渠道。2017 年，全国人大常委会通过了《环境保护税法》，将所有环境保护税都纳入了地方财政预算资金，原先的环保部门自身能力建设以及中央集中的污染治理资金机制受到了一些挑战。最终，在党的十八大提出生态文明建设和绿色发展理念的新形势下，环保部门放弃了原先的国家环境保护基金方案，开始与财政部积极推动国家绿色发展基金方案的研究和设计。

（三）设计建立阶段

党的十八大以来，以习近平同志为核心的党中央高度重视生态文明建设和绿色发展，中共中央、国务院就加强生态文明建设、推动绿色发展做出了一系列重要决策部署。2015 年 11 月 3 日《中共中央关于制定国民经济和社会发展第十三个五年规划的建议》提出：发展绿色金融，设立绿色发展基金。2017 年 8 月，中共中央、国务院印发的《关于服务实体经济防控金融风险深化金融改革的若干意见》提出要设立绿色基金，支持低碳生产和绿色发展。2018 年 6 月，中共中央、国务院印发的《关于全面加强生态环境保护　坚决打好污染防治攻坚战的意见》明确提出要“设立国家绿色发展基金”。2020 年 7 月 15 日，国家绿色发展基金股份有限公司在上海市揭牌运营，首期募资规模 885 亿元。国家绿色发展基金的建立为生态文明建设增添了新引擎。

三、基本情况介绍

国家绿色发展基金基本情况见表 3.4。

表 3.4　国家绿色发展基金基本情况

项目	内容
注册资本	885 亿元
注册地	上海市
股东	股东共 26 位，包括政府股东 11 位、银行股东 9 位以及企业股东 6 位 政府股东：财政部(第一大股东，持股 11.30%)；江苏(企业代持)、浙江、湖北(各持股 1.36%)，安徽、重庆(企业代持)、江西、湖南、云南、四川、贵州(各持股 1.13%)等 10 省市财政厅 银行股东：国家开发银行(9.04%)、中国银行(9.04%)、中国建设银行(9.04%)、中国工商银行(9.04%)、中国农业银行(9.04%)、交通银行(8.47%)、浦发银行(7.91%)、上海银行(2.26%)、上海农商银行(1.13%) 企业股东：久事集团(4.52%)、国盛集团(4.52%)、国家能源集团(1.69%)、上海电气(0.56%)、节能环保集团(0.34%)、龙元建设(0.11%)
组织框架	六大职能部门： 战略规划部、投资管理部、风险控制部、法务部、财务管理部、综合管理部
基金定位	以习近平生态文明思想为指引和根本遵循，以建设美丽中国为宗旨，按照加强生态文明建设总体要求，面向市场需求，积极引导社会资本投向大气、水、土壤、固体废物污染治理等外部性强的绿色发展领域，促进污染治理、生态修复等绿色产业发展和经济高质量发展
设立原则	四大原则： 服务国家战略、实行市场化运作、发挥财政资金引导作用、充分调动地方积极性
核心理念	三个聚焦： 聚焦落实党中央、国务院确定的生态绿色环保中长期战略任务 聚焦引导社会资本投向大气、水、土壤、固体废物污染治理等外部性强的生态环境领域 聚焦推动形成绿色发展方式和生活方式，推动传统产业智能化、清洁化改造，加快发展节能环保产业，促进生态修复、国土空间绿化等绿色产业发展和经济高质量发展
使命任务	致力于引导企业生产注重绿色环保，引导消费者形成绿色消费理念，促进环保和经济社会的可持续发展

四、未来发展方向

（一）主要投资地区

国家绿色发展基金在首期存续期间主要投向长江经济带沿线上海、江苏、浙江、安徽、江西、湖北、湖南、重庆、四川、贵州、云南等 11 省市。同时适当安排其他区域的项目，探索可复制、可推广经验。

（二）投资领域

基金投资重点是环境保护和污染治理、生态修复和国土空间绿化、能源资源节约利用、绿色交通、清洁能源等领域。基金既直接投向环境保护、污染治理和生态修复项目，为污染防治攻坚战提供融资支持，缓解政府和社会主体资金投入不足；也面向市场需求扶持绿色产业发展，通过金融手段助力绿色技术的研发、转化和推广，加快培育环境保护和污染治理、生态修复和国土空间绿化、能源资源节约利用等市场主体，更好服务于实体经济的绿色转型，为解决生态环境问题提供系统性产业支撑，实现环境效益、经济效益和社会效益多赢。

第三十六节　绿色气候基金

一、绿色气候基金的概念

绿色气候基金（Green Climate Fund，GCF）是联合国气候变化框架公约（United Nations Framework Convention on Climate Change，UNFCCC）缔约方会议指定的资金运营实体，是由缔约方的194个国家建立的，作为“公约”财务机制的一部分，旨在为发展中国家减缓和适应气候变化提供资金。

二、绿色气候基金的内容介绍

（一）绿色气候基金的发展历程

最早提出设立GCF的提议源于2009年哥本哈根气候变化大会。《哥本哈根协议》中规定，由发达国家出资建立绿色气候基金，用于支持发展中国家应对气候变化的行动。2010年，在坎昆召开的第16次缔约方会议正式决定成立绿色气候基金，基金的设计由过渡委员会负责，过渡委员会由15个发达国家代表和25个发展中国家代表组成。发达国家要在2010年至2012年出资300亿美元作为快速启动资金，在2013年至2020年每年提供1000亿美元的长期资金，用于帮助发展中国家应对气候变化。

经过两年的筹备以及秘书处选址，绿色气候基金于2013年12月4日正式在韩国松岛国际城挂牌成立。此前，德国和丹麦分别宣布向绿色气候基金注资 4000 万欧元和 1500 万欧元，成为首批用实际行动支持该基金的发达国家。经过数十年的发展，绿色气候基金已经开发实施了多个气候行动投资项目，逐渐成为气候资金的重要载体，撬动更多的私人资本有效进入气候治理领域。绿色气候基金发展历程见图 3.8。

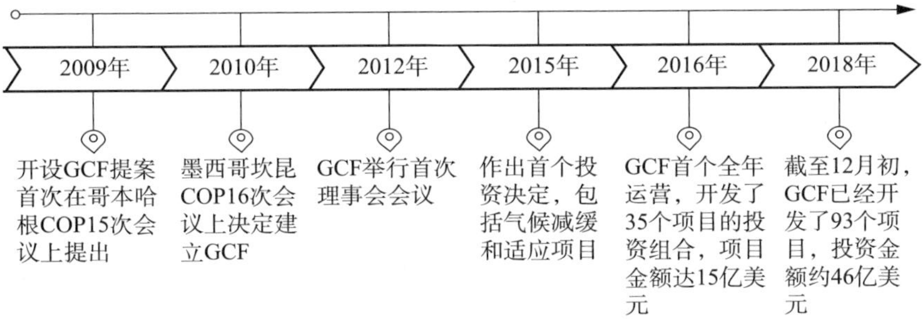

图 3.8　绿色气候基金发展历程

资料来源：《绿色气候基金出资义务研究》。

（二）绿色气候基金的管理架构

GCF 下设董事会、秘书处、受托管理人等职能部门。董事会的主要职权是监督基金的运作，核准业务模式、利用模式和供资结构，核准具体业务政策和指南，任命秘书处执行主任，遴选和任命受托管理人等。GCF 秘书处由董事会任命并对董事会负责，负责基金的日常运作，提供财务、行政、法律方面支持。受托管理人负责按照国际标准管理其金融资产，编写财务报表和其他相关报告。目前，世界银行为 GCF 的临时受托人，将在基金运行三年后接受审计。

GCF 重要决议由理事会领导，秘书处执行日常相关的事务，理事会由 24 位正式理事成员组成，发展中国家和发达国家各占 12 席。

（三）绿色气候基金的发展特征

1. GCF 融资方式多样

GCF 除了常规地从政府公共部分筹资，还专门设立了私营部门机制（Private Sector Facility，PSF）。PSF 不仅可以为 GCF 募得更多的资金，而且可以带动更多的发展中国家的私营部门加入减缓和适应气候变化的活动中。截至 2018 年底，GCF 已经开发的 93 个项目中，有 40%的资金都是来自私营部门。但是 PSF 也存在一些负面影响，比如由于私营资金的营利性质比较强，气候投资的负责任性就很难保证，这就要求 GCF 在选择私营资金时，要保持谨慎的态度，充分评估环境、社会和发展等方面的影响，保证其对适应气候变化产生正面的推动作用。

2. GCF 融资途径需要进一步探索

GCF 的基本运营方式是发达国家中的私营部门，被鼓励做出补充性的捐款和捐赠，利用各种金融工具、融资窗口等为发展中国家实施气候变化相关的政策措施提供资金。在气候变化适应和气候变化减缓行动中，实现资金的均衡分配，体现所有缔约方平等且地域平衡。在实际的基金管理中，由于发达国家承诺的 GCF 融资属于不具有强制性的义务，所以往往伴随着出资意愿低、注资延迟等问题。另外，关于缔约方达成具体的发达国家出资比例方面也一直没有统一的口径。GCF 除了依靠发达国家的支持，也需要进一步探索其他的融资途径，比如动员有能力的发展中国家注资、积极吸收社会资本等。

三、绿色气候基金案例

中国获得首笔 GCF 资金——山东绿色发展基金项目

2019 年，亚洲开发银行批准绿色气候基金联合融资贷款山东绿色发展基金项目签约生效，该笔贷款金额 1 亿美元，期限 20 年，利率为 1.25%，该项目将为减缓和适应气候变化吸引私营部门、机构和商业融资。作为中国获得的首笔 GCF 资金，该笔贷款标志着我国利用绿色气候基金“零的突破”，对山东绿色发展基金项目具有很强的示范性和指导意义。

山东绿色发展基金项目旨在通过山东绿色发展基金撬动 5 倍以上的私人、商业等多种途径的资金用于应对气候变化领域，总规模将达到 15 亿美元，其中包括公共和私营部门的资金组合 10 亿美元。主要投资方向有直接投资（气候基础设施子项目和绿色制造）、投资子基金（市政和部门子基金）、项目开发（项目设计和财务结构的技术援助）等五个。

作为 GCF 在中国的首个投资项目，山东绿色发展基金项目的示范效应重大，有利于山东省通过该基金支持绿色项目建设、绿色产业改造等，也值得其他省份进行有效复制、实践和经验学习。生态环境部对外合作与交流中心和中国清洁发展机制基金是 GCF 88 个执行机构中的中国机构，也将积极申请和利用绿色气候基金，促进国际与国内资本合作，实现我国“碳达峰、碳中和”的目标。山东绿色发展基金项目注资机构和金额见图 3.9。

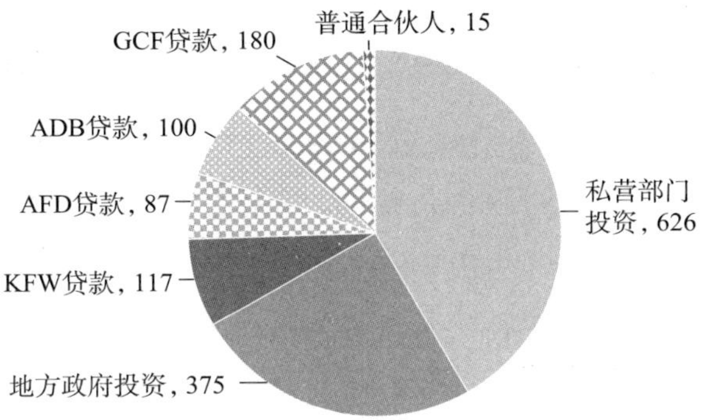

图 3.9　山东绿色发展基金项目注资机构和金额（单位：百万美元）

资料来源：GCF 网站、山东省人民政府。

第三十七节　绿色 ABS

一、绿色 ABS 的定义

资产支持证券（Asset-Backed Security，ABS）是债券的重要组成部分，与金融债券、公司债券等其他债券不同的是，ABS 不以公司作为承担还款责任的债务主体，而是剥离出一部分基础资产，形成资产池，作为将来的还款来源，并且可以设置分级发行等措施。绿色 ABS 是 ABS 的一种，它与普通 ABS 的本质差别在于，基础资产来源、募集资金投向或者原始权益人所属行业不同，绿色资产证券化的相关条件必须符合《绿色债券支持项目目录》。

二、绿色 ABS 的介绍

（一）绿色 ABS 的判定标准

具体的判定标准来源于上交所于 2018 年 8 月发布的《上交所资产支持证券化业务问答（一）、（二）》，其中明确表示：绿色概念的基础资产必须占全部打包入池资产的 70%以上；所募集的资金中流向绿色领域项目的金额不得低于总数额的 70%；以及发行人主营业务属于绿色领域产业，绿色业务收入所占比例超过 50%，或绿色领域收入与利润占比超过 30%，且所募集的资金至少 70%流向该企业的绿色业务。只要符合上述三项情况之一，则可判定为绿色 ABS。

（二）绿色 ABS 的分类

根据监管机构的不同，可将绿色 ABS 分为三类，即银保监会主管的信贷资产支持证券、证监会主管的企业资产支持证券和交易商协会主管的资产支持票据（Asset-Backed Medium-Term Notes，ABN）。信贷资产支持证券的交易场所在银行间市场或交易所，其监管机构为银保监会和央行；企业资产支持证券的交易场所一般在沪深交易所，其监管机构为证监会和交易所；资产支持票据的交易场所在银行间市场，其监管机构为交易商协会。

目前国内尚未出台统一的绿色 ABS 的规范标准或政策指引，而其他绿色债券（绿色金融债券、绿色企业债券、绿色公司债券以及非金融企业债务融资工具）均已出台了具体的政策指引，其中交易商协会的《非金融企业绿色债务融资工具业务指引》、证监会的《关于支持绿色债券发展的指导意见》以及交易所的《关于开展绿色公司债券试点的通知》对绿色 ABS 有相关描述（见表 3.5）。就绿色项目界定标准来看，目前三类绿色 ABS 比较统一，均采取的是人民银行的《绿色债券支持项目目录（2015 年版）》。2021 年 4 月，人民银行、发改委、证监会已印发《绿色债券支持项目目录（2021 年版）》，之后标准以新版目录为准。

表 3.5　绿色 ABS 分类

绿色 ABS 类别	交易场所	监管机构与相关政策指引	绿色项目界定标准
信贷 ABS	银行间市场/交易所	央行、银保监会《信贷资产证券化试点管理办法》，银保监会《金融机构信贷资产证券化试点监督管理办法》 央行《中国人民银行公告〔2015〕39 号绿色金融债券公告》	《绿色债券支持项目目录》
企业 ABS	交易所	证监会《关于支持绿色债券发展的指导意见》 交易所《关于开展绿色公司债券试点的通知》 交易所《上海证券交易所资产证券化业务问答（二）——绿色资产支持证券》	
ABN	银行间市场	交易商协会《非金融企业资产支持票据指引》 《非金融企业绿色债务融资工具业务指引》	

资料来源：兴业研究。

（三）绿色 ABS 的优势

第一，降低企业融资门槛，有助于绿色中小企业拓宽融资渠道。大多数绿色中小企业的产业链不完善、整体资质较差，较难从银行获得融资。而资产支持证券属于结构化产品，其信用评级依据为基础资产现金流，无关乎企业整体信用水平，有助于解决发行主体信用评级低的问题，并且可以通过优先/次级结构安排、第三方担保等方式进行增信，为绿色中小企业提供有效的融资支持。

第二，为企业提供长期稳定、低成本的直接融资方式。绿色行业的投资与建设周期一般较长，因此绿色中小企业的发展容易受到资金实力和融资能力的限制。而资产证券化的募集资金规模和期限主要由资产质量和市场共同决定，并且能够通过"循环购买"的设计延长证券的存续期限。因此资产证券化能为优质的绿色项目提供长期稳定、低成本的融资支持。

第三，帮助企业"降杠杆"。虽然资产支持证券是一种债务融资工具，但是在实现"真实销售"并满足一定条件时，在会计上可实现"出表"。换言之，融资企业的财务报表中不体现发行的证券，因此可优化企业的财务报表，降低企业资产负债率，提高资产回报率。在我国"去杠杆化"趋势下，这种会计数字上的优化同样能为企业带来诸多间接效益，如提升企业形象和声誉、拓宽融资渠道等。

第四，有助于提高绿色产业投资的有效性和精准性，提升资金配置效率。由于信息不对称，投资者往往受制于绿色项目的难以识别以及"洗绿"的风险而难以有效地进行绿色投资。资产证券化必须对应确定的资产，且对基础资产以及募集资金投向有更加严格的信息披露要求。因此，资产证券化的融资方式更有利于社会化监督，确保资金进入明确的绿色项目，提高绿色投资的有效性和精准性，更好地支持供给侧结构性改革。

三、我国绿色 ABS 的发展现状

ABS 作为金融支持实体经济的一种重要工具，近年来受到券商和资管行业的重视，发行规模不断攀高。CNABS 数据显示，2020 年，我国 ABS 总发行规模已达到 2.9 万亿元，同比增长 23.93%。

近年来国家政策大力支持企业绿色项目融资，并且鼓励企业通过绿色 ABS 方式融资。由图 3.10 可以看出，绿色 ABS 作为新型债务融资工具，目前在我国的发展势头较好。从 2016 年绿色 ABS 正式发行开始到 2019 年，绿色 ABS 的发行数量和规模都呈稳步上升趋势。2020 年受全球范围内的疫情影响，虽然这两项数据有所下滑，但绿色 ABS 发行总规模占 ABS 发行总规模的比例相比 2019 年几乎增长了一倍(见图 3.11)。

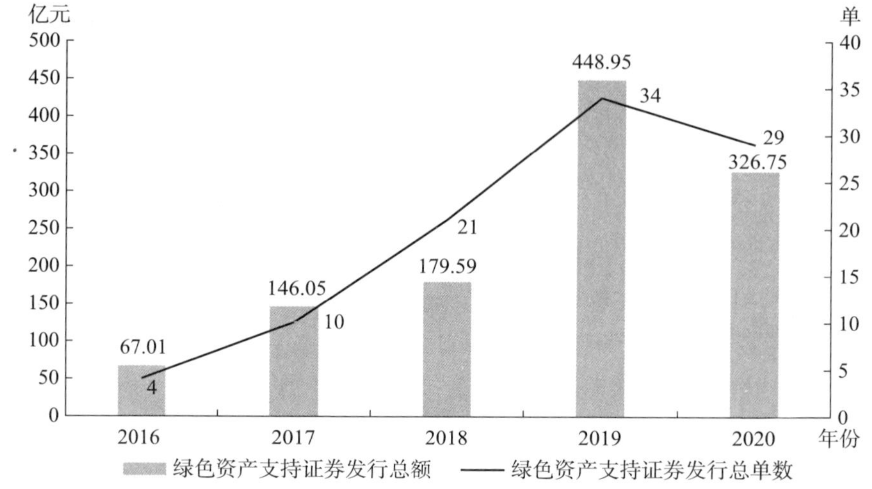

图 3.10　2016—2020 年绿色资产支持证券发行总额、总单数

资料来源：CNABS。

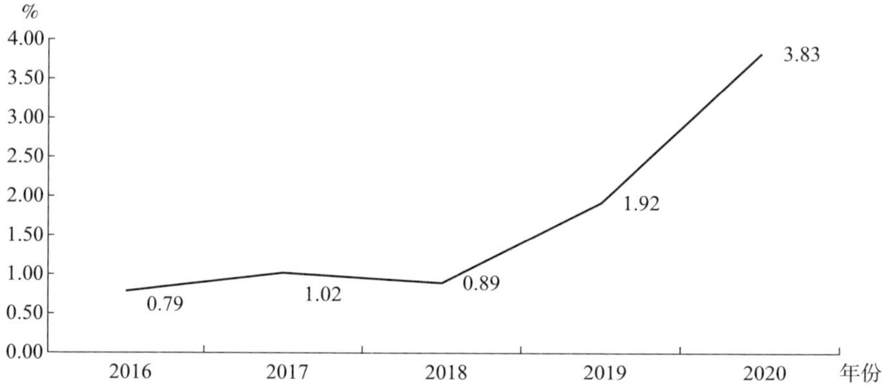

图 3.11　绿色资产支持证券发行总规模占资产支持证券发行总规模比例

资料来源：CNABS。

第三十八节　绿色 PPP

一、绿色 PPP 的定义

PPP 模式（Public-Private Partnership，PPP）是政府部门和社会资本在基础设施及公共服务领域建立的一种长期合作关系，其中政府部门负责价格和质量的监管，社会资本负责项目的设计、建设、运营和维护。绿色 PPP 则是具

有支持污染防治和推动经济结构绿色低碳化作用的 PPP 项目。2016 年 8 月，中国人民银行第七部委联合发布的《关于构建绿色金融体系的指导意见》中指出，要将 PPP 模式作为动员社会资本进入绿色领域的有效手段。

二、绿色 PPP 的发展历程

（一）政策历程

目前，绿色 PPP 项目均以 PPP 相关政策为基础开展。财政部于 2016 年 10 月发布的《关于在公共服务领域深入推进政府和社会资本合作工作的通知》中明确提出在垃圾处理、污水处理等现金流稳定且市场化程度较高的公共服务领域，各地新建项目强制应用 PPP 模式。自此，绿色项目与 PPP 模式结合的优势开始逐渐体现。在中央政策的支持和引导下，各地方政府不断深化探索 PPP 模式的推广与创新，完善 PPP 项目的运行管理与奖惩制度等政策（见图 3. 12）。

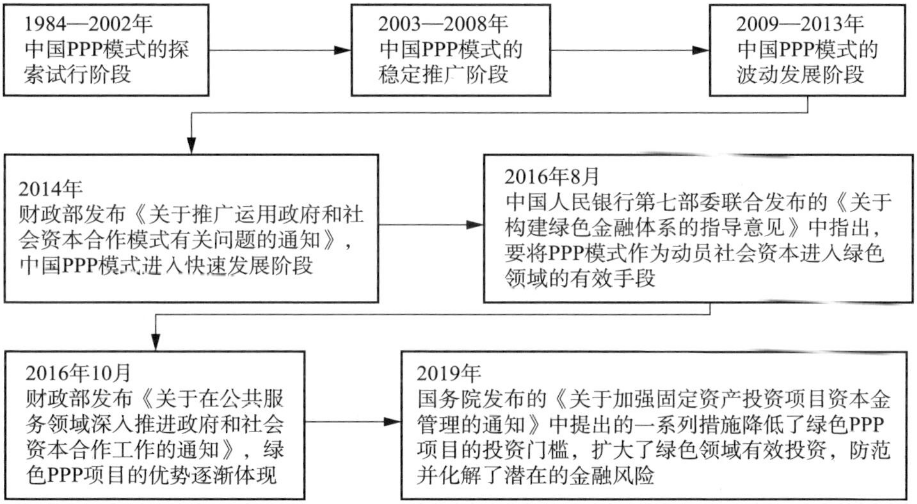

图 3. 12　绿色 PPP 相关政策

（二）市场发展

根据财政部政府和社会资本合作中心统计，2020 年全年绿色 PPP 项目数量保持平稳增长，项目占比小幅增长。从绿色 PPP 项目投资额变化看，绿色 PPP 项目投资规模持续扩大，投资额占比保持稳定（见图 3. 13）。

2020 年，在中央引导、地方推动以及绿色 PPP 市场逐渐成熟的背景下，

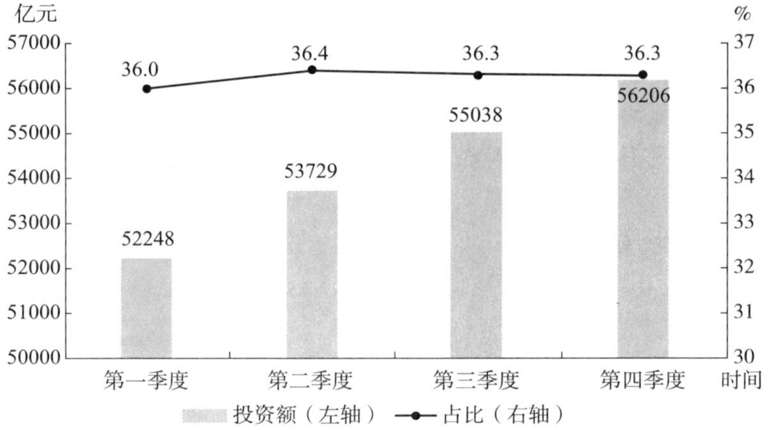

图 3.13　绿色 PPP 项目投资额及占比(2020 年)

资料来源：财政部政府和社会资本合作中心。

叠加利率下行、流动性充裕、货币适度宽松的信贷环境，绿色 PPP 落地项目持续增加，落地率与项目库平均落地率(总落地率)①差距不断缩小，直至持平(见图 3.14)。

三、绿色 PPP 存在的问题与面临的挑战

绿色 PPP 存在的问题与面临的挑战见图 3.15。

四、绿色 PPP 发展的政策建议与展望

针对绿色 PPP 存在的问题，可以通过以下三个方面进行改善：

(1)拓展社会资本参与绿色 PPP 项目的回报实现路径与方法。因为绿色 PPP 的公益性，社会资本很难获得满意的收益，这将打击企业的参与热情。中央和地方可以建立多元化补偿机制，启动专项资金以提升社会资本收益；同时加快建设碳排放权交易市场，使参与绿色 PPP 项目的社会资本获得生态权益的变现。

(2)利用绿色金融工具支持绿色 PPP 项目投资与发展。针对绿色 PPP 项目回报能力有限、回报周期较长的问题，应从政策上鼓励金融机构参与绿色

① 当一个 PPP 项目进入执行阶段，政府与社会资本双方正式签署 PPP 合同，即表示该 PPP 项目落地。落地率指执行阶段和移交阶段的项目数除以采购阶段、准备阶段、执行阶段和移交阶段的项目总数，再乘以 100%。项目库平均落地率(即总落地率)，指整个项目库(包括绿色 PPP)的 PPP 项目平均落地率。

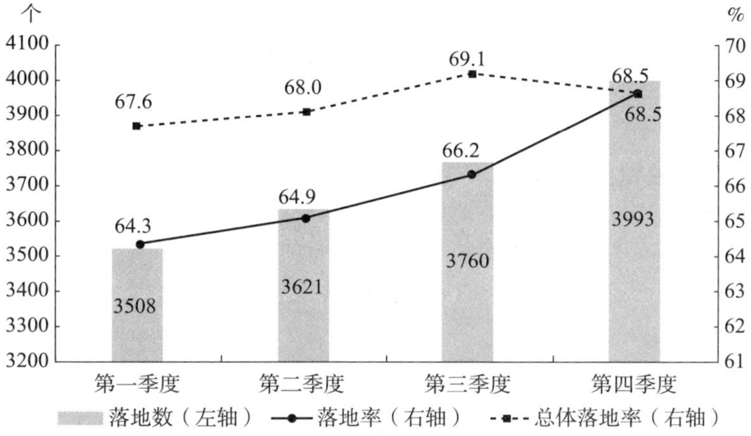

图 3.14 绿色 PPP 落地项目数量及落地率(2020 年)

资料来源：财政部政府和社会资本合作中心。

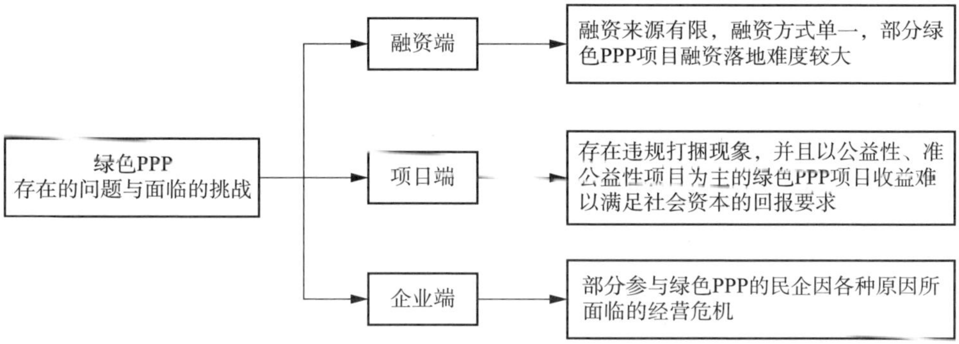

图 3.15 绿色 PPP 存在的问题与面临的挑战

PPP 项目、发展风险可控的绿色金融创新。对于参与企业面临的融资贵、融资难问题，应建设、完善生态权益的交易市场，并鼓励企业通过碳排放权、排污权等生态权益质押贷款、基础设施领域不动产投资信托基金(Real Estate Investment Trusts，REITs)等创新绿色金融产品进行项目融资。

(3)加强全周期运行监管，设计合理的风控机制。针对绿色 PPP 的问题造成的退库终止情况，建议建立覆盖绿色 PPP 项目识别、实施到运营的全生命周期监管机制，并加强企业 ESG 信息披露以便于对 PPP 项目进行动态质量评估。另外，还要做好全周期的风险管理，对初步识别的项目风险进行合理管控，对尚未识别的风险做好充分准备，建立健全一个完善的风控机制。

第三十九节　能效融资

一、能效融资的定义

能效融资是指为提升能源效率、减排温室气体、运用可再生能源以及与环境保护相关的符合节能条件的项目融通资金，以满足企业节能技改项目的资金需求。

二、能效融资内容

2015 年，中国银监会与国家发改委联合发布《能效信贷指引》(银监发〔2015〕号)，鼓励和指导银行业金融机构积极开展能效信贷业务，支持产业结构调整和企业技术改造升级。2020 年国家市场监管总局、国家标准化管理委员会发布《能效融资项目分类和评估指南》(GB/T 39236—2020)提供了能效融资项目分类规则、评估原则、评估程序、评估实施指南等。具体内容如下：

第一，给出了能效融资项目分类规则。在满足相关法律法规、政策文件和标准规范要求的前提下，可以结合项目自身特点和能效融资相关机构的关注点等，建立多种能效融资项目分类规则。本标准给出了银行业金融机构最常用的两种分类规则示例：按照融资用途、项目所属国民经济行业分类建立分类规则。

第二，给出了能效融资项目评估原则。开展能效融资项目评估时遵循科学性、审慎性、独立性和可追溯性等基本原则。

第三，给出了评估程序、评估实施指南和评估报告要求。能效融资项目评估分为 4 个阶段，即前期准备、筛选评估、综合评估和评估报告。

第四，给出了评估报告框架建议。包括评估的目的和范围、数据来源、评估内容、评估结论、重点关注、建议意见和相关附件等内容。

按照资金用途，能效融资项目可分成节能环保产业、基础设施绿色升级、绿色服务三类(见表 3.6)。

表 3.6　按资金用途对能效融资项目一二级分类

一级分类	二级分类
1　节能环保产业	1.1　高效节能装备制造 1.2　节能改造
2　基础设施绿色升级	2.1　建筑节能和绿色建筑 2.2　绿色交通 2.3　城镇能源基础设施
3　绿色服务	3.1　项目运营管理 3.2　项目评估审计核查 3.3　监测检测 3.4　技术产品认证和推广

三、能效融资渠道

国际上主要有五种能效融资渠道：政府直接投入能效资金、通过支持节能服务公司进行多渠道融资、通过资本市场为能效项目融资、通过政策性银行帮助企业进行能效融资、地方政府成为搭建小型节能项目的融资桥梁。

(1)政府直接投入能效资金。英国等欧盟国家都有专门的政府公共财政预算，用于投入财政经费支持节能技术应用、商业化示范、高效节能产品推广以及节能规划的实施。

(2)通过支持节能服务公司进行多渠道融资。节能服务公司(Energy Service Company，ESCO)是基于合同能源管理机制运作的、以营利为直接目的的专业化公司。ESCO 模式又可以称为“第三方融资模式”，即节能服务公司与愿意进行节能改造的用户签订节能服务合同，为用户的节能项目进行投资或融资，向用户提供能源效率审计、节能项目设计、运行管理等一条龙服务，并通过与用户分享项目实施后产生的节能效益来盈利和滚动发展。ESCO 对节能项目融资的资金有诸多来源，美国把支持 ESCO 的发展作为促进节能的重要手段。

(3)通过资本市场为能效项目融资。各国认识到，政府更多的是发挥引导作用，真正的驱动力来自资本市场。因此，利用资本市场进行融资成为能效项目融资的一个新趋势。在欧盟，公众对提升能效作用的认同度较高，而且企业也致力于能效的提升，许多投资者愿意通过股票市场为能效项目投资。

(4)通过政策性银行帮助企业进行能效融资。在日本，工业企业一条重要的能效融资渠道就是政策性银行，节能投资约有一半来自政府指定的银行。企业按照政府规定的贷款对象的设备、条件和审批程序进行报审，从这些银行取得优惠贷款，利率比商业银行低，由政府贴息。

(5)地方政府成为搭建小型节能项目的融资桥梁。很多国家都会遇到由于银行提供的金融工具不适合小型节能项目的问题。欧盟是通过地方政府牵头组织相关各方，如金融机构、投资银行、商业银行、地区基金等成立小组，设立风险管理基金，为大量的小型节能项目解决融资问题。

四、我国能效融资运营模式探索

国际金融公司(International Finance Corporation，IFC)中国能效融资项目是国际金融公司针对工商企业及事业单位提高能源效率，利用清洁能源及开发可再生能源的中小项目而设计的一种新型融资模式。这一模式的核心在于IFC为商业银行提供了一个风险分担机制，并且在风险评估方面给予技术协助。该创新融资模式旨在探索一种最终脱离担保持续运行的融资机制。

能效融资合作协议将银行与IFC的市场化融资优势、公用事业服务优势和风险管理优势等融为一体，针对中国在节能技术运用和循环经济发展方面的融资需求，创造性地引入贷款本金损失分担机制。根据本协议，一旦贷款发生不良，IFC将根据约定比例分担贷款本金损失。银行以IFC认定的节能、环保型企业和项目为基础，按照自身的信贷审批流程，向符合条件的节能、环保型企业和项目发放贷款，IFC对贷款项目提供相关的技术援助和业绩激励(见图3.16)。

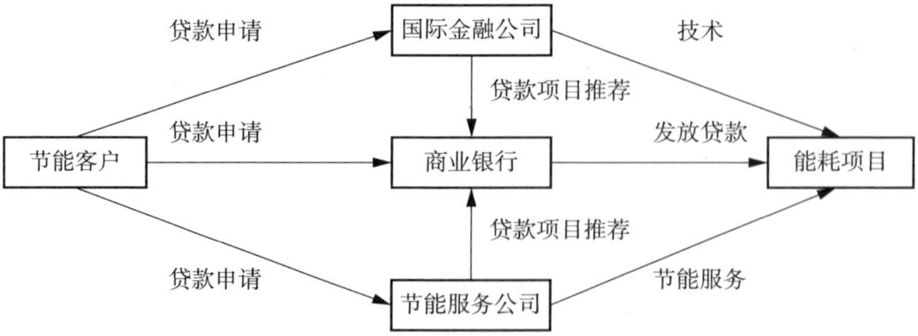

图3.16　IFC通过市场化的运作模式

五、能效融资案例——江苏银行能效信贷

江苏银行能效信贷通过支持节能服务公司进行多渠道融资。江苏银行开展与 IFC 在能效信贷领域的风险分担机制合作后，形成了中国节能减排能效融资江苏项目，主要服务于节能项目、可再生能源项目及生产制造节能、可再生能源设备等领域。其中：

江苏银行支持的山西高义钢铁有限公司能效提升项目的能效信贷为期 5 年。该项目从 2019 年开始，以《山西高义钢铁有限公司煤气发电综合改造合同能源管理合作协议》为基础，由江苏银行向借款方江苏金通灵流体机械科技股份有限公司（节能服务公司）投放 1.2 亿元，用来支持山西高义钢铁有限公司的煤气钢铁生产环节中煤气利用设备、中温中压煤气发电系统的节能改造，提高全厂煤气综合利用方式。该项目属于钢铁行业余热余气回收利用领域的合同能源管理项目融资模式，项目收益期为项目竣工日后的五年，总投资 2.5 亿元。项目除了给企业带来 3.7 亿元的收益外，还通过改造升级后高端的技术设备提升能源利用效率，大大降低了二氧化碳、甲烷等温室气体的排放，属于能效信贷投放的合格项目。

第四十节　绿色供应链融资

一、绿色供应链融资的定义

所谓绿色供应链融资，是指银行等金融机构根据核心企业及其供应商的碳排放数据和其他环保数据，评估贷款资格和金额；企业把所借的款项优先投入绿色生产的过程中去，使供应链管理过程对环境的污染和所消耗的资源降到最低。

与传统的供应链融资不同，绿色供应链融资将绿色金融理念融入供应链全周期，将资金专项用于节能环保和可持续发展领域，旨在实现供应链全流程的环境友好。从金融产品角度来看，绿色供应链融资聚焦贸易环节融资相关产品，如商业票据、信用证等；从资金用途角度来看，绿色供应链融资需满足绿色贷款或绿色债券等标准，专项用于绿色领域的融资需求；从供应链角度来看，绿色供应链融资应注重贸易链条上各环节融入资金用

途的绿色属性。绿色供应链融资作为绿色供应链金融的一部分，体现了绿色金融、供应链金融和绿色供应链的有机融合。其中，绿色供应链为供应链金融和绿色金融提供了一个非常好的应用融资场景。

二、绿色供应链融资的具体内容

（一）发展历史与现状

绿色供应链的概念由美国密歇根州立大学的制造研究协会在 1996 年进行的一项“环境负责制造”(Environmentally Responsible Manufacturing，ERM)研究中首次提出。2015 年，由国务院印发的制造强国战略 10 年行动纲领《中国制造 2025》在我国首次明确提出“打造绿色供应链”。2016—2020 年《工业绿色发展规划》的目标中明确提出主要产业初步形成绿色供应链，之后绿色供应链被写入国家“十三五”规划。2016 年彪马公司、法国巴黎银行和国际金融公司联合推出了绿色供应链融资计划，2019 年沃尔玛和汇丰银行也以类似的模式展开绿色供应链金融合作。在国内，一些金融机构(如兴业银行、浦发银行等)开始应用供应链融资的思路，在推行能效融资产品时植入设备供应商融资的模式，由商业银行为用能企业(买家)提供信贷支持，以采购设备进行节能技改、取得节能效益。

目前，绿色供应链融资仍是一个新生事物，还有待完善。尤其是在统计考核体系方面，绿色供应链融资的评价标准暂未统一。从绿色企业维度的评价指标来看，对于满足该指标的企业，其所有融资行为被纳入绿色金融范围，相应地，各贸易环节所开展的供应链金融业务也纳入绿色供应链金融统计范围；从绿色项目维度评判来看，如果供应链金融项下的融资用途，为符合评判标准的绿色建设与投资项目，可纳入统计范围；从绿色装备(产品)维度来看，企业为购买绿色装备(产品)而开展的订单融资等供应链金融活动，可纳入统计。值得一提的是，虽然我国业务实践中对开展绿色企业和绿色项目评价已有部分有益探索，如人民银行济南中心支行、广州市花都区等发布了相关标准，但尚未形成全国统一的评价体系，仍待完善。

（二）运作方式

图 3. 17 详细描述了绿色供应链融资的运作方式，这是一种核心企业、供应商、金融机构三方受益的符合金融逻辑的融资模式。

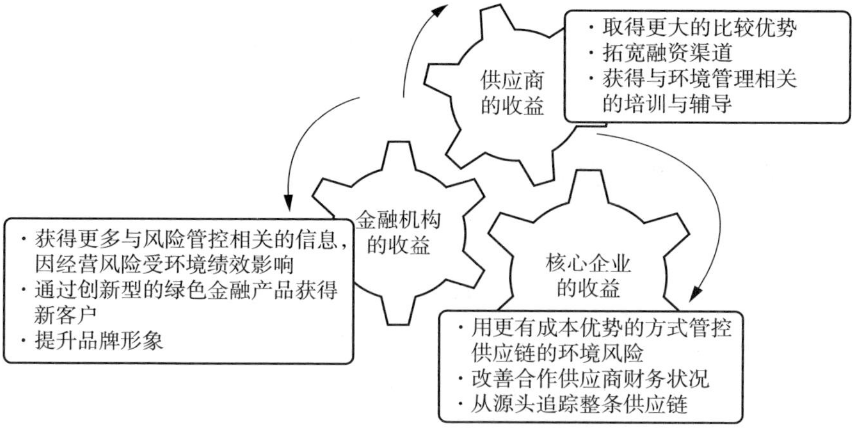

图 3.17　绿色供应链融资的运作方式

资料来源：Perez G.

三、案例分析——浦发银行绿色供应链融资

浦发银行推出了合同能源管理项目支持绿色供应链金融产品，以提供绿色供应链融资渠道，其融资模式如图 3.18 所示。合同能源管理项目支持产品是为企业在节能环保交易项下的应收账款提供保理融资。当节能服务公司与项目购买企业签订节能服务合同后，节能服务公司根据购销合同向浦发银行申请融资，并将该项目的应收账款转让给浦发银行，项目购买企业按照合同约定的支付方式，在每个付款期将款项支付给浦发银行。

浦发银行绿色供应链金融产品的推出，不仅缓解了部分中小企业融资难、融资贵的问题，也推动实现企业的经济效益和社会环境责任协调发展。

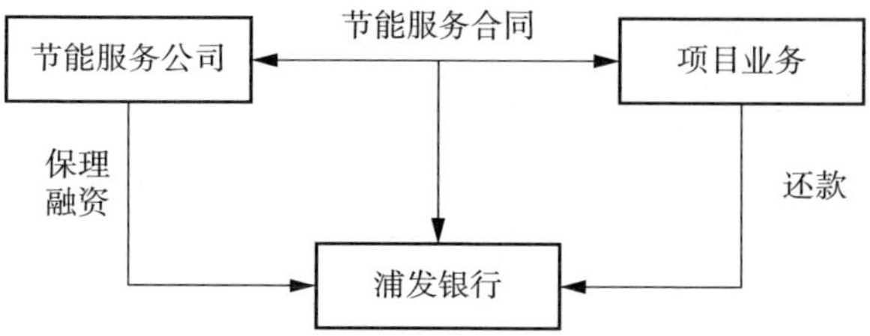

图 3.18　合同能源管理项目融资模式

资料来源：世经未来。

第四十一节　绿色责任账户

一、绿色责任账户的定义

目前，关于绿色责任账户还没有一个明确的定义，本书根据公开资料整理总结，将绿色责任账户定义为：以各级政府、企业和个人为主体，涵盖碳减排、其他污染防治、生态修复和经济增长等要素在内，能够将外部性问题内部化，全面反映经济活动全口径收益和成本，为有效开展市场交易进行产权和责任界定的账户。

二、建立绿色责任账户的背景

从全球范围看，绿色发展仍然是飘在空中的风筝，看起来很美，但根基不牢。欧美国家发展碳排放权市场，我国也逐步试点建立了一批碳交易所，特别是在 2021 年 7 月启动了全国统一的碳排放权交易市场，但交易总体上不活跃，主要原因是基于自愿减排，缺少责任约束和激励机制。

中国现阶段绿色发展很大程度上是政府的政策引导、提供相应的公共产品，社会组织和个人的自发或在政策引导下的活动，以及公益和慈善活动。在绿色转型前期，行政性办法与局部市场尚可应付，进入碳中和目标约束下的绿色转型期后，必须建立起与市场起决定性作用相配套的微观基础。于是，具有责任约束和激励机制的碳账户应运而生。

碳账户管理系统以实名认证的方式，通过对个人自愿减排行为进行检测、计量、管理和奖励，引导用户对个人低碳行为进行管理，给予碳积分的奖励，引导个人生活习惯的改善。有了核算和交易体系，建立碳账户不会有太大技术难度。但为了实现绿色高质量发展，仅仅碳减排是远远不够的。除了碳减排，我国还有其他污染物防治、生态修复，以及经济增长等任务。宏观上，为了实现绿色高质量发展，碳减排要与生态修复、污染防治、经济增长协同推进，而市场机制起作用的微观体系是绿色核算+绿色责任账户+市场交易（见图 3.19）。

其中，绿色责任账户是绿色发展的微观基础。绿色核算是绿色责任账户的前提，是绿色转型的基石。界定产权和责任，市场交易才能有效，而建立绿色责任账户可以进行产权和责任界定。因此，为了深入践行绿色发展理念，使微观主体主动推动绿色发展，有必要积极探索建立包括碳减排、其他污染防治、生态修复和经济增长等要素在内的各级政府、企业和个人绿色责任账户。

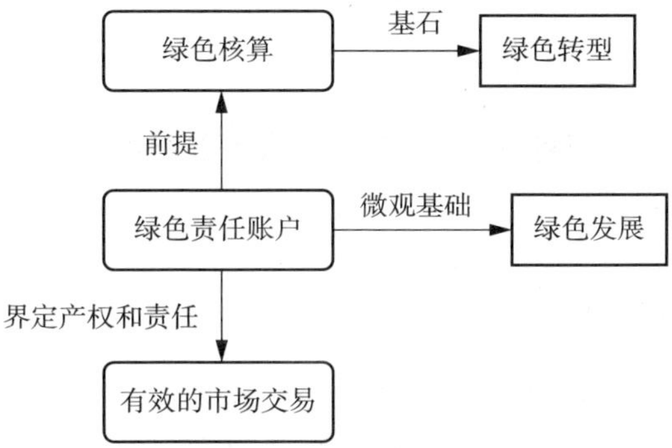

图 3.19　绿色责任账户背景解读

三、绿色责任账户的基本内容

绿色责任账户的基本内容见表 3.7。

表 3.7　绿色责任账户的基本内容

	具体内容
主体	各级政府、企业和个人
原则	以经济、社会、生态协同发展为原则
基本构成要素	GDP、生态修复、碳排放、其他污染物排放
功能	界定产权和责任，明确减排主体责任

四、绿色责任账户的运行机制

在绿色责任账户里，把生态修复、碳排放、其他污染物排放、经济增长这 4 个元素都放在同一个账户中，形成一个资产负债表，然后用投入产出表里面的收入法来进行分解，这样的话就可以建立起各级政府、企业的绿色责任账户，从而能够清晰地界定每个主体的减排责任。

五、建立绿色责任账户的意义

建立绿色责任账户，能够以制度创新为重点推动绿色转型，有助于在构建生态文明建设微观基础上取得大的进展。具体表现为：建立绿色责任账户能够使各相关主体明确减排责任并在一定时期内平衡账户，将国家层面的碳中和目标通过各相关主体减排责任分解落地，再经由市场机制的作用激励创新和发展，推动绿色转型扎实有效地取得进展。

第四十二节　绿色保险

一、绿色保险的定义

狭义来讲，绿色保险主要指具有代表性的环境污染责任保险。广义的绿色保险目前还没有一个明确、统一的定义。随着绿色保险的不断发展，其广义内涵不断丰富，确切的定义需要在更多的研究和实践中不断完善。根据2016年8月31日央行等七部委联合发布的《关于构建绿色金融体系的指导意见》(下称《意见》)，绿色保险已经成为绿色金融体系重要的组成部分。

二、绿色保险的种类

随着绿色保险的不断发展，除了《意见》中明确提出的环境污染责任保险外，保险公司在探索和实践的过程中还推出了许多创新型的绿色保险产品，如：巨灾保险、绿色建筑性能责任保险、天气保险、可再生能源项目保险(光伏保险、风电保险)、碳汇保险、绿色卫士装修污染责任险、森林保险、野生动物肇事保险、过期药品回收保险等。本书主要介绍环境污染责任保险。

环境污染责任保险起源于西方发达国家，逐步发展形成以美国、德国、瑞典为代表的强制责任保险模式和以英国、法国、日本为代表的自愿责任保险模式。一般认为环境污染责任保险是以被保险人因玷污或污染水、土地或空气，依法应承担的赔偿责任作为保险对象的保险。在此保险中，排污单位或企业为被保险人也即投保人，依据保险合同按照一定的费率向保险公司缴纳保费，就可能承担的赔偿责任投保，一旦其因污染事件需要承担责任时，由保险公司向第三方污染受害者赔偿。具体机制如图3.20所示。

与环境污染责任保险相关联的一个概念是环境污染责任强制保险。环境污染强制责任保险，是指以从事环境高风险生产经营活动的企事业单位或其他生产经营者，因其污染环境导致环境污染应当承担的赔偿责任为标的的强制性保险。这也是我国目前主要推行的环境污染责任保险类型。

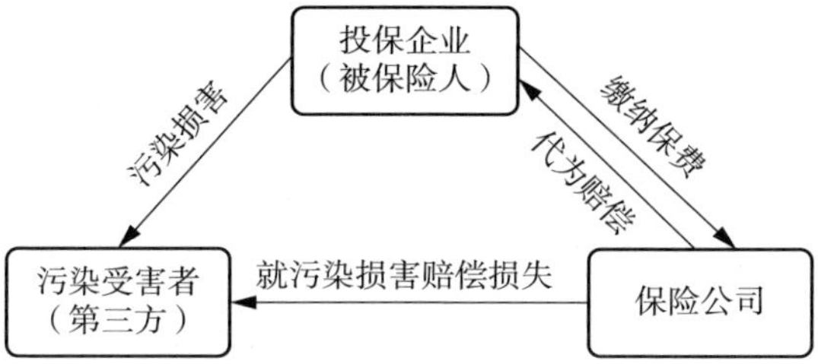

图 3.20　环境污染责任保险赔偿模式

三、我国绿色保险发展状况

（一）制度建设

我国绿色保险的主要险种为环境污染责任保险，于 2007 年起步；2007 年至 2014 年陆续有文件出台，要求加快环境污染责任保险制度建设。2015 年至今，是环境污染责任保险进一步向环境污染强制保险发展的阶段。其中，2017 年出台的《生态环境损害赔偿制度改革方案》是环境侵权领域取得突破性发展的标志(见图 3.21)。可以说，环境污染责任保险自被提出以来，在制度建设方面不断发展，尽管目前仍然存在一些问题，但发展趋势总体向好。

（二）实践发展

根据中国保险业协会统计，2018 年至 2020 年，绿色保险保障金额及赔付额都在不断增长。其中，保障金额从 2018 年的 12.03 万亿元增长到 2020 年的 18.33 万亿元，实现了 23.43%的年均复合增长率(见图 3.22)；赔付额从 2018 年的 128.9 亿元增长到 2020 年的 213.57 亿元，实现了 28.72%的年均复合增长率(见图 3.23)。

就各细分种类而言，绿色交通保险和环境污染保险保额占比最大，分别为 34.59%和 29.41%；绿色建筑保险、绿色技术保险、巨灾/天气风险保障类保险占比相对较少，均不超过 2%(见图 3.24)。可以看出，我国绿色保险目前已经探索出许多新模式，未来发展空间广阔。

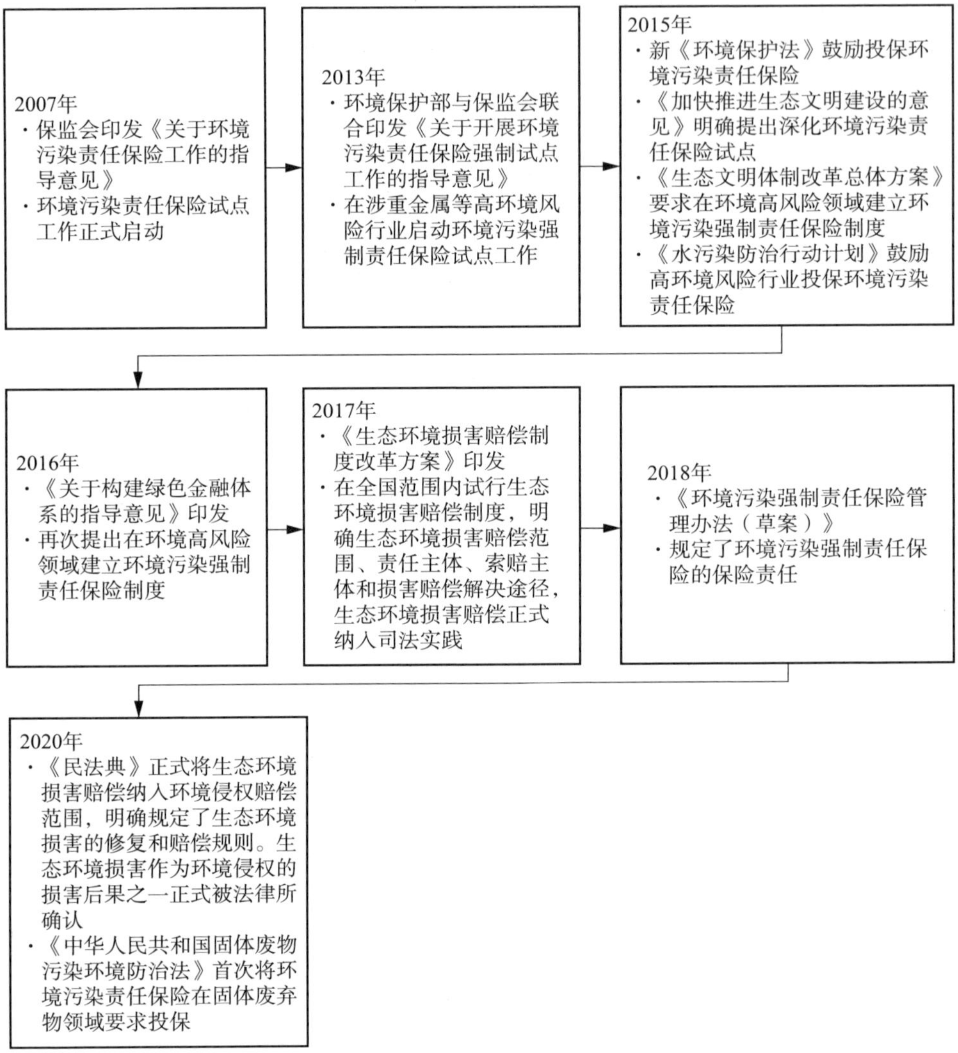

图 3.21　我国绿色保险业发展进程

四、创新型绿色保险产品介绍

绿色建筑性能责任保险基本功能是为企业提供全流程的绿色设计、绿色用材、绿色施工、绿色运行管理，以及发生绿色星标评级风险后的经济补偿。它全流程参与施工企业绿色星标建筑的施工、管理工作。美国绿色建筑委员会（US Green Building Council，USGBC）北亚区总监王婧曾经分享过她对保险业推动绿色建筑转型的看法：“建筑行业占全球碳排放的40%。建筑是气候变化加速演变的原因，但同时也有机会成为缓解气候变化的解决方案。”

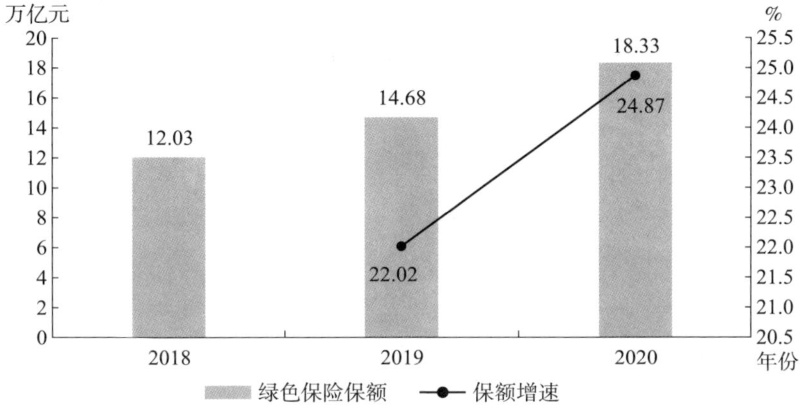

图 3. 22　2018—2020 年绿色保险保额及其增速

资料来源：中国保险业协会。

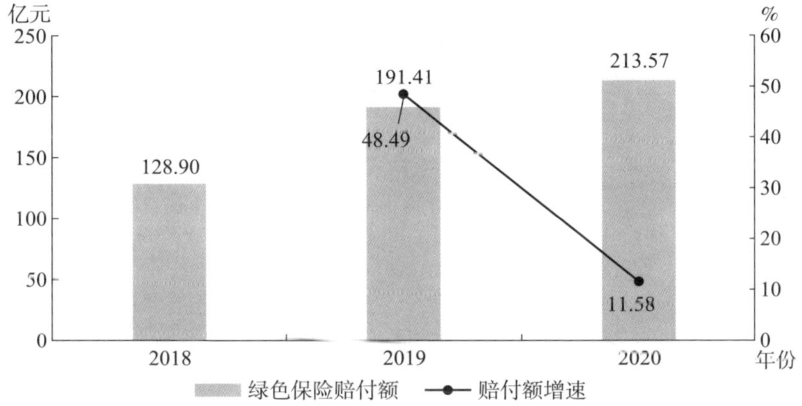

图 3. 23　2018—2020 年绿色保险赔付额及其增速

资料来源：中国保险业协会。

2019 年，全国首单绿色建筑性能责任保险落地北京朝阳。试点项目崔各庄奶东村企业升级改造项目，未来将打造崔各庄国际艺术金融园区。该项目以绿色建筑为设计理念，致力于建设成为绿色智能生态园区。投保以后，在这个项目的启动、设计、施工、运行阶段，都会聘请第三方绿色建筑服务机构对重要环节和节点进行风险防控，确保标的建筑达标。同时，在被保险建筑最终未取得合同约定的绿色运行星级标准的情况下，保险公司将采取实物修复和货币补偿的方式，保障项目方的权益。

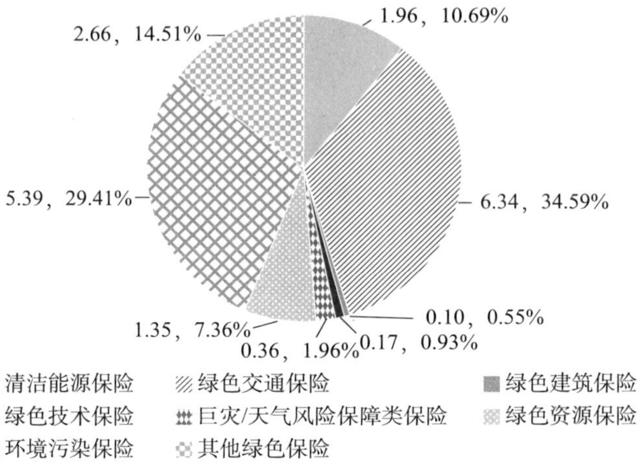

图 3.24　2020 年绿色保险各细分种类保额(单位：万亿元)

资料来源：中国保险业协会。

在绿色建筑性能责任保险落地朝阳区仅两周之后，青岛市宣布全国首单超低能耗建筑性能保险落地中德生态园。投保项目是中德生态园内一处超低能耗住宅产品，建筑面积近 7 万平方米，包括 6 栋高层住宅和 2 栋多层住宅。按照设计要求，项目投用后，每平方米每年用于取暖、制冷和照明的耗能仅相当于 25 度电，为普通住宅的 40%。购买保险后，项目运行时，如未能达到相关指标要求，保险公司将负责赔偿项目节能整改费用，或对能耗超标进行经济补偿，最高赔偿限额达保费的 10 倍，充分保障房屋使用者的权益。

第四十三节　环境污染责任保险

一、环境污染责任保险的定义

环境污染责任保险是绿色保险中最主要的一个险种，是围绕环境污染风险，以被保险人发生污染水、空气等污染事故对第三者造成的损害依法应承担的赔偿责任为标的的保险。它随着环境污染事故和环境侵权行为的频繁发生以及公众环境权利意识的不断增强，从公众责任保险中逐渐独立出来。

二、环境污染责任保险的内容介绍

（一）环境污染责任保险的保障范围

在环境污染责任保险的保险期间内，若被保险人生产经营过程中污染环境，产生了如表3.8所示的四种经济赔偿责任或费用，保险人应当按照本保险合同约定负责赔偿。

表3.8　环境污染责任保险的保障内容

保障范围	具体解释
第三者人身损害或直接财产损失	因突发环境事件或生产经营过程中的环境污染导致第三者的死亡、伤残、医疗和健康损害，以及第三者有形财产的直接毁损或价值减少，依照法律应由被保险人承担的经济赔偿责任
生态环境损害	因被保险人发生突发环境事件，或者发生地方政府规定的其他严重影响生态环境的行为，造成的生态环境损害，依照法律应由被保险人承担的经济赔偿责任。其中包括生态环境修复费用、生态环境功能永久性损害造成的损失等合理费用
应急处置与清污费用	被保险人、第三者或者政府及其有关部门，为避免或者减少第三者人身损害、财产损失或者生态环境损害而支出的必要的应急处置监测及费用、污染物清理及处置费用
法律费用	保险事故发生后，被保险人因保险事故而被提起仲裁或者诉讼的，对应由被保险人支付的仲裁或诉讼费用以及事先经保险人书面同意支付的其他必要的、合理的费用

（二）环境污染责任保险的作用

环境污染责任保险是将市场手段运用到环保领域的一种有益尝试，对于保险人、受害人以及全社会都有着重要的意义。它不仅可以推进生态文明建设，也有利于促进经济社会全面协调可持续发展。其具体的作用如表3.9所示。

表3.9　环境污染责任保险的作用

主体	作用
参保企业	有效分散企业风险。由于环境污染事故影响范围广、损失数额巨大，单一的企业很难承受。环境污染责任保险可以将单个企业风险转移给众多的参保企业，从而分散了单一企业的经营风险

续表

主体	作用
受害人	使受害人迅速得到经济赔偿，有效保护受害者。目前我国对于环境污染造成的人身财产损害的赔偿，主要由国家财政承担。由于权力机构的复杂性，使得受害人无法在最短时间内得到赔偿，而环境污染责任保险有利于使受害人及时获得经济补偿，稳定社会秩序
全社会	提高全社会环境保护意识。环境污染责任保险的保费存在杠杆机制，可以通过提升杠杆来促进全社会企业加强环境风险管理，提升自身环境管理水平，从而促进社会生态文明建设

（三）我国环境污染责任保险发展的问题和对应建议

我国环境污染责任保险发展的问题和对应建议见表 3.10。

表 3.10　我国环境污染责任保险发展的问题和对应建议

问题	具体内容	相关建议
保险公司缺乏推出此险种积极性	环境污染责任保险的标的是被参保企业污染环境后的损害赔偿责任，其费用一般都是巨大的，这使得保险公司面临巨大的承保风险，因此缺乏积极性	明确环境污染责任险的除外责任。对于参保企业的非正常生产活动、违反规范的行为以及故意行为等都可以被列为除外责任，保险公司可不予赔偿，从而保障保险公司自身的权益，以提升保险公司积极性
企业缺乏参保此险种积极性	我国目前的环境污染责任保险范围过窄，保险范围仅限于偶然、突发性的环境污染事故，而不包含企业正常经营状态下的持续性的污染，导致企业参保意愿较低	分两步走构建中国二元化的环境污染责任保险制度。先着力承保突发性、意外性环境侵权行为，待条件成熟时，保险公司可再推出承保持续性污染的险种，从而有效扩大承保范围
保费设计欠缺合理	我国目前的保费按照行业划分，而并非以环境污染损害数据作为基础，但由于同一行业内不同企业的生产地点、生产流程不尽相同，对环境造成的污染也不同，因此保费设计笼统而不够合理	保费应当做到差异化与定制化。保费不搞“大水漫灌”而应“精准滴灌”。保费应当基于企业的历史污染数据、目前经营状况等层面进行全方位的分析，进而确定

三、案例分析

环境污染责任保险进入“强制时代”

2021 年 7 月 28 日，深圳市生态环境局、深圳银保监局联合举办了环境污染强制责任保险综合改革成果新闻发布会，仪式上签订了首批保单，标志着深圳环境污染强制责任保险制度改革正式落地。

深圳是环保部确定的环境污染责任保险试点城市之一。早在 2009 年，深圳就在危险废物经营等行业开展环境污染责任保险试点工作。经过十余年的探索和努力，深圳在制度设计、产品研发、标准制定等方面积累了一定经验。本次深圳环境污染强制责任保险综合改革呈现以下四大亮点：一是突出强制性，2020 年 10 月，深圳正式将环境污染强制责任保险制度写入《深圳经济特区绿色金融条例》，成为全国首个，也是目前唯一通过立法确立环境污染强制责任保险制度的城市。同时，配套制定《深圳市环境污染强制责任保险实施办法》，对投保范围、保险责任等提出强制性要求。二是突出预防性，全面提升投保企业风险防控能力。三是突出保障性，全方位为企业提供风险保障。四是突出系统性，改革注重系统性、整体性、协同性，有利于推动生态环境损害赔偿责任的落实。

接下来，深圳将积极动员和组织纳入强制投保范围的企业投保，力争于 2021 年 9 月底前实现名单内所有企业应保尽保，足额投保。同时，将不断完善配套制度和标准规范，探索构建综合、立体、系统的环境风险管理体系，助力企业污染治理和风险防控，提升环境治理水平。深圳将力争为全国提供可复制、可推广、可落地的“深圳方案”。

—— 第四章　绿色金融管理 ——

第四十四节　负责任投资原则

一、负责任投资原则的定义

联合国支持的负责任投资原则（Principles for Responsible Investment，PRI）由联合国前秘书长科菲·安南（Kofi Atta Annan）先生牵头发起，于2006年在纽约证券交易所发布，是一个由全球各地资产拥有者、资产管理者以及服务提供者组成的国际投资者网络，致力于发展更加可持续的全球金融体系。该组织鼓励投资者采纳六项负责任投资原则，通过签署该原则，签署方承诺在做出投资决策时遵循环境、社会和治理（Environmental、Social and Governance，ESG）议题的相关标准，并鼓励所投资的公司遵守和践行ESG的要求。

PRI成员单位主要为世界各地的机构投资人、机构资金的基金管理人和相关服务方。加拿大养老金计划投资委员会（CPPIB）、纽约教师退休基金、联合国工作人员退休基金、巴黎银行资产管理公司、挪威养老金等著名金融机构都是最初的发起成员单位。

二、负责任投资原则的主要内容

负责任投资原则的具体内容由国际机构投资者群体联合制定，为投资者服务，该原则反映出环境、社会和公司治理问题与投资实践的关系日益密切。通过实施PRI的协议内容，签署国投资者将为建立一个更具可持续性的全球金融体系做出贡献。其具体原则包括六个方面：

（1）将ESG问题纳入投资分析和决策过程。

(2)成为积极的所有者，将 ESG 问题纳入所有权政策和实践。

(3)寻求被投资实体对 ESG 相关问题进行合理披露。

(4)推动投资业广泛采纳并贯彻落实负责任投资原则。

(5)建立合作机制，提高负责任投资原则的实施效果。

(6)披露负责任投资原则的实施情况和进展。

PRI 与投资者合作的方式如图 4.1 所示。

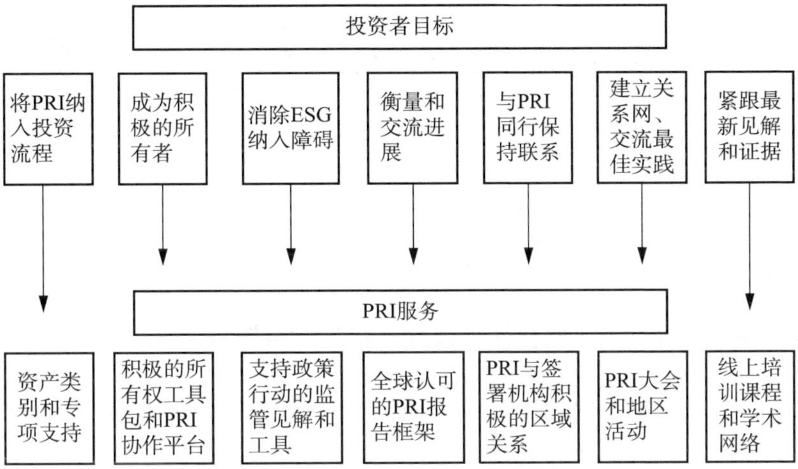

图 4.1　PRI 与投资者合作的方式

三、负责任投资原则的发展现状

PRI 于 2006 年在纽约证券交易所正式宣布成立。此后，成员单位由 2006 年的 63 家迅速发展到 3000 多家。近年来，签署方数目年增长率约为 20%，截至 2021 年 4 月，签署成员单位共有 3826 家，其资产管理规模达到了 121.3 万亿美元，相较于 2006 年的资产管理规模 6.5 万亿美元，增长了约 1766%(见图 4.2)。

目前，PRI 已与 60 多个国家的 4000 多家签署方建立了合作关系。PRI 区域关系管理人是签署方与 PRI 的第一联系人，负责与签署方的工作对接。区域关系管理人团队致力于提高当地市场的负责任投资意识，并就 PRI 资源和技术向签署方提供具体指导。

截至 2021 年，国内已有 51 家机构加入 PRI，其中包括中国平安保险股份有限公司、中国人寿资产管理有限公司、寿康保险集团等大型保险机构、资产管理公司以及十余家头部公募基金。

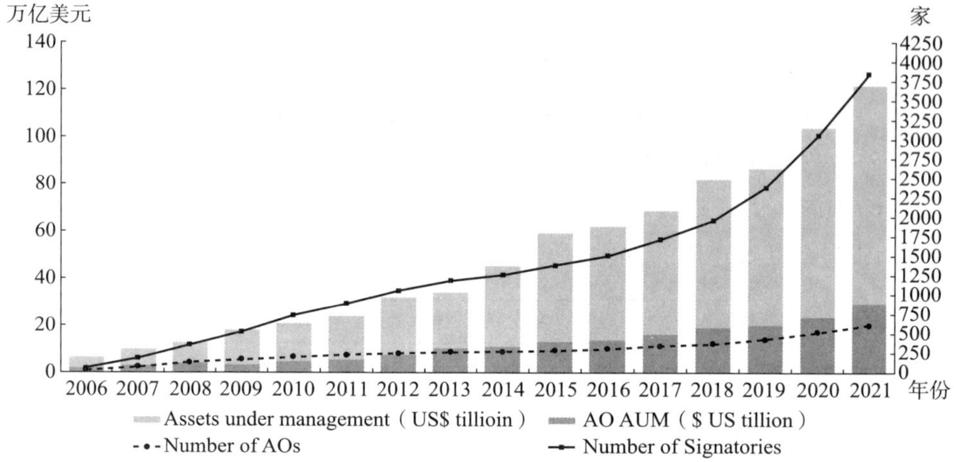

图 4.2 负责任投资原则发展之势

资料来源：PRI 官方报告，数据截至 2021 年 4 月。

四、负责任投资原则在影响力投资领域的探索

全球影响力投资网络（Global Impact Investing Network，GIIN）发布的《2020 年度影响投资者调查》（*The 2020 Annual Impact Investor Survey*）显示，有 30%的影响力投资者在管理影响力时参考了负责任投资原则。依据调查数据来看，和 2017 年的调查报告相比，在影响力投资中运用 PRI 的受访投资机构增加了约 60%，这说明了 PRI 在影响力投资领域影响力的提升。

PRI 对影响力投资领域的投资者和投资机构的影响特点显著，主要表现在两个方面：一是从投资机构类别来看，非直接投资者运用 PRI 的比例最高，达 41%，比直接投资者高 14%；二是关注社会和环境议题的投资机构比只关注社会议题和只关注环境议题的投资机构更多运用 PRI，比例分别为 37%、16%和 33%。

此外，PRI 对影响力投资领域的探索主要着眼于主流金融市场。2011 年，PRI 领衔开发了《普惠金融投资者原则》（PIIF），为投资普惠金融的金融机构提供指引。2015 年底，联合国发布 2030 可持续发展目标（UN Sustainable Development Goals，UN SDGs），使得 SDGs 融资成为全球热门话题。作为联合国发起成立并支持的机构，PRI 也十分关注 SDGs。2018 年，PRI 出版了《影响力投资市场图谱》（*Impact Investing Market Map*）手册，尝试将主流金融市场、SDGs 和影响力投资糅合在一起。与 GIIN 等机构关注的小规模、流动性较弱、

价值观驱动的传统影响力投资不同，PRI 对影响力投资的主要关注点是对成熟大型企业提供对社会和环境有价值的产品与服务。

综上，PRI 对影响力投资领域的投资者和投资机构的影响主要集中在非直接投资者和同时对社会及环境议题较为关注的投资机构中。PRI 探索重点围绕 SDGs 展开，包括阐述 SDGs 跟投资者的相关性、研究 SDGs 对投资的影响，对象以主流金融机构和金融市场为主。

第四十五节　可持续保险原则

一、可持续保险原则的定义

可持续保险原则（Principles for Sustainable Insurance，PSI）是通过识别、评估、管理和监督与环境、社会和治理（Environmental、Social and Governance，ESG）问题相关的风险和机会，以负责任和前瞻性的方式完成保险价值链中的所有活动；在保险产品的开发、设计和承保过程中充分考虑 ESG 有关因素，降低承保风险，如环境污染责任保险、巨灾保险、突发公共卫生事件公共责任保险、普惠保险等。

二、可持续保险原则内容介绍

（一）可持续保险原则提出背景

随着环境和社会负面事件的频繁发生、各国环境相关政策的日益完善与严格，环境和社会问题造成的经济损失给包括保险业在内的多方市场带来了诸多风险，这使得保险公司越来越关注环境和社会问题。

1995 年，联合国环境规划署与包括英国保众保险公司、德国格林全球再保险公司、英国国民公积金公司、瑞士再保险公司等在内的世界主要保险和再保险公司联合发表了《保险业关于环境和可持续发展的声明书》。该声明书表明，保险公司已经意识到了他们在管理和降低环境风险中的重要作用，他们会在保险核心流程，如承保、产品开发、索赔管理、营销等环节，加入对环境因素的评估和管理。

2012 年，联合国环境规划署金融倡议组织（United Nations Environment Programme Financial Institution，UNEP FI）在联合国可持续发展大会上正式发

布《可持续保险原则》，进一步明确将环境、社会和公司治理因素纳入投资决策及所有者实践。20 多年来，UNEP FI 先后发起负责任投资原则(Principles for Responsible Investment，PRI)、可持续保险原则(Principles for Sustainable Insurance，PSI)和负责任银行原则(Principles for Responsible Banking，PRB)，对全球绿色金融和责任投资的发展起到重要的推动作用。2015 年，联合国大会第七十届会议正式提出可持续发展目标，意在强调全球的可持续发展。

（二）可持续保险原则的主要内容

可持续保险原则包括四项原则，旨在为全球保险业提供一个应对环境、社会和公司治理风险与机遇的实践框架(见表 4. 1)。

表 4. 1　可持续保险原则的内容

原则 1	将与保险业务相关的 ESG 议题融入决策过程
原则 2	与客户和业务伙伴一起提升对 ESG 议题的认识，管理风险，寻求解决方案
原则 3	与政府、监管机构和其他主要利益相关方合作，促进全社会在 ESG 问题上的广泛行动
原则 4	定期披露在实施《可持续保险原则》方面的进展

四项原则的具体内容为：

原则 1：在决策过程中考虑与保险业务相关的 ESG 事项。确保公司战略能够反映、评估、管理和监督业务运营中的 ESG 事项；优化的产品与服务制定能够降低风险、对 ESG 事项具有正面影响且有助于风险管理；将 ESG 事项纳入风险管理、承保和资本充足率决策流程中；对销售和营销人员进行与产品和服务相关的 ESG 事项培训；将 ESG 事项纳入投资决策和权属实践中。

原则 2：与客户及业务伙伴合作，提高人们对 ESG 事项的关注程度，并管理风险和制订解决方案。就公司对 ESG 事项的期待和要求与客户和供应商进行沟通；向客户和供应商提供可能有助于他们管理 ESG 事项的信息和工具；将 ESG 事项纳入供应商招标和筛选流程中；鼓励客户和供应商披露 ESG 事项并使用相关的披露或报告框架；支持保险行业将 ESG 事项纳入职业培训和职业道德标准中。

原则 3：与政府、监管机构以及其他重要利益相关方合作，在全社会推广 ESG 行动。完善法律框架提供支持 ESG 事项管理的审慎政策；与政府和监管机构进行对话，制定综合风险管理方法以及风险转移解决方案；与企业和行业协会沟通，更好地理解并管理各行业和各地域的 ESG 事项。

原则 4：定期公开披露实施上述原则的进度，以展现责任感和透明度。定期主动公开披露公司在管理 ESG 事项方面的进展；参与披露或报告框架；与客户、监管机构、评级机构和其他利益相关方进行对话，互相了解通过上述原则开展披露的好处。

三、可持续保险原则的推进

截至 2020 年 4 月，全球已有 140 多家机构签署了《可持续保险原则》，保费数额占总数的 25%以上，管理资产达 14 万亿美元。该原则也被纳入道琼斯可持续发展指数和富时社会责任指数保险行业标准。

苏黎世保险公司为其投资组合经理提供了充分且定期的培训，来协助他们理解 ESG 的经济意义。慕尼黑再保险公司提供了承保指引的实操培训项目以及与目前可持续发展话题相关的培训项目，以培养其员工的 ESG 相关能力。通过这种方式，该公司全球超过 800 位员工提升了对 ESG 事项的敏感度。安联也提供了主要关注全球承保人员的 ESG 沟通与培训模块，以确保他们对相关重要问题及行业有一定的认知和理解。安盛保险（AXA）已经通过向所有投资团队的成员（包括投资经理）提供负责任投资（Responsibility Investment，RI）必修课程，将 ESG 因素植根于公司文化当中。课程主要传授了负责任投资的治理、政策、对外承诺，并包含建立一项高 ESG 绩效投资组合的练习。

近年来，中国平安一直致力于将 ESG 理念嵌入到保险业务中，不断完善可持续保险体系政策，全面推进保险价值链提升，通过持续完善修订《可持续保险体系政策》降低保险业务面临的 ESG 相关风险；把 ESG 相关因素纳入保险产品决策之中，打造出既能切实解决客户痛点，又能承担环境和社会风险的可持续保险产品体系，助力绿色环境、和谐社会以及可持续经济发展的目标实现，为社会持续创造价值。2020 年 4 月 22 日，中国平安成为中国大陆首家签署联合国环境规划署金融倡议组织《可持续保险原则》的公司。2020 年末，中国平安实现可持续保险金额 392.56 万亿元（见表 4.2），可持续保险产品/服务个数 1243 个。其中，平安产险开发了 8 大类共 518 种可持续保险产品，涵盖与环境生态相关的环责险、巨灾险、野生动物保护险等险种，与社会民生相关的大型工程险、食品安全险、医疗相关事故险等险种，以及面向小微企业、农业工作者和特殊人群的普惠保险。平安寿险、平安健康险、平安养老险则围绕医疗保险、重疾保险、老年保险和医保4大类，共开发了725种保障型可持续保险产品，为引领保险行业可持续发展提供了标杆。

表4.2　2020年中国平安可持续保险金额　　单位：万亿元

	环境类(1)	社会类(2)	普惠类(3)
保险金额	0.12	381.22	11.22

注：(1)环境类包括环责险、巨灾险等。(2)社会类包括责任险(如安全生产险、食品安全险等)、医疗保险、重疾保险、老年保险、医保等。(3)普惠类主要为"三农"类保险、弱势群体保险、小微企业经营保险等。

第四十六节　负责任银行原则

一、负责任银行原则的定义

《负责任银行原则》(Principles for Responsible Banking，PRB)又名《可持续银行原则》，是联合国环境规划署金融倡议组织(United Nations Environment Programme Financial Institution，UNEP FI)牵头，由中国工商银行、花旗银行、巴克莱银行、法国巴黎银行等30家银行组成核心工作小组共同参与制定的原则。于2019年9月22日在纽约联合国大会期间正式发布，PRB是全球银行业落实联合国可持续发展目标(Sustainable Development Goals，SDGs)和《巴黎协定》的重要标杆。

PRB共6条，旨在为银行建设可持续发展体系提供一致的框架，鼓励银行在最重要、最具实质性的领域设定目标，在战略、投资组合和交易层面以及所有业务领域融入可持续发展元素。

二、负责任银行原则的相关内容

(一) PRB的内容

(1)一致性。承诺业务战略与联合国可持续发展目标(Sustainable Development Goals，SDGs)、《巴黎协定》以及国家和地区相关框架所述的个人需求和社会目标保持一致，并遵从相关合约的约束、为之做出贡献。

(2)影响与目标设定。承诺不断提升正面影响，同时减少因银行的业务活动、产品和服务对人类和环境造成的负面影响并管理相关风险。为此，设定并发布可能产生最大影响的领域和相关目标。

(3)客户与顾客承诺。承诺本着负责任的原则与客户和顾客合作，引导责任消费，鼓励可持续实践，有效促进经济活动发展，谋求当代和后代的共同繁荣。

(4)利益相关方。承诺将主动且负责任地与利益相关方进行磋商、互动和合作，从而实现社会目标。

(5)公司治理与银行文化。承诺通过有效的公司治理和负责任的银行文化来履行银行对原则内容的承诺。

(6)透明与责任。承诺定期评估对六大原则的履行情况，公开披露对社会目标的正面和负面影响，并对相关影响负责。

（二）对签署银行的要求

(1)为确保原则的有效落实，并使签署行能够不断提高对社会的积极影响和贡献，PRB 要求签署银行采取三个步骤：按照 SMART 原则设定目标，具体、可测量(定量或定性)、可实现、有相关性和有时限；与核心业务相关，与联合国可持续发展目标(Sustainable Development Goals，SDGs)、《巴黎协定》目标以及其他国际、国家或区域相关框架保持一致；相关信息公开披露，签署行自签署之日起 18 月内需发布第一份 PRB 实施情况自评估报告，此后每年随自身年度报告周期定期发布报告，4 年内达到设定的目标。

(2)PRB 要求报告纳入可持续发展内容，可持续发展相关文件可参考联合国全球契约(United Nations Global Compact，UNGC)十项原则、气候相关财务信息披露工作组(Task Force on Climate-related Financial Disclosures，TCFD)建议、非财务报告指令和负责任投资原则(Principles for Responsible Investment，PRI)等。目前，碳披露项目(Carbon Disclosure Project，CDP)、气候披露标准委员会(Climate Disclosure Standards Board，CDSB)、全球报告倡议组织、国际综合报告委员会(Incident Investigation Review Committee，IIRC)和可持续发展会计准则委员会(Sustainable Development Accounting Standards Board，SASB)正在统一制定报告系统。

(3)PRB 要求报告不局限于对可持续金融现状及绩效的描述，要求签署银行对其贷款、投资、自身运营的环境和社会影响进行识别、衡量、评估和统计，还要对可持续金融实践进行“全生命周期”的披露，与目标、措施、机制、进展紧密相扣。

（三）PRB 的意义

在全球市场，银行占融资总量的 2/3 以上；在发展中国家市场，这个数字超过 90%。可见 PRB 的发布与实施对履约《巴黎协定》的意义之重大，是迈向满足全球可持续融资需求的关键一步。意义主要如下：

（1）PRB 提供的创新性框架，为全球银行实现可持续发展构建了一套共用的语言体系。促进和帮助银行将发展战略、资产结构及服务与联合国可持续发展目标、《巴黎协定》所倡议的社会目标保持一致，开启了“负责任银行”的新时代。

（2）PRB 为负责任银行设定全球基准，并通过实施指南、报告和自评估模板等一系列配套文件，为如何实现负责任银行提供了可行性指导，就银行如何全面识别、评估、统计、管理、展现其对环境和社会的正负面影响分享了全球先进做法，提供了可借鉴的经验。

（3）为全球银行业应对全球经济发展的新模式、推动经济可持续发展并从中受益、实现负责任发展提供了衡量标准和行动指南，为银行开展负责任行动提供了远景目标。

（4）促进银行抓住可持续发展机遇，同时也使银行能够减少因自身业务活动、产品和服务对人类和环境造成的负面影响，并有效地识别和管理相关风险。

（5）PRB 适用于各个国家、各种业务类型以及可持续发展议题实践处于不同水平的各类银行，促进银行与所在地区以及全球的 UNEP FI 成员银行进行同业交流、相互学习。

（6）有助于银行与投资者、客户、顾客、员工和社会建立信任关系，通过银行的产品、服务支持并加速经济和生活方式的可持续变革，包括来自客户和顾客、监管机构、投资者的不断变化的需求和期望。

（7）为提升银行在可持续发展背景下的地位和能力提供了获得专业知识、工具和资源的捷径。

三、负责任银行原则的发展情况

联合国环境规划署执行主任英格尔·安德森表示：“银行业将气候变化和其他环境挑战的相关风险纳入考量，不仅有助于推动低碳和具有气候适应力的经济体过渡，而且可以从中受益。当金融体系从灰色投资，即依靠资源的大量消耗和对环境的索取和破坏换取经济增长的模式转变为支持自然作为解决方案的绿色投资时，从长远来看，每个人都是赢家。”

2019 年 9 月 22 日 PRB 发布，全球 130 家银行签署了 PRB，合计资产总额逾 47 万亿美元，约占全球银行业资产总规模的 1/3。首批签署银行中，半数来自欧洲，有法国巴黎银行、法国农业信贷集团、德国德意志银行等银行；美国花旗银行等四家银行签署 PRB；我国的工商银行（全球资产最大的银行）、兴业银行、华夏银行成为首批签署行。

截至 2021 年 8 月，全球已有 240 余家金融机构签署 PRB；其中，中国签署 PRB 银行共 13 家，包括工商银行、邮储银行、中国银行 3 家大型国有银行，兴业银行、华夏银行、恒丰银行 3 家全国性股份制商业银行，及江苏银行、江苏紫金农商银行、九江银行、四川天府银行、青岛农商银行、重庆三峡银行、吉林银行等区域性银行。

第四十七节　环境风险

一、环境风险的定义

环境风险指的是由自然原因和人类活动引起的，通过环境介质传播的，能对自然环境及人类社会产生破坏、损害乃至是毁灭性作用的不利事件发生的概率及其后果。环境风险系统指的是由产生—控制风险的所有因素所构成的系统，其内容包括风险源、初级控制、二级控制以及目标。识别和防范由于环境、气候因素带来的金融风险，对于增强金融机构和金融体系的稳健性具有非常重要的意义。

二、环境风险的内容介绍

（一）环境风险的分类

根据来源进行分类，环境风险可以分为转型风险和物理风险两个大类。其中，转型风险指的是由于人类政策、技术以及观念上的变化而给非绿色企业带来的风险；物理风险指的是由于不利的气候或天气而带来的风险。转型风险可以理解为社会环境的风险，而物理风险可以理解为自然环境的风险。具体的介绍如表 4. 3 所示。

表 4.3　环境风险的分类及引发因素

风险类型	引发因素	示例
转型风险	政策变化	联合国可持续发展目标的提出以及《巴黎协定》的颁布，促使各国出台发展可再生能源、抑制传统化石能源消费的政策
	技术进步	清洁能源相关技术的进步降低了光伏、风电的发电成本，从而削弱煤电的市场竞争力，促使煤电企业效益恶化
	消费者、投资者观念转变	消费者由于绿色消费意识形成，消费时更青睐对于环境友好的产品与服务；投资者由于环境风险意识提高，优先投资“绿色资产”而退出对“棕色资产”的投资
物理风险	极端气候事件、生态资源短缺等自然环境因素	由于台风、洪水、干旱等自然灾害发生的频率以及强度的升高而造成的经济损失不断增大

（二）环境风险分析的步骤

一般来说，环境风险分析的具体步骤主要可以分为五个，分别是风险识别、情景设定、风险敞口测算、风险评估以及风险缓释(见表 4.4)。

表 4.4　环境风险分析的步骤

步骤	具体做法
一、风险识别	识别可能导致风险的环境因素类型，例如海平面上升、极端天气事件等
二、情景设定	确定环境和气候风险分析的几种情景假设作为分析的前提
三、风险敞口测算	测算金融机构对以上环境高风险资产的敞口
四、风险评估	使用环境风险分析工具和方法评估以上风险引发金融损失的概率和规模
五、风险缓释	建立低环境风险导向的决策机制和内部政策，以缩小资产和业务对环境风险的敞口

（三）环境风险分析的意义

环境风险对于金融业是至关重要的，推动环境风险分析方法学的开发和应用是促进金融业可持续发展和金融体系稳定的重要保证。我们从金融机构和金融监管机构两个维度来具体分析(见表 4.5)。

表 4.5　环境风险分析的意义

主体	意义	具体内容
金融机构	减少风险敞口	开展环境风险分析能帮助金融机构识别环境、气候等因素所引发的金融风险，包括经营风险、信用风险、市场风险等，并在此基础上规避以及缓释风险，最终减少风险敞口，避免不必要的损失
	寻找潜在机会	在环境持续恶化、人类共同应对气候变化的大趋势下，通过对资产环境风险的评估，我们可以发现更多绿色、可持续的投资机遇，更多地关注并投资于对气候变化不敏感，因而资产价值稳定、上行潜力高的“绿色资产”
金融监管机构	识别系统性风险，制定监管措施	环境风险的长期积累，可能会质变为影响整个金融体系的系统性风险。环境风险分析能够帮助金融监管机构识别由于环境因素而引发的系统性金融风险，并在此基础上制定对应的监管措施

三、环境风险案例分析

欧洲出台《气候环境风险指南》

2020 年初，欧洲央行与欧盟成员国国家主管部门共同起草了《气候环境风险指南（草案稿）》（简称《指南》）并启动公开征求意见程序。2020 年 11 月 7 日，经过公众咨询，欧洲央行发布了《指南》的最终修订版本，并计划于 2022 年对银行的实施情况进行全面的监管审查。作为全球金融体系应对气候环境风险的首个重要正式文件，《指南》将对全球银行业金融机构识别防范气候环境风险产生重要影响。

《指南》总共分为七个部分，分别为情况介绍、适用范围、气候环境相关风险界定、与金融机构商业模式和战略有关的监管期望、与金融机构治理和风险偏好有关的监管期望、与金融机构风险管理有关的监管期望、与金融机构信息披露有关的监管期望。

《指南》体现了在当前框架下，欧洲央行对如何安全、谨慎地管理与气候环境相关风险的理解。其目的是希望尽快给银行机构提供前瞻性和全面系统的方法来管理应对气候环境相关风险，经过市场机构的使用和改进，最终纳入监管范畴，以确保在整个欧元区始终采用高监管标准。

同时，欧洲央行希望《指南》能引导银行机构在制定实施商业战略、公司治理和风险管理框架时，充分考虑气候环境相关风险，并将此类风险作为完善现有审慎风险识别与管理的驱动因素；进而增强金融机构对气候环境相关信息的披露力度，提高银行应对此类风险的透明度。

第四十八节　环境风险压力测试

一、环境风险压力测试的定义

环境风险指的是由自然原因和人类活动引起的，通过环境介质传播的，能对自然环境及人类社会产生破坏、损害乃至是毁灭性作用的不利事件发生的概率及其后果。

环境风险压力测试是一种以定量分析为主的风险分析方法，它利用一系列方法评估气候变化、政策变化、环保标准提高和企业技术改造等与环境有关因素发生改变时，对金融机构或整个金融体系或资产组合所造成的影响。

二、环境风险压力测试的内容介绍

（一）环境风险的分类

根据来源进行分类，环境风险可以分为转型风险和物理风险两个大类。其中，转型风险指的是由于人类政策、技术以及观念上的变化而给非绿色企业带来的风险；物理风险指的是由于不利的气候或天气而带来的风险。转型风险可以理解为社会环境的风险，而物理风险可以理解为自然环境的风险。具体的介绍如表 4. 6 所示。

表 4. 6　环境风险的分类及引发因素

风险类型	引发因素	示例
转型风险	政策变化	联合国可持续发展目标的提出以及《巴黎协定》的颁布，促使各国出台发展可再生能源、抑制传统化石能源消费的政策
	技术进步	清洁能源相关技术的进步降低了光伏、风电的发电成本，从而削弱煤电的市场竞争力，促使煤电企业效益恶化
	消费者、投资者观念转变	消费者由于绿色消费意识形成，消费时更青睐对于环境友好的产品与服务；投资者由于环境风险意识提高，优先投资“绿色资产”而退出对“棕色资产”的投资
物理风险	极端气候事件、生态资源短缺等自然环境因素	由于台风、洪水、干旱等自然灾害发生的频率以及强度的升高而造成的经济损失不断增大

（二）金融机构环境风险压力测试的核心

金融机构的环境压力测试通常侧重从政策变化、环保标准提高和转型升级等方面分析选定测试对象面临各种情景的压力，并进行敏感性分析、相关参数代入压力传导模型，进行定量分析，从而得出影响的结论。

它的核心在于气候与环境风险传导模型的构建，从而评估环境风险如何传导至金融机构。在大多数情况下，与环境相关的风险都是现有风险的驱动因素，因此，金融机构对气候和环境风险的评估首先可以将其映射到现有的金融风险类别中（如信用风险、市场风险、流动性风险、操作风险等），然后再基于现有的风险评估模型进行评估。

（三）环境风险压力测试的意义

中国人民银行行长易纲 6 月 4 日在国际清算银行（Bank for International Settlements，BIS）组织的 2021 年 Green Swan 会议中指出，中国各银行将继续展开气候压力测试，衡量气候相关风险。为确定与评估最容易受到气候变化影响的机构，中国人民银行已经开始对中国金融体系进行气候压力测试。易纲说，“中国人民银行正试图评估商业银行的绿色资产和棕色资产，未来或将根据资产的绿色程度考虑风险加权”。“未来，央行计划实行相关气候信息强制披露制，将确定银行绿色转型截止期”。

除上述未来的监管要求外，环境风险压力测试也是金融机构在进行风险管理时一个经常使用到的极为重要的方法，是引导金融机构减少对污染性和高碳项目（资产）投资、提升绿色投资偏好的一种工具。从金融机构和金融体系两个维度进行分析，具体意义如表 4.7 所示。

表 4.7　环境风险压力测试的意义

针对主体	具体意义
金融机构	可以量化测算环境因素对于金融机构所面对的信用风险的变化，从而分析出转型风险及责任风险
	为金融机构的信贷产品定价提供环境风险因素的衡量依据，使定价更准确反映其风险
	通过量化环境风险，有利于金融机构合理安排其信贷和投资组合
金融体系	可以为引导市场资金更多地进行绿色投资提供环境风险量化工具
	为金融监管提供针对环境风险这一风险类型的参考

三、环境风险压力测试案例分析

苏州农村商业银行积极开展环境风险压力测试

2020年，苏州农商银行与中研绿金院、联合赤道合作，针对苏州地区重要支柱产业之一纺织行业共同开展专项环境压力测试研究，形成《环境因素对苏州农商银行纺织行业信用风险影响压力测试》研究报告，这是国内地方性商业银行在环境压力测试领域的首创性研究，在中小银行使用环境风险管理工具方面开展了超前与创新性探索。

此次压力测试研究在充分学习借鉴工商银行先进做法的同时，针对中小银行信贷客群与国有银行在地域、资产规模、集中度等方面的差异另设方案，为中小银行特定客群开展环境压力测试做出前瞻性探索，为地方性商业银行环境风险管理实践提供重要借鉴。

本次研究三方就压力情景设定、传导模型构建等方面进行了多次论证，通过测算环保要求提高对纺织企业个体信用等级的影响，进而分析行业风险给银行整体层面带来的经营风险，以量化环境因素对苏州农商银行资产质量、资本水平等的影响程度，并提出应对措施及行动建议，有效提升苏州农商银行的环境风险防控能力，规避环境因素带来的企业违约风险。

第四十九节　ESG信息披露

一、ESG信息披露的定义

ESG是一种关注环境（Environment）、社会（Social）和治理（Governance），而非仅仅关注财务绩效的新型投资理念和企业评价标准。ESG信息披露指的是企业对于环境保护、社会责任和公司治理这三个方面信息进行的披露。

二、ESG信息披露的内容介绍

（一）各国家/地区ESG信息披露情况对比

在国际市场，ESG投资已经成为一种主流的理念和策略，很多国家已经建立起完整的ESG信息披露机制。而在我国内地市场，暂时未对此方面实施强制性的措施。我们选取中国A股、中国香港、欧盟和美国四个市场进行比较，具体内容如表4.8所示。

表 4.8　各国家/地区 ESG 信息披露情况对比

市场	监管机构	披露形式	披露要求
中国 A 股	CSRC 等机构	自愿披露	暂未做强制性要求，但正在逐步建立强制性和规范性的环境信息披露机制
中国香港	HKEX	强制披露	上市公司根据《环境、社会及管制报告》进行信息披露。部分指标如无法披露，需进行必要的解释
欧盟	欧盟及各成员国相关机构	自愿披露+强制披露	污染严重的企业实行强制披露，其他企业自愿披露
美国	FSC 等机构	强制披露	所有上市公司必须披露环境问题对公司财务状况的影响

中国人民银行 2021 年 2 月发布的《2020 年第四季度中国货币政策执行报告》，提到将逐步建立金融机构气候和环境信息披露机制，加大对绿色低碳领域的信贷支持。同月，在国务院举办的新闻发布会当中，再次提到将加快推动各机构部门、发行人提升环境信息披露的强制性和规范性。可以预见的是，我国环境信息披露的相关要求将会日趋严格。

（二）我国 ESG 信息披露相关政策梳理

我国针对 ESG 信息披露出台了一系列政策，其政策内容从最初的鼓励企业自愿开展环境信息披露，发展到现在的努力推进环境信息披露制度的建设。具体政策及相关内容，按照时间顺序梳理如表 4.9 所示。

表 4.9　我国 ESG 信息披露相关政策梳理

时间	文件	内容
2007 年 4 月	《环境信息公开办法（试行）》	鼓励企业自愿通过媒体、互联网或者企业年度环境报告的方式公开相关环境信息
2008 年 2 月	《关于加强上市公司环境保护监督管理工作的指导意见》	积极探索建立上市公司环境信息披露机制
2010 年 9 月	《上市公司环境信息披露指南（征求意见稿）》	规范上市公司披露年度环境报告以及临时环境报告信息披露的时间与范围
2016 年 8 月	《关于构建绿色金融体系的指导意见》	逐步建立和完善上市公司和发债企业强制性环境信息披露制度
2017 年 6 月	《关于共同开展上市公司环境信息披露工作的合作协议》	共同推动建立和完善上市公司强制性环境披露制度，督促上市公司履行环境保护社会责任
2018 年 9 月	《上市公司治理准则（修订）》	规定上市公司应当依照法律法规和有关部门要求披露环境信息、履行扶贫等社会责任信息以及公司治理相关信息

续表

时间	文件	内容
2020 年 1 月	《关于推动银行和保险业高质量发展的指导意见》	提出银行业金融机构要建立健全环境与社会风险管理体系
2021 年 2 月	《2020 年第四季度中国货币政策执行报告》	将逐步建立金融机构气候和环境信息披露机制

（三）我国 ESG 信息披露发展现状

1. 发布 ESG 信息披露的公司逐年增多

截至 2021 年 5 月 31 日，我国共有上市公司 4319 家，包括沪市上市公司 1894 家以及深市上市公司 2425 家。共有 1092 家 A 股上市公司已经发布了 2020 年度的 ESG 报告，总数占全部 A 股上市公司数量的 25. 3%。其中，沪市共有 641 家上市公司发布，占沪市公司总数的 33. 8%；深市共有 451 家上市公司发布，占深市公司总数的 18. 6%(见图 4. 3)。

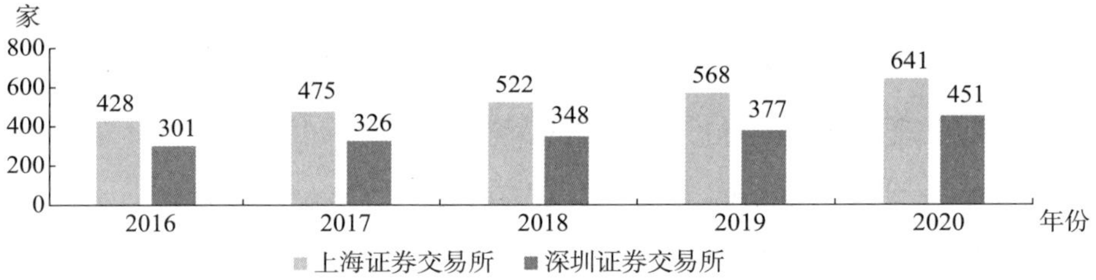

图 4. 3　2016—2020 年 A 股发布 ESG 报告公司数量变化

资料来源：商道融绿。

从增长速率来看，沪市在 2017—2019 年，增幅逐年下降，从 10. 98%下降至 8. 81%，但在 2020 年一举跃升至 12. 85%；深市增长速率从 2017 年的 8. 31%下降至 2018 年的 6. 75%，而后逐年攀升，2020 年大幅上升至 19. 63%(见图 4. 4)。

图 4. 4　2017—2020 年 A 股发行 ESG 报告公司数量变化速率

资料来源：商道融绿。

2. 公共事业企业ESG报告发布率最高

我们选取沪深300指数成份股进一步分析发布ESG报告的上市公司的行业特征。沪深300指数成份股中，共有277家上市公司发布了2020年度ESG报告，占比为85%。已发布报告的277家上市公司中，有64家金融业企业，占比25.1%；有49家ICT行业企业，占比19.2%；有36家工业企业，占比14.1%。从发布率上看，公共事业企业发布率为100%，排名第一；金融业企业发布率为98.5%，紧随其后；ICT行业企业发布率最低，为76.6%(见图4.5)。

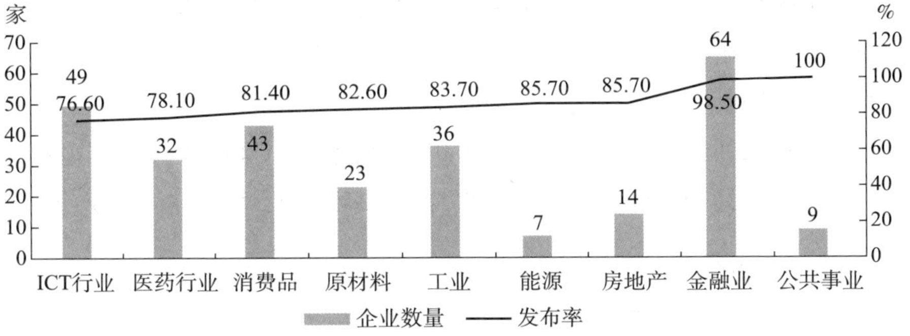

图4.5　沪深300指数成份股各行业ESG报告发布情况

资料来源：商道融绿。

(四)对于我国ESG信息披露实践的建议

对于我国ESG信息披露实践的建议见表4.10。

表4.10　对于我国ESG信息披露实践的建议

角度	建议
监管层面	政府和监管机构应当加强对企业ESG信息的披露要求，提高产业准入门槛，从非财务信息的视角更全面了解和构建未来产业发展的综合实力和竞争力。加快统一的ESG信息披露标准建设，并将ESG信息披露纳入监管范畴，为发展规划提供决策支持
企业层面	各企业应当结合自身行业的特点，以ESG信息披露作为驱动，促进公司有效识别和管理ESG风险，加强对于自身ESG数据的监测，提高ESG信息披露质量，注重ESG信息的传播和交流
投资层面	投资者应积极践行负责任投资原则，从产业长远发展的角度考虑，结合各行业的ESG风险和发展机遇，将ESG因子纳入投资决策过程，构建合理、健康的投资组合

第五十节　赤道原则和赤道银行

一、赤道原则和赤道银行的定义

赤道原则(Equator Principles，EPs)是一项企业贷款准则，它要求金融机构在向一个项目投资时，要对该项目可能对环境和社会的影响进行综合评估，并且利用金融杠杆促进该项目在环境保护以及周围社会和谐发展方面发挥积极作用。赤道原则是一套国际先进的项目融资环境与社会风险管理工具和行业标准，也是国际金融机构践行企业社会责任的具体行动之一。

赤道银行指的是已宣布在项目融资中采纳赤道原则的银行。赤道银行对于项目的环境和社会问题进行审核，将环境风险识别和评价融入业务全过程。

二、内容介绍

(一) 赤道原则的内容及演进

赤道原则文件主要包括两个部分，分别是序言以及原则声明。序言部分主要对赤道原则有关的问题做了简要的说明，包括赤道原则出台的原因、宗旨、意义、目的以及赤道银行的一般承诺；原则声明部分列举了赤道银行做出项目决定时需依据的条款和条件，总共 9 条内容。赤道银行承诺只将贷款提供给符合这 9 个条件的项目。

赤道原则于 2003 年首度问世，于 2006 年完成了第一次修订，2011 年到 2012 年完成了第二次修订，2013 年到 2014 年完成了第三次修订，第四次修订的赤道原则于 2019 年年底发布，并于 2020 年 10 月 1 日正式完全生效。

赤道原则第四版内容的主要变化体现在适用范围、气候变化、社会风险、指定国家和生物多样性五个方面，具体内容如表 4.11 所示。

表 4.11　赤道原则修订点及修订内容

修订点	修订内容
适用范围	降低关联贷款的适用门槛；增加项目关联再融资以及并购融资定义
气候变化	增加适用《巴黎协定》及 TCFD 的相关建议；明确气候变化风险评估包括转型风险和物理风险

续表

修订点	修订内容
社会风险	强化对于人权的表达；环境与社会风险评估需包含潜在不利人权影响评估
指定国家	保留指定国家清单，明确赤道原则金融机构（Environment Programme Financial Institution，EPFI）在评估项目风险时，可以追加适用国际金融公司（International Finance Corporation，IFC）的绩效标准
生物多样性	鼓励客户进行生物多样性数据的分享

（二）赤道原则的意义

赤道原则对于金融业的发展是一个重要的里程碑。它第一次把项目融资中模糊的环境和社会标准明确化、具体化，使整个金融业的环境与社会标准得到了基本统一；即有利于改善行业评价标准，也有利于形成良性循环、提升整个行业的道德水准。

对单个的金融机构来说，接受赤道原则有利于金融机构更科学、准确地评估项目的环境风险。金融机构采取合理的方式去管理这类风险，可以完善公司治理、保护市场份额、获取或维持好的声誉。

对于整个社会来说，赤道原则可以使环境与社会可持续发展战略落到实处。赤道银行客观上成为保护环境与社会的私家代理人，通过发挥金融在和谐社会建设中的核心作用，可以使人与自然、人与社会、人与人等达到真正的和谐。

（三）赤道银行发展情况

截至目前，我国共有 7 家赤道银行，分别为兴业银行、江苏银行、湖州银行、重庆农村商业银行、绵阳市商业银行、贵州银行以及重庆银行，具体信息如表 4.12 所示。

表 4.12　我国赤道银行发展情况

银行	采纳时间	所属地区	是否上市
兴业银行	2008 年 1 月	福建	A 股上市
江苏银行	2017 年 1 月	江苏	A 股上市
湖州银行	2019 年 7 月	浙江	否
重庆农村商业银行	2020 年 2 月	重庆	A+H 股上市
绵阳市商业银行	2020 年 7 月	四川	否

续表

银行	采纳时间	所属地区	是否上市
贵州银行	2020 年 11 月	贵州	H 股上市
重庆银行	2021 年 2 月	重庆	A+H 股上市

从采纳时间上看，兴业银行是我国第一家赤道银行。2019 年之后，我国赤道银行扩充速度明显加快。从所属地域分布上来看，西部地区的赤道银行数量多于东部地区；其中，重庆拥有 2 家赤道银行；从银行的类别来看，7 家赤道银行当中有 1 家股份制商业银行，1 家农村商业银行，5 家城市商业银行，城市商业银行是“主力军”；从上市情况来看，7 家中有 5 家已经完成了上市。

三、案例分析

兴业银行携手多家金融机构共同打造“福建版赤道原则”

2008 年 10 月，兴业银行宣布采纳赤道原则，成为我国首家赤道银行。兴业银行率先将可持续发展提升到企业战略和公司治理层面，将绿色金融作为集团战略核心业务，并逐步构建起集团化、多层次、综合性的绿色金融产品与服务体系，开创了“寓义于利”的社会责任实践模式。

2020 年 12 月 11 日，《福建金融业生态环境多方共治行动倡议》（以下简称《倡议》）签约仪式暨生态环境多方共治标杆项目发布会在福州举行。该倡议是国内首个由金融机构自发提出的生态环境治理行动倡议。兴业银行作为源于福建、根在福建的全国性股份银行，带头策划、积极参与，通过《倡议》以及同步发布的“生态环境多方共治标杆项目”，推动了“生态福建”的建设，并与金融同业携手打造出了一份“福建版赤道准则”。

《倡议》共九条，涵盖了实践“两山论”、支持绿色产业、拒绝污染融资、严守合规底线、推进整改修复、强化专业能力、加强绿色运营等方面内容。《倡议》不仅对国家高质量发展与环境治理政策法规进行了凝练整合，还借鉴了赤道原则的理念和管理方法，共享了兴业银行 13 年来在践行赤道原则过程中在项目分类、信息披露等方面积累的成功经验；并且引入环保公益组织作为第三方专家支持，将赤道原则国际最佳实践经验与福建省内融资信贷业务有机融合。此项目不仅体现出兴业银行作为赤道银行的责任与担当，还是兴业银行对于赤道原则所包含原则和理念的一次绝佳的实践与发展。

第二部分

碳达峰与碳中和

—— 第五章　全球碳减排路径 ——

第五十一节　温室气体与温室效应

一、温室气体与温室效应的定义

温室气体(Greenhouse Gas, GHG)，是指大气中能吸收地面反射的长波辐射，并重新发射辐射的一些气体。

温室效应(Greenhouse Effect, GHE)，又称“花房效应”，是大气保温效应的俗称。温室效应是指透射阳光的密闭空间由于与外界缺乏热对流而形成的保温效应，即太阳短波辐射可以透过大气射入地面，而地面增暖后放出的长波辐射却被大气中的温室气体吸收，从而产生大气变暖的效应。

二、内容介绍

（一）温室效应提出背景

1824 年，法国科学家、数学家约瑟夫·傅里叶首次提出了温室效应假说。他发现计算所得的地表温度与实际观测到的温度存在偏差，由此推测大气层可能对地球有隔热的作用。1896 年，瑞典化学家斯凡特·阿伦尼乌斯实验证实温差是由于大气中的二氧化碳吸收红外辐射所导致的。在这之后，盖·卡伦达和查尔斯·基林也证实了二氧化碳排放与全球变暖之间的关系。

（二）温室效应原理

温室效应主要是由于现代化工业社会燃烧过多的煤炭、石油和天然气，这些燃料燃烧后放出大量的二氧化碳气体进入大气造成的。地面在接受太阳短波辐射而增温的同时，也时刻向外进行长波辐射并冷却。大气在吸收地面长波辐射的同时，它自己也在向外辐射波长更长的长波辐射，其中向下到达地面的部分称为逆辐射。当大气中的温室气体(主要是甲烷、二氧化碳等)增多时，大气逆辐射增强，使得射入地球表面的能量难以被辐射回宇宙空间，从而使得地球地表的温度不断上升(见图 5.1)。

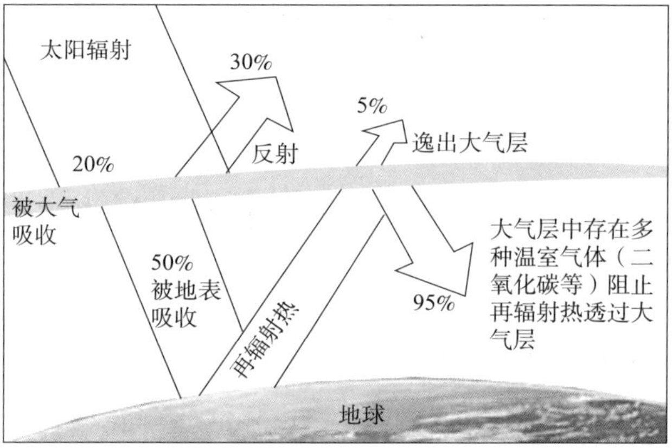

图 5.1 温室效应原理图

资料来源：新华社。

(三)温室气体

温室气体主要包括水汽(H_2O)、二氧化碳(CO_2)、臭氧(O_3)、甲烷(CH_4)、氧化亚氮(N_2O)、全氟碳化物(PFCs)、氢氟碳化物(HFCs)、含氯氟烃(HCFCs)、六氟化硫(SF_6)等。其中水汽所产生的温室效应占整体温室效应的 60%~70%，二氧化碳约占 26%。

由于水汽及臭氧的时空分布变化较大，因此在进行减量措施规划时，一般都不将这两种气体纳入考虑。在 1997 年于日本京都召开的联合国气候变化框架公约第三次缔约国大会上所通过的《京都议定书》中，明确需要控制的六种温室气体为：二氧化碳(CO_2)、甲烷(CH_4)、氧化亚氮(N_2O)、氢氟碳化物(HFCs)、全氟碳化物(PFCs)、六氟化硫(SF_6)。2005 年 2 月 16 日，《京都议定书》正式生效，这是人类历史上首次以法规的形式限制温室气体排放。

我国在 2002 年前后超越美国成为温室气体世界第一大排放国，现在约为美国的 2 倍。

全球及中国温室气体排放来源分别见图 5.2、图 5.3。

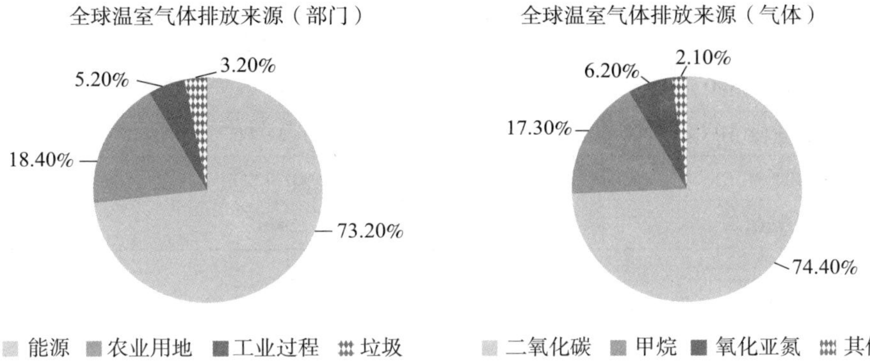

图 5.2　全球温室气体排放来源

资料来源：世界资源研究所。

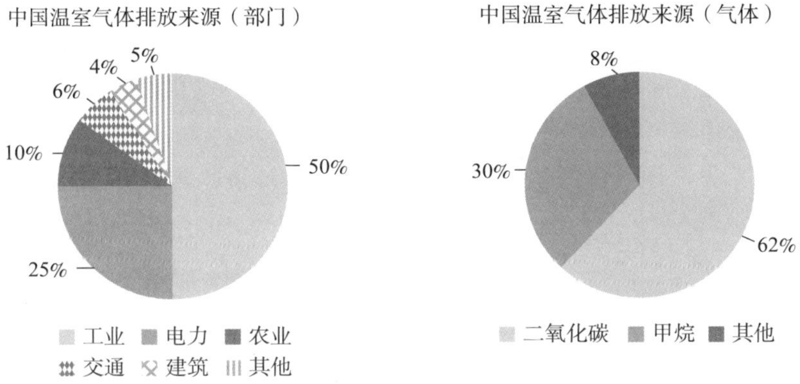

图 5.3　中国温室气体排放来源

资料来源：麦肯锡《应对气候变化：中国对策》。

值得说明的是，在这六种温室气体中，虽然 CO_2以外的其他温室气体在大气中的浓度比 CO_2小得多，但它们的温室效应作用却比 CO_2强得多（见表 5.1）。全球增温潜势指数（GWP）被用来衡量物质产生的温室效应。GWP 是指在 100 年的时间框架内，各种温室气体的温室效应对应于相同效应的二氧化碳的质量。全球温室气体排放前六名国家见图 5.4。

表 5.1　六种温室气体 GWP 值

气体	GWP 值
二氧化碳（CO_2）	1.0
甲烷（CH_4）	25

续表

气体	GWP 值
氧化亚氮(N_2O)	298
氢氟碳化物(HFCs)	140～11700
全氟碳化物(PFCs)	6500～9200
六氟化硫(SF_6)	22800

资料来源：Safeguarding the Ozone Layer and the Global Climate System。

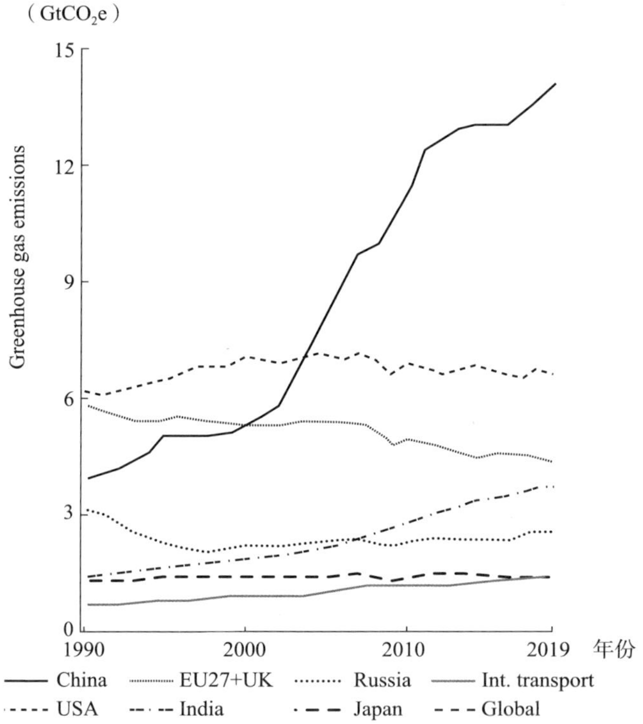

图 5.4　全球温室气体排放前六名国家

资料来源：联合国环境规划署《排放差距报告 2020》。

三、温室效应的主要影响

“温室效应”是地球大气层上的一种物理特性。大气中的温室气体就像一层厚厚的玻璃，使地球变成了一个大暖房。据估计，假若没有大气层，地球表面的平均温度不会是合宜的 15℃，而是十分低的-18℃。温室气体浓度的增加，使得大气留存太阳光与热的能力上升，可以理解成玻璃罩增厚使得保温能力增强，地表温度也因此上升。若温室效应不断加剧，则全球温度必将逐年持续升高。温室效应主要影响见表 5.2。

表 5.2　温室效应主要影响

全球变暖	温室气体浓度的增加会减少红外线辐射放射到太空外，地球的气候因此需要进行转变，来使吸收和释放辐射的分量达至新的平衡。这种转变可包括全球性的地球表面及大气低层变暖，因为这样可以将过剩的辐射排放到外太空。即便如此，地球表面温度的少许上升也可能会引发其他变动，例如：大气层云量及环流的转变。其中某些转变可使地面变暖加剧(正反馈)，而某些则可令变暖过程减慢(负反馈)
海平面上升	全球变暖、使南北极的冰层迅速融化，冰川退缩，海平面不断上升。海平面上升给岛屿国家和沿海低洼地区会带来严重的灾害：淹没土地，侵蚀海岸。沿海区域是各国经济社会发展最迅速的地区，也是世界人口最集中的地区，海平面上升这些地区将会被淹没，经济受重创
地球上的病虫害增加	温室效应可使史前致命病毒威胁人类，美国科学家发出警告，由于全球气温上升令北极冰层融化，被冰封十几万年的史前致命病毒可能会重见天日，导致全球陷入疫症恐慌，人类生命受到严重威胁
农业	二氧化碳的增加虽然有利于增加绿色植物的光合产物，但其增加引起的气温和降水变化，会改变生态系统的初级生产力和农业的土地承载力，从而影响到农业的种植决策、品种布局、品种改良、土地利用、农业投入、技术改进等。英国研究人员报告显示，全球变暖将导致玉米、小麦和大豆等主要农作物的产量受到影响
自然生态	二氧化碳加倍以后，可能造成热带扩展，副热带、暖热带和寒带缩小，寒温带略有增加，草原和荒漠的面积增加，森林的面积减少；中、高纬生长季节延长，动植物分布范围向极区和高海拔地区延伸；沿岸沼泽地区消失，河口水质变咸，进而影响鱼类的品种和数目
水循环	全球降雨量可能会增加；温度的提高会增加水分的蒸发，这给地面上水源的运用带来压力

资料来源：百度百科。

第五十二节　联合国气候变化框架公约

一、联合国气候变化框架公约的定义

《联合国气候变化框架公约》(以下简称《公约》)是世界上第一个为全面控制二氧化碳等温室气体排放，以应对全球气候变暖给人类经济和社会带来不利影响的国际公约，也是国际社会在对付全球气候变化问题上进行国际合作的一个基本框架。它于 1992 年 5 月 9 日在联合国大会上被通过，并于 1994 年

3 月 21 日正式生效。

二、《联合国气候变化框架公约》的详细介绍

（一）《公约》的产生过程

20 世纪 70 年代，随着科学家们逐渐深入了解地球大气系统，温室气体排放引起了大众的广泛关注。因此，20 世纪 80 年代末 90 年代初，为了响应越来越多的对于大气系统的科学认识，举行了一系列以气候变化为重点的政府间会议。

1988 年，政府间气候变化专门委员会应运而生，并于 1990 年发布了成立之后的第一份评估报告。该报告确定了气候变化的科学依据，对政策制定者和广大公众产生了深远的影响。同年，第二次世界气候大会呼吁建立一个气候变化框架条约。虽然在最后的宣言当中并没有确立任何国际减排的目标，但是会议确定的一些原则，例如"公平原则""共同而区别原则"为之后的气候变化框架公约奠定了基础。

1990 年 12 月，联合国常委会批准了进行气候变化框架公约的谈判。此后的 1991 年 2 月至 1992 年 5 月，气候变化框架公约政府间谈判委员会总共进行了 5 次谈判会议。最终，参加谈判的 150 个国家的代表达成一致意见，决定于 1992 年 6 月在巴西里约热内卢举行的联合国环境与发展大会上正式签署该公约。

（二）《公约》的核心内容

（1）确立应对气候变化的最终目标。《公约》中对于最终目标的描述是，根据《公约》的各项规定，将大气中温室气体的浓度稳定在防止气候系统受到危险的人为干扰的水平上。而这一水平应当足以使生态系统自然地适应气候变化、确保粮食生产免受威胁并使经济发展能够在可持续地进行的时间范围内实现。

（2）确立了国际合作应对气候变化的基本原则。《公约》确立了五个基本原则：第一，"共同但有区别的责任原则"，要求发达国家应当率先采取措施，应对气候变化；第二，应当考虑发展中国家的具体需要和国情；第三，各缔约国应采取必要措施，预测、防止和减少引起气候变化的因素；第四，尊重各缔约国的可持续发展权；第五，加强国际合作，应对气候变化的措施不能成为国际贸易的壁垒。

（3）明确发达国家应承担率先减排和向发展中国家提供资金技术支持的义

务。《公约》附件Ⅰ：国家缔约方应当率先减排。附件二：国家应向发展中国家提供资金和技术，帮助发展中国家应对气候变化。

(4)承认发展中国家有消除贫困、发展经济的优先需要。《公约》承认，发展中国家的人均排放仍然处于较低水平，随着工业等产业不断发展，其排放在全球总排放中所占的份额将会呈现上升的趋势。经济和社会发展以及消除贫困一直以来是发展中国家的首要任务，因此，应当承认和允许发展中国家优先进行自身的建设与发展。

（三）《公约》缔约方会议发展历程

《联合国气候变化框架公约》缔约方会议又称为“联合国气候变化大会”。首次会议于1995年3月28日在柏林举行。此后，缔约方每年都在世界不同地区轮换召开会议。部分重要会议的信息如表5.3所示。

表5.3 《公约》缔约方会议发展历程

年份	会议	地点	主要内容
1997	第3次会议	日本京都	会议通过了《京都议定书》，规定在2008—2012年，主要工业发达国家的温室气体排放量要在1990年基础上平均减少5.20%
2002	第8次会议	印度新德里	会议通过了《德里宣言》，强调应对气候变化必须在可持续发展的框架内进行
2007	第13次会议	印度尼西亚巴厘岛	会议着重讨论“后京都”问题，即《京都议定书》第一承诺期在2012年到期后如何进一步降低温室气体的排放，并通过了“巴厘岛路线”
2008	第14次会议	波兰波兹南	会议总结了“巴厘路线图”一年来的进程，正式启动2009年气候谈判进程，同时决定启动帮助发展中国家应对气候变化的适应基金
2009	第15次会议	丹麦哥本哈根	会议商讨了《京都议定书》一期承诺到期后的后续方案，就未来应对气候变化的全球行动签署新的协议，被喻为“拯救人类的最后一次机会”的会议
2012	第18次会议	卡塔尔多哈	会议通过了《京都议定书》修正案，从法律上确保了《京都议定书》第二承诺期在2013年实施。此外，大会还评估了《联合国气候变化框架公约》长期合作工作组成果，并通过了有关气候变化造成的损失损害补偿机制等方面的多项决议
2015	第21次会议	法国巴黎	会议达成了包括《巴黎协定》和相关决定的巴黎成果。《巴黎协定》将全球气候治理的理念进一步确定为低碳绿色发展，它的达成标志着2020年后的全球气候治理将进入一个前所未有的新阶段，具有里程碑式的非凡意义

2021年5月28日，联合国气候变化框架公约秘书处宣布，第26届联合国气候变化大会已定于2021年11月1—12日在英国格拉斯哥举行。中国生物多样性保护与绿色发展基金会已经获得会议准入资格。

三、案例分析——我国积极履行《联合国气候变化框架公约》

2019年6月，按照《联合国气候变化框架公约》的相关要求，我国向《公约》秘书处提交了最新的《中华人民共和国气候变化第三次国家信息通报》（简称《第三次信息通报》）和《中华人民共和国气候变化第二次两年更新报告》（简称《第二次两年更新报》），以此向国际社会报告我国应对气候变化的各项政策与行动信息。

所提交的《第三次信息通报》和《第二次两年更新报》的编制工作于2015年3月启动。相关工作由生态环境部牵头，国内有关部门、科研机构多方共同参与，在广泛征求意见的基础上，历经多次的修改后定稿。最终，经国务院授权，由我国应对气候变化主管部门生态环境部向《公约》秘书处提交，以履行我国作为《公约》非附件Ⅰ缔约方的义务。

我国作为《公约》非附件Ⅰ缔约方，一直以来高度重视自己所承担的任务。分别于2004年、2012年和2017年提交了《中华人民共和国气候变化初始国家信息通报》《中华人民共和国气候变化第二次国家信息通报》和《中华人民共和国气候变化第一次两年更新报告》，详细报告了中国1994年、2005年和2012年的国家温室气体清单。

未来，我国将在现有的履约报告编制工作的基础之上，以满足增强透明度框架要求为目标，强化清单和报告编制能力，完善工作机制，实现更加有效的协调，动员更多政府和社会力量参与，争取实现更高水平的履约。

第五十三节　京都议定书

一、京都议定书的定义

《京都议定书》（*Kyoto Protocol*）全称是《联合国气候变化框架公约的京都议定书》，是《联合国气候变化框架公约》（*United Nations Framework Convention on Climate Change*，UNFCCC）的补充条款。它于1997年12月在日本京都由联合国气候变化框架公约参加国三次会议制定，目标是“将大气中的温室气体含量稳定在一个适当的水平，进而防止剧烈的气候改变对人类造成伤害”。

二、《京都议定书》的内容介绍

《京都议定书》总共包含了28条条款以及附件A和附件B两个附件，分为7个主要的方面，分别是温室排放气体控制的目标、需要削减排放的温室气体、三种灵活的协助限排机制、碳汇制度、资金制度、遵约制度以及生效条件。

（一）温室排放气体控制的目标

《京都议定书》对于附件Ⅰ缔约方的温室气体排放量做出了具有法律约束力的定量限制。条款中规定，附件Ⅰ缔约方应个别或者共同地确保附件A所列温室气体排放总量不超过附件B中所登记的排放量限制，并规定附件Ⅰ缔约方2008—2012年的温室气体排放量相对于1990年削减5.20%。

（二）需要削减排放的温室气体

《京都议定书》附件A中规定了6种需要削减的温室气体，分别是二氧化碳、甲烷、氧化亚氮、氢氟碳化物、全氟碳化物以及六氟化硫。其中，二氧化碳、甲烷、氧化亚氮的管制基准年为1990年；氢氟碳化物、全氟碳化物以及六氟化硫的管制基准年为1995年。

（三）三种灵活的协助限排机制

为达到《京都议定书》中所规定的限排目标，减少发达国家为达到减排目标而付出的代价，《公约》引入了三种灵活机制，分别是联合履约机制（Joint Implementation，JI）、排放贸易机制（Emission Trading，ET）和清洁发展机制（Clean Development Mechanism，CDM）。具体介绍如表5.4所示。

表5.4　三种协助限排机制的内容

机制	具体内容
联合履约机制（JI）	减排成本较高的附件Ⅰ国家通过该机制在减排成本较低的附件Ⅰ国家实施温室气体的减排项目。通过该项目，项目投资国可以获得项目活动产生的减排单位，而项目所在东道国可以通过项目获得一定的资金或有益于环境的先进技术
排放贸易机制（ET）	允许附件Ⅰ国家之间进行排放限额交易，即那些已经超额完成减排配额的国家可以将自己多减排的部分卖给那些达不到减排配额的国家
清洁发展机制（CDM）	允许附件Ⅰ国家的政府或企业，以资金和技术投入的方式，帮助非附件Ⅰ国家实施减少温室气体排放项目。从而，附件Ⅰ国家实现对项目减排量抵消额的转让与获得

其中，联合履约机制和清洁发展机制都是基于项目合作方面的减排机制，都是通过境外减排来获得减排额度，以此履行在《京都议定书》中所规定的减排目标。所不同的是，联合履约机制是附件Ⅰ国家之间的合作，而清洁发展机制是附件Ⅰ国家与非附件Ⅰ国家之间的合作。

（四）碳汇制度

《京都议定书》允许缔约国通过“碳汇”活动所吸收的二氧化碳抵消其所承诺的一定比例的温室气体的减排数量。因此，缔约国实际上可以通过植树造林等增加碳汇的活动来完成部分的减排任务。

（五）资金制度

为了进一步保障发展中国家履行义务的资金，《京都议定书》对资金制度提出了若干要求。发达国家缔约国应提供新的和额外的资金帮助发展中国家履约方支付履行有关承诺所引起的全部增加费用，并且规定，这笔资金应当充足并且可以预测。

（六）遵约制度

《京都议定书》中规定，缔约方会议应当在第一届会议通过一套适当且有效的程序和机制用以断定和处理不遵守《京都议定书》的情势，包括就后果列出一个指示性清单，同时，在处理缔约国不遵守程序时，考虑到不遵守的原因、类型和次数。由此可见，《京都议定书》只构建了不遵守程序的原则性框架，而并没有具体的运行规则。

（七）生效条件

《京都议定书》规定了三个生效条件：第一，需经各国国内程序批准《京都议定书》的国家达到 55 个；第二，在批准《京都议定书》的国家中，其合计的 1990 年二氧化碳排放量需至少占附件Ⅰ所列缔约方 1990 年二氧化碳排放量的 55%；第三，在满足以上两个条件后，《京都议定书》于其后第 90 天正式开始生效。2004 年 11 月 18 日，俄罗斯批准《京都议定书》，因此，自 2005 年 2 月 16 日起，《京都议定书》正式生效。

三、《京都议定书》的优点与局限性

（一）《京都议定书》的优点

首先，《京都议定书》完成了机制上的革新。为了降低全球温室气体减排成本，《京都议定书》创造性地建立了三个以市场为基础的灵活机制，即联合履约机制、排放贸易机制和清洁发展机制。这三种机制也给日后多国家间、各国家内部的减排制度的选择与建设提供了很大的参考。

其次，《京都议定书》体现出高度的包容性与灵活性。《京都议定书》赋予附件 B 所列国家在减排方式选择上的自由，即各国可根据自身发展情况、国情特点等自主决策，充分尊重了各个国家的主权。

最后，《京都议定书》坚持了公平的原则。《京都议定书》规定，减排的任务主要针对发达国家以及那些对全球气候变化现状负有主要历史责任的国家，这是对《联合国气候变化框架公约》所提出的“共同但有区别的责任原则”的良好诠释。

（二）《京都议定书》的局限性

首先，《京都议定书》可能带来“碳泄漏”现象。《京都议定书》只将有限个附件 B 所列国家列入强制减排名单，这增加了这些国家生产高碳排放商品（服务）的生产成本。但从国际贸易的角度来说，这些高碳排放产业并不会消失，而是会转移到一些不用强制减排的国家继续发展，从而导致“碳泄漏”现象的出现，从根本上看，这种做法其实并未降低全球的碳排放总量。

其次，《京都议定书》所包含的周期过短。《京都议定书》的第一个承诺期只有五年，它的短期性，对于革新低碳减排技术有着消极影响。各部门由于对政策未来前景的不确定，可能并不会大幅度加大投资以革新减排技术，因此，国家气候变化条约应当给市场一个长期的价格信号，才可以促进减排领域的投资。

最后，《京都议定书》缺乏足够的激励与约束力。《京都议定书》的履约机制缺乏对于成功履约国家的激励与对未能履约国家的惩罚，因此会挫伤各国履约的积极性，从而影响政策效果。

四、《京都议定书》的履约现状——美国、加拿大相继退出《京都议定书》

2001 年 3 月，新上任的美国总统小布什以“减少温室气体排放会影响美国经济发展”和“发展中国家也应当承担减排义务”为由，宣布单方面退出《京都议定书》。2011 年，加拿大在德班气候变化大会闭幕一天之后，也正式宣布退出《京都议定书》，并称该协议并不能够帮助解决气候问题。此举使得加拿大成为继美国之后第二个签署却又退出《京都议定书》的国家。

排放大国美国在 2001 年拒绝签署《京都议定书》，并在 2007 年后成为唯一没有签署这一条约的发达国家，这种破先例的做法具有“传染性”，使得部分发达国家减排决心开始动摇。而加拿大也跟着退出《京都议定书》正是一个缩影，折射出部分发达国家对减少排放的历史责任和应尽义务的一贯推卸。两大发达国家的相继退出无疑给《京都议定书》及其相关修订案的顺利实施蒙上了阴影，也给缔约方以警醒，促使缔约方在条约中增加对于毁约国家的惩罚条款以防止此类行为的再次发生。

五、《京都议定书》的发展——《京都议定书多哈修正案》生效

《京都议定书多哈修正案》于 2012 年通过，而其生效的门槛是必须获得 144 个签字国的批准。2020 年 10 月 2 日，《联合国气候变化框架公约》秘书处宣布，随着牙买加和尼日利亚在当日批准《京都议定书多哈修正案》，这一旨在为《京都议定书》确立第二个承诺期的历史性文件将在 90 天后正式生效。

《京都议定书多哈修正案》表明，国际社会愿意履行关键的气候承诺，并通过多边合作应对气候变化。它的生效对于《京都议定书》第二个承诺期的严格和成功地执行至关重要。该修正案加强了发达国家的量化排放限制或减排承诺，并设定了新的温室气体排放的目标。一旦生效，在第二个承诺期（2013—2020 年）设定减排目标的国家的承诺将具有法律约束力。具体而言，该修正案设定了一个目标，即要使参与第二个承诺期国家的温室气体排放量在 1990 年的水平上降低 18%。这与《京都议定书》第一个承诺期（2008—2012 年）设定的在 1990 年的水平上平均降低 5%的目标相比，有大幅度的提升。

第五十四节　巴厘路线图

一、巴厘路线图的定义

巴厘路线图（Bali Road Map）最早于 2007 年 12 月在印度尼西亚巴厘岛召开的 2007 年联合国气候变化大会上被提出，随后经过两年的谈判，于 2009 年 12 月在丹麦哥本哈根举行的气候公约第 15 次缔约方会议和议定书第 5 次缔约方会议上完成初步谈判。《哥本哈根协议》延长了“路线图”的授权时间，从

而完成对部分未达成统一意见的细节商讨。巴厘路线图在“共同但有区别的责任和各自能力”的基本原则指导下，依据“双轨制”的办事方法，综合考虑社会、经济条件以及其他相关因素，坚持减缓、适应、技术转让和资金支持同举并重，确认了加强《联合国气候变化框架公约》和《京都议定书》全面、有效和持续实施的授权，与会各方同意长期合作，共同行动，行动包括一个关于减排温室气体的全球长期目标，以实现《公约》的最终目标。

二、巴厘路线图的内容

（一）历程

（1）《公约》第13次缔约方大会暨《京都议定书》第3次缔约方会议于2007年12月3—14日在印度尼西亚的巴厘岛举行，会议提出了巴厘路线图。主要内容为：在《公约》缔约方大会之下成立一个谈判机构，其任务是谈判制定一个人类应对气候变化的国际协议。谈判的内容是减缓、适应气候变化、资金和技术方面的国际合作。缔约方大会要求有关的特别工作组在2009年完成工作，并向《公约》第15次缔约方会议递交工作报告，这与《京都议定书》第二承诺期的完成谈判时间一致，从而实现“双轨”并进。

（2）2008年，与会各方分别在曼谷、波恩、阿克拉和波兹南共举行了四轮会议。在《京都议定书》下，各方主要讨论了发达国家实现减排目标的手段和方法，尚未涉及发达国家的减排指标问题；在《公约》下，各方围绕减缓、适应、资金和技术四大问题展开一般性讨论，尚未涉及发达国家减排义务可比性等问题。

（3）2009年在丹麦哥本哈根举行的《公约》第15次缔约方会议和《京都议定书》第5次缔约方会议上完成初步谈判，但并未就所有问题达成统一意见。《哥本哈根协议》决定延续“巴厘路线图”的谈判进程，授权《联合国气候变化框架公约》及《京都议定书》两个工作组继续进行谈判，但由于各方推诿和利益纠纷，后续进展缓慢。

（二）主要内容

巴厘路线图大体上可以概括为三部分：一是为确保《公约》全面、有效和持续实施，就减缓、适应、技术转让、资金支持等做出相应安排（即《巴厘行动计划》）；二是《京都议定书》下发达国家第二承诺期谈判特设工作组关于未来谈判时间表的结论；三是确定发达国家在《京都议定书》第二承诺期的进一步量化减排指标。这三部分中，《巴厘行动计划》是重中之重，具体要点内容如下：

(1)加强国际长期合作，在“共同但有区别的责任”原则和公平原则指导下，提升履行气候公约的联合行动，从而在全球范围内减少温室气体排放，以实现气候公约制定的目标。

(2)发达国家缔约方要依据其不同的国情，承担可测量的、可报告的、可核证的与其国情相符的温室气体减排承诺或行动，包括量化的温室气体减排、限排目标，具体程序和方法可以参考《京都议定书》遵约和监测机制的相关规定和程序，以此来确保发达国家间减排努力的可比性。

(3)美国作为发达国家以及排放大国，却未签署《京都议定书》，未履行其减排职责。巴厘路线图明确规定，《公约》的所有发达国家缔约方都要履行可测量、可报告、可核实的温室气体减排责任，美国也不例外。这也是巴厘路线图的一大亮点和进步。

(4)发展中国家要在可持续发展框架下，在发达国家履行向发展中国家提供足够的技术、资金和能力建设支持的义务前提下，提出具体的符合国情的减缓政策、行动和项目。同时，在国际中建立相应的核查机制，用以核查发展中国家是否将发达国家的资金、技术和能力建设用于“可测量、可报告和可核实”的减缓项目中。需特别注明的是，该机制仅可核查“可测量、可报告和可核实”的减缓项目，不得干扰发展中国家的自身发展。

(5)在《公约》下建立新的“适应基金”，基金将用于支持发展中国家适应气候变化，建立相应的监督和评估机制。该机制用于监督发达国家向发展中国家提供资金、技术和能力建设支持，并评估所提供支持是否充足。

(6)《京都议定书》是长期有效的条约，其确定了发达国家 2008—2012 年第一承诺期量化减排指标，并就确定发达国家在后续承诺期的减排指标做出了安排。《京都议定书》是一项长期有效的法律文件，并不因第一承诺期的结束而失效，附件 B 中的发达国家应根据相关条约确定二期承诺减排指标。

第五十五节　哥本哈根协议

一、哥本哈根协议的定义

《哥本哈根协议》(Copenhagen Accord)是 2009 年 12 月 19 日在丹麦首都哥

本哈根，由 193 个《联合国气候变化框架公约》缔约国，以附加文件的方式通过的不具有法律约束力的条约。该协议维护了《联合国气候变化框架公约》和《京都议定书》的框架，旨在商讨《京都议定书》一期承诺到期后的后续方案，就应对未来气候变化的全球行动签署新的协议。

二、《哥本哈根协议》的具体内容

与会各方就最终成果的文件形式，应对全球气候变化的长期目标，资金、技术、透明度等一系列问题展开政治磋商，并拟定了以下条约：

(1)基于“共同但有区别的责任”原则，强调以强烈的政治意愿来应对全球气候变化，明确了全球气温升高不应超过 2℃的科学观点。

(2)通过合作尽快实现全球和各国碳排放峰值，从科学角度出发，大幅度减少全球碳排放以达成基于科学研究的目标。

(3)尽管所有国家都将面临气候变化的负面影响，但发达国家应当提供充足的、可预测的和可持续的资金、技术以及经验，以支持发展中国家，尤其是最不发达的国家和位于小岛屿的发展中国家以及非洲国家，实行气候变化举措。

(4)附件Ⅰ各缔约方将在 2010 年 1 月 31 日之前向秘书处提交经济层面量化的 2020 年排放目标，并承诺单独或者联合执行这些目标，同时确保这些目标和融资的计算是严格、健全、透明的。

(5)附件Ⅰ非缔约方将根据第四条第一款和第四条第七款、在可持续发展的情况下实行延缓气候变化的举措，包括在 2010 年 1 月 31 日之前按照附录Ⅱ所列格式向秘书处递交举措。

(6)附件Ⅰ非缔约方采取的和计划采取的减排措施应根据第十二条第一款(b)，以缔约方大会采纳的方针为前提，每两年通过国家间沟通来交流。这些通过国家间沟通或者向秘书处报告的减排措施将被添加进附录Ⅱ的列表中。

(7)减少滥伐森林和森林退化引起的碳排放，通过建立包括发展中国家减少毁林与森林退化减排(REDD+)在内的机制，来提高森林对温室气体的清除量。

(8)采取各种方法，包括使用碳交易市场，来提高减排措施的成本效益；同时给予发展中国家激励，以促使发展中国家实行低排放发展战略。

(9)在符合大会相关规定的前提下，应向发展中国家提供更多的、新的、额外的以及可预测的和充足的资金，以支持发展中国家采取延缓气候变化的举措。此类资金中的很大一部分将通过哥本哈根绿色气候基金来发放。

（10）建立一个对会议负责的高水准工作小组，来研究潜在的收入来源，包括替代资金，来达成大会制定目标。

（11）建立哥本哈根气候基金，并将该基金作为缔约方协议的金融机制的运作实体，以支持发展中国家的REDD+、适应性行动、产能建设以及技术研发和转让等用于延缓气候变化的方案、项目、政策及其他活动。

（12）建立技术机制，以加快技术研发和转让，支持适应和延缓气候变化的行动。

（13）我们呼吁在2015年之前完成对本协议执行情况的评估，包括根据《公约》制定的最终目标，这其中包含针对各种问题的长期目标，以及与温度升高1.5℃有关的问题。

三、《哥本哈根协议》的意义

（1）坚定维护了《联合国气候变化框架公约》及《京都议定书》中“共同但有区别的责任”原则，维护了“巴厘路线图”授权，坚持“两轨制”，否定了给发展中国家强加义务，试图“两轨并一轨”的“丹麦草案”。

（2）进一步推动发达国家实行强制减排、发展中国家实行自主减缓行动，同时提出与之相配套的目标，使全球减排行动进一步落实。该协议尽管不具备法律效力，但违背承诺也会带来舆论压力，因此该协议是后续谈判的重要基础，为全球减排道路厘清了障碍。

（3）世界各方就减排长期目标、资金和技术支持、政策透明度等问题达成广泛共识，为后续的资金援助制订了具体的计划。

四、《哥本哈根协议》中的中国作用

（1）在该协议中明确提出中国完成甚至超过减排目标的决心，不添加附属条件，主要依靠自我力量完成减排目标，展现中国诚意，为该协议的拟定起到积极作用。

（2）坚定减排的决心，同时维护发展中国家在减排过程中的利益，坚持“共同但有区别的责任”原则，协同其他发展中国家努力和抗争，坚决反对部分发达国家企图将两种不同性质的减排目标挂钩，对发展中国家施加《公约》《京都议定书》和“巴厘路线图”规定之外的义务。

第五十六节　丹麦草案

一、“丹麦草案”的定义

“丹麦草案”，原文件全称为《在联合国气候变化框架公约下通过的哥本哈根协定》，是2009年12月在《联合国气候变化框架公约》缔约方第15次会议（即哥本哈根气候变化大会）上，由英国、美国、丹麦等少数国家秘密磋商达成的非正式文件，其最早由英国《卫报》披露。该草案违背了《联合国气候变化框架公约》和《京都议定书》中确立的“共同但有区别的责任原则”和“两轨制”的治理方案，试图“两轨并一轨”，提出了诸多不利于发展中国家的无理要求，遭到广大发展中国家的一致反对，最终未被启用。

二、“丹麦草案”的内容

（一）历程

（1）“丹麦草案”最早由英国《卫报》于2009年12月8日公布在其网站上，由于草案内容偏向发达国家，向发展中国家强加超额义务，引起广大发展中国家的不满。

（2）77国集团轮值主席卢蒙巴·迪亚平于2009年12月9日举行记者会，抨击该草案将摧毁《联合国气候变化框架公约》中关于发达国家和发展中国家“共同但有区别的责任”的平衡责任原则，忽视了发达国家所应承担的历史减排责任。

（3）迫于各方压力和反对，《联合国气候变化框架公约》执行秘书德博埃尔特意发表声明澄清这份草案不是官方正式文件，也不会成为“最终文本”，称任何正式的协议草案必须走联合国会议的正式渠道，即经由大会主席向各代表团散发。

（4）2009年12月16日峰会主席康妮·赫泽高突然辞职，由丹麦首相拉斯穆森接任主席，并随即在大会上重提“丹麦草案”，企图绕过双轨制和两个特设工作组，由“高层领导”探讨该草案的可行性。中国代表团副团长、气候谈判中方首席谈判代表苏伟表达强烈反对并表明此举事关大会成功与否，该观点得到广大发展中国家的一致认同。

(5) 2009年12月17日，迫于各方压力，东道国丹麦不得不决定放弃这一草案。

(6) 2009年12月18日，新任主席、丹麦首相拉斯穆森表示，与会代表将根据前天提呈给大会的现有联合国草案，继续谈判。

(7)会议经过了原定12天的会期和被迫的“延时”争论、争执乃至争吵，最终达成了不具法律约束力的《哥本哈根协议》。

（二）主要内容

(1)各方承认气候变化是这个时代面临的最大挑战。为实现把全球温度上升幅度控制在2℃的目标，呼吁全球采取大幅减排行动，尽早实现排放达峰。当然，考虑到发展中国家在社会经济发展和消除贫困方面的需求，其排放达峰的时间可以适当推迟。不过，草案并没有明确到2020年，附件1国家(发达国家)的具体减排目标；发展中国家，草案要求每两年递交一份国家通报。同时，采取的减缓行动要接受国内审计、监督和评估，并回答外界必要的质疑和询问；接受国际资金和技术援助的减缓行动，则必须接受国际核查。

(2)为发达国家和发展中国家分别制定减排目标。在2050年以前，发达国家人均碳排放量上限为2.67吨，发展中国家则不得超过1.44吨。

(3)将发展中国家重新划分为两类：发展中国家(Developing Country)和最不发达国家(Least Developed Countries)，即导致气候变化的制造者和受到气候变化影响的脆弱群体。最不发达国家仍无具体的约束性减排目标，但发展中国家却需制定碳排放峰值具体年份以及具体的强制减排目标。

(4)各方一致认为，强化后的金融架构应能够应对逐步扩大的国际公众支持。在适当增加发展中国家减缓和适应努力的基础上，国际公共财政对发展中国家的支持应在2020年达到[X]亿美元的数量级。

(5)缔约方决定设立一个气候基金，作为《公约》资金机制的经营实体，该基金应在《公约》第11条规定的缔约方会议的指导下运作并向缔约方会议负责。该基金应由具有均衡代表性的董事会运营，该董事会将为该基金制定运营指南，并决定对计划和项目的具体分配。缔约方会议将正式选举基金董事会成员并批准基金的运作准则和模式。基金应通过加大对发展中国家气候努力的支持力度，包括减缓、适应、技术和能力建设，来补充和最大限度地扩大全球应对气候变化的努力(注：削弱联合国在气候变化援助资金方面支配权，把权力转交给世界银行)。

第五十七节　巴黎协定

一、《巴黎协定》的定义

《巴黎协定》(Paris Agreement)，是于2015年12月12日在第21届联合国气候变化大会(巴黎气候大会)上，由联合国195个成员国通过的首个具有普遍性和法律约束力的全球气候变化协定。该协定旨在《京都议定书》承诺期满后，确立2020年后全球应对气候变化制度的总体框架，使当下政策与21世纪末气候中和的目标接轨，协同世界各方，共同应对全球气候变化，遏制全球变暖趋势。

二、《巴黎协定》的内容

(一)发展历程

(1) 2015年12月12日，195个联合国成员国巴黎气候变化大会上达成《巴黎协定》。

(2)2016年4月22日，175国在联合国总部签署《巴黎协定》，创下国际协定开放首日签署国家数量最多纪录。中共中央政治局常委、国务院副总理张高丽作为国家主席习近平特使出席签署仪式，并代表中国签署《巴黎协定》。

(3)2016年10月5日，联合国秘书长潘基文宣布，《巴黎协定》于当月5日生效所需达到的两个门槛，即至少55个《联合国气候变化框架公约》缔约方，同时其温室气体排放量占全球总排放量的比重至少为55%，交存批准、接受、核准或加入文书，意味着《巴黎协定》将于当日30天后即2016年11月4日正式生效。

(4)2017年6月1日，时任美国总统唐纳德·特朗普宣布美国将会退出《巴黎协定》，不过《巴黎协定》规定缔约方在生效日期(即2016年11月4日)起的三年内不得退出，办理退出手续也需要花费一年时间。2019年11月4日，美国国务卿迈克·蓬佩奥证实，特朗普政府已通知联合国，美国将正式启动退出《巴黎协定》的程序，并通知联合国启动程序；根据规定，退出过程需一年时间。2020年11月4日，美国正式退出《巴黎协定》，成为迄今为止唯一退出《巴黎协定》的缔约方。

(5) 2021年1月20日，美国总统乔·拜登签署行政命令重返《巴黎协定》。2021年2月19日，美国正式重返《巴黎协定》。

（二）主要内容

该协定主要围绕“把全球平均气温升幅控制在工业革命前水平2℃之内，并努力将气温升幅限制在工业化前水平1.5℃之内”这一应对气候变迁的科学论断展开，就各国所承担的国家自主贡献、资金的筹措、技术援助、政策透明度等方面做出具体规定，主要内容如下：

(1) 各国政府商定并普遍承认一项长期目标，即将全球平均气温相比工业化前水平的增幅限制在2℃内，尽力将增幅限制在1.5℃水平，从而大大降低气候变化带来的风险与影响，降低气候变化给地球带来的生态风险以及给人类带来的生存危机。

(2) 尽早使全球温室气体排放达到峰值，同时认识到发展中国家将需要更长时间达峰，在达峰后快速进行减排，以便于21世纪下半叶在排放量与清除量之间实现一种平衡。

(3) 依据各国独特的国情，提交各自的国家气候行动综合计划（国家自主贡献预案）。

(4) 每五年举行一次会议，评估共同落实长期目标的进度，并通知各缔约方更新和上调各自国家自主贡献预案事宜。同时建立透明问责制度，跟踪各国在《巴黎协定》中所做承诺的落实进度。

(5) 通过提供气候融资，帮助贫困国家适应气候变化并改用可再生能源，积极推动其向绿色可持续的经济模式转型；通过技术转让等方式，帮助相对落后的发展中国家解决技术上的难题，减缓其气候变化，加强其应对气候灾害的能力。

三、《巴黎协定》的意义

(1)《巴黎协定》是首个具普遍性和法律约束力的全球气候变化协定，它的确定表明各国在气候变化治理的国际合作方面达成了普遍的政治共识，构建了后京都时代的全球气候治理的法律基础和意识形态。

(2)《巴黎协定》创设性地提出了国家自主贡献理念，调和了气候治理中发达国家和发展中国家的矛盾，灵活务实地创造了全球治理的新范例，一定程度上消除了各国间的政治博弈，让各国依据自身的实际国情落实相应的减排义务，推动全球减排行动取得实质性的进展。

(3)《巴黎协定》的签署坚定了市场信心，一扫之前各种国际气候会谈无果的颓势，为国际上各个碳排放交易市场注入一剂强心针，释放了积极的市场信号。

四、《巴黎协定》中的中国作用

(1)中国积极推进多边合作，坚持“共同但有区别的责任原则”的气候治理理念，灵活斡旋多方利益，调和多方矛盾，致力于在巴黎达成富有成效的协定。

(2)中国积极推进“一带一路”倡议以及其他援助发展中国家的计划，推动这些国家绿色发展。联合国秘书长古特雷斯认为中国能够在国际合作中扮演引领角色，成为一块磁石，带领相关国家在发展经济的同时兼顾环境保护。

(3)中国政府和人民遵守做出的承诺，把生态文明建设作为国家发展的重要战略，付出最大的努力完全执行相关规定，提前完成部分承诺的减排目标，并承诺到期时完成所有减排目标，树立了负责任的大国形象，为各国起到示范作用。

第五十八节　清洁发展机制

一、清洁发展机制的定义

清洁发展机制(Clean Development Mechanism，CDM)是《京都议定书》中缔约方之间为开展合作制定的三种机制之一，也是其中唯一涉及发展中国家的机制。具体来说，它是指允许根据《京都议定书》做出减排或限排承诺的国家(附件B缔约方)在发展中国家实施减排项目。此类项目可以获得“经核证的减排量”(Certified Emission Reduction，CER)信用额度，每个CER信用额度相当于一吨二氧化碳，可用于发达国家履行《京都议定书》所规定的减排任务。

该机制可促进可持续发展和减排，同时在工业化国家如何实现其减排限制目标方面具有一定的灵活性。清洁发展机制是《联合国气候变化框架公约》适应基金(UNFCCC Adaptation Fund)的主要收入来源，该基金的设立是为了资助特别容易受到气候变化不利影响的《京都议定书》发展中国家缔约方的适应项目和计划。适应基金的资金来自对清洁发展机制发布的 CER 所征收的 2%的税。

二、清洁发展机制的内容

（一）宗旨

（1）帮助发达国家履行减排承诺。

（2）协助发展中国家实现可持续发展。

（二）治理架构

清洁发展机制治理架构见图 5.5。

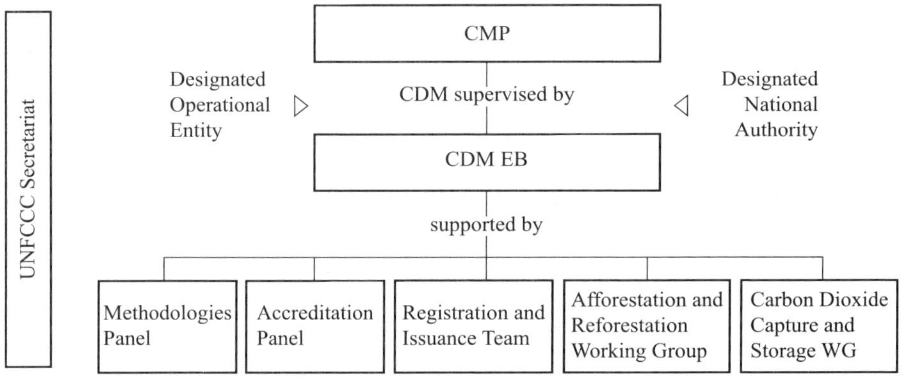

图 5.5 清洁发展机制治理架构

（1）缔约方大会（Conference of the Parties，CMP）是最高的权力机构，制定基本规则，决定是否采用执行委员会提出的建议和审核其认证的经营实体。

（2）清洁发展机制执行委员会（Excutive Board of Clean Development Mechanism，CDM-EB）在缔约方大会的授权和指导下监督《京都议定书》的清洁发展机制。执行委员会对清洁发展机制完全负责。执行委员会是清洁发展机制项目参与方在项目注册和核证减排量发布方面的最终联系人。

（3）方法小组（Methodologies Panel）成立的目的是就基准和监测计划的方法指南向执行委员会提出建议，并就提交的新基准和监测方法的提案提出建议。

（4）认证小组（Accreditation Panel）成立的目的是根据经营实体的认证程序起草董事会的决定。

（5）注册发行小组（Registration and Issuance Team）协助执行委员会进行

评估。

(6)造林和再造林小组(Afforestation and Reforestation Working Group)成立的目的是(与方法小组合作)就已提交的关于CDM造林/再造林项目活动的新基准和监测方法提出建议。

(7)二氧化碳捕获和储存工作小组(Carbon Dioxide Capture and Storage WG)成立的目的是就有关新基线和监测方法的提案提出建议。

(三)实施程序

清洁发展机制的实施程序见表5.5。

表5.5　清洁发展机制的实施程序

流程	内容
项目识别	对项目进行分析和研究，进行国际磋商，探讨合作的可能
项目设计	项目参与者利用批准的排放基线和监测方法准备项目设计文件
参与国的批准	得到参与国政府主管部门和发达国家购买方政府主管部门的批准，并出具相关的书面证明
项目审定	项目设计文件由经认可的指定运营实体、私人第三方认证机构进行验证
项目注册	审定机构向执行委员会提交有效项目，并要求注册
项目实施、监测与报告	项目参与者负责根据批准的方法监测实际排放量
核查与核证	指定的经营实体根据批准的监测计划核实减排量是否达到要求的数量。核查是指定经营实体对核查期间已登记的清洁发展机制项目活动所导致的温室气体源人为排放量的监测减少量进行的独立审查和事后确定。核证是指定经营实体出具的书面保证，即在规定期限内，项目活动实现了经核实的减排量
经核证的温室气体减排量的签发	执行委员会在收到核查机构关于签发CER的申请15天内，如果没有疑义，则CER将自动获得签发

三、清洁发展机制和联合履约机制的履约状况

清洁发展机制和联合履约机制都允许附件Ⅰ国家参与另一缔约方实施的减排项目，获得一定的份额来完成《京都议定书》中的目标。唯一区别是，联合履约机制仅局限于在《京都议定书》附件Ⅰ中国家间进行，而清洁发展机制则可以在非附件中的发展中国家间进行。

两者的运行机理类似，但近年来清洁发展机制却发展迅速，主要归因于以下几点：

(1)附件Ⅰ中的国家大多为发达国家，能源利用效率相对较高，即使相互间技术互补，也需要较高的边际成本来实现减排；而非附件Ⅰ中的国家技术相对落后，存在巨大改良空间，并且东道国为了吸引技术和投资，往往会出台优惠的政策，进一步减少发达国家的减排成本，导致较发达的工业国更加青睐于清洁发展机制。

(2)随着国内工业化进程的推进，发展中国家势必将面对日益增加的舆论和国际气候约定的约束，此时清洁发展机制便成了为数不多的有效途径。与此同时，清洁发展机制的项目也会给当地企业带来先进的技术和管理方式，减少企业的合规成本。因此，发展中国家的政府和企业都将积极主动地推进该项目的实施。

第五十九节　联合履约机制

一、联合履约机制的定义

联合履约机制(Joint Implementation，JI)是《京都议定书》中规定的三个灵活履约机制之一，是指附件Ⅰ[①]国家之间通过项目级的合作，其所实现的减排单位(Emission Reduction Units，ERU)，可以转让给另一发达国家缔约方，其目的旨在帮助附件Ⅰ国家以较低的成本履行其量化的温室气体减排义务。

根据第6条，任何附件Ⅰ国家都可以在任何其他附件Ⅰ国家投资减少温室气体排放的项目(称为“联合实施项目”)，作为国内减排的替代方案。通过这种方式，各国可以通过投资可能更便宜的减排项目，并将由此产生的减排单位应用于其承诺目标，从而降低遵守其《京都议定书》中制定的目标的成本，而东道国可以通过项目获得一定的资金或有益于环境的先进技术，从而促进本国的发展。联合履约机制项目合作主要发生在经济转型国家和发达国家之间。

---

① 目前共有43个附件Ⅰ国家，包括澳大利亚、奥地利、白俄罗斯、比利时、保加利亚、加拿大、克罗地亚、塞浦路斯、捷克、丹麦、爱沙尼亚、芬兰、法国、德国、希腊、匈牙利、冰岛、爱尔兰、意大利、日本、哈萨克斯坦、拉脱维亚、列支敦士登、立陶宛、卢森堡、马耳他、摩纳哥、荷兰、新西兰、挪威、波兰、葡萄牙、罗马尼亚、俄罗斯、斯洛伐克、斯洛文尼亚、西班牙、瑞典、瑞士、土耳其、乌克兰、英国、美国。

二、联合履约机制的内容

（一）发展历程

1.《联合国气候变化框架公约》下的联合履约

公约中虽未明确提及，但在一些条目中却有所体现，如通过双边或多边的安排，投资国在东道国投资以获得部分或全部所产生的减排额。联合履约的这种原始形式会逐步演变为更加复杂的体系。

2. 联合开展活动

COP－1 中引入了一个概念“联合开展的活动”（Activities Implemented Jointly，AIJ），并在第 5/CP. 1 号决定中确定了其标准。AIJ 是国际磋商失败后的过渡性产物，一定程度上可以将其看作对联合履约的试验。

3.《京都议定书》下的联合履约

《京都议定书》将广义上的联合履约划分为两个机制：现行的狭义联合履约机制和清洁发展机制。

（二）机构设置

1. 缔约方大会

缔约方大会作为《联合国气候变化框架公约》和《京都议定书》的最高权力机构，定期评审可能通过的相关法律，评估履约情况和目标进度，协调各个缔约方，统领其他为达成《京都议定书》而设立的附属机构。

2. 联合履约监督委员会

联合履约监督委员会的主要职责是监督联合履约项目所产生的减排单位的核查，认证符合规定的独立实体，改良修订认证的程序和标准，拟写项目设计书草案，并在缔约方大会会议上报告委员会的活动。

3. 认证的独立实体

独立实体由专业领域的团体构成，经联合履约监督委员会认证后，有权确定一个项目的人为排放量减少或人为碳汇量增加是否符合相关规定的要求。

4. 遵约委员会

在第七次《公约》缔约方大会上设立的机构，负责促进缔约方遵守《京都议定书》的相关规定，同时处理缔约方违约的状况，纠正不遵约的情况，并依据相关规定开具处罚或中止与该国的缔约关系。

（三）实施程序

1. 资格和批准

联合实施项目必须提供执行该项目后人为排放量减少或碳汇量增加的证明。项目必须得到主办方的批准，参与者必须得到项目参与方的授权才能参与。

2000 年以后的项目，如果符合相关要求，可以作为联合实施项目，但只能在 2008 年初之后的计入期发放减排单位（Emission Reduction Units，ERU）。

2. 核查

（1）若东道国满足转让或获取 ERU 的所有资格要求，经核实后即可签发适当数量的 ERU，联合履约项目不用受国际相关部门监督，此种方式通常被称为程序一（Track 1）。

（2）如果东道缔约方未满足全部的资格要求，则必须通过联合履约监督委员会（JISC）下的核查程序，将减排量或清除量的增加作为附加核查项目。由 JISC 认可的独立实体，在东道方签发和转让 ERU 之前确定是否满足相关要求。此种方式通常被称为程序二（Track 2）。

三、联合履约机制的意义

（1）降低投资国践行减排承诺所需的成本，避免国内的高耗能产业因高额的合规成本迁移到管控相对松懈的国家。联合履约机制这一新的途径，一定程度上消除了发达国家的顾虑，使得其更加积极主动地投身于全球气候治理中。

（2）投资国的资金和技术使得东道国能够更加平稳快速地度过高耗能高污染的发展周期，并在一定程度上跳过这一发展周期，提高能源使用率，摆脱对矿物燃料的依赖，改善当地环境。

（3）提高全球气候治理资金的流动性和不同利益相关者的出资意愿，打破开发清洁能源和治理污染的技术壁垒，增加了全球气候治理行动的透明度和公信力。

（4）其是对预防原则、可持续发展原则的践行，并在多国联合履约中，一定程度上体现了人类气候命运共同体的思想。为后续的全球气候治理行动提供了范例和启迪，可以为国际环境条约和国内环境立法所借鉴。

第六十节　国际排放贸易

一、国际排放贸易的定义

国际排放贸易(International Emission Trading, IET 或 ET)为 1997 年 12 月制定《京都议定书》建立的三个灵活履约机制之一，指《联合国气候变化框架公约》附件 I 国家将其超额完成的减排义务指标以贸易的方式转让给另一个未能完成减排义务的附件 I 国家，并同时从转让方的允许排放限额上扣减相应的转让额度的机制，目的是通过交易实现减排。此处附件 I 国家为《联合国气候变化框架公约》中所指的附件 I 名单内有责任率先减排的发达国家和经济转型国家。

二、国际排放贸易的相关内容

（一）《京都议定书》建立的三个灵活履约机制

《京都议定书》建立了三个旨在减排温室气体的灵活合作机制——国际排放贸易机制(ET)、联合履约机制(JI)和清洁发展机制(CDM)，其中，ET、JI 两种机制是发达国家之间实行的减排合作机制，JI 指《联合国气候变化框架公约》附件 I 中减排成本较高国家向附件 I 中减排成本较低国家投资温室气体减排项目，从而获得用于履行其温室气体的减排承诺，而被投资国可以通过项目获得促进本国发展的一定的资金或有益于环境的先进技术。CDM 是一种以项目为基础的减排量交易，是发达国家与发展中国家之间的减排机制，主要是由发达国家向发展中国家提供额外的资金或技术，帮助实施温室气体减排，再将此减排量(称为经核证的减排量 CER)作为温室气体排放权的等价物，用于抵消发达国家温室气体的排放量，以避免高额处罚。

（二）国际排放贸易是温室气体排放权市场交易的类型之一

按照《京都议定书》的规定，目前国际碳排放权交易可以划分为两种类型(见图 5.6)。一种是以项目为基础的减排量交易，联合履约机制(JI)和清洁发展机制(CDM)是其中最主要的交易形式，它们都是基于温室气体减排项目合作的机制。另一种是以配额为基础的交易，以国际排放贸易(ET 或 IET)为主要的交易形式，如全球规模最大、运行时间最长的欧盟碳市场。经过多年的发展，以配额为基础的温室气体排放权交易市场得到了迅速的发展和扩张，并已成为全球贸易中的新亮点，市场规模不断扩大。目前，全球交易规模比较大的体系有北美地区碳排放交易体系，主要包括美国的一些州和加拿大的若干省份实行的地方和区域性碳交易制度，除此之外还有新西兰、韩国等其他国家碳交易体系。2021 年 7 月 16 日，我国正式启动全国碳排放权交易市场，全球规模最大的碳市场就此成立。

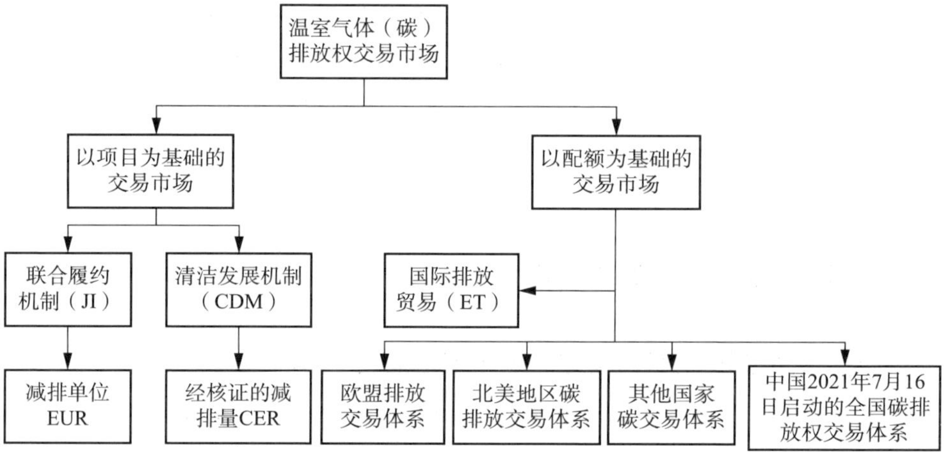

图 5.6　温室气体排放权市场交易的类型

三、国际排放贸易的发展情况

ET 属于以配额为基础的强制性排放权交易市场，集中在欧洲，其他国家呈现零散性分布。欧洲是应对气候变化的领导者，欧盟排放交易体系（The EU Emission Trading Scheme，EU ETS）领跑全球，是迄今为止世界上最大的国际排放贸易组织。2020 年 12 月在布鲁塞尔举行的国家首脑会议上，欧盟商定温室气体减排新目标，即到 2030 年将欧盟区域内的温室气体排放量比 1990 年的减少量由 40%提高到 55%，并提出 2050 年实现“碳中和”。

EU ETS 是欧盟应对气候变化的主要政策工具之一，起源于 2005 年，是根据欧盟法令和国家立法的碳交易机制，一直是世界上参与国家多，规模最大、最成熟的碳排放权交易市场。截至 2019 年上半年，欧盟排放交易体系覆盖 27 个欧盟成员国，以及挪威、冰岛和列支敦士登 3 个非欧盟国家；从市场规模看，根据路孚特对全球碳交易量和碳价格的评估，2019 年欧盟排放交易体系的碳交易额达到1690亿欧元左右，占全球碳市场份额的87%，从减排效果看，碳排放量与1990年相比减少了23%。

欧盟已逐步开始执行减少碳配额的市场稳定储备机制，一级市场碳配额分配方式由第一阶段的免费分配过渡到50%以上进行拍卖，并计划于2027年实现全部配额有偿分配（见表5.6）。由于欧盟碳排放主要来源于能源使用、工业过程及航空业，故欧盟市场覆盖行业主要为电力行业、能源密集型工业以及航空业。温室气体覆盖范围从二氧化碳增加到二氧化碳、一氧化二氮、全氟碳化物。

表5.6　欧盟碳交易市场发展阶段

	第一阶段（2005—2007年）	第二阶段（2008—2012年）	第三阶段（2013—2020年）	第四阶段（2021—2030年）
期初配额总量（$MtCO_2e$）	2096	2049	2084	1610
配额递减速率	—	—	1.74%	2.20%
配额分配方法	免费分配 祖父法	10%拍卖 祖父法+标杆法	57%拍卖 祖父法+标杆法	57%拍卖 祖父法+标杆法
行业范围	电力+部分工业	新加入航空业	新扩大工业控排范围	无变化

资料来源：ICAP，华宝证券研究创新部。

第六十一节　碳边境调节机制

一、碳边境调节机制的定义

2021年3月10日，欧盟议会投票通过设立“碳边境调节机制”（Carbon Border Adjustment Mechanism，CBAM）的议案，并于2021年7月14日通过了名为“FIT for 55”的能源和气候一揽子计划，正式对其做出规定。碳边境调节机制是欧盟针对能源和高耗能企业提出的碳关税政策，该机制旨在通过向高碳排放进口产品征收碳关税，以使欧盟企业与碳政策弱于欧盟国家的企业处于平等竞争地位。

二、政策背景及目的

碳边境调节机制这一概念起源于欧盟，2019年12月，欧盟发布了《欧洲绿色新政》，提出欧盟2050年实现碳中和的碳减排目标。同时，欧盟提出要在区域内实施“碳关税”的新税收制度。

为推进CBAM的立法进程，欧盟于2020年进行了公众咨询，开展了CBAM的初步影响评估。2021年，欧盟碳排放交易(Emission Trading Scheme, ETS)进入第四阶段(2021—2030年)，其配额总量进一步缩减，用于配额免费分配的基准值也进一步收紧，市场稳定储备机制(Market Stability Reserv, MSR)和更加严格的2030年减排目标也助推了配额价格的上涨，再次引发欧盟境内企业关于其竞争力和碳泄漏的担忧。在此背景下，欧盟推出了碳边境调节机制，以激励欧盟和非欧盟贸易行业按照《巴黎协定》的目标实现脱碳，同时消除欧盟企业因大力应对气候变化而面临的成本劣势。

欧盟提出CBAM的目的有四个：一是减少碳泄漏[①]风险，降低欧盟相关产业转移至碳约束较少的国家的动机；二是防止国内产业竞争力下降；三是鼓励外国贸易伙伴和外国生产者采取与欧盟相当/等同的措施；四是其收益可用于资助清洁技术创新和基础设施现代化，或用作国际气候融资。

三、政策内容

碳边境调节机制相关政策见表5.7。

表5.7　碳边境调节机制相关政策

项目	内容
涉及行业	五个行业：电力、钢铁、水泥、铝、化肥 以这五种产品作为原材料的终端产品(例如车、机械零件、铝制品等)近期不纳入征收范围
征收主体	进口商承担缴纳义务
商品碳排放的核算范围	目前只计算直接排放，不计算间接排放 目前生产耗电所产生的间接碳排放不被纳入CBAM，2025年以后欧盟委员会将再次考虑是否将其纳入
商品的碳排放强度	如果进口产品能提供排放水平证明，欧盟则会采用其经过证明的、实际排放水平数据 如果进口产品不能提供排放水平证明，欧盟将采用各国产品的最佳可用排放数据
碳价	欧盟碳市场的平均价格

① 碳泄漏是指一个国家或地区采取二氧化碳减排措施，该国或地区一些产品(尤其是高耗能产品)生产可能转移到其他未采取二氧化碳减排措施的国家或地区。

续表

项目	内容
抵扣政策	欧盟在进口时征收的碳边境调节税可以按照产品出口国的本国碳市场或碳税机制中已经支付过的碳价进行相应的减除
进度安排	试点阶段(2023—2025 年)：所涵盖领域的产品仅需履行排放报告义务，欧盟在此期间不征收任何费用 正式实施阶段(2026 年起)：逐年减少 10%的生产企业免费配额直至 2035 年完全取消免费配额，同时要求产品进口者根据产品生产过程中产生的碳排放支付碳费用，并逐年提高费率

四、政策影响

（一）短期抑制效应

1. 产品国际竞争力减弱

在欧盟征收碳关税的冲击下，能源密集型出口企业出口成本上升，产品竞争力削弱。一方面，对于少数有能力生产碳排放达标产品的企业来说，因对节能减排技术及设备的投入增加，短期来看，产品成本上升，价格上涨，原有的价格优势受到削弱，竞争力下降。另一方面，对于大部分企业来说，由于资金、技术等约束，其产品碳排放无法达到欧盟的标准，高额的碳关税将转化为企业的出口成本，若反映在产品价格上，同样导致产品竞争力下降。

2. 出口贸易额下降

出口成本上升导致的产品国际竞争力下降，最直接的影响就是出口贸易数量急剧下滑，进而导致出口贸易额下降。短期来看，欧盟对进口贸易产品的需求量不会发生较大变动，但我国出口产品的价格上升将直接导致贸易数量的下降，进而影响贸易总额。而贸易条件的恶化在扩散效应的影响下，将进一步抑制贸易产品的出口。

3. 影响波及产业链上下游

最直接受到欧盟 CBAM 影响的能源密集型产业，其关联产业，包括相关产业和支持性产业都将不可避免地受到波及，从而使得碳贸易壁垒的破坏效应从能源密集型产业沿着产业链波及其上下游协作的企业。严重时将会导致产业链断裂，使得整个制造业遭受冲击。

4. 金融风险加剧

CBAM 正式实施可能使国内相关企业的出口受到影响，现金流和偿债能力恶化，进而影响商业银行的资产质量。此外，当面临外部重大利空时，可能在短期内出现大规模资本流出现象，引发整个金融市场的流动性危机。

（二）长期促进效应

1. 倒逼出口企业提高技术水平

在欧盟 CBAM 的压力下，要降低出口成本，客观上要求企业调整生产结构，淘汰落后技术，加大其在节能减碳等技术方面的研发投入，提高资源利用率，减少碳排放量。此外，在推进高新低碳技术的过程中，生产者之间可以积极沟通、互相学习，形成一种低碳技术创新的良好氛围，提高整个行业的节能减排技术水平。

2. 促进产业结构转型升级

低碳经济在世界范围内的推行以及征收碳关税造成的贸易环境压力，将促进中国加快推动传统产业低碳改造升级，各种清洁能源以及环保节能产业将得到快速发展。在此过程中，将打造一批科技含量高、资源消耗低、环境污染少的绿色产业，加快形成节约资源、保护环境的产业结构，构建绿色产业体系。

第六十二节　生态补偿机制

一、生态补偿机制的定义

生态补偿机制是一种针对区域性生态保护和环境污染防治领域，根据生态系统服务价值、生态保护成本、发展机会成本这三个因素，调整生态环境保护和建设过程当中相关各方利益关系的制度安排。它以保护生态环境、促进人与自然和谐为目的，主要运用行政和市场两大手段，它的原则是“受益者和破坏者付费”。

二、生态补偿机制的内容介绍

（一）生态补偿机制的分类

生态补偿机制主要可以分为横向和纵向两种类型。2015 年 5 月 7 日，在发改委举行的解读《关于加快推进生态文明建设的意见》发布会上，财政部经建司副司长孙志表示，建设生态补偿机制，要横向和纵向双轮驱动。两种类型的区别主要体现在补偿双方的行政隶属关系上，具体内容如表 5.8 所示。

表 5.8　生态补偿机制内容

类型	介绍	示例
横向生态补偿机制	非隶属关系的受益地区对做了一定牺牲的生态保护地区进行补偿	长江流域生态治理补偿问题当中，处于下游的长三角地区，向处于上游的三江源地区进行拨款补偿
纵向生态补偿机制	按照行政等级，由上到下一级一级向实行生态保护的隶属地区进行补偿	长江流域生态治理补偿问题当中，青海省对位于青海南部的三江源地区进行拨款补偿

（二）我国生态补偿机制建设的重点领域

从目前的实际形势出发，我国生态补偿机制的建设有自然保护区、重要生态功能区、矿产资源开发以及流域水环境保护四个重点领域，具体内容如表 5.9 所示。

表 5.9　我国生态补偿机制分类

领域	建设内容
自然保护区	拓宽自然保护区投入渠道，提高自然保护区规范化水平；引导保护区及周边居民生产生活方式转变；全面评价各类建设项目、功能区划调整对于自然保护区的生态损失，研究建立自然保护区生态补偿标准体系
重要生态功能区	建立健全重要生态功能区的协调管理与投入机制、生态环境质量监测与评价体系；开展重要生态功能区生态补偿标准核算研究，建立重要生态功能区生态补偿标准体系
矿产资源开发	全面落实矿山环境治理和生态恢复责任，做到"不欠新账、多还旧账"；联合有关部门科学评价矿产资源开发保证金以及矿山生态补偿资金的使用状况，研究制定科学的矿产资源开发生态补偿标准体系
流域水环境保护	各地应当确保出界水质达到考核目标，根据出入境水质状况确定横向补偿标准；搭建有助于建立流域生态补偿机制的政府管理平台，推动建立流域生态保护共建共享机制；加强各方协调，建立跨行政区的流域水环境保护专项资金

资料来源：百度百科。

（三）对我国生态补偿机制发展的建议

近年来，我国生态补偿机制建设工作有序推进，取得了明显的成效，资金使用效率提升，生态保护地区造血能力增强，生态保护者的主动参与度提升，与地方经济发展水平相适应的生态保护补偿机制基本建立。但仍存在着企业和民众参与意识薄弱、补偿资金渠道单一、市场化和多元化程度不足等一系列问题。对此，提出如下相关建议：

第一，进一步明确生态补偿价值的利益相关方。市场化、多主体的生态补偿机制能否进一步完善，关键在于产权制度能否进一步完善。要切实落实“谁开发谁保护、谁受益谁补偿”的基本原则，特别是要重视作为利益相关方的企业和民众的参与。

第二，加强生态补偿市场体系建设。在生态环境良好但经济欠发达地区，积极探索生态产品价值实现机制，进一步加强产品研发，鼓励利用电子商务平台拓宽其生态产品销售渠道，促进生态产业高质量发展，推动生态补偿从政府部门“输血补偿”向地区自身“造血补偿”的转型。

第三，加强生态系统核算能力建设。进一步完善自然资源资产负债表的编制办法，培育自然资源资产核算、生态保护补偿基金管理等相关机构。以生态系统服务价值为基础，充分考虑生态保护直接投入和机会成本，探索一套兼顾公平和效率，并且可操作性强、对市场波动敏感的生态补偿标准确立技术规范，以更好地指导生态补偿标准确立。

三、案例分析——新安江流域生态补偿机制成果卓著

新安江是黄山和杭州两地人民共同的母亲河。省界断面多年平均出境水量占千岛湖年均入湖总水量的60%以上，新安江水质的优劣很大程度上决定了千岛湖的水质好坏，关乎长三角生态安全。

作为我国跨省流域横向生态补偿的首次实践，新安江流域生态补偿机制首轮试点于2012年正式启动。安徽、浙江两省签订《新安江流域水环境补偿协议》，每年设置5亿元补偿资金，其中中央财政承担3亿元、皖浙两省各出资1亿元。年度水质达到考核标准，浙江拨付给安徽1亿元，否则相反。

新安江流域生态补偿三轮试点实施以来，流域水环境质量保持优良，同时流域生态经济保持较快发展，实现了流域上下游发展与保护的协调，充分表明保护生态环境就是保护生产力，改善生态环境就是发展生产力。

第六十三节　气候友好技术

一、气候友好技术的概念

气候友好技术是指不造成气候变化、不给气候带来负面影响（如导致气候

变暖、气候恶化)的技术，基本特征是低能耗、低污染、低排放。

二、气候友好技术的内容介绍

(一)气候友好技术的分类

气候友好技术是一个宏大的概念，与温室气体排放的多个行业部门都息息相关，主要包括电力、化工、交通、运输等。从技术分类来看，主要分为四个方面(见表5.10)。

表5.10　气候友好技术的分类

能效技术	改善燃油经济性、提高建筑能效、提高电厂能效等
减碳技术	风力发电、光伏发电、氢能、生物燃料及核聚变等
碳封存与碳捕获技术	地质封存、海洋封存等
碳汇技术	森林管理、农业土地管理等

资料来源：根据公开信息整理。

国际能源署(International Energy Agency，IEA)在《能源技术展望2008》报告中为能效、发电和运输从供应侧以及需求侧两个方面识别了17项关键的气候友好技术，具体如表5.11所示。

表5.11　IEA识别的17项关键技术

供应侧	需求侧
CCS化学燃料发电	建筑物和电器的能效
核电厂	热泵
向岸风能及离岸风能利用	太阳能室内和热水供暖
生物质能高度气化发电(BIGCC)和共同燃烧	运输中的能效
光伏系统	电动汽车和插电式汽车
太阳能发电厂	氢燃料电池汽车
IGCC(整体煤气化联合循环发电系统)	CCS：工业、氢与燃料转化
USCSC(超临界发电)	工业马达系统
第二代生物燃料	

资料来源：国际能源署(IEA)。

(二)气候友好技术发展的难点

气候友好技术的传播和转让，已经成了《联合国气候变化框架公约》体系规则中的关键内容，联合国气候技术中心与网络（Climate Technology Center and Network，CTCN）作为《联合国气候变化框架公约》技术开发与转让机制的执行机构，也在不断地促进全球气候友好技术的开发与转让，在推动发展中国家绿色复苏方面发挥着更大的作用，但气候友好技术的发展仍然面临着严峻的挑战。

1. 发达国家对发展中国家的气候友好技术转让进程缓慢

UNFCCC 属于有法律约束的公约，指出发达国家缔约方和其他发达缔约方应采取一切实际可行的方案，向发展中国家缔约方转让或者让他们有机会获得无害环境的技术和专有技术。但是，从目前的实施情况看，发达国家向发展中国家的技术转让进展十分缓慢。主要原因有两个方面：一是发达国家的专利制度和商业利益使得推动技术转让的政治意愿动力不足，另外，气候友好技术的巩固与提升发达国家的经济竞争力有密切关系，这就导致对发展中国家进行技术转让的意愿缺乏。二是缺乏明确的低碳技术转让核查机制，这导致发达国家政府有借口拒绝技术转让，也给有意愿履行义务的发达国家的转让活动带来了困难。

2. 新冠疫情给气候友好技术的发展带来复杂深远的影响

新冠疫情导致国际气候变化、生物多样性谈判推迟，全球气候与环境治理进程整体延后。同时，新冠疫情还导致多项环境与技术类的国际谈判进程停滞，受疫情影响严重的国家政策重心转移，国家气候政策执行不力，造成环境保护和气候变化行动力度的下降。新冠疫情对气候友好技术的影响不仅涉及供需双方的国际合作关系，而且对气候技术研发与转让、网络成员的技术和资金资源等多个方面都造成了深远的负面影响。

（三）中国气候友好技术的发展情况

近年来，我国在积极应对气候变化的同时，不断提升科学研究水平，增强适应气候变化技术研发的创新能力。2012 年，科学技术部、外交部等十六个部门联合印发《“十二五”国家应对气候变化科学发展专项计划》，这是我国第一部专门应对气候变化的科技发展规划，对我国进一步依靠科技应对气候变化起到了重要的指导作用。我国经过“十二五”“十三五”时期的快速发展，应对气候变化技术的创新体系已经初步形成，已经形成了推广应用成熟的现有技术以及创新发展高潜力、高效益的新技术的“双路径”。

基于《国家应对气候变化规划（2014—2020 年）》《第三次气候变化国家评

估报告》和国际能源署(International Energy Agency，IEA)《能源技术展望》等研究报告，清华大学环境学院梳理形成了我国应对气候变化技术的清单，包括了5个重点部门的188项重要减缓技术和4个重点部门的74项重要适应技术，具体如表5.12所示。

表5.12　我国各行业应对气候变化技术清单

序号	行业	技术名称	核心子技术
1	煤炭开采	废弃煤矿煤层气抽采技术	废弃煤矿瓦斯抽采、瓦斯监测与资源储量评估技术等
2		极低浓度煤层气发电技术	热逆流反应技术
3	油气勘探开发	地面工程	油田伴生气/套管气回收、绿色完井
4		改善水驱	同井注采
5		减排增效	CO_2驱油与埋存
6	可再生能源	海上风电技术	直驱电机、双馈电机柔性齿轮箱、海上风机基础、海底电缆设计铺设技术、风机抗台风技术等
7		薄膜电池光伏发电技术	薄膜电池用TCO玻璃基板、效率10%以上薄膜电池产业化制造技术等
8		太阳能热发电技术	太阳能热利用系统集成技术、集热管、聚光镜
9		航空生物燃料技术	精炼油加氢技术、戊糖发酵技术、纤维素酶、半成品及成品储运技术
10	交通运输	纯电动汽车	电池成组技术
11		LNG船舶	天然气发动机
12		航空发动机节能改造及清洁设备	航空发动机节能改造、航空发动机水洗设备
13		燃料电池技术	燃料电池堆技术、高压储氢系统
14	民用住宅和商业建筑	建筑围护结构保温隔热防火技术	石墨改性可发性聚苯乙烯
15		高效节能门窗幕墙技术	节能窗户高效防水密封布、节能窗户门窗洞口用高效自膨胀密封带
16		高效采暖空调新风系统节能技术	新风与排风热回收高效热湿交换膜

资料来源：《中国应对气候变化技术清单研究》。

三、案例分析——荷兰建设最大内陆水域离岸风场

离岸风力发电又称离岸风力能源，一般通过在海上建设风力发电厂，利用海上的离岸风能进行发电。通常情况下，离岸风力发电较陆上风力发电具

有更高的风速，所以能提供更多的电力且对此类邻避设施的反弹也较小。但是离岸风力发电也面临着开发成本较高等问题，随着技术的不断成熟，当前丹麦、荷兰等欧洲国家离岸风力发电场装机容量已经达到700MW，成本已降至€72.70/MWh(包含输电设备为€87/MWh)。

荷兰 Windpark Fryslân 离岸风场为了满足建设需求，提供足够面积的码头用于组装或存放风机、基础、塔筒、叶片等大部件的场地，于2020年1月开始对艾瑟尔湖人工岛进行建设改造，并计划在 Windpark Fryslân 离岸风场安装89台西门子歌美飒4.3MW风机，总装机382.7MW。全部风机预计于2021年完成安装并投产，一旦投产，Windpark Fryslân 将成为世界上最大的安装在内陆水域的风场。

第六十四节　照常情景排放

一、照常情景排放的定义

照常情景(Business As Usual，BAU)排放是指未来经济和社会发展“按原有轨道”或“一切照常”趋势发展情景下的温室气体排放情况。在控制温室气体排放政策和措施方面，只包括那些已经实施和计划实施的控制温室气体排放的政策和措施，不附加任何新的控排措施。照常情景也被称为“基准线情景”。

与之相对应的另两个情景分别是低碳情景(Low Carbon Scenario，LC)、强化低碳情景(Enhenced Low Carbon Scenario，ELC)。LC考虑在国家能源安全、国内环境等因素下，通过国家政策所能够实现的低碳排放情景。ELC主要考虑在全球共同一致减缓气候变化的共同努力下，本国可以做出的进一步贡献。

照常情景排放对于评价和判断一个机构、一个国家是否已经采取了积极的应对气候变化的政策和措施非常关键。以该情景作为基准，如果一个国家采取了进一步控制温室气体排放的政策或措施，目标年的实际温室气体排放量必将低于照常情景排放，两者之差即为新措施取得的实际成效。

正确理解照常情景排放应注意两个关键点：第一，照常情景排放的首要原则是在不改变社会经济的发展趋势前提下对未来排放进行预测；第二，照常情景排放只考虑已经存在的政策，不包括新的约束政策。

二、照常情景排放的作用

预测照常情景排放对于温室气体减排具有重要作用。第一，全球减排合作的关键在于确定不同国家的减排目标，预测不同国家未来碳排放的 BAU 是制定减排目标的基础之一。第二，各个国家在未来某个时间上承诺的减排量也是与 BAU 密切相关的。通过承诺减排量和 BAU 的对比，可以判断各个国家减排压力和减排空间的大小。第三，通过建立各国二氧化碳排放的 BAU，可以确定各国二氧化碳排放的峰值，为控排政策的制定提供支撑。第四，通过较为详细的行业细分 BAU 预测，可以对各国未来的经济结构变化和高耗能产业转型发展有一个清晰的框架，从而有利于制定减排具体路径和方向，为国家制定节能减排政策提供依据。

三、照常情景排放目前存在的问题

第一，BAU 的定量计算结果差异巨大。目前欧盟立场文件中使用的发展中国家的 BAU 源自 IPCC 第四次评估报告 6 个情景的平均值。由于对未来经济社会发展的描述和预测差别巨大，这 6 个情景对 2020 年全球温室气体排放水平的预测值从相对 1990 年低 50%到相对 1990 年高出 92%。而且，欧盟内部并没有对此进行针对性研究，也无法得出唯一的专门设定的 BAU。

第二，欧盟在哥本哈根谈判立场文件中提出的发展中国家到 2020 年相对 BAU 减排 15%~30%的数量要求过高。在给定全球浓度稳定目标下，为发展中国家的相对减排明确数量标准，要综合考虑发展中国家 BAU 的设定以及全球减排路径的选择。

四、中国与照常情景排放

照常情景排放的设定对于中国落实国际减排承诺、评价减排效果起到重要作用，中国应当充分理解 BAU 的内涵，掌握其设计原理，提出中国自己的 BAU 和相对减排目标。

第一，中国目前仍处于工业化发展和城镇化建设的加速转型时期，中国在未来发展的相当长一段时间里，能源消耗与温室气体排放仍然会由于基础建设、工业化发展、经济增长的需要而呈现增长的态势，这种合理的、规律性的发展应当体现在照常情景排放的设计中。

第二，照常情景排放中时间起点的设定至关重要，因为时间起点决定了情景中考察到的减排措施和排放水平，会直接影响中国减排效果的衡量。

第三，使用照常情景排放来评价减排水平的“相对减排”评价方法对于中国这样的发展中国家相对有利。“相对减排”是参照照常减排情景，允许一国考虑其经济社会发展规律的减排衡量。绝对减排衡量的是相对于基准年排放量的绝对减少，这种方法对于经济发展时间久、工业化程度高、距离“碳达峰”更近的发达国家更有利。

第四，中国在未来的国际气候谈判中应当注意 BAU 的确定问题。BAU 的确定过程本身需要大量的研究以及国家之间的博弈与谈判，中国应当合理地利用这一过程维护自身利益。目前，欧盟提出的发展中国家 BAU 并不严谨，能够谈判和修改的空间依然很大。中国应加强国际合作，掌握国际最新研究方法。

第六十五节　联合国气候变化大会

一、联合国气候变化大会的定义

联合国气候变化大会指《联合国气候变化框架公约》缔约方会议（Conferences of the Parties，COP），自 1995 年起每年 12 月召开一次，在世界不同地区轮换举行。

目前几乎世界上所有主权国家都加入了缔约方，共有 195 个成员国。

二、联合国气候变化大会的内容

（一）宗旨

为全面控制二氧化碳等温室气体排放，应对全球气候变暖给人类经济和社会带来的不利影响，在“如何应对全球气候变化问题”上推动全世界共同行动。

（二）最终目标

缔约方会议最终目标是，根据《公约》的各项规定，将大气中温室气体的浓度稳定在防止气候系统受到危险的人为干扰的水平上，而这一水平应当足以使生态系统自然地适应气候变化、确保粮食生产免受威胁并使经济发展能够在可持续地进行的时间范围内实现。

（三）作用

缔约方会议作为《联合国气候变化框架公约》的最高机构，定期审评公约和缔约方会议可能通过的任何相关法律文书的履行情况，并应在其职权范围内作出为促进公约的有效履行所必要的决定。

（四）资金来源

发达国家缔约方和其他发达缔约方应提供资金，还应帮助特别易受气候变化不利影响的发展中国家缔约方支付适应这些不利影响的费用。

（五）主要成果

自1995年3月28日首次缔约方大会在柏林举行以来，缔约方每年都召开会议。联合国气候变化大会主要成果见表5.13。

表5.13　联合国气候变化大会主要成果

年份	地点	会议内容
1997	日本 东京	149个国家和地区的代表在大会上通过了《京都议定书》，规定从2008年到2012年期间，主要工业发达国家的温室气体排放量要在1990年的基础上平均减少5.2%，其中欧盟将6种温室气体的排放削减8%，美国削减7%，日本削减6%。条约于2005年2月16日开始生效
2005	加拿大 蒙特利尔	2005年11月，在加拿大蒙特利尔市举行的COP11达成了40多项重要决定。其中包括启动《京都议定书》新二阶段温室气体减排谈判。本次大会取得的重要成果被称为“蒙特利尔路线图”
2006	肯尼亚 内罗毕	大会取得了两项重要成果：一是达成包括“内罗毕工作计划”在内的几十项决定，以帮助发展中国家提高应对气候变化的能力；二是在管理“适应基金”的问题上取得一致，将其用于支持发展中国家具体的适应气候变化活动
2007	印度尼西亚 巴厘岛	会议着重讨论《京都议定书》一期承诺在2012年到期后如何进一步降低温室气体的排放。通过了“巴厘岛路线图”，致力于在2009年年底前完成“后京都”时期全球应对气候变化新安排的谈判并签署有关协议
2008	波兰 波兹南	八国集团领导人就温室气体长期减排目标达成一致，并声明寻求与《联合国气候变化框架公约》其他缔约国共同实现到2050年将全球温室气体排放量减少至少一半的长期目标，并在公约相关谈判中与这些国家讨论并通过这一目标

续表

年份	地点	会议内容
2011	南非 德班	与会方同意延长5年《京都议定书》的法律效力(原议定书于2012年失效),就实施《京都议定书》第二承诺期并启动绿色气候基金达成一致 大会决定实施《京都议定书》第二承诺期并启动绿色气候基金。对于绿色气候基金,大会确定基金为《联合国气候变化框架公约》下金融机制的操作实体,成立基金董事会,并要求董事会尽快使基金可操作化
2012	卡塔尔 多哈	通过了《多哈修正》:最终就2013年起执行《京都议定书》第二承诺期及第二承诺期以8年为期限达成一致,从法律上确保了《京都议定书》第二承诺期在2013年实施。加拿大、日本、新西兰及俄罗斯明确不参加第二承诺期 大会通过了有关长期气候资金、《联合国气候变化框架公约》长期合作工作组成果、德班平台以及损失损害补偿机制等方面的多项决议
2015	法国 巴黎	通过《巴黎协定》:各方将加强对气候变化威胁的全球应对,把全球平均气温较工业化前水平升高控制在2℃之内,并为把升温控制在1.5℃之内而努力。全球将尽快实现温室气体排放达峰,21世纪下半叶实现温室气体净零排放。根据《巴黎协定》,各方将以“自主贡献”的方式参与全球应对气候变化行动。发达国家将继续带头减排,并加强对发展中国家的资金、技术和能力建设支持,帮助后者减缓和适应气候变化。从2023年开始,每5年将对全球行动总体进展进行一次盘点,以帮助各国提高力度、加强国际合作,实现全球应对气候变化长期目标
2016	摩洛哥 马拉喀什	这是《巴黎协定》正式生效后的第一次缔约方大会,被广泛地认为是一次“落实行动”的大会。会议期间,各国代表就提交的自主贡献减排方案等具体规则和路线图进行进一步商定和谈判 各成员国代表发表了《马拉喀什行动宣言》,宣称将进入就气候变化“履约和采取行动的新时代”
2018	波兰 卡托维兹	大会通过了名为“斐济实施动力”的一系列成果,就《巴黎协定》实施涉及的各方面问题形成了谈判案文,进一步明确了2018年促进性对话的组织方式,通过了加速2020年前气候行动的一系列安排

三、中国与联合国气候变化大会

中国与联合国气候变化大会内容见表5.14。

表5.14 中国与联合国气候变化大会内容

年份	地点	内容
1997	日本 东京	中国签署《京都议定书》。《京都议定书》并没有对发展中国家提出减排义务,但对中国调整能源结构、转变经济增长方式影响巨大
2009	丹麦 哥本哈根	中国提出到2020年单位国内生产总值二氧化碳排放比2005年下降40%~45%。这显示了中国继续加大力度、减少经济发展中二氧化碳排放量坚定的决心

续表

年份	地点	内容
2015	法国 巴黎	在联合国气候变化巴黎大会上，中国不仅提出到2030年前碳排放减少60%~65%等量化目标，而且还与美国、英国、法国等多个国家发表了联合声明，并阐释要进行的行动，这充分体现了我国在气候变化行动中积极响应、公开透明的一面 联合国环境规划署、联合国防治荒漠化公约组织等多家联合国机构，在巴黎气候大会上首次向全球发布《中国库布其生态财富创造报告》，褒扬中国在沙漠治理、消除贫困和应对气候变化方面的积极行动与巨大贡献
2018	波兰 卡托维兹	中国政府代表团在会场内设立了“中国角”，举行了25场边会，主题涉及低碳发展、碳市场、可再生能源、南南合作、气候投融资、森林碳汇、地方企业气候行动等领域，全面、立体地对外宣传介绍中国应对气候变化、推动绿色低碳发展的政策、行动与成就，展现了积极推进全球生态文明建设、构建人类命运共同体的负责任大国形象

第六十六节 联合国政府间气候变化专门委员会

一、联合国政府间气候变化专门委员会的定义

联合国政府间气候变化专门委员会（Intergovernmental Panel on Climate Change，IPCC）是评估与气候变化相关科学的国际机构。该机构由世界气象组织（WMO）及联合国环境规划署（United Nations Environment Programme，UNEP）于1988年联合建立，向WMO和联合国的所有成员国开放。目前IPCC共有195名成员。

二、联合国政府间气候变化专门委员会的具体内容

（一）机构宗旨

IPCC旨在为全球范围内的决策者定期提供可选方案，方案主要针对气候变化的科学基础、产生的影响、未来风险的评估以及适应和缓和气候变化。

（二）组织结构

IPCC委员会由成员国的代表组成，他们在全体会议上做主要决定。IPCC主席团由成员国政府选举产生，就委员会工作的科技方面的问题向委员会提供指导，并就相关管理和战略问题提供建议。IPCC委员会在大约每年一次的

委员会全会上，就它的结构、原则、程序和工作计划做出决定，并选举主席和主席团。

IPCC 下设三个工作组和一个专题组，其中每个组设两名联合主席，分别来自发展中国家和发达国家，其下设一个技术支持组。具体分组如下：

第一工作组：评估气候系统和气候变化的科学问题。

第二工作组：评估社会经济体系和自然系统对气候变化的脆弱性、气候变化正负两方面的后果和适应气候变化的选择方案。

第三工作组：评估限制温室气体排放并减缓气候变化的选择方案。

专题组：国家温室气体清单专题组，负责 IPCC《国家温室气体清单》计划。

（三）基本工作

1. 运作方式

IPCC 本身不做任何科学研究，而是检查每年出版的数以千计有关气候变化的论文，在全面、客观、公开和透明的基础上，对世界上有关全球气候变化的现有最好科学、技术和社会经济信息进行评估，每五年出版评估报告，IPCC 的报告力求确保全面地反映现有各种学术观点，并使之具有政策相关性，但不具有政策指示性。由于具有科学和政府间独特的定位，IPCC 可为决策者提供较为严谨、客观的信息。

2. 报告撰写

IPCC 的评估报告由数百名首席科学家撰写，他们是报告的"主要作者协调人"和"主要作者"。此外，他们征集了数百名专家，作为"撰写作者"，补充提供具体领域的专门知识。针对所有研究结果，作者团队在评估结论中要使用明确界定的语言，描述它们的确定性。

IPCC 的报告要经过数轮起草和评审，编写方式开放、透明，确保报告的全面性和客观性。另有数以万计的专家作为评审者参与报告的编写，确保报告反映科学界全方位的观点。此外，各编审团队所提供的是一个完整的监测机制，以确保评审意见得到了完整体现。

（四）评估报告

至今，IPCC 相继完成了六次评估报告，这些报告已成为国际社会认识和了解气候变化问题的主要科学依据（见表 5.15）。每一个评估周期，IPCC 评估报告都以一系列科学的数据和模型、精确的推演，不断丰富着气候科学的内涵，推动全球气候政策不断向前。

表 5.15 联合国政府间气候变化专门委员会评估报告内容

实施年份	评估报告	相关内容
1990	《第一次评估报告》	报告确认了对有关气候变化问题的科学基础。它促使联合国大会做出制定《联合国气候变化框架公约》的决定
1995	《第二次评估报告》	报告指出，二氧化碳排放是人为导致气候变化的最重要因素，并表示气候变化带来许多不可逆转的影响。该报告还为《京都议定书》会议谈判作出了贡献
2001	《第三次评估报告》	报告明确了观测到的地表温度上升主要归因于人类活动，称由人类活动引起气候变化的可能性为 66%，并预测未来全球平均气温将继续上升，以量化的数字加深了人们的认知
2007	《第四次评估报告》	报告称全球气候系统的变暖毋庸置疑，观测到的全球平均地面温度升高很可能是由于人为排放的温室气体浓度增加导致。这一年，该报告在世界范围内引起极大反响，诺贝尔奖委员会将诺贝尔和平奖颁给 IPCC
2014	《第五次评估报告》	报告指出人类对气候系统的影响是明确且不断增强的，有对生态系统造成严重、普遍和不可逆转影响的可能性，要实施严格的减缓活动。其为《巴黎协定》制定提供了主要的科学支撑
2018	《第六次评估报告》	报告指出了地球气候在更迅速地变暖，促使人们更科学理解气候系统对人类活动造成的温室气体排放反应，为气候谈判和决策提供了宝贵的支持

三、联合国政府间气候变化专门委员会的中国贡献

IPCC 作为一个十分重要的针对全球气候变化评估的政府间机构，其评估报告得到了国际社会的广泛关注，影响深远。

中国作为一个有责任、有担当的大国，积极投身《联合国气候变化框架公约》的制定和实行过程中，做出了重要贡献。而 IPCC 是《联合国气候变化框架公约》制定的一个重要科学支撑，因此，我国 30 多年来也积极参与了 IPCC 评估报告编写和运行机制改革活动，为应对全球气候变化和 IPCC 的发展做出卓越的中国贡献。主要体现在以下四个方面：

第一，中国作者大幅增加。其中，有 148 名中国专家当选工作组报告、特别报告、方法学报告作者，数量稳步增加，如图 5.7 所示。

第二，连续担任联合主席。中国学者连续四届担任了第一工作组联合主席。其中，第三次评估报告为丁一汇院士，第四、第五次评估报告为秦大河院士，第六次评估报告为翟盘茂研究员。

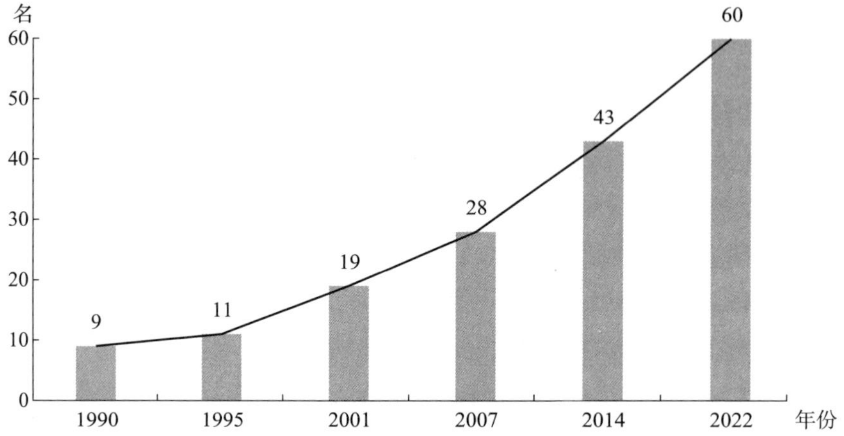

图 5.7　IPCC 评估报告中国作者数量变化情况

第三，中国科学家文献被引用数量显著增加。中国学者的近千篇论文被第五次评估报告引用。从第四次评估报告到第五次评估报告，第一工作组中大陆作者为第一作者的文献被引用数量从 87 篇激增到 257 篇，增长幅度为 195.4%。

第四，气候模式参与评估。这体现在第五次评估报告中，中国有 6 个气候系统模式参与气候变化评估。

第六十七节　联合履约监督委员会

一、联合履约监督委员会的定义

联合履约监督委员会（Joint Implementation Supervisory Committee，JISC）是“马拉喀什文件”系列文件中的第 16/Cp.7 号决定“执行《京都议定书》第六条的指南”中，决定设立的监督委员会，其作用是核查监督联合履约项目中减排单位的控排进度。

二、联合履约监督委员会的组织架构

（一）成员

联合履约监督委员会将由《京都议定书》缔约方的 10 位成员组成，并按照

以下规则选举：

(1)正在向市场经济过渡的附件Ⅰ所列缔约方的三名成员。

(2)未列入(a)分款的附件Ⅰ所列缔约方的三名成员。

(3)未列入附件Ⅰ所列缔约方的三名成员。

(4)小岛屿发展中国家的一名成员。

委员会成员及候补成员应由符合上述规则的相关集团提名并在《公约》缔约大会上选举。作为《京都议定书》的缔约方大会应为联合履约监督委员会选举任期两年的五名成员和五名候补成员，任期三年的五名成员和五名候补成员，并在之后的每年选举任期两年的五名新成员和五名新的候补成员。

依据第16/Cp.7号决定“执行《京都议定书》第六条的指南”中的相关规定，委员会成员最多可以连任两任(候补期间的任期不计算在内)。联合履约监督委员会每年将在所有成员中选出一名主席和一名副主席。需要注意的是，其中一名来自附件Ⅰ所列缔约方，另一名来自非附件Ⅰ缔约方；与此同时，主席和副主席应每年在附件Ⅰ所列缔约方和非附件Ⅰ缔约方的成员间轮换。主席和副主席应以各自的身份出席联合履约监督委员会的任何会议。如果主席不能参与该次会议，将由副主席在该次会议中行使主席职权。如果两者都不能以各自的身份出席，委员会应从其他出席的成员中选出一名成员担任该会议的临时主席。

对于来自发展中国家或其他《联合国气候变化框架公约》规定团体的成员，将由联合履约监督委员会提供补助，报销参与工作所产生的成本，以确保其能正常地参与会议和行政工作，行使权利和履行义务。

（二）任职要求

(1)委员会成员，包括候补成员，不得在任何指定的独立实体或任何指定的临时作为经认可的独立实体的经营实体中享有金钱或经济利益。

(2)联合履约监督委员会的成员，包括候补成员，在就职前应在《联合国气候变化框架公约》执行秘书或其授权代表见证下书面宣誓就职。

(3)联合履约监督委员会的成员，包括候补成员，应向联合履约监督委员会负责。不得披露在联合履约监督委员会的就职期间获悉的任何机密或专有信息。委员会的成员，包括候补成员，即使在合约到期或终止后，仍应履行该项义务。

(4)除非缔约方所在的国家法律要求，未经信息提供者书面同意，成员和项目参与者的候补成员获得的信息不得披露。

（三）职能规划

联合履约监督委员会应根据《联合履约指南》和《京都议定书》缔约方会议随后做出的任何决定，承担“第16/Cp.7号决定”分配给它的任何任务，具体为：

（1）联合履约监督委员会每年至少召开两次会议，除非另有决定，否则应尽可能与附属机构的会议同时举行。在每个日历年的第一次联合履约监督委员会会议上，主席应提议批准该日历年的会议时间表。

（2）联合履约监督委员会审查相关独立经济实体人为排放的减少和人为碳汇清除量的增加，是否符合“第6条指南”和《联合履约指南》的相关规定。

（3）审查认证独立实体的标准和程序，并向《京都议定书》缔约方大会提出修订和改进的建议。

（4）项目参与方应向经联合履约监督委员会认可的独立实体提交项目设计文件，其中包含确定项目是否已获得有关各方的批准、导致人为排放的减少和人为碳汇清除量的增加、根据相关规定的标准制定了适当的基线和监测计划。

（5）编写“执行《京都议定书》第六条的指南”规定以外的议事规则，并在《京都议定书》缔约方大会审议通过后生效。

第六十八节　清洁发展机制执行理事会

一、清洁发展机制执行理事会的定义

清洁发展机制执行理事会（the Executive Board of the Clean Development Mechanism，CDM EB），是指《京都议定书》下为实施清洁发展机制（Clean Development Mechanism，CDM）项目而专门设置的管理机构。关于建立清洁发展机制执行理事会，《京都议定书》第12条规定：“清洁发展机制应处于作为本议定书缔约方会议《公约》缔约方大会[①]的权力和指导之下，并受清洁发展机制执行理事会监督。”

---

① 《公约》缔约方大会是指《联合国气候变化框架公约》缔约方会议。

二、清洁发展机制执行理事会的内容介绍

（一）清洁发展机制执行理事会的成员构成

清洁发展机制执行理事会由《京都议定书》缔约方的10名成员和10名候补成员组成（见表5.16）。

表5.16　清洁发展机制执行理事会成员构成

	成员（名）	候补成员（名）
5个联合国区域集团（每个区域各一名）	5	5
附件Ⅰ①缔约方	2	2
非附件Ⅰ缔约方	2	2
小岛屿发展中国家	1	1
总数	10	10

清洁发展机制执行理事会在每一日历年的第一次执行理事会会议上选出一名主席和一名副主席，在附件Ⅰ国家和非附件Ⅰ国家的成员之间轮流产生。

（二）执行理事会的主要职责

清洁发展机制执行理事会在《京都议定书》缔约方大会的授权和指导下，负责对CDM的运行进行监督，并向缔约方大会负责。清洁发展机制执行理事会作为CDM中最主要的机构之一，无须通过主权国家的中介作用即可直接对私人实体的权益产生影响。

清洁发展机制执行理事会授权一种名为“经营实体”（DOEs）的独立组织对申报的CDM项目进行审查，核实项目产生的减排量，并通过签署减排信用文件证明使这些减排量成为CER。清洁发展机制执行理事会的另一个关键任务就是维持CDM活动的注册登记，包括签发新产生的CER、为每一个CDM项目东道国的非附件Ⅰ国家注册一个CER账户并予以定期管理等（见表5.17）。

① 附件Ⅰ国家是指《联合国气候变化框架公约》附件Ⅰ（1998年修订）中包括的国家集团。

表 5.17 清洁发展机制执行理事会的职责

清洁发展机制执行理事会的主要职责	制定 CDM 程序，就 CDM 的细化、修订、解释等向缔约方会议提出建议
	就其自身议事规则的修订或补充向缔约方会议提出建议
	向缔约方会议的每届会议报告其活动
	审批新的基准线、监测方法学等
	注册登记 CDM 项目活动
	评审小规模 CDM 项目活动的简化规则，并向缔约方会议提出建议
	负责认证经营实体，并就经营实体的指定向缔约方会议提出建议
	审议核查经营实体的认证标准，并向缔约方会议提出建议
	向缔约方会议报告 CDM 项目活动的区域分布状况
	向公众公布其编制的所有技术报告以及已经批准的规则、程序、方式和标准
	向公众公布需要资金和投资机会的拟议 CDM 项目信息
	开发并维护 CDM 登记簿
	维护可公开查阅的 CDM 项目活动数据库
	履行赋予它的任何其他职责

资料来源：《清洁发展机制执行理事会的议事规则》，UNFCCC 官网。

清洁发展机制执行理事会可设立委员会、专门小组或工作组，以协助其履行职责。清洁发展机制执行理事会应利用履行其职能所需的专长，包括利用《联合国气候变化框架公约》专家名册上专家的专长，但在这方面，应充分考虑区域平衡的因素。

三、暂时延续 CDM 运行带来的风险及应对措施

清洁发展机制执行理事会曾在其第 108 次会议上做出决定，暂时延续运行 CDM 至 2020 年后。这意味着，在从谈判者们完成《巴黎协定》第 6 条下的规则手册，到 2021 年底在英国格拉斯哥举办的缔约方大会第二十六届会议上决定 CDM 的期间，CDM 项目可以继续运行。因为 CDM 的长远发展以及向《巴黎协定》机制的过渡依然存在着很多的不确定性，这个暂时的决议对于已注册但尚未签发 CERs 的 CDM 项目来说不太理想。

为避免最坏情况的发生，国际排放交易协会及其他商业机构屡次联系 UNFCCC(联合国气候变化框架公约)谈判者，试图解决 CDM 的转变过渡问题，比如将延续计入期以及 2020 年后的减排量签发纳入《巴黎协定》下碳排放权交易规则的制定。但是 2019 年在马德里举办的缔约方大会第二十五届会议上，关于第 6 条的谈判并未提出实质有用的解决方案；另外，由于 2019 年新

冠病毒疫情的原因，在英国格拉斯哥举办的缔约方大会第二十六届会议被推迟到2021年年底举行，这些都导致了在2020年12月31日《京都议定书》下的CDM第二承诺期结束之前，都无法出台针对CDM的相关规则指导文件。

为应对这项决定带来的潜在风险，商业机构持续密切关注CDM相关的动态，不论《联合国气候变化框架公约》第26次缔约方大会（COP26）结果如何，都应及时调整应对措施，以保障可靠的碳减排量供应给客户项目。例如，UPM环境工程项目管理咨询公司的四川户用沼气碳规划类项目已经获得了CDM和黄金标准（GS）的双重认证。如有需要，机构可以将这些项目注销CDM，然后将其作为纯黄金标准项目来运行。经过这样的转换，这些项目将不再签发GS CERs，而是签发GS VERs，而且不受年份的限制，这些项目的质量以及可持续发展目标方面的影响仍保持不变。

第六十九节　央行和监管机构绿色金融网络

一、NGFS的定义

央行和监管机构绿色金融网络（Central Banks and Supervisors Network for Greening the Financial System，NGFS）是一个由各国中央银行和监管机构自愿组成的机构，于2017年12月12日在巴黎"一个地球"峰会上，由8个国家的央行和监管机构联合发起成立，包括中国人民银行、欧洲央行、英国央行在内。目前，NGFS的成员包括代表五大洲的89家中央银行和监管机构以及13个观察员机构，所代表国家的温室气体排放量占全球总量的75%。

二、NGFS的具体内容

（一）目的

NGFS旨在通过各国组织机构自愿交流经验，分享做法，以此为金融领域环境和气候风险管理的发展做出贡献。其目的在于促进NGFS成员内外部的实践活动，并开展或委托有关绿色金融的分析工作。

（二）基本信息

NGFS由欧洲央行执行委员会成员弗兰克·埃尔德森（Frank Elderson）担

任主席，秘书处由法国央行的让·布瓦西诺(Jean Boissinot)领导。为了实现其工作计划，NGFS 将其工作分为以下五个主体工作组：

(1)监管工作组。由新加坡金融管理局 Gek Choo Goh 女士主持，主要负责跟踪监督发展，将气候和环境风险纳入微观监管，考虑“绿色”资产与其他资产之间存在财务风险差异的程度，并审查评估衡量气候环境金融风险的现有方法。

(2)宏观金融工作组。由英格兰银行萨拉·布里登(Sarah Breeden)主持，主要负责为中央银行和监管者制定气候方案，指导将气候风险分析纳入宏观经济和金融监测机制，并调整纳入气候风险因素的宏观金融影响。

(3)规模化绿色金融工作组。由德意志联邦银行的 Sabine Mauderer 女士主持，主要负责维持中央银行的投资方法可持续性和责任制、提高绿色金融市场透明度，并鼓励各国央行采用与气候相关的财务披露。

(4)数据工作组。由欧洲央行的帕特里克·埃米斯(Patrick Amis)和国际货币基金组织的法比奥·纳塔卢奇(Fabio Natalucci)主持，主要负责确定其他 NGFS 工作所需的数据项目列表，确定访问相关数据的可用性、来源和限制，并编制一些缺失数据项目的公开列表。

(5)研究工作组。由中国人民银行马骏先生主持，主要负责定期更新 NGFS 研究问题列表，确保 NGFS 结构内的研究工作顺利协调，并发展与 NGFS 研究利益相关者的关系。马骏博士于此前担任过监管工作组的首任主席。

三、NGFS 近况

2020 年 9 月 10 日，NGFS 发布了环境风险分析领域的两份重量级文件，包括《金融机构环境风险分析综述》(*Overview of Environmental Risk Analysis by Financial Institutions*)和《环境风险分析方法案例集》(*Case Studies of Environmental Risk Analysis Methodologies*)。NGFS 呼吁，为了有效应对环境和气候相关风险，监管机构、金融机构、国际组织、第三方供应商和学术机构各界应共同努力推广环境风险分析(Environmental Risks Analysis，ERA)在金融业的应用。

2021 年 4 月 6 日，NGFS 及其学术支持组织 INSPIRE① 在巴黎宣布成立

① 可持续金融政策洞察、研究和交流国际网络(The International Network for Sustainable Financial Policy Insights，Research，and Exchange，INSPIRE)是一个独立的国际学术研究组织，旨在支持央行和监管机构绿色金融网络(Central Banks and Supervisors Network for Greening the Financial System，NGFS)在管理气候风险和调动资金支持可持续经济发展领域的工作。

“生物多样性与金融稳定关联影响”联合研究小组，并启动相关研究项目，探索央行和金融监管机构应如何推动金融体系支持保护生物多样性和应对由于生物多样性损失所带来的金融稳定问题。

当前，越来越多的中央银行和监管机构注意到由自然多样性和生物多样性损失所带来的挑战，并开始将关注重点从环境变化转向更大的环境议题范畴。为此，NGFS 和 INSPIRE 启动了本项关于生物多样性与金融稳定相关性的联合研究项目，旨在通过实证研究和组织业界对话，重点就金融和投资活动对生态系统服务的影响、生物多样性损失对金融稳定的影响等问题进行分析，并就中央银行和监管机构应该如何应对生物多样性损失所带来的挑战提出建议。

该研究项目将由 NGFS 研究工作组主席马骏博士和 INSPIRE 共同主席、伦敦政治经济学院教授 Nick Robins 共同主持。具体研究工作分别由孙天印博士和 Simon Dikau 博士代表双方共同负责协调管理。NGFS 研究工作组主席、G20 可持续金融研究小组共同主席、中国金融学会绿色金融专委会主任马骏博士表示，生物多样性损失对经济和金融系统的影响具有系统重要性，但到目前为止，人们对此依然知之甚少。NGFS-INSPIRE 的联合研究将致力于通过探究生态系统、经济活动和金融稳定之间的依赖关系和影响传导机制，为厘清关键参与方对此问题的认知提供基础。央行和监管机构绿色金融网络标识见图 5.8。

图 5.8　央行和监管机构绿色金融网络标识

第七十节　碳收集领导人论坛

一、碳收集领导人论坛的定义

碳收集领导人论坛（Carbon Sequestration Leadership Forum，CSLF）是一个

促进成员国及国际社会在碳捕集、利用与封存(Carbon Capture, Utilization and Storage, CCUS)领域开展交流与合作的部长级多边机制，成立于2003年。

目前，CSLF共有26个成员(25个国家加上欧盟委员会)，代表了六大洲超过35亿人(占世界人口的60%)，占世界人为二氧化碳排放总量的80%。具体成员为澳大利亚、巴西、加拿大、中国、捷克、欧盟委员会、法国、德国、希腊、印度、意大利、日本、韩国、墨西哥、荷兰、新西兰、挪威、波兰、罗马尼亚、俄罗斯、沙特阿拉伯、塞尔维亚、南非、阿拉伯联合酋长国、英国和美国。

二、碳收集领导人论坛的具体内容

（一）宗旨

(1)推动开发用于二氧化碳的分离、捕获、运输、利用和长期安全存储且具有更好成本效益的技术，并使有关技术在国际上得到广泛利用。

(2)确定并解决与碳捕获和储存相关的广泛问题，包括营造适当的技术、政治和监管环境以利于开发此类技术。

（二）组织架构

CSLF由政策组、技术组和秘书处组成。政策组和技术组各有一名主席和最多三名副主席，每三年选举一次，人选应适当考虑区域平衡和新兴经济代表。目前CSLF的秘书处设在美国能源部。

(1)政策组。负责管理CSLF的总体框架和政策，定期审查合作项目的计划，并向秘书处提供指导。

(2)技术组。负责审查合作项目的进展情况，确定有希望的研究方向，并就必要的行动向政策小组提出建议。

(3)秘书处。作为CSLF的日常行政机构，负责按照政策组的具体指示就实质性事项采取行动，组织CSLF及其各小组的会议和沟通协调。政策组主席负责秘书处的总体方向，技术组主席可向秘书处提供与技术组业务有关的指示。

（三）会议

(1)部长级会议通常大约每两年举行一次。部长级会议将审查CSLF合作的总体进展、调查结果和在CCUS方面取得的成就，并为未来工作的优先事项提供总体方向。

(2)政策小组应每年至少举行一次会议。

(3)技术组在必要时经常性召开会议，并在每年的政策组会议之前至少开会一次。

(四)会员资格

现有会员可提前90天书面通知秘书处退出CSLF会员。CSLF对其他国家政府实体开放，其成员资格由政策小组决定。

(五)资金来源

活动所产生的任何费用都应由发起的各成员承担。

(六)开放的研究和涉及的知识产权

在可行的范围内，由CSLF培育的研发项目应该是开放的和非专有的。由CSLF赞助的项目在研发合作中产生的知识产权的保护和分配，以及对专有信息的处理，由参与者之间协商。

三、中国与碳收集领导人论坛

CCUS作为目前唯一一项能够实现化石能源大规模低碳利用的减排技术，得到国际社会的广泛关注，也是我国2060碳中和目标技术组合的重要构成部分。

作为CSLF的重要成员，我国非常重视二氧化碳的资源化利用，鼓励CCUS技术的研发与示范，也积极参与CSLF组织的活动，并于2011年9月19—23日在北京举办了碳收集领导人论坛第四届部长级会议。本次会议的主题为“携手推动下一个十年的碳捕集、利用和封存(Carbon Capture, Utilization and Storage, CCUS)的研究、示范与部署”。时任科技部部长万钢、国家发展改革委副主任解振华、美国能源部部长朱棣文及CSLF成员国的部长级高官和政府官员，国际组织、国内外企业、大学、研究机构和其他利益攸关方的代表近500人出席了会议。由科技部、国家发展改革委、外交部以及专家组成的中国代表团出席了会议。

本次部长级会议通过了《公报》以及修改延长《宪章》的决定，宣布启动能力建设倡议并资助12个项目，包括由中方牵头的“CCUS网站”“CCUS示范项目经验交流研讨会”“CCUS技术标准与法规研讨会”三个项目。《公报》主要内容包括：鼓励尽早示范和部署 CCUS 项目，包括建设和资助商业规模级的项目；开展项目信息的国际共享、加强发展中国家能力建设、探索资助 CCUS 项目的方式、制定全球 CCUS 技术研发示范路线图；强调利益攸关方及国际合作的重要作用；为成功实施 CCUS 项目需解决诸多挑战，包括与私营部门合作资助项目，制定相关法律法规，在技术和政策方面加强合作以降低成本、减少额外的能源消耗、化解公众的担心，在电力、工业及油气采收等部门启动 CCUS 倡议等。新修订的《宪章》则增加了二氧化碳资源化利用等内容。

在我国举办本次 CSLF 部长级会议，有利于加强 CCUS 领域技术研发、示范、部署及相关政策法规和管理制度的国际交流与合作，积极挖掘二氧化碳资源化利用的潜力，推动国内研发和示范工作，以完善技术，减少额外的能源消耗并降低成本，应对 CCUS 技术可能对生态环境、安全等方面产生的影响。

—— 第六章　碳达峰与碳中和 ——

第七十一节　二氧化碳当量

一、二氧化碳当量的定义

二氧化碳当量（Carbon Dioxide Equivalents，CO_2e）是指一种用作比较不同温室气体排放的量度单位。不同温室效应气体对地球温室效应的贡献度皆有所不同，根据联合国政府间气候变化专门委员会（The Intergovernmental Panel on Climate Change，IPCC）第四次评估报告，在温室气体的总增温效应中，二氧化碳（CO_2）贡献约占63%，甲烷（CH_4）贡献约占18%，氧化亚氮（N_2O）贡献约占6%，其他贡献约占13%。为了统一度量整体温室效应的结果，又由于二氧化碳增温效应的贡献最大，同时二氧化碳是人类活动产生温室效应的主要气体，因此规定以二氧化碳当量为度量温室效应的基本单位。

二、二氧化碳当量的计算

一种气体的二氧化碳当量是通过把这一气体的质量（吨数）乘以其全球变暖潜值（GWP）后得出的（这种方法可以把不同温室气体的效应标准化）。

全球变暖潜值（Global Warming Potential，GWP）是一个相对值，表示一定质量的温室气体所捕获得到的热量相对于同样质量的CO_2所捕获的热量之比。即将特定气体和相同质量CO_2比较之下，造成全球暖化的相对能力，是衡量温室气体对全球暖化的影响。GWP就是将不同温室气体的温室效应强度折算成二氧化碳的温室效应强度。

GWP是在一定时间间隔内计算得到的，表示为CO_2的一个因数，以二氧化碳为基准，1 单位二氧化碳使地球变暖能力为 1（CO_2的 GWP 是 1），其他气体均以其相对数值来表示。其他温室气体的 GWP 值一般都远大于二氧化碳，但由于它们在空气中的含量少，故仍然认为 CO_2是造成温室效应的主要气体。

需要注意的是，GWP 会随着时间改变，即使同一种气体在不同时间尺度上的 GWP 也是不同的，GWP 可以以 20 年、100 年、500 年来衡量，IPCC 提议用 100 年的 GWP 作为对照标准。IPCC 第四次评估报告中几种温室气体不同时间跨度的 GWP 见表 6.1。

表 6.1　IPCC 第四次评估报告中几种温室气体不同时间跨度的 GWP

气体	20 年	100 年	500 年
二氧化碳	1	1	1
甲烷	72	25	7.6
一氧化氮	275	296	156
一氧化二氮	289	298	153
三氯二氟甲烷	11000	10900	5200
二氟一氯甲烷	5160	1810	549
六氟化硫	16300	22800	32600
三氟甲烷	9400	12000	10000
四氟乙烷	3300	1300	400

资料来源：IPCC，华创证券。

三、二氧化碳当量的应用

在计算出各种温室气体排放量后，由于不同温室气体的温室效应强度不同，不能将得到的各种温室气体排放量简单相加，需要依据各种温室气体的全球变暖潜值 GWP，将温室气体排放量转化为二氧化碳当量值，使温室气体最终排放结果以二氧化碳当量（CO_2e）为单位呈现。

如表 6.2 所示，各种排放源温室气体排放量的计算主要采用“质量平衡法”和“排放系数法”。

表 6.2　温室气体排放量主要计算方法

计算方法	具体介绍
质量平衡法	主要用于计算固定燃烧排放源的排放量，即依据燃料用量与含碳量，用“化学平衡方程式”计算 CO_2排放量，一般假定燃料中的碳 100%燃烧变成 CO_2

续表

计算方法	具体介绍
排放系数法	1. 根据各种不同的排放源，依据 IPCC2006 温室气体盘查清单指南所提供的排放系数或发改委公布的排放因子进行计算，公式如下： 温室气体排放量=活动数据（报告期使用燃料量）×排放系数 2. 各种温室气体排放量计算出后，依据 IPCC 第四次温室气体评估报告的各种温室气体的 GWP，将各种温室气体排放量转化为二氧化碳当量值

第七十二节 碳排放强度

一、碳排放强度定义

碳排放强度又叫碳强度（Carbon Intensity），是指每单位国民生产总值所带来的二氧化碳排放量，即碳排放强度=碳排放量/GDP。该指标主要是用来衡量一国经济同碳排放量之间的关系，如果一国在经济增长的同时，每单位国民生产总值所带来的二氧化碳排放量在下降，那么说明该国就实现了一个低碳的发展模式。与整体碳排放目标不同，碳排放强度目标是一个相对指标，即相对于经济增长来说，碳排放会增加或减少多少；而整体碳排放目标是一个绝对的指标，是一个国家在一定的时间里碳排放量应控制在什么水平。

二、碳排放强度内容介绍

1998 年，中国签署了《京都议定书》，承诺制定国家及区域层面的减排方案，合作促进减排技术的研发及应用，加强人才培训与国际人才交流。在 2009 年的哥本哈根世界气候大会上，中国首次作出量化减排目标承诺，即至 2020 年，单位国内生产总值二氧化碳排放量（碳排放强度）较 2005 年下降 40%~45%。

（一）各国家/地区碳排放强度对比

根据各个国家和地区工业化进程不同大致分为两个阵营，一个是工业化发达国家，以美国、英国、德国等为首，普遍在 20 世纪 30 年代率先达到碳排放强度峰值，且这些工业化发达国家碳排放强度普遍在 2~3kgCO_2/IntGK$。

另一个是以中国、印度、巴西等为首的新兴经济体国家，普遍在 20 世纪 90 年代达到峰值，主要新兴经济体国家碳排放强度峰值都较小，一般在 0.5～$2kgCO_2$/IntGK \$。我国有两个峰值年，第一峰值年为 1960 年、第二峰值年为 1978 年。各国单位 GDP 碳排放强度峰值见表 6.3。

表 6.3　各国单位 GDP 碳排放强度峰值

阵营	国家	单位 GDP 碳排放强度峰值年	单位 GDP 碳排放强度峰值（$kgCO_2$/IntGK \$）
工业化发达国家	美国	1917	3.06
	英国	1833	2.54
	法国	1930	1.32
	德国	1917	2.70
	日本	1914	0.84
	意大利	1973	0.61
	加拿大	1921	2.66
新兴经济体国家	中国	1960	1.77
	印度	1992	0.67
	巴西	1997	0.35
	墨西哥	1982	0.76
	南非	1986	2.41

（二）我国碳排放强度的现状

改革开放以来，受人口增长及化工、建材、矿业等工业行业发展的影响，中国二氧化碳排放量不断提升，生态环境状况日趋严峻。碳排放量上升的基本原因可分为两个方面：一是人口上升。中国人口于 1995 年突破 12 亿，2005 年突破 13 亿，2019 年突破 14 亿。人口的增加催生了能源消耗需求，也进一步促进了碳排放量增长。二是产业结构不合理。中国第二次产业革命背景下的 GDP 增长，主要是以化石能源为基础的经济增长，由此导致二氧化碳排放量的急剧上升。2020 年，中国碳排放量仍然处于上升趋势，没有出现拐点。但是，若考虑碳排放强度，即每万元 GDP 所承受的二氧化碳排放量，2011—2020 年呈现明显的下降趋势，这意味着中国减排工作的效果在提升（见图 6.1）。

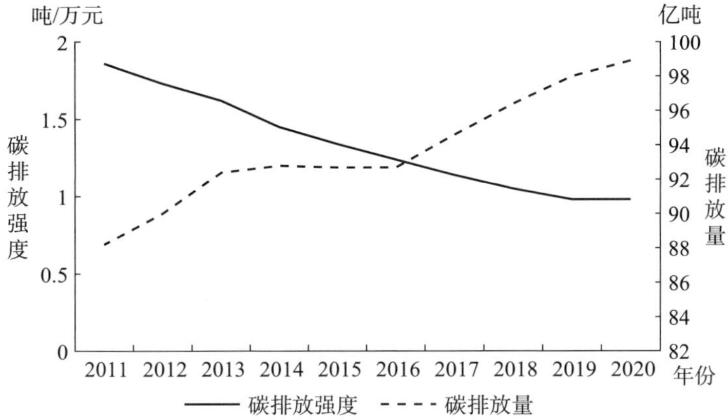

图 6.1　2011—2020 年中国碳排放强度变化趋势

三、我国碳排放强度的影响因素

我国的碳排放强度主要受能源效率、能源结构调整和产业结构调整三方面因素的影响：

（1）能源效率。能源效率在一定程度上代表技术进步，近 20 年我国无论在物理节能等硬性技术方面，还是在管理体制等软性技术方面都有较大的改进，这正是近年来我国能源效率提高的主要原因。按照能源效率在我国碳排放强度变化中起到的作用来判断，在未来 50 年内能源效率因素还会是我国碳减排的主要原因，因此我国在后续的减排工作中还要继续重视能源效率的提高。

（2）能源结构调整。能源结构调整对我国碳排放强度有影响，这主要是由于近 20 年煤炭占能源总消耗比重居高不下，能源结构没有实质性变化，因此我国通过控制煤炭比重，优化能源结构来实现节能减排具有较大潜力。

（3）产业结构调整。这些年来产业结构调整一直对我国碳排放强度的降低有着阻碍作用，这主要是由于这些年来我国的产业结构调整没有达到低碳化发展要求，高能耗工业行业的崛起使第二产业比重增加，在总体碳排放强度的权重和影响力增大，导致产业结构因素对碳排放强度降低表现为阻碍作用。

第七十三节　碳源

一、碳源的定义

“碳源”（Carbon Source）是指碳排放的源头，是向大气中释放碳的过程、活动或机制。与之相对应的一个概念是碳汇(Carbon Sink)，即碳的吸收与储存，是从大气中清除碳的过程、活动或机制。碳源与碳汇是碳循环中的两个重要的概念，如果碳源和碳汇能够在循环中获得平衡，则温室气体在大气中的浓度就会稳定，温室效应便停止上升。

二、碳源的内容介绍

(一)碳源的分类

碳源按照产业进行分类，可以分成六大类，分别是能源(电力)碳排放、工业碳排放、交通运输碳排放、建筑碳排放、私有部门(居民)碳排放以及其他碳排放(见表6.4)。

表6.4　碳源的分类

类别	具体内容
能源(电力)碳排放	能源(电力)碳排放指的是利用能源进行发电过程当中产生的碳排放，这是我国碳排放比重最高的领域，占碳排放总额的38%~40%
工业碳排放	工业碳排放指的是国家与企业在进行工业生产以及开采加工的过程当中产生的碳排放。在我国，工业碳排放占碳排放总额的28%~32%
交通运输碳排放	交通运输碳排放主要来自航空、船舶运输以及非电力驱动铁路及汽车。由于对石油的高度依赖以及交通运输总体体量的不断攀升，交通运输碳排放总额也较高，占碳排放总额的10%~13%
建筑碳排放	建筑碳排放指的是建筑在建材生产和运输、建筑施工、建筑运行、建筑拆除和废料回收处理五个阶段中产生的温室气体的总和
私有部门(居民)碳排放	私有部门(居民)碳排放指的是居民在日常生活，即衣、食、住、行的过程中产生的温室气体的总和
其他碳排放	其他碳排放指的是除以上五大领域之外产生的温室气体的总和

资料来源：中研绿金院内部资料。

(二)碳源的发展现状

1. 我国碳排放的发展现状

我国2020年二氧化碳排放总量大约为94亿吨，排名世界第一，将近排名第二的美国的两倍。从变化的角度来看，自2016年到2019年，我国二氧化碳排放量稳步上升，增长率也呈现出上升趋势(见图6.2)。而2020年，受到新冠疫情的影响，全球各国的二氧化碳排放总量基本处于下滑趋势，其中我国下降了1.7%，美国下降了12%，欧盟下降了11%，印度下降了9%。

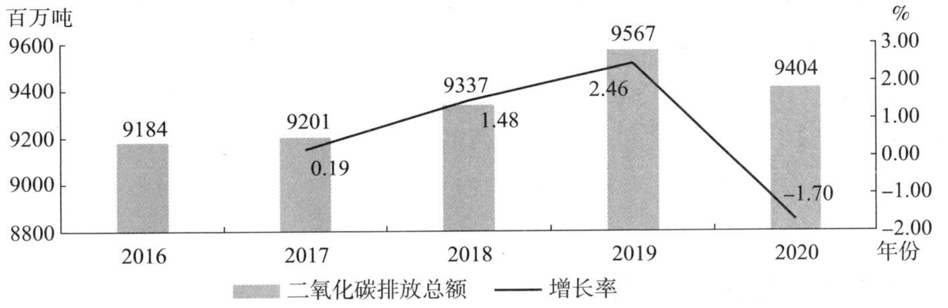

图 6.2　2016—2020 年我国二氧化碳排放量变化情况

资料来源：如是金融研究院。

从人均碳排放量来看，2020 年，我国人均二氧化碳排放量达到 6.4 吨，排在全球第十五名。世界其他国家中，美国和沙特阿拉伯并列第一，达到了 17.6 吨，是中国的三倍左右（见图 6.3）。

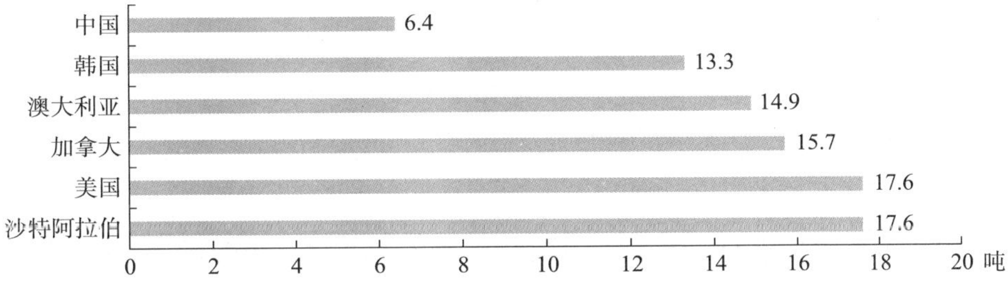

图 6.3　2020 年世界主要国家人均二氧化碳排放量

资料来源：中国碳排放交易网。

总体来看，我国的二氧化碳排放总量巨大，但因为我国人口基数巨大，导致人均二氧化碳排放量位居世界中上游水平。目前我国正向着二氧化碳排放量 2030 年达到峰值、2060 年实现碳中和的伟大目标前进，从碳排放发展的现状来看，我国实现碳达峰、碳中和任务仍道路漫长，任务艰巨。

2. 我国能源结构的发展现状

在我国，能源（发电）领域碳排放占碳排放总量的四成左右，是我国最大的碳排放来源。其中，能源可以分为清洁能源和非清洁能源。非清洁能源主要包括石油、煤炭等，使用非清洁能源会带来大量二氧化碳的排放；清洁能源主要包括水电、风电等。能源结构很大程度上影响着我国碳排放的发展，下面将选取 2016—2020 年我国的能源结构变化进行分析。

根据2016—2020年的能源结构变化情况(见图6.4),可得出以下结论:第一,煤炭依旧是我国最主要的能源,占比均高于50%,但占比逐年下降,显示对煤炭能源的依赖度逐步降低。第二,我国清洁能源正在稳步发展,五年间占比上升了5.20个百分点,开始发挥越来越关键的作用。第三,石油占比保持基本稳定,始终是我国的重要能源之一。

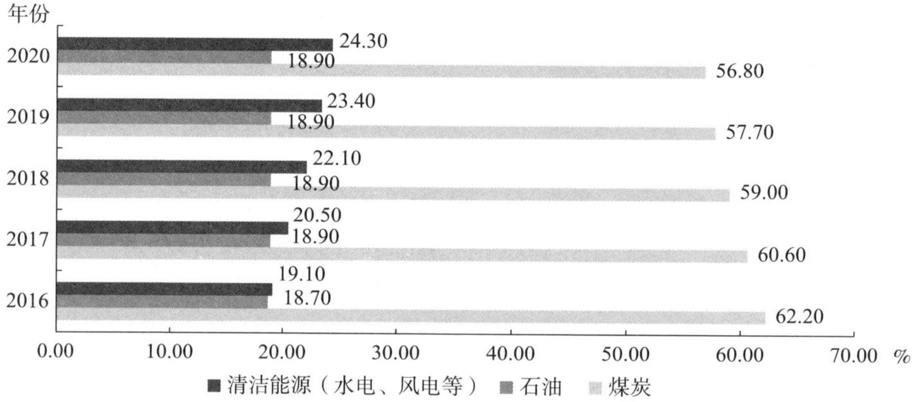

图6.4 2016—2020年我国能源结构变化情况

资料来源:《中国能源大数据报告(2021)》。

3. 我国工业碳排放的发展现状

工业生产和开采加工领域是我国碳排放比重第二高的领域,占全部碳排放量的28%~32%。在工业生产和开采加工领域中,碳排放主要出现在钢铁、水泥、有色金属(铜、锌、铝、铅、钴、镍、锂)、玻璃等门类的相关生产环节。其中钢铁行业是31个制造业门类中碳排放量最大的行业,占工业碳排放总量的50%~55%。水泥行业是工业碳排放中占比第二高的行业,占工业碳排放总量的30%~33%。

4. 我国交通运输碳排放的发展现状

我国交通运输领域碳排放量不容小觑,近年来快速增长,占全国碳排放总量的10%~13%。其中,公路碳排放占比最高,约占74%。水运碳排放和铁路碳排放大体相当,都约占8%,航空航天碳排放约占10%。

三、案例分析——建设低碳社区的实践在世界广泛开展

社区是人们生活的主要场所,是城市的重要功能单位,也是城市碳排放的主要场地。低碳社区就是通过对碳源碳汇的利用,减少碳源,增加碳汇来

减少社区的温室气体排放量。低碳社区涉及交通、建筑、绿地等多个方面，需要构建完整的低碳控制系统。

（一）帕丁顿零碳社区

帕丁顿零碳社区（见图6.5）位于伦敦西南的萨顿镇，是世界首个零碳社区。它从规划到建设再到管理，整个环节都贯穿着低碳的理念，其主要的路径及措施是通过技术和空间规划手段，减少能源、资源、建筑和交通等碳源的排放，基本实现了碳排放和碳吸收的动态平衡。具体措施如表6.5所示。

图6.5 帕丁顿零碳社区示意图

资料来源：交能网。

表6.5 帕丁顿零碳社区采取的措施汇总

方面	措施
能源	社区的能源来自可再生能源而非矿物燃料。社区使用了热电联产设施、太阳能设施和风能装置作为能源供应端。其中，热电联产装置依赖燃木锅炉，通过将当地的废木料进行收集燃烧，使得在发电的同时也可以为住区供热
资源	英国当地降水充沛，因此社区内部配备雨水蓄水池，雨水经过自动净化、过滤后汇入其中，居民再通过潜水泵将其抽出用于清洗、灌溉等日常生活。使用过后，污水通过污水处理设施汇入芦苇湿地进行生态过滤，进而再循环利用
建筑	社区采用可持续的回收材料作为建筑材料，极大减少了建筑在建造过程当中产生的二氧化碳。为减少建筑的热量散失，各建筑物紧凑排列，并采用保温墙体和三层玻璃窗，此举大幅度减少对人工取暖设备的依赖。与此同时，所有建筑采用坐北朝南的布局，有利于最大限度铺设太阳能板，充分收集和利用太阳能
交通	社区内设置了自行车专用道，并通过规划引导社区内部慢行系统与城市慢行系统相衔接。同时住区内还配备了太阳能电动车充电桩，供居民免费使用。另外，为减少居民交通出行产生的碳排放，社区还配备了综合性商业设施，以期实现职住平衡

（二）天津中新生态城

天津中新生态城是中国与新加坡共同签订打造的可持续发展的生态新城，位于天津滨海新区，占地 30 平方千米(见图 6.6)。其建设开发借鉴了新加坡生态社区的经验，提出了用地机构的层级概念，并且，配套设施也形成了不同层次和空间结构。

该生态城主要从交通和能源资源利用两个方面减少碳排放。在交通方面，生态城提出在公共资源分配和管理中赋予行人、自行车和公交优先权，削弱小汽车在道路交通中的占有量，从而建设以绿色交通系统为主导的交通发展模式。与此同时，将公交系统的布置与城市用地相结合，形成公交导向的开发模式，使居民在适宜的步行范围内解决生活基本需求。在水资源利用方面，形成了以节水为核心的水资源利用体系。通过完善的污水处理—中水回用—雨水收集—海水淡化系统，使水资源的利用得到最大限度的循环。在能源利用方面，太阳能、生物质能、风能、地热能等多种清洁能源共存，形成了可再生能源与常规清洁能源相互衔接、相互补充的能源供应模式。

生态城建设之初航拍

生态城建成之后航拍

图 6.6　天津中新生态城建成前后对比

资料来源：中新天津生态城 SSTEC 公众号。

第七十四节　碳汇

一、碳汇的定义

“碳汇”一词来源于《联合国气候变化框架公约》缔约国签订的《京都议定书》，该议定书中将碳汇定义为：从大气中清除二氧化碳的过程、活动或机制。与之相对应的一个概念是“碳源”，即向大气中释放二氧化碳的过程、活动或机制。自然界中的碳源主要是海洋、土壤、岩石与生物体，此外，人类生产、生活中也会产生二氧化碳等温室气体，也成为碳源的主要组成部分。

二、碳汇的种类

根据吸收二氧化碳的载体不同，碳汇主要分为森林碳汇、草地碳汇、耕地碳汇、海洋碳汇和人工碳汇五种类型。森林碳汇是指森林植物通过光合作用将大气中的二氧化碳吸收并固定在植被与土壤当中，从而减少大气中二氧化碳浓度的过程。与森林碳汇既相互联系又有区别的一个概念是林业碳汇，林业碳汇是指通过实施造林、再造林和森林管理、减少毁林等活动，吸收大气中的二氧化碳并与碳汇交易结合的过程、活动或机制。关于草地碳汇目前还没有明确的定义，但随着我国退耕还林、还草工程的深入实施，草地数量在不断增加，草地的固碳作用也在持续提升。耕地碳汇是指将农作物秸秆还田固碳的机制。海洋碳汇是指将海洋作为一个特定载体吸收大气中的二氧化碳，并将其固化的过程和机制。人工碳汇是指通过捕获化石燃料和生物质能燃烧释放的二氧化碳并将其存储在地下的碳捕集与封存技术（Carbon Capture and Storage，CCS），或碳捕集、利用与封存技术（Carbon Capture，Utilization and Storage，CCUS）。

三、我国碳汇的发展状况

（一）碳汇工作的整体进展

图 6.7 展示了我国碳汇工作的主要发展状况。可以看出，我国碳汇工作自 2004 年起步后，政府部门对其重视程度不断提高，尤其是随着全球气候变暖问题日渐严重，节能减排更是成为经济和社会发展过程的重中之重。近两

年，随着“碳达峰”“碳中和”概念的提出，各部门、各地区纷纷将其作为主要议题，研究碳达峰、碳中和的基本思路和主要措施，碳汇工作再次被提升到一个新的高度。不仅如此，在我国以煤为主的能源体系下，CCS 和 CCUS 技术在近两年也受到业界的广泛关注，在未来技术进一步成熟发展的情况下，将为实现碳中和目标、保障能源安全、促进经济社会可持续发展提供重要的技术支撑。

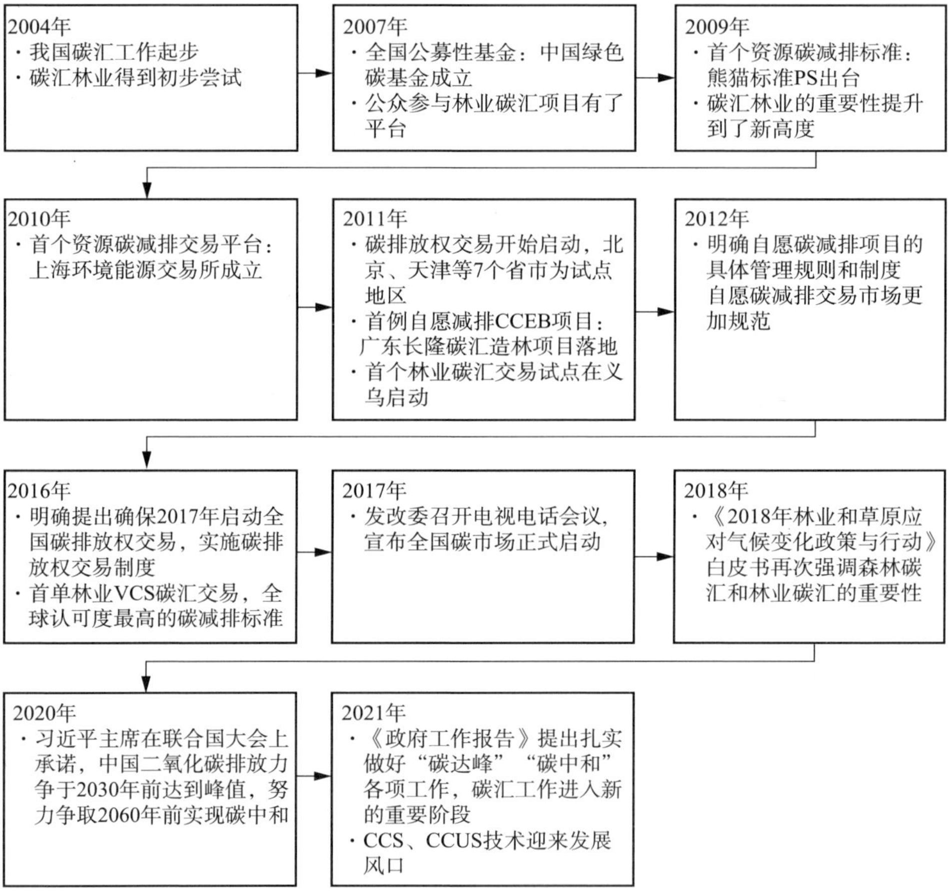

图 6.7　我国碳汇工作发展进程

（二）森林碳汇的发展情况

在碳汇的发展过程中，由于森林固碳利用自然过程，不需要很高的成本，同时具有保护生物多样性、涵养水源、防风固沙等生态效应，森林碳汇和林业碳汇受到了国际社会的广泛关注。根据粮农组织全球森林资源评估（Forest Resources Association，FRA）2020 年关于中国森林资源的报告，2020 年我国森林面积已经达到 2.2 亿公顷，其中天然林面积为 1.35 亿公顷，人造林面积为 0.85 亿公顷，且人造林的面积在不断增长(见图 6.8)。2020 年底，国家林草局正式发布数据，指出我国森林覆盖率已经达到 23.04%，森林蓄积量超过 175 亿立方米，草原综合植被覆盖率达到 56%，森林碳储总量已经达到 92 亿吨，年均增加 2 亿吨。可见，森林作为陆地生态系统的主体，是系统中当之无愧的最大碳库。森林碳汇也因此成为应对气候变化兼具经济效益和生态效益的最重要的方式之一。

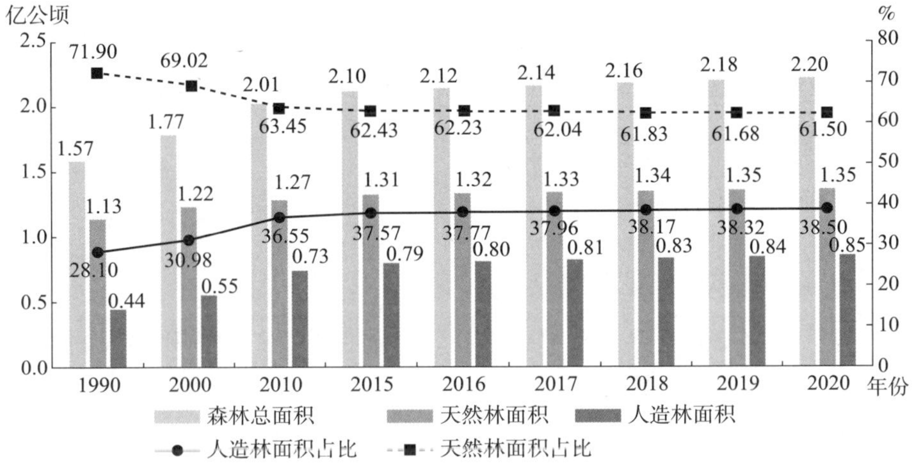

图 6.8　1990—2020 年森林面积及其构成变化

资料来源：根据 FRA2020 报告整理所得。

四、未来发展展望

我国碳汇工作启动至今已经取得了显著的成效，诸如“碳汇贷”“碳汇保”等很多金融创新服务模式也开始崭露头角。2021 年中国人保先后与福建南平市顺昌国有林场签下全国首单“碳汇贷”银行贷款型森林火灾保险、“碳汇保”商业性林业碳汇价格保险，不断探索创新绿色保险产品，促进林业碳汇、森林碳汇项目更好的发展。可以说，这两个保险产品是保险行业提升碳汇林种植企业经营森林积极性，提高森林固碳能力，助力我国碳达峰、碳中和目标实现的一次大胆且有益的尝试。如果中国人保的项目取得成功，预计未来将会有更多的创新金融模式被提出，从而助推我国碳汇工作不断发展。

未来碳汇的发展过程中，人工碳汇也将持续发挥作用。2021 年 3 月 18 日，中国碳达峰、碳中和成果发布暨研讨会发布了《中国 2060 年前碳中和研究报告》，报告中指出基于中国能源互联网的碳中和实现路径，代表了以新能源为主体、少量化石能源+CCS（碳捕集与封存）和必要碳汇的综合路径。全球能源互联网发展合作组织经济技术研究院院长周原冰也指出CCS技术作为一种重要补充技术，主要用于难以脱碳的领域，例如水泥、钢铁、煤化工、火电等，是一种重要的碳减排补充技术。CCUS技术则是一种大规模的二氧化碳减排技术，它可以捕集发电和工业过程中使用化石燃料所产生的二氧化碳，防止其进入大气中，并把捕集到的二氧化碳进行提纯，继而投入新的生产过程中，实现循环再利用。2021年4月10日，第六届碳捕集利用与封存国际论坛上，与会嘉宾表示全球CCUS产业规模可达数万亿美元，其中2060年中国CCUS投资规模将达到3.5万亿元人民币。可见，CCUS技术将成为培育绿色经济新的增长点。

五、典型案例介绍

（一）森林碳汇典型案例

内蒙古大兴安岭重点国有林区是我国目前保持最好、面积最大的集中连片国有林区。这里森林覆盖率高达78.39%，森林面积8.37万平方千米，活立木总蓄积10.33亿立方米。按照每生长1立方米林木平均吸收1.8吨二氧化碳计算，这里森林碳储总量约18.9亿吨。

早在2014年10月，内蒙古大兴安岭重点国有林区从辖区19个林业局中挑选6个林业局的营林核心工作人员，专程到深圳进行“林业碳汇”知识培训；2018年6月，该林区首个碳汇研发项目结题，验收时得到了专家的一致认可和交口称赞。这个项目之所以成功，是因为开辟了森林经营类碳汇和森林可持续经营同步试点的新模式，为大兴安岭乃至内蒙古自治区林区碳汇发展提供了样本。此后，又有3个应对气候变化与低碳发展专项资金在该林区成功立项，该林区技术研发能力已初具规模，为进军碳交易市场打下了扎实的基础。2020年，内蒙古大兴安岭碳汇科技有限公司成立，该公司旨在通过专业化经营推动林业碳汇产业发展，进入中国碳排放交易权交易市场。受益于此前林业碳汇打下的基础，该公司的发展未来可期。

（二）CCUS典型案例

2012年3月17日，国内燃煤电厂首个CCUS项目在中石化胜利油田启动。该项目于2011年12月通过科技部项目可行性论证。项目研究期限是

2012年1月至2015年12月，主要包括5个研究课题，分别由南化集团研究院、北京大学及胜利油田分公司承担。项目组在科技部领导下，由集团公司组织，胜利油田分公司担任组长单位。项目完成后，将建成50万吨/年至100万吨/年二氧化碳捕集纯化与输送示范工程、20万吨/年至30万吨/年二氧化碳驱油封存工程，形成大规模燃煤电厂烟气二氧化碳捕集、驱油及封存一体化工程综合技术和经济评价技术，为我国碳减排提供工程技术和经验。

第七十五节　碳库

一、碳库及相关概念

（一）碳库的定义

碳库即碳的储存库，指在碳循环过程中，地球系统各个存储碳的部分。碳库通常包括地上生物量、地下生物量、枯落物、枯死木和土壤有机质碳库，其单位为质量单位。

（二）碳汇、碳源和碳封存

碳库经常与碳汇、碳源和碳封存相提而论。《联合国气候变化框架公约》(UNFCCC)将碳汇定义为从大气中清除二氧化碳的过程、活动或机制，将碳源定义为向大气中释放二氧化碳的过程、活动或机制。碳源与碳汇是两个相对的概念，即碳源是指自然界中向大气释放碳的母体，碳汇是指自然界中碳的寄存体。减少碳源一般通过二氧化碳减排来实现，增加碳汇则主要采用固碳技术。所谓固碳，也叫碳封存(研究表明，二氧化碳性质稳定，可以在相当长的时间内被封存)，指的是增加除大气之外的碳库的碳含量的措施。二氧化碳封存的方法有许多种，一般来讲可分为地质封存和海洋封存两类(见图6.9)。

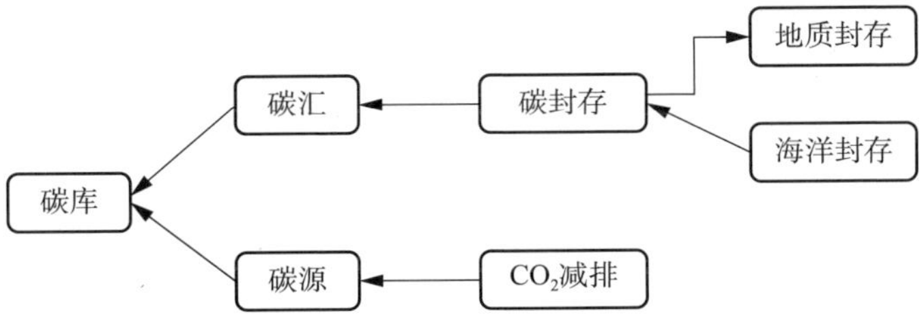

图6.9　碳库、碳汇和碳源

二、碳库的种类

（一）第一种分类法

地球上最大的两个碳库是岩石圈和化石燃料，含碳量约占地球上碳总量的 99.9%。这两个库中的碳活动缓慢，起着贮存库的作用。除此之外，地球上还有三个碳库：大气圈、水圈和生物圈（见图 6.10）。这三个库中的碳在生物和无机环境之间迅速交换，容量小而活跃，实际上起着交换库的作用。

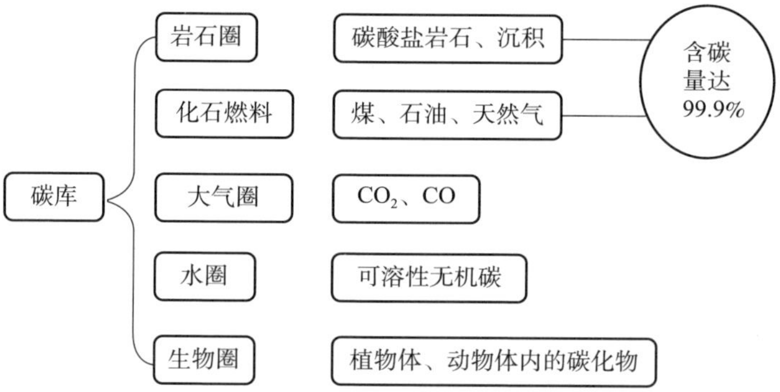

图 6.10　碳库的种类和碳的存在形式

（二）第二种分类法

地球碳库也可划分为海洋碳库、大气碳库、岩石圈碳库和陆地生态系统碳库。

（1）海洋碳库。海洋具有储存和吸收 CO_2 的能力，其可溶性无机碳含量是大气中含碳量的 50 多倍，在全球碳循环中有十分重要的作用。海洋中碳的存在形式有颗粒无机碳、颗粒有机碳、溶解无机碳和溶解有机碳四种形式。

（2）大气碳库。通过测定大气中的含碳气体（CO_2、CH_4 和 CO 等）可以推算出大气碳库的质量大小。在这些含碳气体中，CO_2 含量最高。因此，大气中的 CO_2 浓度可看作大气碳库的重要指标之一。

（3）岩石圈碳库。岩石圈拥有地球上最大的碳库，其主要成分是碳酸盐岩石和沉积物。碳在其中的循环周转时间非常长，在百万年以上。

（4）陆地生态系统碳库。陆地生态系统碳蓄积主要发生在森林地区，约 77% 的地上碳蓄积和约 40% 的地下碳蓄积发生在森林生态系统，余下的部分主要储存在耕地、湿地、冻原、高山草原以及沙漠半沙漠中。

（三）第三种分类法

从碳库对于全球大气二氧化碳含量变化的贡献来看，可以把碳库分为碳源和碳汇两种类型的碳库。衡量一个碳库是碳源的库还是碳汇的库，主要看其 NEE 的变化。净生态系统 CO_2 交换量（Net Ecosystem CO_2 Exchange，NEE）指陆地与大气界面生态系统 CO_2 净交换通量，即生态系统整体获得或损失的碳量。

三、提升碳库固碳能力的主要途径

实现碳中和的两条主线是“减排”和“增汇”，即减少碳源和增加碳汇相结合，通过优化自然资源管理和国土空间治理增汇固碳，以实现国土空间内的源汇相抵。大自然中的森林、草原、海洋、土壤、湿地、岩溶地质体都是巨大的碳库，恢复并提升其固碳能力是实现“增汇”目标的基本思路。一方面，要统筹自然资源管理和山水林田湖草系统治理，使二氧化碳重返生物圈、岩石圈、水圈和土壤圈。另一方面，采用人工方式从大气中捕获、固定、储存或利用二氧化碳，实现碳循环中的大额减项。

第七十六节　碳达峰与碳中和

一、碳达峰与碳中和的概念

“碳达峰”，就是指在某一个时点，二氧化碳的排放不再增长，即达到峰值，之后逐步回落。“碳中和”指的是，在一定时间内，通过植树造林、碳捕集与利用、节能减排等途径，抵消自身所产生的二氧化碳等温室气体的排放量，实现二氧化碳“净零排放”。

碳达峰与碳中和的关系是：碳达峰是实现碳中和的基础和前提，碳达峰是碳排放量由增转降的历史拐点，标志着碳排放与经济发展实现脱钩，即经济发展不再依赖于传统的化石能源。达峰时间的早晚和峰值的高低直接影响碳中和实现的时长和难度。

二、碳达峰与碳中和的提出背景

全球变暖正在带来各种各样的气候灾害。然而，随着人类活动导致空气中的温室气体不断增加，全球气温保持在比工业化前上升不超过 1.5℃ 的可能性越来越低，为此，全世界 178 个缔约方在 2016 年共同签署了气候变化协定——《巴黎协定》。

《巴黎协定》所规定的目标，是要求《联合国气候变化框架公约》的缔约方立即明确国家自主贡献减缓气候变化，碳排放尽早达到峰值，在 20 世纪下半叶实现碳中和，在 20 世纪末将全球地表温度相对于工业化前上升的幅度控制在 2℃以内。不仅如此，各缔约方还将为争取实现 1.5℃ 的温控目标付出努力。

德国、匈牙利等国家在 1990 年之前已经实现了碳达峰，法国、英国、芬兰等国家在 1990—2000 年实现了碳达峰，加拿大、意大利、巴西等国家在 2000—2010 年实现了碳达峰；日本、韩国等 2010—2020 年实现了碳达峰。中国、马绍尔群岛、墨西哥、新加坡等国家承诺在 2030 年以前实现碳达峰。据统计，截至 2020 年底，全球共有 44 个国家和经济体正式宣布了碳中和目标。其中，英国 2019 年 6 月 27 日新修订的《气候变化法案》生效，成为第一个通过立法形式明确 2050 年实现温室气体净零排放的发达国家。

2020 年 9 月 22 日，习近平总书记在第七十五届联合国大会一般性辩论上表示，“应对气候变化《巴黎协定》代表了全球绿色低碳转型的大方向，是保护地球家园需要采取的最低限度行动。中国将提高国家自主贡献力度，采取更加有力的政策和措施，二氧化碳排放力争于 2030 年前达到峰值，努力争取 2060 年前实现碳中和”。虽然中国实现碳中和的目标比发达国家要晚，但是实现碳达峰与碳中和之间的时间间隔远远短于发达国家。

对于中国而言，实现碳达峰和碳中和是党中央、国务院为应对气候变化在统筹国内国际两个大局上做出的重大战略决策，其意义不仅局限于引领应对气候变化，其对加快促进生态文明建设、保障能源安全高效、推动经济和产业结构转型升级、实现“两个一百年”奋斗目标也具有重大意义。

三、中国实现碳达峰与碳中和的路径

作为一个发展中的碳排放大国，中国承诺在 2060 年实现碳中和，这比《巴黎协定》所定的目标更为超前。要实现这一目标，需要务实、可行的方案。

我国可以从以下几方面入手实现碳达峰，从而为碳中和奠定基础：

（1）控制能源消费，尤其是要提高非化石能源占一次能源消费比重。

（2）推动能源技术革命，削减煤炭生产和消费量。

（3）加快社会电能替代，扩大电力使用，并尽早实现电力行业碳达峰。

(4)构建世界最大的碳市场体系、绿色金融体系。

(5)逐步实施碳税征收。

此外，作为一个开放的发展中国家，中国在全球价值链中承担了很多其他国家的发展成本。中国境内的碳排放总量中至少30%是由国际贸易引致的。因此，为实现碳中和的长远目标，我国还应当优化国际贸易结构、提升全球价值链中的位置。

第七十七节　低碳发展

一、低碳发展的定义

低碳发展是一种新的经济发展理念，是指在提高效益和竞争力的同时降低碳含量的排放，实现污染减排和资源节约。低碳发展以低污染、低排放、低能耗为基本特征，以实现人与自然和谐和经济社会发展双赢为主要目标，是一种将"低碳"和"发展"有机结合的可持续发展模式。

二、低碳发展的历史

低碳发展最早可以追溯到1992年联合国大会通过的《联合国气候变化框架公约》，这份文件为国际合作应对气候变化提供了基本框架，1997年在该框架下签订的《京都议定书》约束了发达国家承担碳减排的法律义务。

中国较早就开始关注低碳发展，在"十一五"规划中首次提出节能减排目标，并推出了一系列行动和政策。国务院在2007年发布的《中国应对气候变化国家方案》是发展中国家应对气候变化的第一部国家方案。在这一方案基础上，中国开展低碳省市试点，因地制宜地探索低碳发展路径。2009年，哥本哈根气候大会的召开，吹响了全球向"低碳社会"进发的号角；次年7月，中国确立了首批低碳试点省市，正式将低碳发展引入城市范畴。2013年全国首个碳交易市场在深圳启动，体现了中国通过市场手段推动低碳发展的迫切需要。2016年的世界地球日，中国正式加入《巴黎协定》，承诺与全球180余个国家一起，控制全球升温在2℃以内。中国践行低碳的实践，为执行《巴黎协定》做出了重大贡献。2021年7月，中国启动全国碳交易市场，这对于推动低碳发展并实现"双碳"目标意义重大。

三、我国低碳发展的现状

（一）清洁低碳能源体系建设加快

“十三五”以来，我国煤炭消费占比逐年下降。如图 6.11 所示，2017—2020 年全国煤炭消费比重由 60.6%降至 56.8%。同时，我国可再生能源快速增长。可再生能源装机年均增长大约 12%，新增装机年度占比超过 50%，总装机占比稳步提升，光伏、风能装机容量、发电量均居世界首位。此外，重点领域节能工作进展顺利。中国规模以上企业单位工业增加值能耗 2019 年比 2015 年累计下降超过 15%，相当于节能 4.8 亿吨标准煤，节约的能源成本大约为 4000 亿元。

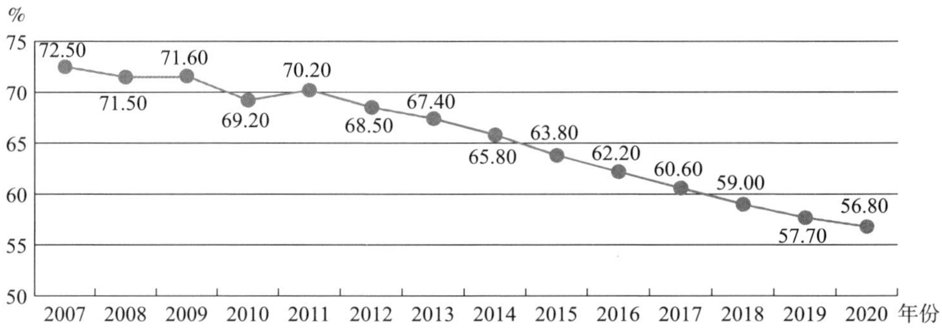

图 6.11　2007—2020 年我国煤炭占能源消费总量比重

资料来源：国家数据网。

（二）单位 GDP 能耗逐渐下降

我国从“十二五”开始，将单位 GDP 二氧化碳排放下降作为约束性指标纳入五年规划，并将全国目标向地区分解落实和实施考核。在 2007 年至 2020 年，中国 GDP 增长约 4.5 倍，同期碳强度下降 48.4%，在应对气候变化工作方面取得显著成绩。图 6.12 显示了 2007—2020 年我国单位 GDP 能耗的变化趋势，表现为逐年下降，可见我国近些年来以较低的能源消费增长保持经济的平稳高速增长。

（三）我国低碳技术创新与推广应用能力仍不足，提高能源效率的社会环境有待改善

我国的法律、法规、标准、政策等尚未完全将提高能效置于优先发展的

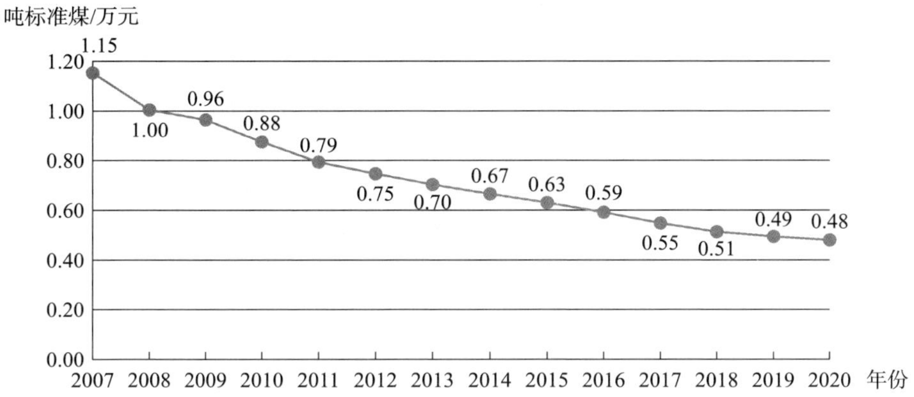

图 6.12　2007—2020 年我国单位 GDP 能耗的变化趋势

资料来源：国家数据网。

战略地位，节能减排真正成为转变经济发展方式的切入点和着力点尚需时日。能源基础设施的寿命在 30～50 年，我国现有的“三高”产能难以完全被淘汰，提高能效技术的推广应用存在障碍，能源系统整体技术效率的提高受到一定制约。一方面，我国低碳技术研发投入低，创新能力弱，先进适用的低碳技术开发不足，具有自主知识产权的高效低碳技术和产品少。另一方面，我国低碳服务体系薄弱，缺乏成果鉴定能力和权威的低碳信息交流平台，这在一定程度上制约了低碳技术的推广应用。

四、案例分析：“绿色的世博”——2010 年上海世博会

2010 年的上海世博会第一次提出了“低碳世博”的口号，在“低碳、和谐、可持续发展城市”这三大主题下，上海世博会试图解答工业革命带来的城市化困扰。

（一）世界最大单体面积太阳能屋面

上海世博会主题馆屋面入选了中国世界纪录协会世界最大单体面积太阳能屋面。太阳能板面积达 3 万多平方米，是目前世界最大单体面积太阳能屋面，每年可减少二氧化碳排放量约 2800 吨，相当于每年节约标准煤 1000 多吨。

（二）世界面积最大的生态绿墙

如图 6.13 所示，上海世博会主题馆外立面的 5000 平方米生态绿墙为世界面积最大的生态绿墙。生态绿墙也是展馆节能的一大标志，绿化隔热外墙

在夏季将有效阻隔辐射，使外墙表面附近的空气温度降低。在冬天外墙会形成保温层以降低风速，从而延长外墙的使用寿命。

图 6.13　上海世博会生态绿墙

资料来源：腾讯网。

除此之外，世博园区内处处彰显了低碳发展的概念：灯光设备大量采用节能的 LED 光源；大量清洁能源车辆的使用，使园区内公共交通实现“零排放”；等等。参加世博会的许多国家通过不断交流和实践低碳经济发展经验，充分展现了科技节能的创新成果，最终打造出一届“绿色的世博”，体现了“人与自然和谐发展的”思想。

第七十八节　低碳模式

一、低碳模式的定义

低碳模式（Low-carbon Model）的一般定义是：企业为减少温室气体排放，通过应用新技术、新材料和新的作业方式等手段，改进、优化或创新生产经营活动而形成的全新营运模式。广义来说，低碳模式是一种以低能耗、低排放、低污染为基础的运作发展模式。

二、低碳模式提出的背景

1990 年，气候问题日渐严峻，联合国启动了关于气候变化的国际谈判，先后通过了《联合国气候变化框架公约》和《京都议定书》两份国际协议。前者要求应将温室气体浓度稳定在安全水平；后者对发达国家规定了具体的减排目标。2003 年，英国政府首次提出了“低碳”概念，在其颁布的《能源白皮书》中以“低碳经济”的新理念阐述了全球气候变暖对人类社会的威胁，并指出推广低碳模式已成当务之急。由此，“低碳革命”迅速在世界范围内开展起来。

三、低碳模式的内涵

随着人类对气候变化和社会问题的关注，经济体的价值逐渐丰富起来，不再是经济利益至上，而是包含了社会价值、环境价值以及可持续发展的潜力。事实上，低碳模式是人类社会选择的必然结果。

低碳模式的核心在于降低能耗和污染。一方面，降低能耗的途径包括减少不必要的活动与资源浪费、提高能源管理水平、提高能源利用效率、以蓄能技术实现削峰填谷等。另一方面，减少污染的方式也有很多，例如新能源技术、排放回收技术；应用排放较少的替代性材料；采用视讯会议、在线交易等新的作业方式。这些技术和举措可以在确保经济稳定增长的同时，有效削减温室气体的排放量，实现能源的高效率使用，建立洁净的能源结构。

低碳这个概念并不空泛，有着非常实际的内涵。国家、企业、个人，都可以成为践行者。长远来看，坚持低碳模式其实是做到了利人利己，是社会责任的体现。

四、我国低碳模式发展道路

从 1950 年起，部分西方国家就开始尝试用油气代替燃煤，21 世纪开始低碳转型的进程；而中国作为生产制造大国，在“低碳”道路上起步晚一些，绿色能源技术正在蓬勃发展，碳排放的管控仍需进一步强化。这个过程中难免会滋生一些问题，例如：“氢气替代”技术体系存在漏洞；风能光能存在不稳定问题；还有 2021 年 9 月广东、江苏、辽宁等地区限电事件，其中部分原因就包括新旧能源转换发生冲突，以及节能减排指标限制等。

由此可见，低碳之路不是没有阻力的，我国需要加强国际合作，探讨低碳转型经验，并从上到下坚持正确的发展方向，向共同的目标努力。

（一）“碳达峰”与“碳中和”

2020 年，我国即将步入“十四五”之际，国家提出要“促进 2030 年碳排放达峰，2060 年实现碳中和”。这就是低碳化道路的目标，也是低碳工作开展的动力。

（二）碳交易市场的正式开放与完善

2011 年以来，北京、天津、上海等地相继开展碳排放权交易试点工作。2021 年 7 月 16 日，全国碳市场正式开始上线交易。这是中国落实低碳模式的重要一步。生态环境部副部长赵英民说："纳入首批碳市场的企业碳排放量超过 40 亿吨二氧化碳，这意味着中国的碳排放权交易市场一经启动，就将成为全球覆盖温室气体排放量规模最大的碳市场。"截至 2021 年 9 月 15 日，全国碳市场碳排放配额累计成交量 845. 14 万吨，累计成交额 4. 17 亿元。然而，这个新生的碳交易市场还不够健全，要扩大交易活跃度，保证交易的履约率，还要保证相关法规制度适合实际情况，这些事项都需要在日后实践中不断完善。

（三）社会各界的低碳行动

图 6. 14 展示了 1990—2018 年我国二氧化碳排放总量及构成。

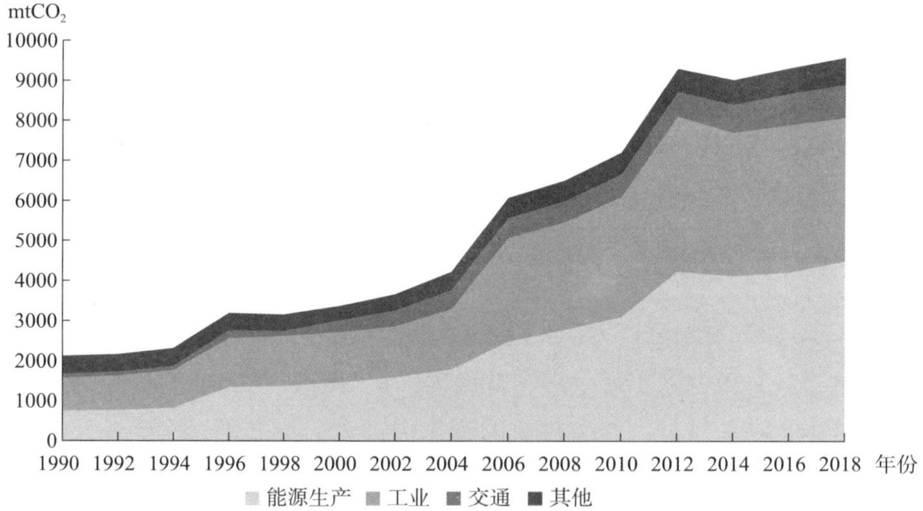

图 6. 14　1990—2018 年我国二氧化碳排放总量及构成

总体上看，近十年二氧化碳排放总量增速有所放缓。2020 年我国已经能够在 9 月提前完成碳减排全年目标。这一切都离不开社会各界的低碳行动。

图 6. 14 显示能源行业和工业排碳所占比重较大。事实上，电力、冶金、化工和建材这四个行业每年包揽了约 70%的耗煤量。近年来，相关企业致力于新能源的开发利用，从传统的以化石能源为主体转向以清洁能源为主体，

逐渐实现标准化、数字化、清洁化。而煤炭企业也逐渐摒弃采厚弃薄、采易弃难的做法，延长矿井服务年限，以追求能源高效利用带来的长期效益。

图 6.14 中其他（包括居民住宅及消费）的排碳量相对比较平稳。如今，低碳生活方式在逐步形成，绿色出行、绿色消费等概念渐渐普及。空调等高能耗的家电也纷纷推出“低碳版”产品，随着绿色理念深入人心，这类商品也得到了理想的市场反馈。

2013 年，我国将全国节能宣传周的第三天正式设为“全国低碳日”。低碳模式的实践是挑战，更是机遇。我们需要细化碳减排目标和措施，加速产业结构和能源结构的调整与平衡，让低碳模式逐渐深化、逐渐成熟。根据绿色经济理论和国际经验，成熟的低碳模式终会带来健康的社会体系，让人民的生产生活更为便利。

第七十九节 CCS 和 CCUS

一、CCS 和 CCUS 的定义

碳捕集与封存（Carbon Capture and Storage，CCS）技术是指将二氧化碳从工业或相关排放源中分离出来，输送到封存地点，并长期与大气隔离的过程。这种技术被认为是未来大规模减少温室气体排放、减缓全球变暖最经济、可行的办法。

碳捕集、利用与封存（Carbon Capture，Utilization and Storage，CCUS）技术是 CCS 技术新的发展趋势，即把生产过程中排放的二氧化碳进行捕集、提纯，继而投入新的生产过程中进行循环再利用或封存的一种技术。该技术具备实现大规模温室气体减排与化石能源低碳利用的协同作用，是未来应对全球气候变暖的重要技术选择之一。

二、CCS 和 CCUS 的技术环节

（一）CCS 的技术环节

CCS 技术主要由四个环节组成：捕集、运输、地质封存和监测、用于增加石油采收率（EOR/EGR）（见表 6.6），其中第四个环节是可选环节，具有潜在收益。

表 6.6　CCS 的技术环节

环节	内容
捕集	将大型发电厂、钢铁厂、水泥厂等排放源产生的二氧化碳收集起来。根据收集时点的不同，可分为三种：第一种是燃烧后捕集，这种方式能够满足常规的电厂，也是最容易理解的方式。第二种是富氧燃料捕集，即让燃料在纯氧中燃烧，这种方式理论上很有希望但现实应用较少。第三种是燃烧前捕集，这种方式很有可能提供混合的电力、氢气和低碳燃料/原料
运输	将二氧化碳从排放源压缩后运输到存储地点，包括陆地、海底管道、船舶、铁路、公路等运输方式。目前最可行的方式是管道运输，但是若涉及远距离运输，则需要使用船运
地质封存和监测	通过工程技术手段将捕集的二氧化碳储存于地质构造中，实现与大气的长期隔离，同时对泄漏进行监测。主要的存储方式有陆上咸水封存、海洋咸水封存、油气田封存。经过深入、广泛的地质分析，目前最适合储存二氧化碳的地点是枯竭的油气田
用于增加石油采收率（EOR/EGR）	注入二氧化碳，将那些开采难度大的石油或天然气“推向”生产井。EOR/EGR 商业运行证明这种方法可以将枯竭油气田寿命预期延长 20 年。当然，这一环节还需进一步检验证明二氧化碳在地下保持不扩散

（二）CCUS 的技术环节

CCUS 技术主要是在 CCS 技术基础上将二氧化碳进行利用，主要由四个环节组成：捕集、运输、利用、封存。其中，捕集、运输、封存环节与 CCS 相同，此处仅列示利用环节（见表 6.7）。

表 6.7　CCUS 利用环节主要内容

环节		内容
利用	地质利用	将二氧化碳注入地下，生产或强化能源、资源开采的过程，主要用于提高石油、地热、地层深部咸水、铀矿等资源采收率
	化工利用	以化学转化为主要手段，将二氧化碳和共反应物转化成目标产物，实现二氧化碳资源利用的过程。不包括传统利用二氧化碳生成产品、产品在使用过程中重新释放二氧化碳的化学工业，如尿素生产等
	生物利用	以生物转化为主要手段，将二氧化碳用于生物质合成，主要产品有食品和饲料、生物肥料、化学品与生物燃料和气肥等

三、CCS 和 CCUS 的发展现状

（一）制度建设与技术研发

CCS 与 CCUS 的理念、目标基本一致，都是为了减少二氧化碳排放总量，

而 CCUS 在 CCS 基础上多了“U”，增加了二氧化碳利用环节，因此，CCUS 作为国际公认的主要减碳途径之一在世界范围内被广泛接受。我国 CCUS 技术工作发展进程见图 6.15。

图 6.15　我国 CCUS 技术工作发展进程

相较于欧美发达国家，我国 CCS 技术研发工作起步较晚，2010 年 7 月，科技部 21 世纪议程管理中心副主任彭斯震在《CCS 在中国：现状、挑战和机遇》报告发布会上表示："今后会有越来越多的人用 CCUS 代替 CCS。对中国来说，我们也更青睐 CCUS。"在 2011 年 6 月召开的中国工业气体协会二氧化碳专业委员会年会上，亦有专家表示："'十二五'期间，二氧化碳行业将实施原料来源控制、强化应用技术开发等举措，使二氧化碳行业从 CCS 迈向 CCUS，努力实现二氧化碳减排及资源化利用。"此后，我国对 CCUS 的关注度逐渐提高，CCUS 技术不断发展。

（二）实践发展

1. 全球 CCS 发展情况

根据全球碳捕集与封存研究院发布的《全球碳捕集与封存现状 2020》报告，截至 2020 年，全球共有 65 个商业 CCS 设施，其中 26 个正在运行，2 个已暂停运行(一个是因为经济不景气，另一个是因为火灾)，3 个在建项目，13 个处于高级开发阶段，已经进入前端工程设计阶段，21 个处于开发早期。2020 年新增的 17 个 CCS 设施中，有 12 个位于美国，其余分布在英国(2 个)、澳大利亚和新西兰。目前运行中的 CCS 设施每年可以捕集和永久封存约 400 万吨二氧化碳。

2. 中国 CCUS 发展情况

相较于 CCS，中国 CCUS 发展较快。由于 2020 年中国 CCUS 项目各省市正在上报中，尚未有明确的统计结果。根据《中国二氧化碳捕集、利用与封存(CCUS)报告(2019)》，2019 年，我国共有 18 个碳捕集项目在运行当中，二氧化碳捕集量约 170 万吨。除此以外，二氧化碳利用项目共有 24 个在进行当中，二氧化碳利用量达 131 万吨。其中，地质利用项目最多，为总项目数量的一半(见图 6.16)，二氧化碳利用量占比更是高达 76.3%。

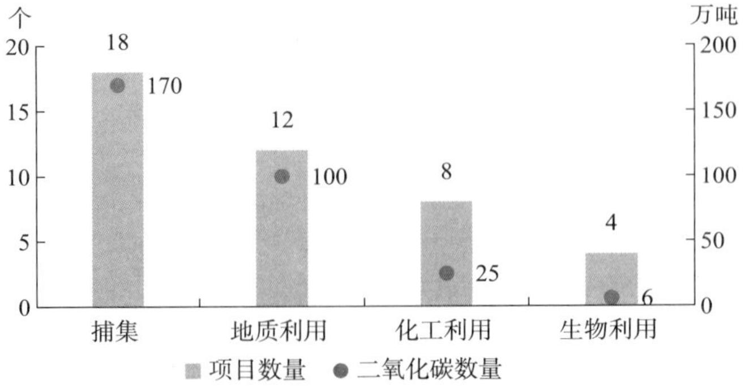

图 6.16　CCUS 项目情况

就行业分布而言，我国二氧化碳捕集主要在煤化工行业、火电行业、天然气以及甲醇、水泥、化肥等行业开展。其中火电行业共有 9 个捕集项目，占比最高。就地区分布而言，我国二氧化碳捕集示范项目主要分布在华东、华北地区（见表 6.8）。

表 6.8　截至 2019 年我国二氧化碳捕集项目地区分布

捕集类型	项目概括
燃烧前	大庆油田丨徐深九天然气净化厂 20 万吨/年
	吉林油田丨长岭天然气厂 30 万吨/年
	华能丨天津 1GCC10 万吨/年
	华能丨连云港清洁能源动力系统研究设施 3 万吨/年
	海螺集团丨芜湖白马山水泥厂 5 万吨/年
	国家能源集团（神华）丨鄂尔多斯煤制油分公司 10 万吨/年
	延长石油丨榆林煤炭化学公司气化厂 5 万吨/年
	长庆油田丨宁夏德大气体开发科技有限公司 5 万~10 万吨/年
	中原油田丨心连心化工集团 35 万吨/年
	华东油田丨江苏华扬液碳有限责任公司泰兴二氧化碳厂 10 万吨/年
	敦华石油丨中石油克拉玛依石化公司甲醇厂 10 万吨/年
燃烧后	华能丨北京高碑店电厂 0.3 万吨/年
	国电丨天津北塘热电厂 2 万吨/年
	华能丨上海石洞口电厂 12 万吨/年
	华能丨重庆双槐电厂 1 万吨/年
	华润电力丨海丰碳捕集测试平台 2 万吨/年
	胜利油田丨胜利电厂 4 万吨/年
富氧燃烧	华中科技大学丨35MW 富氧燃烧示范 10 万吨/年

地质封存与利用项目以提高石油采收率为主，主要围绕几个油气盆地展开，包括东北松辽盆地、华北渤海盆地、西北鄂尔多斯盆地和准噶尔盆地（见表 6.9）。

表 6.9　截至 2019 年我国地质利用项目地区分布

项目类型	项目概括
驱油	大庆油田 I EOR20 万吨/年
	吉林油田 I EOR30 万吨/年
	胜利油田 I EOR4 万吨/年
	中原油田 I EOR10 万吨/年
	华东油气田 I EOR10 万吨/年
	新疆油田 I EOR2 万吨/年
	长庆油田 I EOR5 万～10 万吨/年
	延长 I EOR5 万吨/年
咸水层封存	国家能源集团(神华) I DSF10 万吨/年
驱煤层气	中联煤 I ECBM(柳林)0.1 万吨/年
	中联煤 I ECBM(柿庄)0.1 万吨/年
地浸采油	中核集团 I EULNA

尽管近年来我国 CCUS 技术在不断发展，但由于其起步较晚，与世界主要国家相比，无论是二氧化碳累计封存量还是年封存量都有一定的差距(见表 6.10)。加上我国二氧化碳年排放量还处于较高水平，CCUS 发展与二氧化碳减排事宜任重道远。

表 6.10　我国与他国 CCUS 发展差异

国家	累计封存量(万吨)	年封存量(万吨)	CO_2年排放量(万吨)	项目数量(个)
美国	>5800(1972—2019 年)	2100	512520	9
中国	≈200(2007—2019 年)	10～100	942870	10
挪威	≈2200(1996—2019 年)	170	3550	2
加拿大	≈4425(2000—2019 年)	300	55030	4

资料来源：《中国二氧化碳捕集、利用与封存(CCUS)报告(2019)》。

四、典型案例介绍

中国石油吉林油田 CO_2-EOR 项目先导试验区于 2008 年 4 月底建成，标志着中国第一个 CO_2-EOR 项目示范区的正式建立。吉林油田 CO_2-EOR 项目是中国第一个全流程 CCUS 项目，起源于中石油长岭气田，通过管道运输至与之相距仅十几千米的驱油示范区。自 2008 年陆续建成投产了黑 59、黑 79

南、黑 79 北小井距、伊 59 及黑 46 等 5 个驱油封存试验区，注气井组 69 个，年产油能力达到 12 万吨，年封存二氧化碳能力 30 万吨。目前中国石油吉林油田 CO_2-EOR 项目已实现伴生气中二氧化碳回收循环注入，达到二氧化碳零排放的目的。

华润电力海丰电厂 CCUS 示范项目是一个集测试平台区、二氧化碳储存区、化学实验室以及技术与国际交流中心于一体的项目。该项目二氧化碳捕集装置于 2018 年 4 月正式开工，2019 年 5 月正式投产。这个依托于华润电力海丰电厂 1 号机组建设的，世界第三、亚洲首个多线程碳捕集测试平台正式开工，标志着国家碳捕集示范工程步入重要的里程碑。华润海丰 CCUS 项目已被广东省政府确认为省级 CCUS 示范项目，已建成碳捕集测试平台、化学实验室以及技术中心。海丰电厂毗邻南海，具有利用二氧化碳进行海水微藻养殖的天然条件，同时与南海北部油田有很好的源汇匹配关系，未来可以进一步考虑利用二氧化碳驱油提高海上油藏采收率以及地质封存减排，建立多种二氧化碳利用于封存减排产业园和示范区，推动 CCUS 一体化工业应用，为中国化石能源低碳转型提供支持。

第八十节 碳排放系数

一、碳排放系数的概念

碳排放系数是指每一种能源燃烧或者使用过程中单位能源所产生的碳排放量。根据联合国政府间气候变化专门委员会（Intergovernmental Panel on Climate Change，IPCC）的假定，一般在使用过程中，可以认定某种能源的碳排放系数是不变的。

二、碳排放系数的内容介绍

（一）碳排放系数的计算

计算温室气体的排放通常经过四个步骤：经济活动的数据、计算排放系数、计算温室效应潜能、计算总的排放。在计算排放系数这个环节，通常是根据能量值的排放系数、燃料热值等多个因素综合计算得出，这与具体的经济活动、国家地区、能源消耗方式等都有关。

由于能源种类很多，所含的热量也各不相同，为了便于相互对比和在总量上进行研究，国际上把每公斤含热7000大卡(29306千焦)定为标准煤，也称标煤。二氧化碳的碳排放系数(吨/吨标准煤，t/tce)就是按照标准煤的热量进行对比核定，国家发改委能源研究所推荐二氧化碳的碳排放系数(t/tce)为0.67，日本能源经济研究所参考值为0.68，美国能源部能源信息署参考值为0.69。

（二）主要能源的碳排放系数

(1)《综合能耗计算通则》。我国为了规范综合能耗的计算、确定能耗指标的核算和管理原则，于2008年发布《综合能耗计算通则》(GB/T 2589—2008)，其中规定了综合能耗的四种分类以及对应的计算方法，也明确列出了各类能源的平均低位发热量以及折标准煤系数。

(2)《省级温室气体清单编制指南》。为了清晰地测算我国能源生产和消费活动等排放过程中产生的温室气体，国家发改委应对气候变化司组织国家发改委能源研究所、清华大学、中科院大气所等单位编写了《省级温室气体清单编制指南》(以下简称《指南》)。《指南》总体上遵循《IPCC国家温室气体清单指南》，对能源活动、工业生产过程等多个环节的活动水平数据、排放源界定等进行了规范，并列明了主要能源的单位热值含碳量以及碳氧化率。

基于《综合能耗计算通则》(GB/T 2589—2008)和《指南》中规定的计算方法及参考数值，计算得出表6.11所示主要能源的碳排放系数。

表6.11　主要能源的碳排放系数

能源分类	平均低位发热量(kJ/kg)	折标准煤系数(kgce/kg)	单位热值含碳量(吨碳/TJ)	碳氧化率	碳排放系数(kg-C/kgce)	二氧化碳排放系数(kg-CO_2/kgce)
原煤	20908	0.7143	26.4	0.94	0.5183	1.9003
焦炭	28435	0.9714	29.5	0.93	0.7801	2.8604
原油	41816	1.4286	20.1	0.98	0.8237	3.0202
燃料油	41816	1.4286	21.1	0.98	0.8647	3.1705
汽油	43070	1.4714	18.9	0.98	0.7977	2.9251
煤油	43070	1.4714	19.5	0.98	0.8231	3.0179
柴油	42652	1.4571	20.2	0.98	0.8443	3.0959

三、案例分析——中国煤电能源链的生命周期碳排放系数计量

本案例应用全生命周期分析方法，建立了我国煤电能源链的碳排放计量总模型和各环节的子计量模型，通过详细计算，得出了我国燃煤电厂单位发电量引致的子环节 CO_2 当量排放及煤电能源链 CO_2 当量的总排放数据，对实现我国电力行业的低碳化发展具有一定的理论和现实意义，是将碳排放系数的计量和实际经济活动具体结合的一个案例。

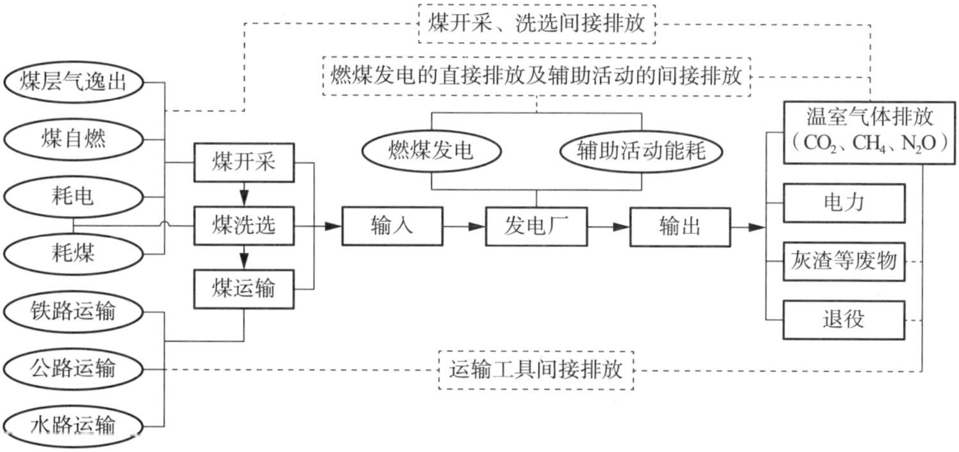

图 6.17　煤电能源链的生命周期碳排放计量范围

资料来源：《中国煤电能源链的生命周期碳排放系数计量》。

煤电能源链的温室气体排放主要来自煤炭生产(开采或洗选)、电煤运输及燃煤发电三个阶段(见图 6.17)。因此涉及 3 个碳排放计量模型：煤炭生产环节的碳排放计量模型、电煤运输环节的碳排放计量模型、燃煤发电环节的碳排放计量模型。同时，研究人员根据表 6.12 所示思路进行了计量清单分析。

表 6.12　计量清单分析

主要环节	细分
燃煤发电环节的碳排放系数计量清单	
煤炭生产环节的碳排放系数计量清单	煤炭开采耗能带来的碳排放系数计量
	煤层气逸出带来的碳排放系数计量
	煤自燃带来的碳排放系数计量
	煤洗选耗能带来的碳排放系数计量
电煤运输环节的碳排放系数计量清单	铁路煤炭运输带来的碳排放系数计量
	公路与水路煤炭运输带来的碳排放系数计量

最后，结合煤电能源链碳排放计量模型，算出各环节主要温室气体的排放系数，将它们进行归一化处理（乘以 GWP 值），得到相应的碳当量排放系数，加总得出表 6.13 所示的煤电能源链的碳当量排放系数。

表 6.13 煤电能源链的碳当量排放系数 单位：克/千瓦时

环节 温室气体排放	原煤生产环节			电缆运输环节			燃煤发电环节		
排放类型	CO_2	CH_4	N_2O	CO_2	CH_4	N_2O	CO_2	CH_4	N_2O
排放数值	51.64	2.60	0.0029	6.94	—	0	840.19	—	0.0534
归一化 CO_2 当量排放（环节分类小计）	51.64	59.80	0.86	6.94	—	0	840.19	—	15.81
归一化 CO_2 当量排放（环节小计）	112.30			6.94			856.00		
归一化 CO_2 当量排放（煤电链总计）	975.24								

第八十一节 碳政治

一、碳政治的定义

碳政治指各国围绕温室气体排放问题所形成的在一套国际话语体系下的国际政治，也称气候政治。因为依据国际性法规《京都议定书》的内容，温室气体排放按照二氧化碳来计算，故也称碳政治。

二、碳政治的国际博弈

尽管目前欧盟的碳排放量仅占全球的 8%左右，但自工业革命以来其累计的碳排放量是全球最高之一，占到 24%；美国占 25%；占全球人口 1/5 的中国累计排放只占到 13%。

纵观全球经济发展史，经济增长和温室气体排放有规律可循：随着经济的增长，二氧化碳等温室气体的排放也在增加，但当经济增长到一定的水平后，二氧化碳的排放量会逐渐稳定，然后出现拐点，并在经过一段平稳期后下降。像中国这样的发展中国家，其工业发展相较发达国家起步较晚，正处于工业化、城镇化阶段，需要大量的煤炭能源消耗，是二氧化碳排放总量的上升阶段。而发达国家已处于逐渐调整能源结构阶段，如美国早在2007年便实现碳达峰，碳排放量已进入下降通道。与一些早已实现碳达峰、正从碳达峰向碳中和过渡的发达国家相比，发展中国家面临更严峻的挑战。

联合国大会于1992年通过《联合国气候变化框架公约》（UNFCCC，以下简称《公约》），核心内容是确立应对气候变化的最终目标——将大气温室气体浓度维持在人类活动对气候系统的危险干扰不会发生的稳定水平上，确立"共同但有区别的责任"、公平、各自能力和可持续发展等国际合作应对气候变化的基本原则，明确发达国家应承担率先减排和向发展中国家提供资金技术支持的义务，以及承认发展中国家有消除贫困、发展经济的优先需要。《公约》是一场国际政治格局的较量，谈判对手是发达国家与发展中国家，博弈焦点是"谁减排"的温室气体政治问题，"共同但有区别的责任"就是发达国家与发展中国家碳政治博弈的结果。

1997年12月，由《公约》参加国第三次会议制定了可操作的法律文件《京都议定书》，是《公约》的补充条款。在《京都议定书》的法律文件中，环境问题转化为气候问题，并进而在技术上转化为温室气体的排放，从而在法律上产生各国围绕"碳排放权"展开的全球政治博弈，从而形成全新的碳政治。

2021年3月，欧洲议会投票通过CBAM议案，欧盟于7月提出碳边境税的具体方案，并计划该方案5年后正式生效。其中，2023年至2025年为实施"碳边境税"的过渡期。如果发达国家没有对征收碳边境税收益的合理安排，只是出于保护国内企业的竞争力，不符合"共同但有区别的责任原则"精神，实际上是变相的贸易保护主义，是碳政治的变形，美国重回《巴黎协定》，与美国退出《京都议定书》、退出《巴黎协定》一样，都属于碳政治范畴。

三、对中国碳政治战略的思考

2020年9月，中国向全世界庄严承诺2030年实现碳达峰、2060年实现碳中和，这体现了我国的信心，也体现了我国积极承担国际责任。目前，全球碳政治对正在崛起的中国而言，是压力与考验，更是机会，碳达峰、碳中和不能以牺牲经济发展为代价，经济实力是国际话语权的唯一关键。

我国为实现"双碳"目标面临诸多压力。首先，我国处于社会主义初级阶段的基本国情没有变，仍然是世界上最大的发展中国家、人均 GDP 仍低于世界平均水平、与主要发达国家相比还有较大的差距，发展是第一要务，同时发展要有资源环境为支撑。我国单位 GDP 能源强度、碳排放强度水平较高，经济体量大、发展速度快、用能要求高、能源结构以煤为主，使得我国碳排放总量和强度“双高”。其次，碳达峰到碳中和的缓冲时间短，欧盟承诺碳的中和与达峰时间距离是 65~70 年，我国积极主动设定的时间表是 30 年，即碳达峰需付出艰苦努力，碳中和要面临更大的挑战，因此碳排放要稳中急降。

在制定碳政治战略方面，第一，作为全球最大的发展中国家和碳排放大国，我们需要在推进发展的同时实现快速减排，需要同时从能源结构、经济结构、产业结构、生活方式等方面进行较快转型，譬如中央明确把新能源技术定义为“把握世界产业技术革命的新趋势”的“战略性新兴产业”，这正是在信息时代之后，基于对传统能源耗尽的预测，欧美一直摸索的下一次科学技术所带动的经济增长点；第二，在碳强度下降的目标下，规范碳市场交易，用市场机制控制和减少碳排放，并充分发挥金融机构绿色金融体系的作用，努力提高经济发展的质量；第三，中国是碳政治的“利益攸关者”，要在主张建设一个更为公平合理的、有助于解决人类共同问题的国际秩序上更好地发挥大国相应的国际责任；第四，要加强与其他国家的合作，学习他国先进经验，探索适合中国国情的碳达峰、碳中和之路。

第八十二节　碳生产率（碳生产力）

一、碳生产率（碳生产力）的定义

“碳生产率”一词由麦肯锡咨询公司于 2008 年 10 月发布的一份题为《碳生产率挑战：遏制全球变化保持经济增长》的报告中首次提出。该报告认为，成功的气候变化行动必须同时支持两个目标：稳定大气中的温室气体和保持经济的增长。碳生产率可以将两个目标结合起来，即每单位碳当量的排放所产出的 GDP 总量必须有明显的增长。单位 CO_2 排放所产出的 GDP 有时又被称为碳生产力。

由于碳生产率衡量的是利用碳排放资源获取 GDP 的效率或能力，如果简单地以 GDP 除以碳排放量，则忽视了其他资源的作用。对此有学者尝试发展了基于投入为劳动、资本与能源，产出为合意的 GDP 与非合意的碳排放的生产函数的衡量方法。

二、碳生产率的特征

（1）相对性。与碳排放绝对量相比，碳生产率是一个相对量，并同时关注了碳排放量和 GDP。这不仅帮助在不同国家地区之间建立了可比较的标准，也为一个国家地区在经济增长和碳排放降低两个目标下的发展路径提供了抓手。

（2）技术性。与碳生产率概念类似的还有碳排放强度，碳排放强度是指每单位国民生产总值所带来的二氧化碳排放量。可以看出，碳生产率 = 1/碳排放强度。但碳生产率和碳排放强度描述的却不是同一个问题。碳排放强度更多是用来衡量一个国家或地区的经济与碳排放量之间的关系。而碳生产率则是一个经济体所拥有的利用碳排放资源获取 GDP 的效率或能力。碳生产率是因，碳排放强度是果。

（3）系统性。一个国家或地区的碳生产率取决于其产业结构、能源结构和能源效率。从产业结构层次看，提升碳生产率高的产业占比，降低碳生产率低的产业占比，可以提高该国家或地区的碳生产率。而具体产业的碳生产率又取决于该产业的能源结构和不同能源的效率。因此，碳生产率的提升是一项从宏观到微观共同努力的系统工程。

三、碳生产率的影响因素分析与提升对策——以江苏为例

栾昊（2018）对江苏省碳生产率的区域差异和影响因素进行分析发现：江苏省碳生产率逐年增加，碳生产率增加主要是受能源效率因素的影响，技术水平的进步所引起的能源效率的不断提高是江苏省碳生产率增长的主要原因。不断发展高新技术产业，提高能源使用效率是江苏省现阶段二氧化碳减排和碳生产率提高的主要途径。但能源效率对提高江苏省碳生产率的作用在减弱，产业结构因素对江苏省碳生产率的增加起着越来越重要的作用。同时，江苏省产业结构出现“劣化”的趋势，工业比重“不降反升”。改造传统产业，进一步优化产业结构，加大转型升级力度，提升产业技术水平，促进第三产业快速发展，是江苏省提高碳生产率，实现二氧化碳减排的关键。能源排放比率一直抑制碳生产率的增加，江苏省能源结构趋于“高碳化”，发展新型能源，改善能源生产和消费结构是现阶段江苏省二氧化碳减排、提高碳生产率的有

效途径。

第八十三节　碳泄漏

一、碳泄漏的定义

碳泄漏(Carbon Leakage，CL)是指一个国家或地区采取二氧化碳减排措施后，该国或地区一些产品生产(尤其是高耗能产品)可能转移到其他未采取二氧化碳减排措施的国家或地区，导致该国家或地区温室气体排放量增加的情况。碳泄漏可以被认为是跨国界的外部性问题，其成为发达国家要求对发展中国家征收碳关税以及其他边境调节措施的重要依据。

二、碳泄漏的产生渠道

碳泄漏问题是环境与贸易冲突在气候变化领域中的体现，也是涉及国际气候制度谈判的重大政治经济问题，囊括的因素十分复杂。碳泄漏具有以下多重流向：从不同经济发展水平国家的角度看，包括发达国家与发展中国家之间的相互流动、发达国家之间的流动、发展中国家之间的流动。从环境政策宽严的角度看，包括由减排区域流向非减排区域、由减排政策较严格的区域流向减排政策较宽松的区域。碳泄漏的三个主要渠道见表 6. 14。

表 6. 14　碳泄漏的三个主要渠道

能源产品的国际贸易	减排国家采取的减排行动可能导致全球煤炭、石油等碳密集型化石能源的市场价格下降，从而使非减排国有可能扩大对化石燃料的需求，增加其温室气体排放
碳密集型产品的国际贸易	减排国家采取的减排政策，可能会增加钢铁、水泥等碳密集型产品的生产成本，降低这类产品的国际竞争力，使非减排国生产的同类产品具有比较优势，从而改变国际工业发展模式和国际贸易流向，并使非减排国增加其温室气体排放
能源密集型产业的国际转移	减排政策可能降低减排国家能源密集型产业的资本收益率，而为了实现利益最大化，减排国的企业可能将投资转向非减排国家，这样就可以对全球范围内的生产要素进行重新配置，使得碳密集行业向非减排国家转移，导致更多不受控制的温室气体排放

资料来源：绿石碳资产。

三、碳泄漏的影响

（一）碳泄漏问题对发展中国家的影响

1. 使发展中国家长期面临碳关税等边境措施的威胁

防止碳泄漏、防止竞争力丧失是发达国家威胁实施碳关税的两个理由。但由于碳关税等边境措施能限制自由贸易、伤害整个国际经济，并且发达国家在是否实施碳关税问题上掌握着主动权和控制权，因此发达国家并没有放弃其威胁。碳泄漏问题使得发展中国家的经济体系在能源密集型产品和高排放产品的贸易活动上更加依赖发达国家，这大大限制了发展中国家的进一步发展。其中，中国作为贸易大国和碳排放大国，碳泄漏问题非常突出。从碳泄漏产生的渠道分析，流向我国的碳泄漏主要通过钢铁、煤炭等能源密集型产业的转移产生，同时从碳泄漏的流向和流量分析，我国也是一个碳泄漏净吸收国。由此可得，碳泄漏问题在不同角度给我国带来了巨大的挑战。

2. 迫使发展中国家承诺超出自身经济发展水平的减排目标

发达国家强调碳泄漏对减排国家减排效果的抵消作用、对全球经济的负面影响，目的在于让发展中国家承担与发达国家大致相当的减排责任，采取标准基本相同的减排政策。在强大的国际压力下，发展中国家承诺的减排目标越来越高，然而由于复杂的国情及国内的诸多挑战，发展中国家面临着巨大的减排压力：首先，人口基数庞大，人均碳排放高，总排放量大，减排任务艰难；其次，能源结构单一，产业结构调整难度很大；最后，缺乏制定减排政策的经验。多数发达国家早已在国内实施了符合其国家利益的碳税制度，设计了碳排放交易制度，积累了大量的经验。但大多数发展中国家国内减排政策几乎是空白，如我国作为碳减排非常积极的发展中国家，符合国家利益的碳税制度仍未成立。发达国家忽略历史排放、人均排放、生存与发展排放，一味地迫使发展中国家采取减排措施，实则是为了限制发展中国家的正当生存和发展权。

（二）碳泄漏问题对自然环境的影响

发达国家密集型产品向发展中国家转移这一现象，并不会使得碳排放量在全球范围内得到有效控制，仅是在发达国家内部的碳排放量得到了控制。相反由于发展中国家对于发达国家的密集型产品依赖性变得更高，导致发展中国家必须大规模地发展该类产业才能促进经济的进一步发展，这使得全球范围内的碳排放量不减反增，造成了自然环境的进一步破坏。众所周知，碳排放造成的温室效应已对我们的环境造成了极大的破坏，近年来各种极端气候的出现正是人类大肆破坏自然环境的结果，温室效应的出现使得极地气候逐年上升，造成了许多不可挽回的后果。

四、碳泄漏的有效控制措施

解决碳泄漏是全球性的一项工作，节能减排从不是发达国家的单边政策，更不应当利用减排政策使得节能减排行业和产品受到不正当的竞争。而碳泄漏的本质正是由于节能减排产品在所需成本上要远高于其他产品，为此可以设立有关政策去提高和限制能耗较高的产品生产，同样在产品进口的过程中，也应当通过提高关税等方式，对能源消耗较高的产品进行成本控制，这样便能够实现国内市场的正当竞争。除此之外也要在全球范围内推行节能减排的有关政策，国际上的发达国家应当支持和呼吁发展中国家实行可持续发展理念，实现全球范围内的节能减排。

（一）配额制度

配额制度指的是通过国家的有关政策，为节能减排的有关产品和行业提供一定的免费或有偿配额，这样便能够从资金的角度为节能减排行业提供一定的支持。从本质上而言，这就是本土对行业可持续发展的支持，也是促进国内节能减排行业发展的基本动力。目前很多国家对碳泄漏问题的解决策略都集中在选择免费配额制度，以后可能会逐步过渡到拍卖等有偿配额制度。使用配额制度的过程中要对产品和行业进行考察，了解产品是否会可持续发展，并且明确产品在生产的过程中不会通过对中间产品的进口而实现碳成本的控制。

（二）边境税率控制

边境税率控制则是通过一系列的边境控制手段，使得国际市场上一些来自发展中国家的高碳排放、低成本产品难以进入发达国家市场。碳泄漏的出现，使得发达国家在承担节能减排政策的同时面临着诸多竞争压力。通过边境税率控制的方式，能够有效使得发达国家的节能减排产品在市场中处于有利地位，在一定程度上也变相地倒逼了发展中国家对于节能减排的重视。

总而言之，解决碳泄漏的有效手段便是全球各个国家之间联手实行相关政策，积极支持节能减排有关的产品，对碳排放较高的产品施加多重限制。以确保节能减排的产品在市场中能够处于正当竞争的地位，促进全球范围内的产业经济调整，实现可持续理念在发展中国家的应用。

第八十四节　碳检测

一、碳检测的概念

碳检测是一种重要的碳排放量核算方法，是指利用连续排放监测系统对企业的碳排放量进行检测，包括对温室气体的常规或临时的数据收集和测算等。

碳排放量核算方法是构建碳交易市场不可缺少的组成部分。国际通用的核算方法主要有两种：碳计量和碳检测。“碳计量”是将企业的生产活动划分为若干流程，分别计算每个流程中的碳排放量，最后加总得到企业碳排放总量。相较于这种阶段式的计算方法，“碳检测”则是利用专业系统实时监测，其优势在于统计数据精度更高，更具有连续性，但成本相对较高，且需要配套完善的技术规范。

二、碳检测的方法

碳检测应遵循一系列标准方法和原则。从方法上看，国际上较为通用的是温室气体议定书(GHG Protocol)或ISO14064温室气体核证标准。前者由世界资源研究所(World Resources Institute，WRI)和世界可持续发展工商理事会(World Business Council for Sustainable Development，WBCSD)共同开发，包括两个相关但相互独立的标准——企业核算与报告准则以及项目量化准则；后者由国际标准化协会(The International Organization for Standardization，ISO)制定，旨在为温室气体排放的检测、量化和削减提供一套工具。

此外，碳检测还要有软硬件及科学技术的支持。硬件可用于监测具体的排放源或相关指标，软件可用于信息收集、计算、统计和分析，还可以通过云系统将企业的排放数据上传至云端，易于监管。软硬件的有机结合可以获得更精确、更及时的碳检测效果。

表 6.15　碳检测的方法分类

技术类型	举例	优点	缺点
化学分析法	人工滴定法、化学吸收法、气相色谱法	原理简单、操作简便	响应速度慢
电化学分析法	自动电位滴定法和电化学传感器法	响应速度稍快	精准度和稳定性不佳
物理光学分析法	红外吸收光谱法、可调谐半导体二极管激光吸收光谱法、中红外 LED 光源差分吸收光谱法	效率高、准确性高、综合表现最优	一定的技术难度
物理化学技术联用法	光声光谱法、气相色谱—傅里叶变换红外光谱联用法	技术新颖	难度较大

从表 6.15 中可以看出，四类方法各有优劣，目前以红外吸收光谱法为代表的物理光学分析法是受到普遍认可且综合表现最优的碳检测方法。

三、碳检测的意义

从企业层面来看，要有效实施碳管理，公司应当清楚地了解自身碳排放的情况。只有通过有效的碳监测，才能获得事实与数据，帮助公司科学核算和规范报告自身的温室气体排放，促使企业和有关部门提高碳排放监测、报告与核查（Monitoring，Reporting，Verification，MRV）水平，鼓励企业积极参与碳排放交易，促使企业制定有针对性的温室气体排放控制计划及战略，强化企业社会责任感。

从国家层面来看，发展可靠的碳检测技术，准确而全面地获取碳排放数据，可以为减排措施的制定、减排标准的设定提供有力的技术支撑，从而为温室气体减排和应对气候变化工作奠定坚实的基础。

四、国内外碳检测应用现状

对于碳排放的核算，欧盟采用碳计量和碳检测二者并行的方法，美国则是优先采用碳检测方法。这类发达国家的温室气体排放计量工具已相对成熟，实现了二氧化碳等常规温室气体检测体系的配备和应用。

目前中国比较完善的方法是碳计量，而且只在火电行业开展了碳检测的试行，国内整体碳检测设备的渗透率较低。但是，我国政府正在借鉴欧美经验，推进温室气体排放检测业务发展，加大对专业环境检测人员的培训投入，规定企业受测人员对其生产排放源的检测标准，并逐步建立专门的碳检测部门，用最优系统的统一标准来测算碳排放。

2021 年 9 月 23 日，我国生态环境部发言人称将发布《碳监测评估试点工作方案》，该方案将选取全国 16 个城市，聚焦火电、钢铁、石油天然气开采、煤炭开采和废弃物处理五类重点行业开展碳监测评估试点，计划于 2022 年探索建立碳监测评估的技术方法体系，发挥示范效应。

五、中国碳检测展望

抑制全球变暖和应对气候变化，在未来很长一段时间内都将是世界各国面临的重大课题。在这个背景下，碳检测的研究具有可观的现实意义和长远意义。我国未来很有可能将碳检测纳入碳排放量核算的标准方法，并且随着碳市场的完善，碳检测或将逐步取代碳计量。我国要实现这一点，任重而道远。

我国应以红外吸收光谱等物理光学分析方法为切入点，进一步开展对碳检测技术的研究，填补此类研究上的空白，力争探究出对国内各行业各类型排放源具有普适性的检测技术，并围绕其挖掘更多的应用价值。此外，政府和环保部门应当合理利用政策手段，为碳检测技术的研究和应用提供更多的政策支持和资源支撑，让碳检测助力控排减排工作，尽快实现碳达峰与碳中和的目标。

第八十五节　碳抵消

一、碳抵消的概念

碳抵消是指控排主体在履约的过程中，从碳市场购买一定数量的碳减排信用来抵消自身碳排放的整个过程。

二、碳抵消产生的意义

抵消机制是碳排放交易体系的重要环节，抵消机制的运用将为控排主体履约提供更多的灵活性，有助于增加市场流动性，提高控排主体之外的企业的参与程度。碳抵消可以用来实现补偿或抵消其他排放源产生温室气体排放的活动。在强制性总量控制与交易制度中，由于碳抵消机制的引入，允许控排企业的实际排放量增加到总量控制所设定的水平之上，其前提是这些增加的碳排放要由覆盖范围之外排放源的减排活动得到补偿。碳抵消的过程见图 6. 18。

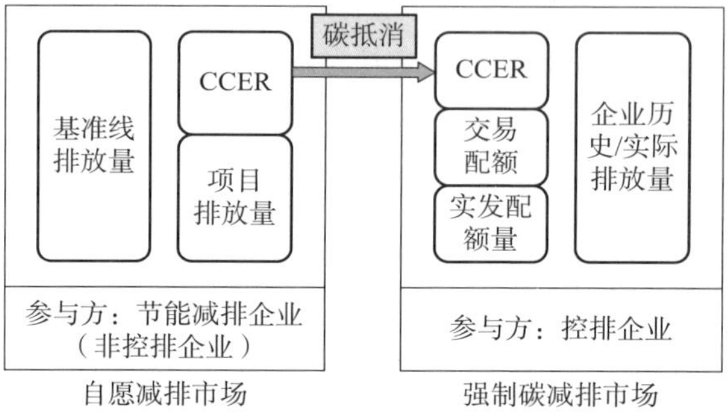

图 6. 18　碳抵消的过程

三、欧盟排放权交易体系的抵消机制设计

欧盟排放权交易体系自 2005 年 1 月启动，是欧盟减少温室气体排放的主要政策工具。该体系目前覆盖了 31 个国家，是世界上最早也是最大的国际性排放交易体系，该体系的运行分为三个阶段(见表 6. 16)。

表 6. 16　欧盟排放权交易体系运行阶段

阶段	时间	具体内容
第一阶段	3 年 （2005—2007 年）	可无限制地使用清洁发展机制框架下各类项目产生的减排量抵消实际碳排放量
第二阶段	5 年 （2008—2012 年）	可使用清洁发展机制/联合履约机制下的大多数项目类别产生的减排量。根据国别不同，其应用程度不尽相同。但不可使用土地利用、土地利用变化和林业、核能以及大型水电项目的减排量
第三阶段	8 年 （2013—2020 年）	与第二阶段类似，但纳入了更多定性化与定量化的排放限制——仅接受最不发达国家的清洁发展机制项目产生的减排量，并排除了特定类型的项目，如三氟甲烷和氧化亚氮气体的分解，其抵消量最多只能占排放交易体系总减排量的 50%

四、我国碳市场自愿减排抵消机制的政策介绍

2012 年，国家发改委印发《温室气体自愿减排交易管理暂行办法》，纳入 CCER 抵消机制。2020 年 12 月发布的《碳排放权交易管理办法(试行)》中指

出，CCER 是指对我国境内可再生能源、林业碳汇、甲烷利用等项目的温室气体减排效果进行量化核证，并在国家温室气体自愿减排交易注册登记系统中登记的温室气体减排量，CCER 抵消机制是对自愿减排项目的鼓励行为。CCER 抵消机制的抵消比例为 1∶1 替代碳配额，抵消比例不超过总碳配额的 5%。碳交易市场有两类基础产品：一类为政府分配给企业的碳排放配额，另一类为核证自愿减排量（Chinese Certified Emission Reduction，CCER）。碳市场按照 1∶1 的比例给予 CCER 替代碳排放配额，即 1 个 CCER 等同于 1 个配额，可以抵消 1 吨二氧化碳当量的排放，《碳排放权交易管理办法（试行）》规定重点排放单位每年可以使用国家核证自愿减排量抵消碳排放配额的清缴，抵消比例不得超过应清缴碳排放配额的 5%。

五、案例分析：湖北省碳排放权抵消机制

2015 年，湖北省发改委发布《湖北省发改委关于 2015 年湖北省碳排放权抵消机制有关事项的通知》（鄂发改办〔2015〕154 号），对《湖北省碳排放权管理和交易暂行办法》（省政府令第 371 号）中关于碳排放权抵消机制的规定进行补充完善。湖北省成为继北京、上海、广东碳交易试点之后第四个为本地区内碳排放权抵消机制的实施专门发布相关管理文件的试点。

在地区来源方面，该通知指出，用于抵消的自愿减排量必须于本省行政区域内产生，且产生于湖北省控排企业组织边界范围外；同时与湖北省签署了碳市场合作协议的省市，经国家发改委备案成功后的减排量也可以用于抵消，但年度抵消量不得高于 5 万吨。

在备案签发方面，该通知指出，已于国家发改委备案签发的减排量可以 100%用于抵消，而未备案的减排量按不高于项目有效计入期（2013 年 1 月 1 日至 2015 年 5 月 31 日）内减排量 60%的比例用于抵消，同时用于抵消的未备案减排量应当在下一年度 4 月 20 日前获得国家发改委备案。

另外，湖北省通过抵消机制制度设计，鼓励优先使用来自省内贫困地区的 CCER 抵消，累计共使用 CCER 抵消 352 万吨。其中来自省内贫困地区产生的碳减排量有 217 万吨，为贫困地区带来收益超过 5000 万元（按照 2019 年 CCER 成交均价估算）。湖北省通山县竹子造林碳汇项目是全国首个可进入国内碳市场交易的 CCER 竹子造林碳汇项目。项目旨在充分发挥竹林改善生态环境、增加群众收入、促进可持续发展等多重作用。比如，产生可交易的碳减排量，发挥竹子造林碳汇项目的试验示范作用，推进竹林碳汇参与碳交易。

同时，增加当地森林面积，保护生物多样性，维护了当地的生态安全。

第八十六节　碳标签

一、碳标签的定义

碳标签(Carbon Labelling)是为了缓解气候变化，减少温室气体排放，推广低碳排放技术，从而把商品在生产过程中产生的温室气体排放量在产品标签上用量化的指数标示出来，以标签的形式告知消费者产品的碳信息。

二、碳标签与碳足迹

碳足迹是指企业机构、活动、产品或个人通过交通运输、食品生产和消费以及各类生产过程等引起的温室气体排放的集合，这个概念缘起于“生态足迹”。而碳标签是产品碳足迹的量化标注，碳耗用得越多，二氧化碳制造得越多，碳足迹就越大，从而标注在产品上的碳标签也就越大；反之，碳标签就小。因此碳标签就是通过计算碳足迹，将其产品的碳足迹以贴上“碳标签”的方式告知消费者，从而引导消费者的市场购买行为。

三、类别

对碳标签进行分类，不仅可以使消费者清楚了解到产品的碳信息，也便于政府、企业对碳标签进行管理。碳标签的分类见表 6. 17。

表 6. 17　碳标签分类

分类标准	类别	具体内容
表现形式	碳标识标签	没有公布明确的二氧化碳排放量的数值，仅仅表明产品在整个生命周期内的二氧化碳排放量低于某个既定标准
	碳得分标签	将产品在整个生命周期内的碳足迹进行计算并公布
	碳等级标签	将对产品整个生命周期内的碳排放量进行计算，与同行业平均水平比较，然后确定其在行业中所处的等级
对参与主体的约束力	自愿型	参与主体自愿给产品贴上碳标签。大多数发达国家推行的碳标签制度属于自愿型碳标签
	强制型	参与主体在政府强制力约束下给产品贴上碳标签
属性	公共碳标签	计划所有者是政府。大多数碳标签实施者是政府机构
	私有碳标签	由私人公司经营，政府只发挥有限的作用

四、发展过程

（一）碳标签起源

碳标签起源于 20 世纪 90 年代欧洲推行的两项生态标签：纺织品生态环境标志、电子产品能效标签制度。纺织品生态环境标志是将行政措施的强制性和市场机制的引导性成功结合的制度，这一机制的实行，促使企业不断进行技术创新，减少或消除了产品的环境影响，取得了极大的成功。电子产品能效标签制度的典型措施是欧盟要求出售的白色家电产品必须悬挂欧盟能效标签。在全球气候变暖的大背景下，这两个案例的成功实施使得碳标签制度应运而生。

（二）发达国家探索发展

21 世纪初，世界上主要国家纷纷开始探索碳标签制度，英国是全球最早推出产品碳标签制度的国家。目前，全球已有英国、美国、德国、法国、瑞典、日本等多个国家和地区逐渐建立起碳标签制度。不同国家推出的碳标签制度在标签名称、产品类别、揭示内容等方面有所不同，世界上主要发达国家的碳标签制度如表 6.18 所示。

表 6.18　主要发达国家的碳标签制度

国家	时间	标签名称	产品类别	揭示内容	标识
英国	2007 年	碳足迹	B2B、B2C 所有产品和服务	CO_2e①承诺 未来减量	100g CO2
德国	2008 年	产品碳足迹	B2C 所有产品和服务	衡量/评价 所有产品和服务	BERECHNET CO2 Fußabdruck www.pcf-projekt.de
法国	2008 年	Bilan CO_2	E. Leclerc 公司 自售/B2C 产品	CO_2e	161 g CARBON counted.com
	2008 年	Groupe Casino	B2C 所有 Casino 自售产品	CO_2e 分级	

① 表示将所有温室气体排放均转化为二氧化碳当量衡量。

续表

国家	时间	标签名称	产品类别	揭示内容	标识
美国	2011 年	碳中和标签	B2C 所有产品和服务	宣告碳中和	101g CO2 CARBON LABELS.ORG
	2011 年	Climate Conscious	B2C 所有产品和服务	CO_2e	
	2011 年	碳标签	B2C 所有产品和服务	分级宣告 达到标准	

（三）中国碳标签顺势发展

中国“碳足迹标签”推动计划始于 2018 年。2018 年 8 月，中国电子节能技术协会低碳经济专业委员会（LCA）牵头组织制定了《中国电器电子产品碳足迹评价》团体标准。2018 年 11 月 15 日中国电子节能技术协会（CEESTA）、中国质量认证中心（CQC）及国家低碳认证技术委员会在湖北武汉联合举办了 2018 年电器电子产品碳标签国际会议，同期发布《中国电器电子产品碳标签评价规范通则》团体标准，确定中国首例电器电子行业“碳足迹标签”试点计划。2019 年 7 月，中国碳标签产业创新联盟成立，共建会员将成为各个行业首批应用碳标签的企业。随着双碳目标的提出，碳标签制度的发展更是被赋予了极大的意义，不仅有控暖减排的重大推动作用，还进一步填补了我国环保法规的空白，催生了一个低碳消费拉动低碳生产绿色循环的新市场机制。

五、案例

世界上最大的食品集团之一联合利华 2021 年 7 月承诺在未来 6 个月内为其 3 万种产品贴上碳足迹标签，联合利华的全球供应链主管马克・恩格尔更是表示：“我们打算在未来两到五年内，在我们的整个产品系列上推出碳标签，并相信这不仅会改变消费者的行动，也会改变我们供应链中成千上万的企业的行动。”预计联合利华将在欧洲或北美对多达 20 个大类产品进行试点，然后未来两到五年内慢慢地在其整个产品系列中推广这些标签。联合利华的这一举措，在产品中引入“徽章”，揭示每件产品对地球的“代价”，不仅会对其供应链上下游的企业产生巨大影响，也起到了很好的示范作用，激励越来越多的企业承担起生态环境保护的重任。

第三部分

碳交易与碳金融

第七章 碳排放权交易

第八十七节 碳市场

一、碳市场的定义

碳市场(Carbon Market)全称为碳排放权交易市场，指温室气体排放权交易所形成的市场，交易的买卖双方，按照相关规则的要求或出于自愿行为，在市场上相互买卖碳配额以调节余缺或经核证的碳自愿减排量，建立碳市场的目的是利用市场机制以较低的社会成本控制和减少温室气体排放。

二、碳市场的内容介绍

(一)碳市场的类别

根据交易形式是否具有强制性，碳排放权交易可分为强制性(或称履约型)碳排放权交易市场和自愿性碳排放权交易市场。

(1)强制性碳排放权交易市场：是目前国际上最普遍的交易市场，最初起源于为《京都议定书》中强制规定温室气体排放减排目标的国家有效提供碳排放权交易平台，通过市场交易实现减排，例如欧盟排放交易体系(The EU Emission Trading Scheme，EU ETS)。后来随着各区域温室气体排放控制的需要，部分区域也建立了强制性碳排放交易市场，例如美国区域温室气体减排行动(Regional Greenhouse Gas Initiative，RGGI)、美国加州碳排放权交易(California Cap & Trade)、中国的全国碳排放权交易中心、中国7个碳排放权交易试点等。

(2)自愿性碳排放权交易市场：如中国自愿减排交易信息平台，多出于企业履行社会责任、强化品牌建设、扩大社会效益等非履约目标，具有社会责任感的大型活动组织者、个人为抵消大型活动或个人碳排放、实现碳中和生活，而主动采取碳排放权交易行为以实现减排。

按照交易标的和交易场所，碳排放权交易的市场类型可分为一级市场、二级市场。

（1）一级市场：是对碳排放权进行初始分配的市场体系。政府完全垄断碳排放权，政府是一级市场的卖方，买方则包括下级政府和履约企业，交易标的是碳排放权，政府对碳排放权的价格有着极强的控制力。

（2）二级市场：是碳排放权的持有者（下级政府和企业）开展现货交易的市场体系。获得碳排放权的下级政府和履约企业的数量有限，下级政府和履约企业获得碳排放权后将同时获得对碳排放权的支配权。

（二）碳市场构成要素

碳市场构成要素见图 7.1。

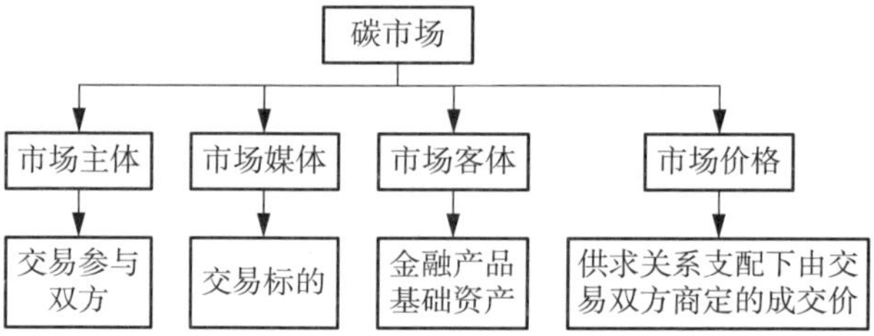

图 7.1　碳市场构成要素

（三）碳市场交易的标的

碳排放权交易市场交易标的为温室气体。根据《京都议定书》，需要削减的温室气体包括二氧化碳（CO_2）、甲烷（CH_4）、氧化亚氮（N_2O），以及人造温室气体氢氟氯碳化物（CFCs，HFCs，HCFCs）、全氟碳化物（PFCs）、六氟化硫（SF_6）等六种，其中后三类人造温室气体造成温室效应的能力最强，但对全球升温的贡献百分比来说，二氧化碳由于含量多，所占的比例也大，约为 55%。

2011 年 11 月，国家发改委下发《关于开展碳排放权交易试点工作的通知》，同意在北京、天津、上海、重庆、广东、湖北、深圳 7 省市开展碳排放权交易试点，其中武汉交易标的为《京都议定书》提出的六种温室气体，其他试点城市交易标的均为 CO_2。中国自愿减排交易信息平台的交易标的为六种温室气体。2021 年 7 月 16 日，全国碳排放交易正式开始，开始阶段交易标的也仅为 CO_2。

（四）碳市场交易覆盖的行业

碳市场在选择所覆盖的行业方面，按照欧盟要求的第一阶段只包括能源产业、内燃机功率在 20MW 以上的企业、石油冶炼业、钢铁行业、水泥行业、玻璃行业、陶瓷以及造纸业等，并设置了被纳入体系的企业的门槛。在欧盟碳排放交易体系下，碳市场交易大约覆盖 11500 家企业，其二氧化碳排放量约占欧盟总二氧化碳排放量的 50%，而其他排放温室气体的行业将在第二阶段后逐步加入。

中国将年度温室气体排放量达到 2. 6 万吨二氧化碳当量及以上的单位列入温室气体重点排放单位名录，这些单位亦称为重点排放单位。目前电力、建材、钢铁、有色、化工、石化、造纸及民航等 8 大行业属于全国碳排放权交易市场覆盖行业。由于电力行业以大型企业为主且排放量较大、产品数据单一、基础数据较好、管理制度健全，故以电力行业为突破口首批纳入全国碳排放交易中心进行碳交易。按照成熟一个就批准发布一个的原则，在发电行业碳市场健康运行的基础上，市场覆盖范围将逐步扩大到其他 7 个等更多的排放行业。

（五）碳市场的功能

碳市场的功能见表 7. 1。

表 7. 1　碳市场的功能

总功能	以更低成本、更高效率实现碳排放总量控制（峰值）
具体功能	（1）价格信号：形成长期碳价格预期，引导投资流向绿色低碳产业 （2）低碳融资：通过碳市场为绿色低碳转型融资 （3）政策协同：与其他政策（能源革命、供给侧结构性改革、去产能等）形成协同增效

三、全球碳市场体系覆盖范围

截至 2021 年 1 月 31 日，全球共有 25 个运行中的碳市场（包括 2021 年 7 月即将运行的中国碳排放权交易中心）。另外有 6 个碳市场正在计划实施，预计将在未来几年内启动运行，全球碳市场的覆盖范围将进一步扩大。另外，抵消机制也将成为全球范围内，各国实现其气候约定的重要组成部分。

第八十八节　碳排放权交易

一、碳排放权交易的定义

碳排放权是政府赋予企业碳排放的权利。碳排放权交易是指交易双方将碳排放权当成商品进行买卖，有时也简称为碳交易。政府先确定当地碳排放总量，接着将碳排放权以配额的方式发放给企业等市场主体。碳排放超过配额的企业需要购买碳排放权才可以进行排放，而低于配额的企业可以选择出售碳排放权。碳排放权交易既可以控制地区的碳排放总量，又鼓励企业节能减排以控制成本，是一种利用市场经济来促进环境保护的重要机制。

二、我国碳排放权交易的发展历程

我国碳排放权交易市场主要可以分为两个大的阶段，第一阶段是 2011 年到 2020 年，我国开始开展碳排放权交易试点工作；第二阶段是从 2021 年起，除试点之外，全国碳排放权交易市场进入全面的测试阶段(见图 7.2)。接下来，我国将继续推进碳市场的运行及完善，不断扩大覆盖的范围，丰富交易的品种与方式。

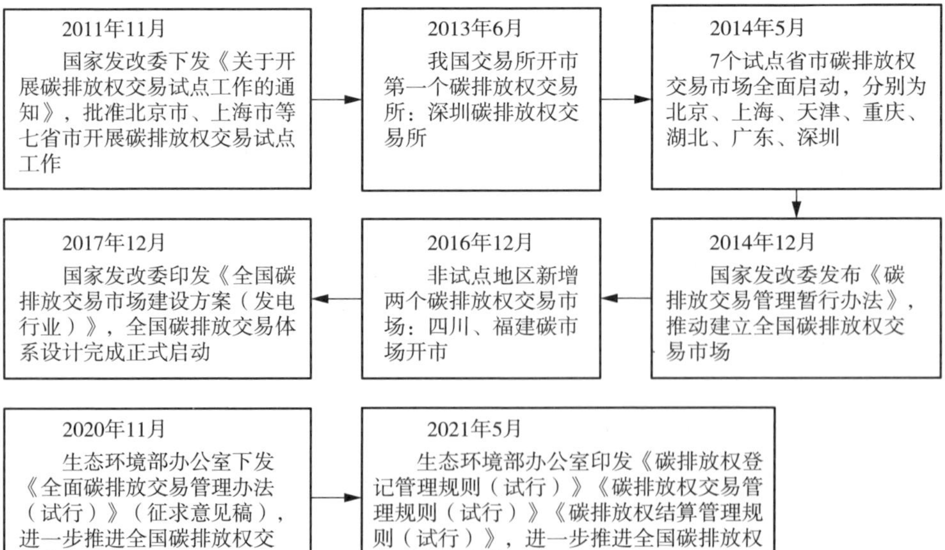

图 7.2　我国碳排放权交易发展历程

三、碳排放权交易要素

碳排放权交易要素主要有交易主体、交易标的、交易模式三类，具体如表 7. 2 所示。

表 7. 2　碳排放权交易要素

要素	具体内容
交易主体	目前，全国碳排放权交易市场并不向所有主体开放，只有重点排放单位以及符合国家有关交易规则的机构和个人，才是全国碳排放权交易市场的主体
交易标的	目前，全国碳市场的交易标的为碳排放配额，生态环境部按照国家有关规定或经国务院批准也可以适当增加其他交易产品。其中，碳排放配额的发放由生态环境部根据国家温室气体排放控制要求考虑经济增长、能源结构优化等因素确定
交易模式	碳排放权交易通过全国碳排放权交易系统进行，可以采取协议转让、单项竞价等交易方式。其中，碳排放配额交易以“每吨二氧化碳当量价格”为计价单位，买卖申报量的最小变动计量为 1 吨二氧化碳当量。申报价格最小变动计量为 0. 01 元人民币

资料来源：《碳排放权交易管理办法(试行)》。

四、碳排放权交易流程

碳排放权的交易大体可以分为五个流程，分别为企业注册、配额发放、排放量核查、配额交易以及履约注销和结转配额(见表 7. 3)。其中，政府主管部门负责配额发放以及核查审定；审查机构负责审查排放量；交易所负责制定交易规则，发布交易信息，统筹市场交易；企业则贯穿整个碳交易流程，根据国家及交易所制定的规则，完成碳交易周期履约工作。

表 7. 3　碳排放权交易流程

流程	具体内容
企业注册	企业在注册登记系统注册
配额发放	主管部门给企业发放配额；企业获得碳排放配额
排放量核查	企业根据排放量准备履约，提交排放报告，并由核查机构进行核查以及由主管部门进行核查审定
配额交易	企业在交易系统买卖配额，进行交易
履约注销和结转配额	企业注销与排放量相当的配额完成履约，多余的配额将结转至下一年度

资料来源：大成律师事务所。

五、中欧碳排放权交易市场对比

欧洲碳排放交易市场于2005年开启，是全球最大的碳交易市场。将我国的碳交易市场和欧洲碳交易市场进行横向对比，主要差异在交易体系、交易计划、价格限制以及覆盖行业四个方面(见表7.4)。

表7.4 中欧碳交易市场差异对比

方面	中国	欧洲
交易体系	我国碳排放交易标的以碳排放配额为主，适当增加其他交易产品	欧盟碳排放交易体系包含“碳交易”“碳税”“碳边境税”互补的“三支柱”体系
交易计划	我国碳交易分为一级市场和二级市场。其中，一级市场为“配额的创造”，由国家相关部门和委托机构管理，创造和分配碳排放权配额；二级市场的参与者主要为企业，由企业在交易系统对配额进行买卖	欧盟排放交易计划采取“配额与交易”原则，即在污染物排放总量不超过上限的前提下，内部各排放源可通过货币交换相互调剂排放量。欧盟通过逐年降低上限的方式以最终实现减排的目的
价格限制	我国交易规则存在类似涨跌停板的价格波动限制	欧盟碳价交易不存在价格限制
覆盖行业	我国目前初步纳入碳排放交易的行业为电力行业。预计该范围将不断扩大，逐步扩展到电力、石化、化工、建材、钢铁、有色金属、造纸和国内民航八个行业	欧盟碳交易系统的覆盖行业由最初的电力行业以及资源密集型行业，逐步向交通部门和钢铁水泥等特定产品的生产部门扩展

资料来源：势能银链。

与中国碳交易市场相比，欧洲碳交易市场有着交易系统更为完善、市场化程度更高、覆盖行业更广等优势。欧洲碳交易市场可以为我国提供很好的借鉴与参考经验，为我国碳交易市场的进一步建设与完善提供范例。

第八十九节 碳计量

一、碳计量的重要意义

碳计量，即碳排放量计量。如何制定国际低碳经济发展途径、分配碳排放权和核实碳排放量，是全球各国共同推动应对气候变化行动首要需要解决的问题。从全国碳排放权交易市场建设，到国家执行碳达峰、碳中和战略目标，再到国际公约下各国共同努力降低全球温室气体排放，贯穿全流程的一项重要工作便是温室气体的计量，即开展碳计量工作。

不同国家、不同地区、不同企业等控排主体，都需要依托于科学数据来明确减碳目标、度量减碳成效。对企业来说，想要进行有效的碳计量和碳管理，最关键的一步就是碳盘查，也就是以企业为单位，计算自身在社会和生产活动各环节中直接或者间接排放的温室气体。对比碳盘查，碳核查指的是由具有公信力的第三方对企业的碳盘查报告进行审核并出具核查报告或声明的过程，核查的对象一般仅指被纳入国家要求控排和碳交易的企业，而且主要是由政府委派具有资质和公信力的第三方进行外审工作。

二、国际碳计量体系的发展

从国际上来看，联合国政府间气候变化专门委员会（Intergovernmental Panel on Climate Change，IPCC）第一工作组自1991年便开始开发与完善温室气体排放量可采用的数据与计算方法，并鼓励参与IPCC的国家使用该方法，推动《联合国气候变化框架公约》（UNFCCC）下各缔约国实现应对气候变化的最终目标。

IPCC第十二届会议通过的1996年修订版《IPCC国家温室气体清单指南》（以下简称“IPCC指南”）为UNFCCC缔约国正式开始提供温室气体排放和清除可采用的碳计量方法，开启了碳计量的新时代。此后多项国际应对气候变化会议和诸多国际机构均陆续提出碳计量相关原则，成为各个国家减排的依据，主要发展如表7.5所示。

表7.5　国际碳计量体系的发展

时间	主题	碳计量相关内容摘要
1994—2019年	1996年修订版IPCC指南 2006年修订版IPCC指南 2019年修订版IPCC指南	划分温室气体类别、内容、碳排放部门分类，从能源、工业过程和产品使用、农业、林业和其他土地利用、废弃物及其他这六大部门进行温室气体排放和消除的核算。IPCC指南提供了通用的不同排放系数缺省值与活动数据种类
1997年	《京都议定书》	建立CDM（国家清洁发展机制），对碳排放权进行规定，发达国家、发展中国家内实施减少温室气体碳排的项目，获得减排量，初步确定了碳排放权的确认方法以及温室气体的内容
2007年	巴厘路线图	提出了“三可”原则，具体要求为：气候公约发达国家缔约方要依据其不同的国情，承担可测量的、可报告的、可核证的与其国情相符的温室气体减排目标

续表

时间	主题	碳计量相关内容摘要
2008 年	《PAS 2050：2008 商品和服务在生命周期内的温室气体排放评价规范》	全球首个产品碳足迹方法标准，对产品生命周期中的碳足迹计算提供了标准
2015 年	《温室气体核算体系：企业核算与报告标准（修订版）》2015 年更新版	描述了企业层面核算指南，指导企业编制温室气体排放清单、确立基准年、设定组织边界和运营边界等具体步骤，识别、计算和跟踪温室气体长期排放情况，编制高质量的企业温室气体清单。并规定了采购电力的间接排放量、核算碳封存量的计算方法，以及包含的温室气体项目
2018 年	ISO《组织层级温室气体排放和移除的量化报告规范指南》	将排放源分为六大类，包括直接排放、输入能源的间接排放、运输产生的间接排放、组织使用最新产品的间接排放、与使用本产品相关的间接排放、其他来源的间接排放

三、中国碳计量体系发展情况

中国碳计量体系建设一直处于有序推进中，从国际来看，中国作为 UNFCCC 非附件 I 缔约方，按照缔约方义务定期提交国家信息通报，阐述中国应对气候变化的各项政策与行动，分别于 2004 年、2012 年、2019 年递交了《中华人民共和国气候变化初始国家信息通报》《中华人民共和国气候变化第二次国家信息通报》《中华人民共和国气候变化第三次国家信息通报》（以下简称“第三次信息通报”），并且分别于 2017 年、2019 年递交了《中华人民共和国气候变化第一次两年更新报告》《中华人民共和国气候变化第二次两年更新报告》，累计报告了中国 1994 年、2005 年、2010 年、2012 年、2014 年温室气体清单。

经过多年的试运行和补充，目前中国的计量体系在国家发改委办公厅 2011 年印发的《关于印发省级温室气体清单编制指南（试行）的通知》（发改办气候〔2011〕1041 号）基础上，以国家发改委办公厅后续在 2013—2015 年发布的《国家发展改革委办公厅关于印发首批 10 个行业企业温室气体排放核算方法与报告指南（试行）的通知》（发改办气候〔2013〕2526 号）、《国家发展改革委办公厅关于印发第二批 4 个行业企业温室气体排放核算方法与报告指南（试行）的通知》（发改办气候〔2014〕2920 号）、《国家发展改革委办公厅关于印发第三批 10 个行业企业温室气体排放核算方法与报告指南（试行）的通知》（发改办气候〔2015〕1722 号）三份通知为主。

截至目前，三份文件遵循 IPCC 指南原则涵盖了我国 24 个行业的碳排放计量方法及相关要求，在中国国家温室气体清单的框架内形成了不同行业的碳计量体系(见表7.6)。

表7.6　中国碳计量体系目前覆盖的行业

国家发改委办公厅三批24个行业温室气体排放核算方法与报告指南(试行)		
第一批指南试行行业	第二批指南试行行业	第三批指南试行行业
发电企业		造纸和纸制品生产企业
电网企业		其他有色金属冶炼和压延加工业企业
钢铁生产企业		电子设备制造企业
化工生产企业	石油天然气生产企业	机械设备制造企业
电解铝生产企业	石油化工企业	矿山企业
镁冶炼企业	独立焦化企业	食品、烟草及酒、饮料和精制茶企业
平板玻璃生产企业	煤炭生产企业	公共建筑运营企业
水泥生产企业		路上交通运输企业
陶瓷生产企业		氟化工企业
民用航空企业		工业其他行业企业

第九十节　CER和CCER

一、CER和CCER的定义

核证减排量(Certified Emission Reduction，CER)，是指符合清洁发展机制(Clean Development Mechanism，CDM)原则及要求，且经联合国执行理事会签发的CDM或PoAs(规划类)项目的减排量。一单位CER等同于一公吨的二氧化碳当量。

国家核证自愿减排量(Chinese Certified Emission Reduction，CCER)，是指根据国家发展和改革委员会于2012年6月13日发布施行的《温室气体自愿减排交易管理暂行办法》的规定，对中国境内可再生能源、林业碳汇、甲烷利用等项目的温室气体减排效果进行量化核证，经发改委备案并在国家注册登记系统中登记的温室气体自愿减排量。

二、CER和CCER的背景

全球变暖已经成为国际上最具挑战性的环境问题之一，在此背景下《京都议定书》设计制定了清洁发展机制。该协议规定了协议签署国的碳排放配额，并且允许各国出售未使用完的碳排放配额。

CDM允许签署国通过资金支持、技术援助等形式，与发展中国家共同开展减少温室气体排放的项目开发与合作，在发展中国家进行既符合可持续发展政策要求，又能产生温室气体减排效果的项目投资，由此取得投资项目所产生的相应的减排量，这些减排量被核实认证后，就成为核证减排量（Certified Emission Reduction，CER），可被用于该签署国履约。伴随着《京都议定书》的生效，碳排放权成为国际商品，碳排放权交易的标的被称为“核证减排量（CER）”。

2012 年之前，我国企业主要通过 CDM 参与国际碳市场。但是，随着欧洲经济低迷以及《京都议定书》第一阶段的结束，CER 价格不断下跌，CDM 项目发展受阻。于是我国开始筹建国内温室气体自愿减排交易机制，其碳信用的标的为 CCER。

2012 年，国家发展改革委印发《温室气体自愿减排交易管理暂行办法》《温室气体自愿减排项目审定与核证指南》两大关键文件，建立 CCER 签发流程和框架。

2015 年，国家发改委上线“自愿减排交易信息平台”，在该平台上对自愿减排项目的审定、注册、签发进行公示，签发后的减排量可以进入备案的自愿减排交易所进行交易。

2017 年 3 月，国家发改委发文表示，《温室气体自愿减排交易管理暂行办法》试行过程中存在着温室气体自愿减排交易量小、个别项目不够规范等问题，因此，该暂行办法需要修订，并暂缓了温室气体自愿减排交易方法学、项目、减排量、审定与核证机构、交易机构备案申请的受理。暂缓受理期间，不影响已备案的温室气体自愿减排项目和减排量在国家登记簿登记，也不影响已备案的 CCER 参与交易（见图 7.3）。

图 7.3　我国 CCER 发展历史

三、CCER 内容介绍

（一）CCER 的核心机制

CCER 标准体系包含三类标准：第一类是 CDM 项目中，已经在发改委获得注册，但尚未在联合国 CDM 执行理事会注册而且不再去 CDM 注册的减排量；第二类是我国自己推出的自愿减排标准，例如，北京环境交易所联合 Bluenext 环境交易所推出的自愿减排标准“熊猫标准”；第三类是国际上已有的自愿减排标准（VCS 标准、黄金标准等），只要符合《温室气体自愿减排交易管理暂行办法》，都可以纳入 CCER。

CCER 项目四大核心机制包括签发流程、减排量计算、项目计入期和抵消机制，如表 7.7 所示。

表 7.7　CCER 项目四大核心机制

签发流程	六个阶段：项目识别、项目审定、项目备案与登记、减排量备案、上市交易、最终注销 四个文件：项目文件、审定报告、监测报告、核证报告
减排量计算	采用基准线法计算。基本思路：假设在没有该 CCER 项目的情况下，为了提供同样的服务，最可能建设的其他项目所带来的温室气体排放量（基准线减排量），减去该 CCER 项目中的温室气体排放量和泄漏量
项目计入期	是指项目可以产生减排量的最长时间期限，包括固定计入期（10 年）、可更新计入期（3×7 年）以及补充计入期，项目参与者可选择其中之一
抵消机制	2021 年发布的《碳排放权交易管理办法（试行）》规定，重点排放单位每年可以使用 CCER 抵消碳排放配额的清缴，清缴比例不得超过应清缴碳排放配额的 5%

资料来源：国家发改委官网。

在签发阶段，CCER 项目备案的主要参与方如表 7.8 所示。

表 7.8　CCER 项目备案的主要参与方

参与方	主要职责
项目业主	项目的实施与监测
咨询机构	协助业主编制项目设计文件及监测报告
审定与核证机构（第三方机构）	实施项目的审定与核证
省级（国家）发改部门	初审备案申请材料的完整性与真实性
国家主管机构	作为最高决策机构，制定实施细则，备案审定核证机构、碳交易机构，批准项目备案以及减排量签发

资料来源：全国能源信息平台。

（二）CCER 交易机理

目前我国碳交易市场有两类现货产品：一类为政府分配给企业的碳配额；另一类为核证自愿减排量（CCER）。

作为配额交易的补充，我国在碳配额交易市场的基础上引入了自愿减排市场交易，即 CCER 交易。不同于碳排放配额交易的强制交易，CCER 交易属于自愿交易。CCER 交易，指控排企业向实施“碳抵消”活动的企业购买可用于抵消自身碳排的核证量。碳市场按照 1 : 1 的比例给予 CCER 替代碳排放配额，即 1 个 CCER 等同于 1 个配额，可以抵消 1 吨二氧化碳当量的排放。通过 CCER 交易，可将纳入企业的履约成本降低，同时也可鼓励未纳入企业通过实施减排项目并出售 CCER 获利。CCER 交易机理见图 7.4。

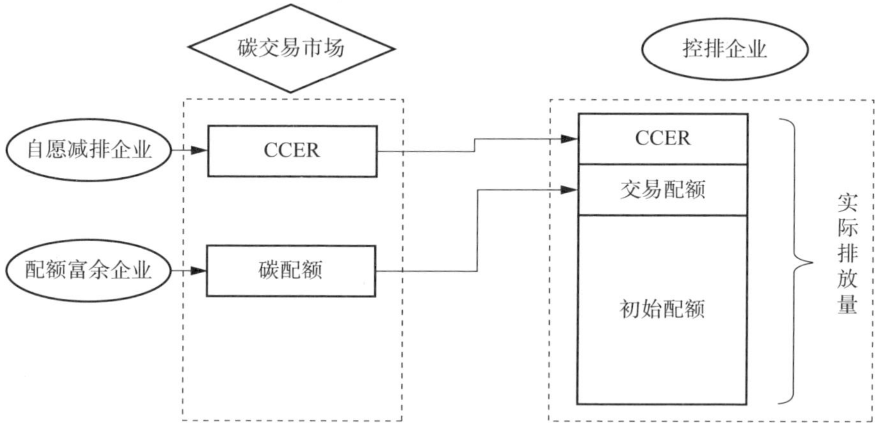

图 7.4　CCER 交易机理

（三）CCER 开发现状

CCER 项目开发现状见表 7.9。

表 7.9　CCER 项目开发现状(截至 2021 年 5 月)

项目备案	公示项目	备案项目	备案的总减排量
	2937 个	1047 个	76538 万吨
减排额签发	监测报告	签发的监测报告	签发的 CCERs
	824 份	415 份	4980 万吨

从项目类型和数量分布上来看，已备案项目中风电、光伏发电、农村户用沼气项目、水电项目占比最多，这四种类型的项目数量超过全部备案项目的 80%。

四、CCER 的案例——我国林业碳汇交易

林业在应对全球气候变化方面发挥着独特且重要的作用，林业碳汇交易

不仅是国际碳交易体系的重要组成部分，也是运用市场机制控制进行碳排放的先行探索模式。自从1988年危地马拉一植树项目的200万吨减排量以220万欧元售出，到2000年林业项目减排量付费行动逐步兴起以来，国内外林业碳汇交易在理论和实践上不断探索和创新。我国政府已将林业CCER作为抵消机制纳入国家碳排放权交易体系，给林业发展带来新的发展机遇。目前，我国林业碳汇交易均属于项目层面的核证减排量交易，项目类型主要有三种：一是清洁发展机制（CDM）下的林业碳汇项目；二是中国核证减排机制（CCER）下的林业碳汇项目，包括北京林业核证减排量项目（BCER）、福建林业核证减排量项目（FFCER）和省级林业普惠制核证减排量项目（PHCER）等；三是其他自愿类项目，包括林业自愿碳减排标准（VCS）项目、非省级林业PHCER项目、贵州单株碳汇扶贫项目等。

目前国内外形势及实践基础都有利于中国开展CCER林业碳汇交易。林业碳汇因具有多重效益，符合生态文明和美丽中国建设的需要，在全国碳市场上比其他减排项目具有相对优势，前景广阔。

第九十一节　碳配额和碳税

一、碳配额、碳税的定义

碳配额也称碳排放权，是政府为完成控排目标采用的一种政策手段，即在一定的空间和时间内，将该控排目标转化为碳排放配额并分配给下级政府和企业，若企业实际碳排放量小于政府分配的配额，则企业可以通过交易多余碳配额来实现碳配额在不同企业的合理分配，最终以相对较低的成本实现控排目标。根据生态环境部《碳排放权交易管理办法（试行）》，碳配额是全国碳排放权交易市场的主要交易产品，其分配目前以免费分配为主，可以根据国家有关要求适时引入有偿分配。

碳税是针对二氧化碳排放所征收的税。具体来看，碳税是通过对燃煤和石油下游的汽油、航空燃油、天然气等化石燃料产品，按其碳排放量征税来实现减少化石燃料消耗和二氧化碳排放。

二、碳配额和碳税的异同点

（一）相同点

碳配额交易和碳税均是碳定价机制，其目的都是对排放二氧化碳设置一个价格，通过发挥价格的信号作用，使经济主体减少排放二氧化碳，或为排放二氧化碳买单，从而引导生产、消费和投资向低碳方向转型，实现应对气候变化与经济社会的协调发展。

（二）不同点

1. 运作机制不同

碳配额交易主要是总量控制。碳配额直接限制了减排主体的二氧化碳最高排放量，碳配额富余企业可以将其富余的配额在碳交易市场与控排企业进行交易。但在此过程中，所有企业的排放总量是被严格控制的。而碳税主要是价格机制。碳税通过对一个单位量的温室气体排放增加固定的税收价格，将二氧化碳排放带来的环境成本转化为企业的生产经营成本，从而刺激企业减少二氧化碳的排放。

2. 实施成本不同

碳配额交易需要一个完善的碳交易市场，而碳交易市场的建立需要投入大量的时间、人力、财力，同时需要相关部门确定减排主体、合理分配碳排放配额、定期核查主体排放量等，其前期投入、实施过程、事后监管均需要较高的成本。而碳税则可以依托现有的税收体系，无须设置新机构，也不用考虑配套基础设施问题。因此，碳税在实施过程中所需的成本更低。

3. 减排效果的确定性不同

碳配额能够通过有效控制二氧化碳的总排放量和各减排主体的初始配额，实现对二氧化碳排放的直接控制，从而确保减排目标的实现，减排效果更具确定性。而碳税通过对每单位二氧化碳征税，促使纳税主体减少二氧化碳排放，若碳税税率相对较低，高排放、高收益的企业则可能维持原有生产经营模式不变，减排意愿较低。因此，碳税只能实现对减排目标的间接控制，相较而言，减排效果更加不确定。

三、碳配额、碳税的发展

（一）碳配额的发展

1. 制度建设

随着人们对气候变化问题的重视，各国政府皆在努力寻找节能减排与经济发展的平衡。欧盟 2005 年 1 月 1 日建立的欧盟排放交易体系（The EU Emission Trading Scheme，EU ETS），通过配额交易方式，把碳排放权作为一种商品在欧盟市场流通，通过经济激励来促使企业采取减排措施。该机制是第一个由多个经济体共同参与的碳配额交易机制，也是现今最为成熟的碳配额交易体系。我国也高度重视全球温室气体排放量持续增长的问题，逐步建立碳排放权交易机制、形成我国的碳排放交易市场，已被国家列入重要发展战略，至今已相继出台多项政策，制度体系不断完善(见图 7. 5)。

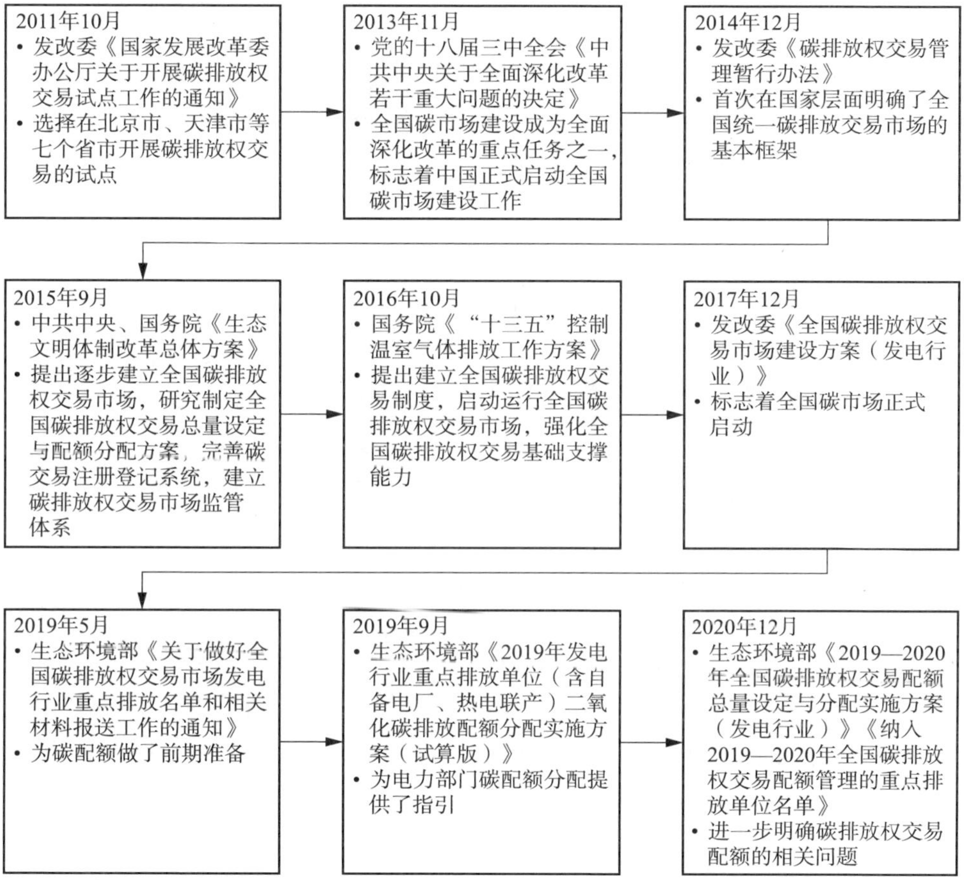

图 7. 5　与碳配额发展相关的政策及制度

2. 实践发展

就发展成效来看，全国碳排放权交易试点以来，各试点省市均取得了一定的成效。试点至今累计碳配额的成交量已达 2. 41 亿吨，成交额达 58. 6 亿元。其中广东、湖北两省厥功至伟，两地碳配额成交量合计占比 65%，成交额合计占比也高达 56%，为全国碳排放权交易做出巨大贡献(见图 7. 6、图 7. 7)。

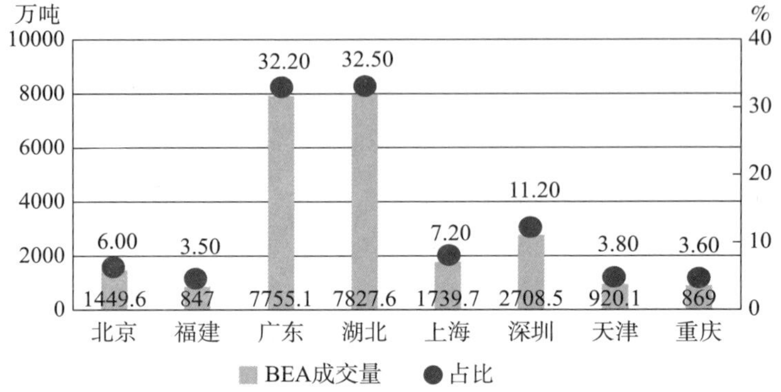

图 7.6　试点地区累计 BEA 成交量及其占比

资料来源：碳交易网。

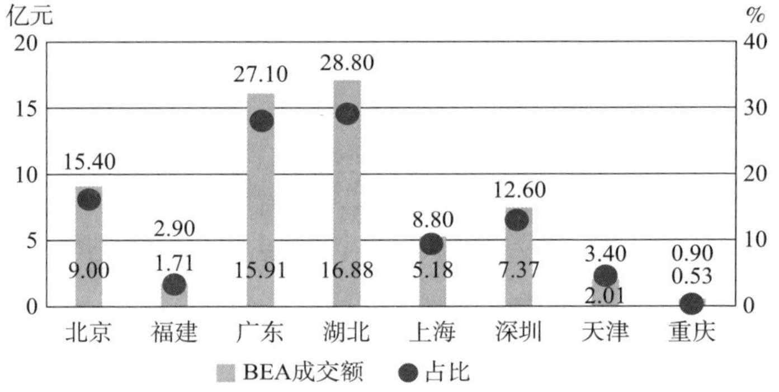

图 7.7　试点地区累计 BEA 成交额及其占比

资料来源：碳交易网。

就发展趋势来看，2018 年至 2020 年全国碳配额成交量和成交额均处于持续上升状态。全国碳配额成交量的增速从 2019 年的 10.82%增长到 2020 年的 40.85%，成交额增速在 2020 年也达到了 30%以上（见图 7.8、图 7.9）。可见，我国碳排放权交易市场正处于不断发展中。

（二）碳税的发展

根据世界银行 2021 年 5 月 25 日发布的《碳定价机制发展现状与未来趋势》，当前全球已经有 64 项碳定价机制正在实施或计划实施中，其中 30 项关于碳税，共涉及 12 亿吨二氧化碳，约占全球温室气体排放量的 21.5%。

以芬兰、丹麦、挪威为代表的北欧国家是最早开始征收碳税的国家，这些国家自 20 世纪 90 年代就开始征收碳税，到了 20 世纪末，基本上都构建了

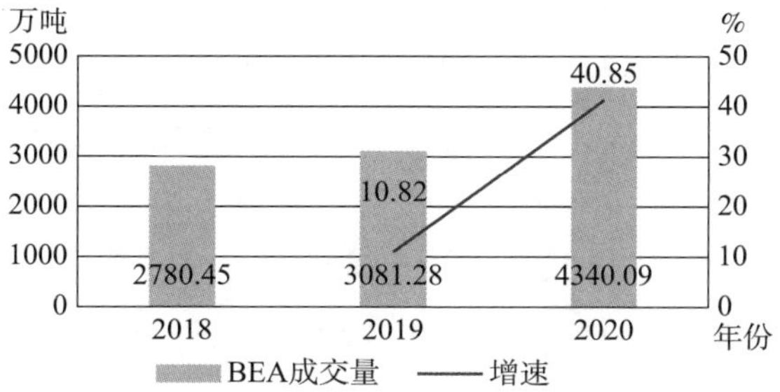

图 7.8　2018—2020 年全国 BEA 成交量及其增速

资料来源：碳交易网。

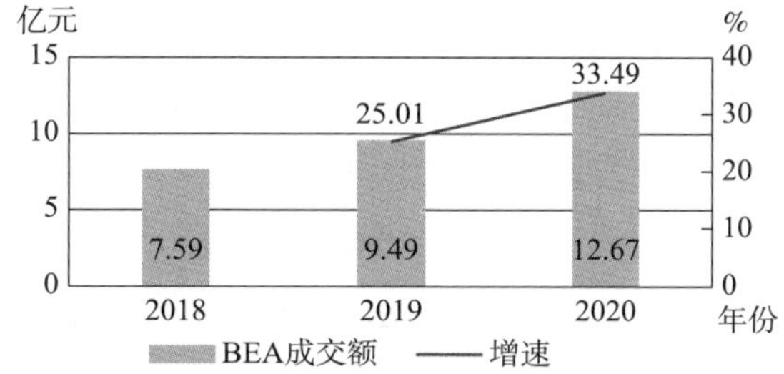

图 7.9　2018—2020 年全国 BEA 成交额及其增速

资料来源：碳交易网。

较为完备的碳税制度。美国、德国、爱沙尼亚、瑞士等欧美发达国家在 OECD 和欧盟的带动下也在 20 世纪末开始陆续征收碳税。到了 2010 年，日本、新加坡、法国、墨西哥、西班牙等国也纷纷加入征收碳税国家的行列，开始积极探索碳税征收制度。

早在 2008 年 7 月，中国财政部财政科学研究所就成立了专项课题组，研究探讨在中国开征碳税的可能性。2010 年国家发改委与财政部分析了征收碳税的必要性和可行性，联合推出《中国碳税税制框架设计》的专题报告，表示中国推出碳税比较合适的时间是 2012 年前后。但由于在税收的初步设计中，税基问题争论很大，加之当时征收碳税的客观条件均不成熟，征税事宜被搁置。

近年来，随着“双碳”目标的提出，各界对于碳税的声音不断。在 2020 年 11 月 1 日第三届世界顶尖科学家论坛的群访中，诺贝尔物理学奖得主世界顶尖科学家协会副主席朱棣文指出：“征收碳税对于温室气体的排放问题是一个很好的调节机制，它迫使人们能够有意识地减少碳排放。更重要的是，它也能间接推动资金和研发向风能和太阳能等清洁能源倾斜，从而降低清洁能源的成本，具有非常长远的意义。”中国人民大学应用经济学院教授兼院长郑新业指出：“应该高度重视财税体系对碳中和、碳达峰的推进作用；应该通过降低增值税、所得税等来抵消碳税，从而降低企业负担。”

总之，要实现“2060”目标，需要在碳减排途径、机制和政策选择上拓展思路，在我国已实施碳排放权交易试点的背景下，碳税可以作为重要政策选项。

四、典型案例介绍

2021 年 3 月 10 日，欧盟议会通过“碳边界调整机制”议案，决定对不符合碳排放规定的进口商品征收碳关税，7 月 14 日正式推出“碳边境税”征收计划，拟对进口的钢、水泥、化肥以及铝等碳密集型产品征税。

欧盟委员会在一份声明中称，“碳边境税”拟从 2026 年开始实施，2023 年至 2025 年为实施过渡期，在此期间，进口商需监测相关产品的碳排放情况并予以汇报。此举将有效保护欧洲企业，使其不会因采用更高环保标准而处于竞争劣势。相关征税方案将与世界贸易组织的贸易规则兼容。如相关产品在原产地国已被征收碳税，那么进口商可以申请碳税减免。“碳边境税”推出后引起了各界人士的热议，有业内人士评价其“无异于欧盟的新工业革命”。德国环境部长舒尔茨称：“我们将尽自己最大的力量，确保达成一项雄心勃勃、公平和团结的协议。”

毫无疑问，这项“碳边境税”将会对我国碳密集型产品出口产生影响，国家和企业应抓紧研究对策，尽可能降低其消极影响。

第九十二节　碳核算

一、碳核算的定义

根据联合国政府间气候变化专门委员会（Intergovernmental Panel on Climate Change，IPCC）发布的一系列《国家温室气体清单指南》（以下简称《指南》）及相关文件，碳核算又称碳排放核算，是对经济活动中来自能源利用及部分工业生产过程的二氧化碳排放量的全面核查与计算。依据中国碳数据库的数据分类与自上而下或自下而上的碳核算方法体系，碳排放核算可分为国家碳排放核算、行业碳排放核算、区域碳排放核算和企业碳排放核算。

二、碳核算具体内容

（一）核算标准

国际上具有代表性的核算标准包括：

（1）《指南》从宏观层面明确了国家温室气体测量的范围、方法和报告格式，是目前国家层面测量温室气体最全面、最细致的标准。

（2）在2014年12月8日《联合国气候变化框架公约》第20次缔约方大会（Conferences of the Parties 20，COP20）期间，世界资源研究所（World Resources Institute，WRI）、C40城市气候领袖群（C40）和国际地方政府环境行动理事会（The International Council for Local Environmental Issues，ICLEI）共同发布了首个城市温室气体排放核算和报告通用标准——《城市温室气体核算国际标准》（Global Protocol for Community－Scale Greenhouse Gas Emission Inventories，GPC）用于监测城市温室气体排放的水平和趋势，该标准与《指南》的区别是其设置了城市的核算边界。

（3）2011年由世界资源研究所（WRI）与世界可持续发展工商理事会（World Business Council for Sustainable Development，WBCSD）开发的《温室气体核算体系：企业核算与报告标准》，目的是帮助企业识别、计算和跟踪温室气体的长期排放，与其他标准不同的是从直接排放和间接排放两种不同的角度测算企业温室气体。

在参考国际碳核算标准的基础上，国内也形成了省级碳核算标准和行业核算标准。

（4）2011年由国家发改委公布的《省级温室气体清单编制指南》，明确了各省市碳核算的范围、核算方法和报告格式，便于国家了解各地区的排放现状，预测其未来的减排潜力，为制定区域碳减排目标奠定基础。

（5）2013年起由国家发改委陆续出台的《企业温室气体排放核算方法与报告指南》，现已发布3批24个行业温室气体排放的核算方法与报告指南，有利于各单位开展碳排放权交易、建立企业温室气体排放报告制度、完善温室气体排放统计核算体系，便于比较同一行业内各企业碳测量的结果。

（二）核算方法

1. 能源利用碳排放核算

核算能源利用碳排放的主流做法包括部门法和参考法。部门法数据需求较大，核算结果更加准确；而参考法相对粗略，在当前编制国家碳排放清单过程中主要用于从宏观趋势上校验部门法的计算结果。

（1）部门法

部门法主要以各个经济部门活动为核算对象，以一定时间段（如 1 年）内的分品种燃料消耗与燃料的低位热值、单位热值的碳含量以及氧化率三个参数相乘，得到各部门碳排放量，继而加总得到经济活动中能源利用产生的碳排放总量。

$$E_{CO_2} = \sum_i \sum_e EN_{e,i} \times v_{e,i} \times c_{e,i} \times o_{e,i}$$

其中：E_{CO_2}为经济活动中能源利用产生的碳排放总量，单位为吨；$EN_{e,i}$为第 i 种经济活动对第 e 种能源的消耗量；$v_{e,i}$为第 i 种经济活动使用的第 e 种能源的低位热值；$c_{e,i}$为相应能源的单位热值的含碳量；$o_{e,i}$为相应能源在使用过程中的平均燃烧率。

（2）参考法

相比部门法，参考法以化石能源（煤、油、气）的表现消费量为基础数据，再分别乘上平均碳排放因子得到总的碳排放量。

2. 工业生产过程碳排放核算

工业生产过程中产生的碳排放主要包括水泥、玻璃、合成氨、纯碱、铁合金及铝、镁和铅锌冶炼过程中的碳排放。对其进行核算的主要做法是将行业活动水平的代表性指标与实测的单位活动水平的排放因子相乘得到。

$$E_{CO_2} = M_{cl} \times EF_{cl} \times CF_{ckd}$$

其中：E_{CO_2}为水泥生产过程的碳排放总量，单位为吨；M_{cl}为熟料的产量，单位为吨；EF_{cl}为熟料的排放因子，单位为吨二氧化碳排放/吨熟料；CF_{ckd}为水泥窑灰（CKD）的排放修正因子（无量纲）。

三、碳核算体系现状

（一）全球视角

1. 国际碳排放核算方法体系持续更新

2019 年 5 月，IPCC 通过了《2006 年 IPCC 国家温室气体清单编制指南 2019 修订版》，与《IPCC 清单指南 2006》和《2006 年 IPCC 国家温室气体清单指南 2013 年增补：湿地》联合使用，成为世界各国编制温室气体清单的最新方法和规则。与已有方法相比，新方法体系代表了最新科学认知和技术进展，排放因子更加精细化，排放因子与活动水平的分类更加科学合理。

2. 碳排放核算方法体系及数据库体系建设由发达国家主导

基于长期开展的全球各国碳排放核算的研究成果，目前已有 7 个发达国家机构形成了覆盖全球的碳排放数据库，其中包括国际能源署、美国橡树岭国家实验室 CO_2 信息分析中心、全球大气研究排放数据库、美国能源信息署、世界银行、世界资源研究所的 CAIT 数据库和英国石油。其核算数据被各类研究机构采纳与应用，逐步取得了较为权威的国际话语权和较为广泛的世界影响力。

（二）国内视角

1. 我国碳核算体系发展的政策背景

实现碳达峰、碳中和，是以习近平同志为核心的党中央统筹国内国际两个大局做出的重大战略决策。为完整、准确、全面贯彻新发展理念，依据《关于完整准确全面贯彻新发展理念 做好碳达峰碳中和工作的意见》相关内容，做好碳达峰、碳中和工作，需加快完善地区、行业、企业、产品等碳排放核查核算报告标准，建立统一规范的碳核算体系。

2. 我国碳核算体系发展的主要问题

我国碳核算体系发展的主要问题：核算方法与国际基本接轨，但历史数据部分缺失。

依据《联合国气候变化框架公约》，我国可按照自愿原则选择可参考的《指南》进行核算，且不需要每年提交碳排放核算清单。近些年，我国不断完善碳排放体系，已分别完成了 1994 年、2005 年、2010 年、2012 年和 2014 年的碳排放核算工作。

现有核算结果显示，虽然我国碳排放历史阶段性特征与国际数据显示结果基本一致，但因缺乏连续的历史数据，目前无法就我国碳排放趋势拐点做出准确判断以及测算我国历史累计的碳排放量、人均累计碳排放量。

3. 国内碳数据库建设案例

中国碳排放数据库(China Emission Accounts and Datasets，CEADs)由中外多所研究机构的科研人员共同开发，展示了中国多尺度能源、碳排放及社会经济核算清单的最新研究成果。其中包括能源清单、二氧化碳排放清单、工业过程碳排放清单、排放因子及投入产出表等子数据库。其主要特点有：基于同行评议研究并完全开放获取、多尺度数据覆盖和包括碳足迹及相关的社会经济数据。

第九十三节　碳普惠

一、碳普惠的定义

碳普惠，即碳普惠制(Carbon Generalized System of Preferences，Carbon GSP)，这一概念最早由广东省发改委于2015年提出，是对小微企业、社区家庭和个人的节能减碳行为进行具体量化和赋予一定价值，并建立起以商业激励、政策鼓励和核证减排量交易相结合的正向引导机制。广州市发改委在此基础上进一步指出，碳普惠制是指通过财政支持、商业激励等方式，对社会公众节能降碳等绿色行为产生的减碳量予以量化并以碳普惠形式进行奖励的制度。

二、碳普惠的具体内容

(一)提出背景

巴黎气候大会的成果表明，低碳发展是可持续发展的必然途径，是人类发展的必然选择。我国高度重视温室气体排放工作，《强化应对气候变化行动——中国国家自主贡献》一文提出到2030年的自主行动目标：二氧化碳排放2030年左右达到峰值并争取尽早达峰，单位国内生产总值二氧化碳排放比2005年下降60%~65%，非化石能源占一次能源消费比重达到20%左右，森林蓄积量比2005年增加45亿立方米左右。

目前我国主要通过行业、企业层面落地减排政策及目标，但随着城镇化快速发展和城乡居民生活水平不断提高，人均碳排放水平呈快速增长态势，城市小微企业和城乡居民生活、消费领域已然成为能源消耗和碳排放增长的重要领域。因此，通过建立碳普惠制，鼓励个人和小微企业的低碳行为，将有利于促进低碳行为的全民参与性，从而促进绿色消费，进而推动企业低碳转型升级，提高整个社会低碳发展的水平，最终推动低碳经济、生态文明。

（二）实践路径

碳普惠的实践路径见表7.10。

表7.10　碳普惠的实践路径

行为类型	普惠对象	基本思路	数据来源
出行领域	绿色低碳出行的个人	对选择步行、骑行、公交、地铁和网约拼车等低碳出行方式进行鼓励	公交公司、交通卡发卡公司、共享单车公司、网约车平台等
生活领域	节能减碳行为的小微企业、家庭或个人	对节约水电气和垃圾分类回收等行为进行激励	供电公司、自来水公司、燃气公司、垃圾分类回收公司等
消费领域	购买节能低碳产品的消费者	对购买采用节能低碳工艺技术制造并经过官方认证产品的行为进行激励	产品生产方、产品销售方等
旅游领域	践行绿色低碳行为的游客	对购买电子门牌、乘坐低碳环保车（船）、低碳住宿等行为进行激励	景区管理机构、酒店等
公益领域	参与绿色低碳和节能环保活动的小微企业、家庭或个人	对具有明显减碳效果的活动或碳汇公益性活动进行激励，如参与低碳宣传或植树造林等	活动主办方

（三）激励方式

碳普惠机制通过数据采集，记录并量化公众日常生活中节能低碳行为的减碳量，并将减碳量按照一定比例换算成“碳币”发放到相应公众账户中，利用碳币的金融属性在全社会系统内进行流通，从而获取商业激励、政策激励及交易激励。

（1）商业激励。碳普惠商业激励是指碳币可用于兑换企业所提供的折扣及增值服务，如餐饮、娱乐的优惠折扣，酒店的延迟退房，航空里程，超市赠品等，让公众通过日常消费中的优惠感受到低碳所带来的直接经济价值，增强公众践行低碳的自主性。

（2）政策激励。推动节能降碳是政府的重要职责之一，所谓政策激励，是指将碳普惠制与节能减排相关政策制度结合，充分利用市场化的补充激励作用，发挥政策的最大功效，激励公众积极降碳。

(3)交易激励。碳普惠交易激励是指在精准计量下，将公众因低碳行为产生的减碳量进行核证并签发，签发的减碳量可用于抵消控排企业配额。

（四）量化方法

1. 减碳量量化依据

目前，国际上尚未有针对个人低碳行为减碳量量化的方法学公布，碳普惠低碳行为减碳量的量化及量化方法学的编制主要依据以下权威标准及文件：

(1)ISO 14064：2018 组织层面上对温室气体排放和清除的量化和报告的规范及指南。

(2)IPCC 国家温室气体清单指南。

(3)中国温室气体自愿减排(Chinese Certified Emission Reduction，CCER)方法学。

(4)统计年鉴。

(5)各行业能效标准、设计标准等。

当上述标准和文件被修订时，使用其最新版本。

2. 减碳量量化原则

(1)相关性。选择适当的碳源、碳汇、碳库、数据和方法，以适应核算低碳行为减碳量的需求。

(2)完整性。综合考虑行为所有相关的二氧化碳排放和清除过程。

(3)准确性。对低碳行为减碳量进行准确的计算，尽可能减少偏差和不确定性。

(4)透明性。有明确的、可核查的数据收集方法和计算过程，对计算方法及数据来源给出说明。

三、我国碳普惠的发展进程

2016 年，广东省成为全国首个碳普惠试点。在《广东省碳普惠制试点工作实施方案》中，将广州、东莞、中山、惠州、韶关、河源 6 个城市列为首批试点。2019 年发布的《粤港澳大湾区发展规划纲要》中，碳普惠也是其中重要一环，报告指出要推广碳普惠制试点经验，推动粤港澳碳标签互认机制研究与应用示范。广州市作为省碳普惠制试点城市和全国中心城市，打造了全国第一个碳普惠平台。

2017 年 3 月 15 日，洛阳市和致荣农业开发有限公司联合河南碳汇实业有限公司将其所属 2000 亩碳汇林 2016 年度产生的 2053 吨碳汇，捐献给碳普惠（河南）运营中心，标志着全国首例碳普惠公益林业碳汇项目正式启动运行。

2017 年 4 月 17 日，广东省发改委发布《关于碳普惠制核证减排量管理的暂行办法》，正式将 PHCER（碳普惠制核证自愿减排量）纳入碳排放权交易市场补充机制。

2017 年 6 月 8 日，广州碳排放权交易所举行了广东省省级碳普惠制核证自愿年减排量（PHCER）首次竞价活动。

2021 年 6 月底，全国首个以数字人民币结算的碳普惠平台上线。青岛市作为全国低碳试点城市和数字人民币试点城市，“青碳行”APP 作为全国首个以数字人民币结算的碳普惠平台，创新性地以市场化方式引导居民主动节能减排。

2021 年 7 月 10 日，苏州市作为工业城市和国家低碳试点城市成为全国首个建立碳账本的城市，苏州高新区设立了绿普惠碳中和促进中心。该中心计划，公民的每次绿色行为，包括衣食住行等方面都被可记录、可累计成碳减排量，形成“碳账本”。分别从政府、企业、个人的角度累计减排量，便形成了苏州市政府碳账本、企业碳账本和个人碳账本。个人碳账本作为未来个人的绿色资产，还可获得公益、政策等方面的激励，使公众自主形成绿色低碳的生活方式。“碳账本”的创立或将成为以后个人、公司贷款的重要参考。

—— 第八章　碳金融 ——

第九十四节　碳金融

一、碳金融及相关概念的定义

（一）碳金融定义

基于《京都议定书》，世界银行碳金融部门（World Bank Carbon Finance Unit，CFU）在2006年碳金融发展年度报告（*Carbon Finance Unit Annual Report 2006*）中首次界定了碳金融的概念，即“以购买减排量的方式为产生或者能够产生温室气体减排量的项目提供的资源”。从国内外相关文献看，碳金融是为减缓气候变化而开展的投融资活动，具体包括碳排放权及其衍生品交易、产生碳排放权的温室气体减排或碳汇项目的投融资以及其他相关金融服务活动。

（二）气候金融、碳交易与碳金融的关系

1. 气候金融与碳金融

依循世界银行的界定，气候金融是指为应对气候变化而开展的投融资活动，并认为气候金融的任务是为减缓和适应气候变化进行投融资。从气候金融和碳金融的定义可知，碳金融是气候金融的一部分，两者为整体与部分的关系。

2. 碳交易与碳金融

碳交易是温室气体排放权交易的统称。1997年12月通过的《京都议定书》把二氧化碳排放权当作一种商品，从而形成了二氧化碳排放权的交易，简

称碳交易，其目标是利用市场机制的价格发现功能，实现全社会减碳成效的最大化。

碳金融与碳交易相互依存、相互促进，碳交易是碳金融发展的前提和基础。一般来说，只有碳交易市场发展到一定规模，拥有一定的合格主体和健康的风险管控机制后，碳金融市场才得以发展。碳金融是碳交易发展的助推器，碳交易的发展离不开碳金融的支持。排放企业通过碳金融市场，利用融资功能推进减碳技术的应用，达到碳交易控制排放总量的目的。

二、碳金融的基本内容

（一）碳金融的基本特性

与其他金融活动相比，碳金融具有以下四点特性：

(1)公益性。碳金融市场的目的是维护气候公共利益，而非追求经济效益。

(2)专业性。碳金融要求从事机构、个人具有传统金融之外的相关专业知识和资质，包括碳排放配额总量目标的确定、配额的初始分配、配额管理，以及温室气体排放的监测、报告、核证等。

(3)跨行业性。碳金融市场的主体广泛，包括政府、排放企业(单位)、交易机构、核查机构、监测机构及其他组织和个人。碳金融产品具有多样性，包括碳现货、碳期货、碳期权、碳保险、碳证券、碳合约、碳基金、碳排放配额和信用等，几乎囊括了所有的金融产品形式。

(4)国家干预性。碳金融市场自创建到运行需要国家干预，具体表现在图 8. 1所示的四个方面。

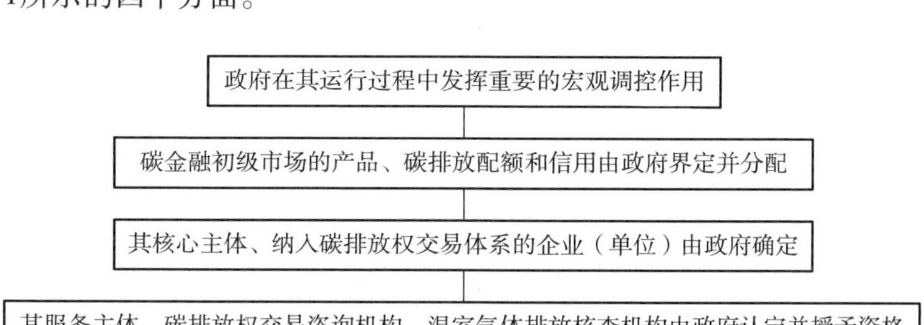

图 8. 1　碳金融市场的国家干预性的表现

（二）碳金融主要风险

（1）政治风险。由于国家之间的政治冲突，碳金融市场面临流动性风险，进而在较长一段时间影响碳配额、监管、资源的合理分配和利用。此外，国家的政局动荡也会加速碳金融风险的传导和形成。

（2）政策风险。碳金融作为一类具有经济价值的资源标的物进行交易，由国际及本国的政策决定其市场稀缺性和价值性，因此政策是否稳定对其至关重要。而且，由于投资交易过程复杂、运作周期漫长、中间过程涉及的国家及企业很多，每一环节政策的变动均可能对后续环节造成影响，进而降低投资者的市场信心和投资回报率。

（3）市场风险。现有的碳金融体系结构较为单一，产品种类仍处于不断丰富的阶段，风险防控体系在市场经济的瞬息变化中很难应付自如，不仅存在成本过高的风险，还会造成碳价的异常波动，降低企业流动性。

（4）投资风险。市场买卖双方对复杂的碳金融市场的具体规则可能存在盲点，使得投资商的潜在风险加大。此外，碳市场存在的信息不对称问题会造成碳金融市场的价格扭曲，加大投资者的投资风险。

面对上述碳金融市场的各类风险，具体的防范措施包括：稳定碳配额市场、规范碳排放权、完善碳保障体系、探索碳监管模式。

三、我国碳金融的发展现状

（一）碳市场发展概况

2011年我国碳市场试点工作启动，北京、天津、上海、重庆、湖北、广东及深圳成为首批碳排放权交易试点地区。2016年底，四川与福建的碳市场也正式开业，我国试点地区增加至9个。为了满足多样化的市场交易需求，试点地区进行了碳债券、碳基金、绿色结构存款、碳配额场外掉期、借碳交易、碳配额远期等创新实践。以绿色债券市场为例，自2016年启动以来，其年发行规模保持在2000亿元以上，2020年达2786.62亿元，截至2020年末，绿色债券存续余额达到8132亿元，位居世界第二。《中国碳中和债发展报告2021》显示，到2021年9月末，碳中和债累计发行192只，募资规模达1904.72亿元。2017年全国统一的碳市场正式启动，于2021年7月正式上线。

（二）碳金融主要产品分类

我国碳金融产品在不断丰富：2021 年 1 月设立广州期货交易所，推出碳权期货品种；2021 年 5 月，厦门碳中和低碳发展基金成立；2021 年 7 月，宝武碳中和股权投资基金成立，是我国规模最大的碳中和主题基金。碳金融的发展既要顺应国家绿色低碳发展需求，也要谋划金融业的可持续发展并不断提高相应能力。我国碳金融产品的主要类型如下：

1. 碳市场交易工具

（1）碳货币。以碳信用为本位的货币形式，碳币值代表国际碳市场上每吨二氧化碳当量物排放权的价值。实际碳排放额度与分配指标的差额乘以碳市场的交易价格，构成一个时期内一国或一地的碳货币总量。在“碳货币体系”下，除一国的经济实力和黄金储备外，碳排放权额度将成为影响货币地位和币值的决定性因素。

（2）碳期货。以碳排放权配额及项目减排量等现货合约为标的物的合约，能够解决市场信息的不对称问题，引导碳现货价格，有效规避交易风险。

（3）碳期权。在碳期货基础上产生的一种碳金融衍生品，是指交易双方在未来某特定时间以特定价格买入或卖出一定数量的碳标的的权利。碳期权的交易方向取决于购买者对于碳排放权价格走势的判断。与碳期货一样，碳期权可以帮助买方规避碳价波动所带来的不利风险，具备一定的套期保值功能。

（4）碳基金。碳汇基金的简称。国际上通常指“清洁发展机制”下温室气体排放权交易的专门资金，主要有以下几类：一是世界银行型基金；二是国家主权基金；三是政府多边合作型基金；四是金融机构设立的盈利型基金；五是非政府组织管理的碳基金；六是私募碳基金。碳基金的投向可以有三个目标：一是促进低碳技术的研究与开发；二是加快技术商业化；三是低碳发展的孵化器。我国碳基金的资金来源应以政府投资为主，多渠道筹集资金，按企业模式运作。

（5）碳远期。国际市场上进行 CER 交易的最常见和成熟的交易方式之一，买卖双方以合约的方式，约定在未来某一时期以确定价格买卖一定数量配额或项目减排量。碳远期的意义在于保值，帮助碳排放权买卖双方提前锁定碳收益或碳成本。

（6）碳掉期。以碳排放权为标的物，双方以固定价格确定交易，并约定未来某个时间以当时的市场价格完成与固定价交易对应的反向交易，最终只需对两次交易的差价进行现金结算。目前中国的碳掉期主要有两种模式：一是由控排企业在当期卖出碳配额，换取远期交付的等量 CCER 和现金；二是由项目业主在当期出售 CCER，换取远期交付的不等量碳配额。

(7)碳指数交易产品。即基于碳指数开发的交易产品。

(8)碳资产证券化。碳配额及减排项目的未来收益权，都可以作为支持资产证券化的基础进行融资；债券型证券化即碳债券。

2. 碳市场融资工具

(1)碳质押。以碳配额或项目减排量等碳资产作为担保进行的债务融资。

(2)碳回购。重点排放单位或其他配额持有者向碳排放权交易市场其他机构交易参与人出售配额，并约定在一定期限后按照约定价格回购所售配额，从而获得短期资金融通的碳融资工具。

(3)碳托管。一方为了保值增值，将其持有的碳资产委托给专业碳资产管理机构集中进行管理和交易的活动，碳托管实际上是一种融碳工具。

(4)借碳交易。符合条件的配额借入方存入一定比例的初始保证金后，向符合条件的配额借出方借入配额并在交易所进行交易，待双方约定的借碳期限届满后，由借入方向借出方返还配额并支付约定收益的行为。

3. 碳市场交易工具

(1)碳指数。既是碳市场重要的观察工具，也是开发碳指数交易产品的基础。目前我国有中碳指数为碳市场投资者和研究机构分析、判断碳市场动态及大势走向提供基础信息。

(2)碳保险。为了规避减排项目开发过程中的风险，确保项目减排量按期足额交付的担保工具。它可以降低项目双方的投资风险或违约风险，确保项目投资和交易行为顺利进行。

第九十五节　碳账户

一、碳账户的定义

目前，关于碳账户还没有一个明确的定义，根据公开资料整理总结，将碳账户定义为行为主体依据国家碳排放计量标准，将生产或生活中碳减排行为进行量化，并记录下来的行为产出。全国政协经济委员会副主任刘世锦在

2021中国实体经济论坛上指出："碳账户实际是建立每一届政府、每一个企业、每一个人在减碳方面的责任。"

二、运作模式

目前从各省的碳普惠制试点工作实施方案来看，碳账户平台多由省发展改革委等部门牵头，省生态环境厅和省经济和信息化委等按职责分工负责实施，并采用政企合作的方式，依靠互联网企业信息化优势，在专业网站、APP程序、微信公众号等搭建综合性碳账户运行平台。个人碳账户平台运行步骤见表8.1。

表8.1 个人碳账户平台运行步骤

步骤	具体内容
定义碳行为	这一步主要目的在于定义有效的低碳行为，即可以产生二氧化碳减排量的行为
记录和监测低碳行为	建立一套监测体系，用以记录用户的低碳行为
量化碳行为	将个人的低碳行为根据一定的计算方式进行量化，计算出碳减排量数据。碳减排量数据=行为数据×碳排放因子
展现形式与奖励模式	将计算好的碳减排量展示给用户，并结合现有体系对低碳贡献的用户进行积分或者其他形式的奖励

三、发展现状

（一）重点地区发展情况

不同于企业碳市场，个人碳账户是市场运用公众的环保力量，助推碳中和目标的实现。目前，全国碳市场刚刚起步，个人碳账户主要通过企业端自发建立、居民自愿参与的方式建立，尚未形成一个完整的发展体系。就目前而言，深圳、北京、浙江等地已有个人碳账户的试点，其中浙江省衢州市作为国家级绿色金融改革创新试验区，在探索个人碳账户方面走在了全国前列。

2018年，衢州市结合国家绿色金融改革创新试验区建设以及推进新型智慧城市建设行动，通过银行账户各业务类型计算个人节约的碳排放数量，在全国范围内率先构建银行个人碳账户平台，探索对居民绿色行为采集、评价与应用的标准体系。2018年8月，在衢州市人行的指导下，江山市农商行依托"智慧支付"系列工程，为每个客户配置了碳账户，根据客户在银行办理的业务类型、绿色出行的数据、家庭用水用电数据等六大方面的绿色行为轨迹所对应的二氧化碳减排量计量相应碳积分。

在持续深化个人碳账户的基础上，2021 年衢州市在全国首创了工业、农业、个人领域三大碳账户体系，系统推进工业、农业、居民生活三大重点领域绿色低碳转型(见表 8.2)。根据《科技金融时报》2021 年 6 月 1 日报道，衢州市三大碳账户体系已共计覆盖全市 600 余家工业企业、180 余家种养殖大户和 137 多万社会群众，超过全市六成人口。

表 8.2　衢州市碳账户类型及发展

碳账户类型	发展情况
工业碳账户	覆盖占规模以上工业产值比重超过 70%，碳排比重 90%的化工、机械、建材、造纸、黑色金属冶炼、能源等 600 余家衢州市传统行业企业
农业碳账户	首批建设覆盖衢州全市约 10.7%的生猪养殖场、20%粮食种植大户和所有有机肥生产企业 180 家
个人碳账户	衢州全市 26 家银行业金融机构共开设银行个人碳账户 137 万户，占全市常住人口的 60.35%，累计减少碳排放量 3129 吨

（二）蚂蚁金服碳账户平台

除衢州市个人碳账户发展走在全国前列外，蚂蚁金服推出的名为“蚂蚁森林”的个人碳账户也备受关注。2016 年 8 月 27 日，蚂蚁金服宣布对旗下支付宝平台的 4.5 亿用户全面上线“碳账户”。这是迄今全球最大的个人碳账户平台。“碳账户”被蚂蚁金服定义为支付宝三大账户之一(资金账户、信用账户、碳账户)，用于度量人们一些日常活动的碳减排量。支付宝“碳账户”项目将分阶段进行，在支付宝客户端里，首期“碳账户”概念着重突出用户碳减排的公益价值，被设计为一款名为“蚂蚁森林”的公益行动：用户如果有碳减排行为，其减少的碳排放，可以用来在支付宝里养一棵虚拟的树。首期用户的虚拟树将由阿拉善 SEE 基金会在内蒙古阿拉善盟地区种植，至今种植区域已经扩大到武威、库布其等多个地方。2019 年 4 月 22 日，支付宝官方发布消息表示“蚂蚁森林”用户数达 5 亿，5 亿人共同在荒漠化地区种下 1 亿棵真树，种树总面积近 140 万亩。

除个人碳账户外，蚂蚁金服也在积极探索企业碳账户，2017 年 8 月 19 日，蚂蚁金服战略总监孙涛在第二届天津绿色金融论坛上表明，在个人碳账户建立的基础上，蚂蚁金服将逐步建立中小企业 B 端碳账户，以帮助衡量企业碳排放量。

第九十六节　碳定价

一、碳定价的定义

根据世界银行的定义，碳定价是指对温室气体排放以每吨二氧化碳当量（tCO_2e）为单位给予明确定价的机制。

二、具体形式

世界银行将碳定价机制概括为五种形式，包括碳税、碳市场交易体系（Carbon Market Trading System，ETS）、碳信用机制、基于结果的气候金融（Results Based Climate Finance，RBCF）以及内部碳定价（见表 8.3）。在这五种碳定价机制中，碳税和碳市场交易体系是最主要的方式，也是目前全球应用最多的碳定价机制。

表 8.3　碳定价机制的种类

种类	具体内容
碳税	包括明确规定碳价格的各类税收形式
碳市场交易体系（ETS）	为排放者设定排放限额，允许其通过交易排放配额的方式进行履约。包括排放权贸易机制（ET）、联合履约机制（JI）、清洁发展机制（CDM）以及自愿减排机制（VER）四种
碳信用机制	又称碳权，指在经过联合国或联合国认可的减排组织认证的条件下，国家或企业以增加能源使用效率、减少污染或减少开发等方式减少碳排放，因此得到可以进入碳交易市场的碳排放计量单位
基于结果的气候金融（RBCF）	是气候金融的一种形式，投资方在受资方完成项目开展前约定的气候目标后进行付款
内部碳定价	机构在内部决策分析中为温室气体排放赋予财务价值，以促使将气候因素纳入决策考量

三、发展现状

（一）全球发展情况

1. 总体发展情况

就碳定价机制实施成效来看（见图 8.2），根据 2021 年 5 月 25 日世界银行发布的《碳定价机制发展现状与未来趋势2021》，目前世界各地共有64种碳定价机制在运行，比上年增加6种；覆盖全球21.5%的温室气体排放量，比上年提高6.4个百分点；产生530亿美元的收入，比上年长18%。

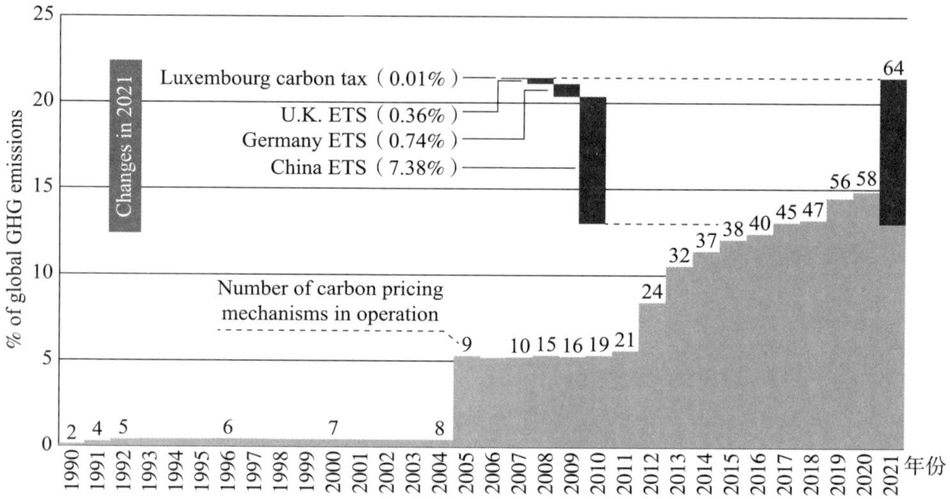

图8.2 全球碳定价机制实施成效

2. 各机制发展情况

目前仅实行碳税的国家有南非、阿根廷等；仅实施碳市场交易体系的国家主要有中国、德国、新西兰、哈萨克斯坦、韩国等；两种定价机制均在实施中的国家有美国、加拿大、英国、日本、爱尔兰等；部分国家如巴西、泰国、越南等尚未实施任何碳定价机制。

2020年《巴黎协定》中设定的降低2℃温度目标所对应的碳价格为40~80美元/tCO_2e，但目前大多数国家的碳价格仍然远远低于这个水平，只有3.76%的碳价格达到了这个标准。部分国家已经开始上调碳价，拉脱维亚的碳价由2020年的10.57美元/tCO_2e上调至2021年4月的14.1美元/tCO_2e；爱尔兰的碳价由2020年的30.54美元/tCO_2e上调至2021年4月的33.5美元/tCO_2e；德国也制定了到2025年将碳价上调至64.6美元/tCO_2e的目标。未来想要达到《巴黎协定》的降温目标，还需要更多国家做出努力，设定更高的碳价，促进碳减排。2021年4月1日全球主要地区碳价见图8.3。

尽管经济低迷，但碳信用市场规模仍在继续增长，2020年注册项目和发放信用的数量都大幅增加。注册项目数量从2019年的16854个增加到2020年的18664个，增长了11%；发放的碳信用数量也增长了10%。至此，自2002

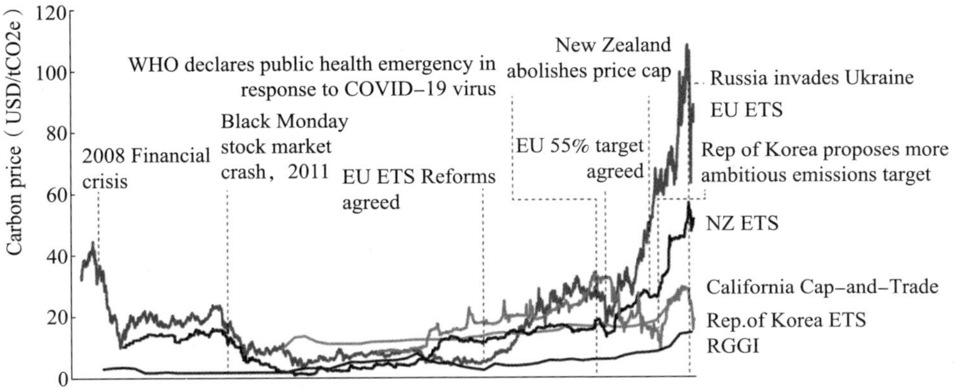

图 8.3　2021 年 4 月 1 日全球主要地区碳价

年以来发放的碳信用总量达到约 43 亿 tCO_2e，这相当于 2000 亿棵树一年能吸收的温室气体（约占全球温室气体年排放量的 7.9%）。

基于结果的气候金融是一种为发展中国家的低碳发展提供气候融资的模式。2019 年全球各种 RBCF 计划（超 74 个项目）正处于运营阶段，包括世界银行生物碳基金的永续森林景观倡议、森林碳伙伴基金、硝酸行动组织、世界银行甲烷和气候变化缓解试点拍卖机制等。

2020 年，有 853 家公司披露使用内部碳价格，另有 1159 家公司表示有意在未来两年采用内部碳价格，这比 2019 年增长了 20%。数据显示，截至 2020 年，市值 500 强企业中有近一半已经使用了内部碳定价。这一趋势表明，企业越来越多地将气候因素纳入长期战略，并将内部碳价格视为指导投资决策过程的有效工具。

（二）中国发展情况

中国目前实施的最主要的碳定价机制为碳市场交易体系。2021 年 7 月 16 日，全国碳排放权交易市场开市，开盘价 48 元/吨，正式开始交易。自开盘以来，全国碳市场碳排放配额（Carbon Emission Allowance ，CEA）的收盘价连续 6 个交易日上升，此后处于不断波动当中，8 月 4 日收盘价创历史新高，达到 58.7 元/吨。清华大学能源环境经济研究所所长、全国碳排放交易体系总体设计技术专家组负责人张希良指出：“据测算，目前中国全经济尺度的边际减排成本大概是 7 美元，碳市场若要发挥有效作用，碳价应该大于或等于 7 美元/吨。中国碳市场启动以后，碳价大约在 8 美元/吨，这是一个有效的碳价。”

第九十七节　碳信用

一、碳信用的定义

碳信用(Carbon Credit)是指在经过联合国或联合国认可的减排组织认证的条件下，国家或企业以增加能源使用效率、减少污染或减少开发等方式减少碳排放，因此得到可以进入碳交易市场的碳排放计量单位。碳信用又称碳权，其计量单位为碳信用额，1个碳信用额相当于1吨二氧化碳当量。碳信用旨在推广落实能减少碳排放的技术，进而减少温室气体排放并实现创收。

二、碳信用的意义

（一）以市场方法推动企业主动减排

企业的减排项目通过审核认定后获得相应的碳信用额。一方面，企业可以用这部分碳信用额抵消企业内的其他碳排放，降低企业的排放成本。另一方面，企业也可以通过出售这部分碳信用额给其他需要排放的主体，从而增加企业的收入。企业通过市场行为从具有碳信用的项目中实质性获利，这将推动企业进一步发展可以获得碳信用的项目，推动企业主动减排。

（二）推动减排技术发展

因为有利可图，企业会主动去发展减排技术为自身的碳排放降低成本。甚至会产生以授权减排技术专利为生的新型绿色科技企业。这样一个碳信用体系以及其所产生的市场价值，将促使减排主体发展更有效的减排技术。

（三）扩大碳市场与绿色金融范围

因为碳信用额就是二氧化碳当量，其允许在碳市场中交易，碳市场为碳信用提供了流动性，而碳信用扩大了碳市场规模。若鼓励金融机构加入，使企业可以直接通过抵押碳信用额获得经营现金流，这将进一步扩大绿色金融的范围。

三、碳信用与碳配额的区别与联系

碳排放权(即碳配额)是政府发放给控排企业的排放权证书，固定了企业每年的碳排放量，多出的碳排放量需向市场购买。碳信用是企业通过减排技术或项目，以实际减排量获得的额外等量二氧化碳排放权。因此两者存在以下本质差异：

(1)交易标的不同。碳配额是基于总量控制交易机制的一个绝对值，是事先创建的，且数量是确定的。而碳信用则是基于基线信用机制的一个相对值，是减排行业发生且被核证之后才产生的，核证之前无法确定其准确的数量。

(2)交易范围不同。碳配额交易一般仅限于本区域或本国内的碳交易体系。碳信用则可跨地域交易。

(3)交易目的不同。碳配额交易的目的主要是满足排放企业低成本履约的需求。碳信用交易除了可满足排放企业的履约需求，还可以满足其他企业和个人践行社会责任的需求。

碳信用与碳配额是二氧化碳排放量的两种不同表现形式，两者之间可以产生抵消机制。比如，超额排放的企业可以通过减排技术积累碳信用以抵消超额排放，或是向其他有碳排放权或碳信用的企业购买等额的二氧化碳排放权。但为了保障配额市场的需求，也强制要求各强排企业将主要精力放在自身的减排努力上，各碳交易体系通常会对碳信用的使用数量进行一定的限制，2021 年颁布的《碳排放权交易管理办法(试行)》就规定："重点排放单位每年可以使用国家核证自愿减排量抵消碳排放配额的清缴，抵消比例不得超过应清缴碳排放配额的 5%。"

四、碳信用的案例

以航运业为例，下面展示一艘使用 Intersleek 技术的船舶如何通过审核获得碳信用。

Intersleek 技术是一项船身涂料技术，可以有效防止海洋生物附着于船身，降低船身重量，从而减少燃油的消耗。这部分减少的燃油消耗将实际转化为碳减排量。Intersleek 技术也是航运业第一个获得联合国认证机构碳信用认证的技术，申请流程如图 8.4 所示。

相关资料显示，使用该技术获得碳信用的第一批 15 艘船舶平均每年能减少 4000 吨二氧化碳排放量。以 2021 年 8 月左右的欧盟碳市场价格 60 欧元/吨算，该技术产生了每年 24 万欧元的收益。

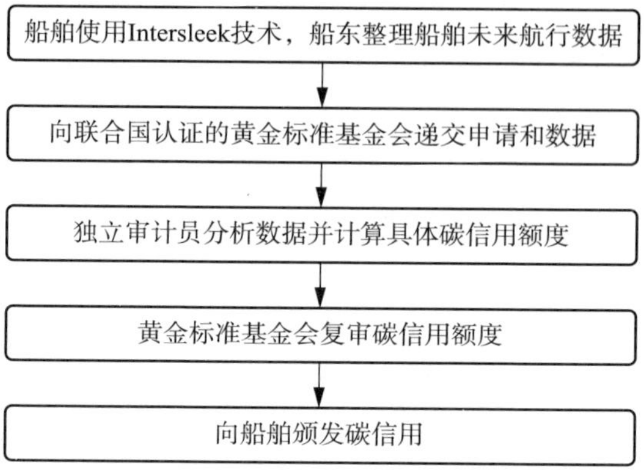

图 8.4　使用 Intersleek 技术获得联合国认证机构碳信用认证流程

第九十八节　碳质押

一、碳质押的定义

碳质押是指企业以自身现有或未来可获得的碳资产作为标的物进行质押贷款的融资模式。在碳交易机制下，碳资产具有了明确可计量的市场价值，为碳资产作为质押物发挥融资担保增信功能提供了可能，而碳资产质押融资则是碳排放权和碳信用作为企业权利的具体化表现。

二、碳质押的内容介绍

（一）碳质押的意义

碳资产质押贷款作为活跃碳市场的一种新型融资方式，一是能解决企业低碳化过程中的融资困境，为企业发展提供资金支持；二是能帮助企业提高碳减排项目的效率；三是能促进低碳环境下金融的创新。因此，碳质押融资业务的发展意义重大，既有利于企业的节能减排，又具有环境、经济的双重效益。

（二）碳质押的参与主体

碳资产抵质押融资业务参与主体一般包括融资企业、贷款银行以及第三方服务机构。第三方服务机构主要是指具备碳排放配额融资抵质押登记权限及其他相关服务的碳排放交易监管平台，如上海碳排放权交易中心等碳排放交易平台。

（三）两种碳资产质押融资模式对比

碳质押贷款模式中可作为质押物的碳资产包括基于项目产生的和基于配额交易获得的碳资产，即基于自愿减排产生的核证减排量（CERs 或 CCER）和基于强制减排产生的碳排放配额（见表 8.4）。

表 8.4　两种碳质押贷款模式

类型	质押内容	融资对象	融资过程	融资特点	适用环境和条件
基于项目的碳资产质押	未来实现的额外碳减排额	单个项目中的减排企业	质押未来碳资产，未来碳收益还款	自偿性动态性	CDM 项目企业或 CCER 项目企业
基于配额的碳资产质押	现有的碳排放权配额	需要减排的企业	质押现有碳资产，企业经营收入还款	普遍性静态性	持有配额的企业

三、碳质押业务展望

从业务的底层逻辑分析，碳质押也是质押融资的一种，只是质押物换成了碳资产而已。因此，碳质押本身具有所有质押融资业务的共性特点。所不同的是，由于碳资产这一质押物的特殊性，所以其业务发展与碳资产登记制度的完善、交易市场的发展、碳资产评估体系的发展紧密相关。虽然我国碳交易市场从 2011 年就出台试点政策，2013 年起就陆续开始在 8 省 9 市试点运行，但由于登记制度、交易规模、交易价格、发展前景均有很多的不完备性和不确定性，参与企业的数量也很少，交易活跃度远远不够，难以对碳资产做出合理的价值评估，因此对碳质押业务的开展构成了较大的影响。

随着全国碳排放权注册登记系统（简称“中碳登”）落户湖北，全国统一的碳排放权交易市场于 2021 年 7 月 16 日在上海正式启动，重点控排企业逐步、有序参与交易，碳交易市场将有望得到稳定发展，相关的制度建设也将同步完善，碳质押业务也将迎来较好的发展前景。

四、案例分析——全国首单碳排放权质押贷款落地武汉

2014 年 9 月 9 日，全国首单碳排放权质押贷款项目在武汉签约。湖北碳排放权交易中心、兴业银行武汉分行和湖北宜化集团三方签署了碳排放权质

押贷款和碳金融战略合作协议。根据协议，宜化集团将自有400万吨碳排放配额中的210.9万吨作为质押担保，获得兴业银行4000万元、为期一年的贷款，用于实施国家推荐的通用节能技术，以最大限度实现节能减排。

三方根据湖北碳市场截至8月底以来每个交易日收盘价的加权平均计算，确定其评估标准为每吨23.7元左右的价格，该价格为湖北碳市场开市以来的二级市场平均价格，在此基础上乘以通用贷款系数0.8，最终确定向宜化集团发放贷款4000万元。

宜化集团是湖北138家碳交易试点中的控排企业之一，此为企业节能减排和盘活碳配额资产并减低资金占用压力之举。而湖北碳排放交易中心作为第三方平台，为融贷双方提供质押物登记存管和资产委托处置服务，为银行与企业免除了后顾之忧。

“碳配额质押融资业务，是运用金融手段应对气候变化问题的重要举措。”兴业银行环境金融部有关负责人表示，该项业务为企业提供了一条低成本市场化减排的道路，帮助企业盘活碳配额资产，降低企业授信门槛，解决节能减排企业担保难、融资难问题。同时，该业务根据项目运行、减排量产出等具体情况灵活设置还款期和贷款额度，可有效缓解企业还款压力，充分发挥碳交易在金融资本和实体经济之间的联通作用，通过金融资源配置以及价格杠杆引导实体经济向绿色生产发展。

第九十九节　碳现货

一、碳现货的定义

碳现货又称碳金融原生工具，目前主要是指碳排放配额（Emission Allowance，EA）和核证自愿减排量（Certified Emission Reduction，CER），通过交易平台或者场外交易等方式达成交易，随着碳排放配额或核证自愿减排量的交付和转移，完成资金的结算。

二、碳现货分类

在国际碳排放权交易市场中，碳现货交易主要包括配额型交易和项目型交易两类。项目型交易主要包括清洁发展机制（CDM）和联合履约机制（JI）两种机制下产生的减排量。与之类似，在国内碳排放权交易市场中，碳现货交易同样包括配额型交易和项目型交易，项目型交易的标的是中国国家核证自愿减排量(Chinese Certified Emission Reduction，CCER)。

(一)碳排放配额

碳排放配额是指政策制定者通过一定的规则初始分配给企业的配额，是目前碳配额交易市场主要的现货。碳排放配额交易的实质，就是在一个原本是自由排放的领域，通过对排放上限的封顶，从而把不受约束的排放权，人为地改造成一种稀缺配额的过程。碳排放配额有三种分配模式：拍卖、免费分配和混合模式。

拍卖模式：是指政府通过拍卖的形式让企业有偿地获得配额，政府不需要事前决定每一家企业应该获得的配额量，拍卖的价格和各个企业的配额分配过程由市场自发形成。

免费分配模式：政府将碳排放总量通过一定的计算方法免费分配给企业。

混合模式：是指采取拍卖和免费相结合的方式。从国际经验来看，大部分碳交易体系都没有采取纯粹的拍卖或纯粹的免费分配，而是采用“混合模式”。

(二)核证自愿减排量

核证自愿减排量是清洁发展机制中的特定术语。经联合国执行理事会签发项目的减排量，一单位等同于一吨的二氧化碳当量，计算碳排放量时采用全球变暖潜值(Global Warming Potential，GWP)，把非二氧化碳气体的温室效应转化为等同效应的二氧化碳量(见表8.5)。根据联合国清洁发展机制的规定，发达国家企业提供技术和资金帮助发展中国家的企业实现温室气体减排，其获得的减排量可以抵消其减排指标，以满足《京都议定书》中的部分减排承诺。

表8.5 各排放气体全球变暖潜值(GWP)

排放气体	全球变暖潜值
二氧化碳(CO_2)	1
甲烷(CH_4)	21
一氧化二氮(N_2O)	310
氢氟碳化物(HFCs)	150~11700
全氟碳化物(PFCs)	6500~9200
六氟化硫(SF_6)	23900

三、碳现货现状

（一）碳现货交易价格

目前，全球范围内主要碳交易体系包括欧盟碳市场，美国区域温室气体减排倡议，中国、韩国与新西兰碳市场等。2020 年，欧盟碳交易均价约为 30 欧元/吨。2021 年 9 月，欧盟碳交易均价达到 60 欧元/吨。

我国试点市场 2020 年平均成交价格为 28.6 元/吨。2021 年 9 月，全国碳市场的交易均价为 45.59 元/吨，相较于欧盟碳市场，还有很大的上涨空间。

（二）碳现货交易量及构成

从我国 2014—2020 年碳交易市场配额成交量情况来看，成交量整体呈现先增后减再增的波动趋势（见图 8.5）。2020 年全年，我国碳配额成交量为 4340.09 万吨二氧化碳当量，CCER 市场成交减排量为 6170 万吨。截至 2020 年底，碳市场配额现货累计成交量达 4.45 亿吨，CCER 累计成交 2.68 亿吨。

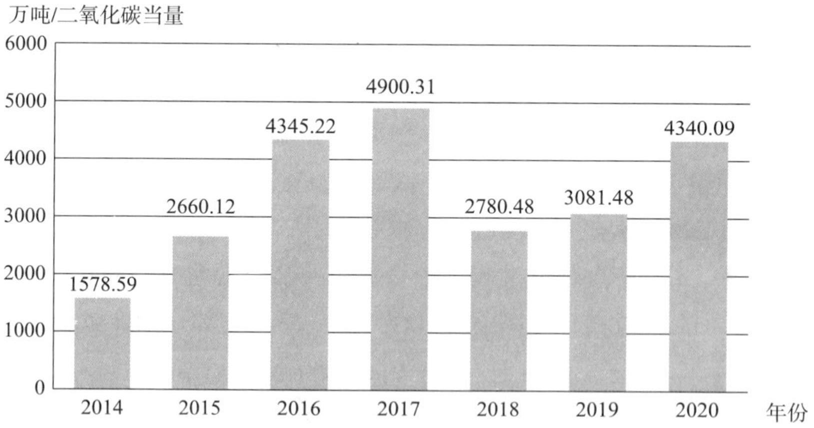

图 8.5　2014—2020 年碳交易市场配额成交量

四、案例分析

2021 年 7 月 16 日，全国碳排放市场上线交易。发电行业成为首个纳入全国碳市场的行业，纳入重点排放单位超过 2225 家，这些企业碳排放量超过 40 亿吨。截至 2021 年 11 月 10 日，全国碳市场运行的 77 个交易日，碳配额累计交易量达 2344.04 万吨，碳均价 44.5 元/吨，累计成交金额 10.44 亿元。

上海环境能源交易所以全国碳市场上线启动为契机，确立了“一体、三功能、五大中心”的发展定位和目标，建立公开、公平、公正、公益的节能减排技术、资本、规范交易平台，努力做成全球最大碳配额现货交易市场，同时积极推进配额市场建设，进一步扩展减排量市场品种，在上海形成一个多层次的碳市场(见表 8.6)。

表 8.6 “一体、三功能、五大中心”的内容

一体	集环境能源领域的物权、债权、股权、知识产权等权益交易服务于一体的专业化权益性资本市场服务平台
三功能	信息集散功能、技术和资本对接功能、优化配置功能
五大中心	碳交易中心、碳定价中心、国际绿色资产配置中心、全气候投融资中心、碳金融中心

第一百节　碳减排票据

一、碳减排票据的定义

依据《中华人民共和国票据法》，票据是指出票人依据票据法签发的，由自己或委托他人在见票时或指定的日期无条件支付确定金额给收款人或持票人的有价证券。

目前，关于碳减排票据还没有一个明确的定义，本书根据公开资料整理总结，将碳减排票据定义为：旨在助推实现“碳达峰、碳中和”战略目标，支持和扩大绿色低碳产业融资服务的一种碳金融产品，是为碳减排项目开发、碳减排项目发展、碳减排项目产品创新、营运及风险管理提供的各类票据业务产品与服务的总称，是由符合规定条件的企业签发或者申请贴现的票据。

二、碳减排票据与绿色票据的比较

（一）相同点

碳减排票据与绿色票据具有普通票据的支付、结算、信用、融资、交易、投资、调控等所有功能。

碳减排票据与绿色票据都具备政策优势。因其受政策扶持而具有较低贴现成本，所以是中小企业重要的融资渠道。

（二）不同点

碳减排票据作为一种碳减排支持工具，聚焦于低碳减排领域，支持具有显著碳减排效应的重点领域，包括清洁能源、节能环保、碳减排技术三个重点领域。碳减排票据直接或间接服务于碳减排项目，属于碳金融的一部分。碳金融主要目标是控制温室气体排放，解决全球气候变暖问题。

而绿色票据的范畴更广一些，除了碳减排外，还可用于与环境改善、资源节约高效利用、应对气候变化等目标相关的绿色产业或项目经营活动，直接或间接服务于全部绿色项目，其融资功能实现时具有所有“绿色”属性，属于绿色金融的一部分。对金融业来说，绿色金融把环境保护作为一项基本政策，在投融资决策、日常业务以及金融经营活动中需考虑潜在的环境影响，通过对社会经济资源的引导，促进社会可持续发展。

三、国内碳减排票据的政策制度

为深入贯彻新发展理念，促进经济社会发展全面绿色转型，助力实现“碳达峰、碳中和”目标，人民银行成都分行创新货币政策工具运用，于 2021 年 5 月 27 日制定实施《四川省碳减排票据再贴现专项支持计划》（以下简称《计划》），该计划旨在指导金融机构运用央行再贴现资金加大对碳减排企业的融资支持，切实发挥货币政策工具引导优化结构调整的作用。计划实施半个月后，就完成办理碳减排票据再贴现业务 95 笔，金额 11.23 亿元，票据对应的二氧化碳年减排量为 34.22 万吨，票据贴现加权平均利率较第一季度全省票据贴现加权平均利率低 0.51 个百分点，为企业节约融资成本 572.73 万元。

《计划》主要内容为：“一个目标、两类主体、三项激励”。

（一）一个目标

《计划》紧紧围绕促进碳减排这一核心目标，通过发挥货币政策工具引导调整优化信贷结构的作用，支持和扩大绿色低碳产业融资，降低融资成本，促进绿色低碳产业健康发展。

（二）两类主体

在主体帮扶方面，该计划主要面向金融机构和实体企业两类主体，加强业务指导、划定支持范围、设计激励机制。

金融机构层面，指导其围绕碳减排票据识别、减排量测算、业务流程优化等方面建立完善相关制度。对于已建立完善相关制度的金融机构，鼓励其在业务办理区域的显著位置展示“碳减排票据贴现窗口”标识，加强业务宣传。

实体企业层面，重点支持主营业务或对应项目属于《绿色产业指导目录（2019 年版）》和《绿色债券支持项目目录（2021 年版）》中所列节能环保产业、清洁生产产业、清洁能源产业、生态环境产业或基础设施绿色升级产业，且其碳减排效应可定量测算的企业签发、收受的碳减排票据再贴现。

（三）三项激励

一是额度优先。人民银行各市州分支机构对金融机构提起的碳减排票据再贴现申请单列额度，优先办理、应办尽办。成都分行对运用再贴现支持碳减排效果较好的地区，给予再贴现额度倾斜支持。

二是办理优先。鼓励金融机构以醒目标志为碳减排票据开辟绿色窗口，优先受理承兑和贴现业务。各市州分支机构对金融机构提起的碳减排票据再贴现申请开通绿色通道，即申请即可办理。

三是利率优惠。鼓励金融机构在商业可持续的基础上，对碳减排票据提供显著低于本机构同期同档次贴现加权平均利率的优惠贴现利率，加大对碳减排企业的让利力度，降低碳减排企业融资成本。

四、案例分析——首笔碳减排专项票据贴现落地雅商行

2021 年 7 月 28 日，雅安市商业银行（简称“雅商行”）开辟绿色通道为节能环保产业企业四川神虹化工有限责任公司（简称“神虹公司”）办理碳减排票据贴现 1000 万元，在雅安市金融系统内率先实现了碳减排票据贴现业务“零的突破”。该笔贴现业务用于支持神虹公司实施生产线节能环保“燃煤锅炉电能替代项目”配套流动资金需求，贴现利率低于该行同期同档次贴现加权平均利率 25 个 BP，为企业节约融资成本约 2. 5 万元。该笔贴现预计支持企业节约标准煤每年约 1273. 11 吨，二氧化碳年减排量约 3173. 86 吨，将有力支持企业践行绿色的低碳发展之路。

第一百零一节 碳期货

一、碳期货的定义

碳期货(Carbon Futures)是以二氧化碳排放量为标的，在固定的交易场所，交易双方以提前约定好的价格，在未来某一特定时期内，以特定价格购买或出售碳排放权量的标准化合约。在合约规定的交割日期，交易双方需以合约上的价格和数量交割二氧化碳排放量。实质上，碳期货只是将传统意义上的期货标的物由大宗商品换成了二氧化碳排放量。

二、国内外发展经验

（一）国外经验

2005 年 4 月，欧盟推出与碳排放配额(EUA)挂钩的碳期货产品，欧洲气候交易所成为首个碳期货交易地点。EUA 碳期货自推出以来便保持快速增长，2017 年第一季度成交额约 50 亿美元，2018 年同期便上涨到约 250 亿美元，增长势头强劲。除此之外，EUA 碳期货还是欧盟碳市场最主流的交易品种，在所有 EUA 交易中，碳期货交易量占比超 85%。2007 年，欧盟碳市场供过于求，致使现货价格暴跌，而价格相对稳定的碳期货起到了稳定现货价格的作用，并使欧盟碳市场能够安全度过这一危机。

2008 年 8 月，美国芝加哥气候期货交易所便开始了碳期货交易，而相应的现货交易于 2009 年 1 月 1 日才启动，体现了碳交易中碳期货的价格发现机制。

（二）国内发展

我国目前尚无碳期货交易品种，由于《期货交易管理条例》规定只有在专业的期货交易所才能进行期货交易，因此七个试点碳市场均不具备期货交易资格。目前广州、武汉、上海的碳市场已有相对成熟且标准化的碳远期产品，将为未来我国碳期货产品的设计提供参考。2021 年 4 月 19 日，广州期货交易所揭牌，定位于新型期货产品，与已有的四大期货交易所有所区分。2021 年 6 月，证监会新闻发言人高莉在例行新闻发布会上表示，为配合碳现货市场发展进程，证监会积极指导广期所贯彻落实粤港澳大湾区发展战略规划，加快推进碳期货市场建设。

三、发展碳期货的意义

（一）充分发挥碳市场减排效用

碳期货采用集中竞价的交易机制，通过吸引二级市场投资者参与，能够有效帮助控排企业规避碳价波动风险，从而提升其参与积极性，并进一步提高了碳交易市场流动性。随着了解碳期货的投资者越来越多，市场规模将进一步扩大，市场波动也将使碳价更接近于供需平衡时的价格，不仅能降低控排企业价格风险，还能使企业借助作为合格担保品的碳期货撬动更多社会资本参与碳市场，进而达到减排的目的。

（二）强化碳交易市场功能

引入标准化碳期货，能够使碳市场具备更多金融市场的特点。这将吸引众多碳资产评估公司、碳资产管理公司等机构进入市场，为控排企业提供风险规避工具，进一步提升市场主体参与度。从监管角度来看，当碳交易市场具有金融特征时，将使金融监管机构进一步提高对绿色金融的重视程度，而适当的监管也有助于防范金融风险和规范市场运行。

（三）提升国家在国际气候治理方面的影响力

在综合国力上，中国已跻身全球前列，但人均经济能力仍与发达国家有一定差距。中国作为世界第一碳排放量大国，在未来有望建成世界最大的碳市场。因此，无论是在国际影响力方面，还是在市场影响力方面，中国都应尽快在现货市场基础上发展碳期货，建立健全碳市场各交易品种和规则。这不仅将为发展中国家起到引领示范作用，也将在与发达国家的国际谈判中获得更多话语权。

第一百零二节　碳期权

一、碳期权的定义

碳期权本质上是一种基于碳期货衍生出的碳金融衍生品，通常是由交易所拟定的交易双方关于未来买卖权利达成的标准化合约，期权的买方在向卖方支付了一定的权利金后，可在合约的有效期内获得选择权，即按合约中约定的价格买入或卖出一定数量的碳标的的权利。碳期权是一种权利而非义务，在合约期内可以自由选择是否行使权利。目前在国际上比较常见的碳期权有EUA 期货期权、CER 期货期权以及 ERU 期货期权等。

二、功能与作用

（一）价格发现

碳期权合约的标的物是碳期货，因此碳期货的价格将对碳期权的价格波动具有重大影响。而根据相关学者对于欧盟碳市场的研究，碳期货的价格和现货的价格波动具有一致性。综上所述，当一个完备的市场中配备了成熟的金融衍生品后，将由市场的大量交易来为碳排放权合理定价，并由此解决我国目前碳交易市场中，市场定价过低、交易规模小等问题。通过期货、期权等衍生品，撬动大量的社会资金注入市场，增强市场流动性，扩大市场交易主体，反映碳排放配额的公允价格。

（二）风险管理

我国碳市场交易处于起步阶段，各种避险工具都相对匮乏，尤其是对于大量持有碳排放配额的企业而言，在全国碳排放权集中统一交易市场建成后，将面临价格剧烈波动的风险。传统的避险工具，比如保险、掉期交易、对冲基金等，这些工具或相对复杂，或在新兴市场中不具备实施条件，或是管理烦琐。此时，便可通过期权提供类似“保险”的功能，可以通俗地将权利金理解为保费，将面临价格波动时行使权利获得的收益理解为赔偿。买卖双方的权利与义务分离的特性使得在持有现货的基础上应用期权进行风险管理相比期货更加简便易行，不需频繁地关注保证金账户，只需在合约期内必要时行使权利即可。买卖双方就同一到期的若干执行价格合约进行交易，便于投资者根据现货市场的变化情况在若干个明确的价格区间内管理价格波动风险，满足投资者的多样化风险管理需求。

（三）多元化交易策略

通过对不同到期日、不同执行价格、买权或卖权的碳期权的交易组合配置，可以形成不同的收益曲线，从而为投资者提供多元的投资组合选择，提升市场的灵活性，同时激发市场创新力，为其他新型的金融衍生品的诞生提供空间。

三、碳期权与碳期货

碳期权和碳期货是两个易搞混的概念，但却有着本质的区别。碳期货是指买卖双方约定在未来某一特定时间按照约定的价格在交易所进行交割标的物的合约。碳期权则是一种可交易的合约，它给予合约的买方在双方约定期限以约定价格购买或者出售约定数量合约指定资产的权利。两者主要有以下区别：

(1)权利与义务不同。期货到期前可以在相应的市场中进行平仓交易，但持有到期时，必须履行交割标的物的义务；期权则是赋予购买人权利，可以自行决定是否行使权利。

(2)保证金不同。期货交易中，买卖双方都需缴纳保证金，实行盯市制度，即需实时根据价格波动，调整保证金账户；期权交易中，买方缴纳权利金，只有权利而无义务，因此不需缴纳保证金，而卖方获得了权利金，只有义务而无权利，因此需缴纳保证金作为履约担保，并且所缴纳的保证金金额要遵循覆盖次日最大损失可能的基本原则。

(3)盈亏不同。期货的盈亏是对称的、线性的，期权不对称、非线性。期货的交易双方都面临无限盈利和无限亏损的可能。期权市场中，盈亏是不同的，期权的买方亏损有限(权利金)，而盈利无限；期权卖方则相反，盈利有限而亏损无限。

四、现状与前景

我国目前尚无完善的碳期权交易场所，主要依靠企业间磋商和场外交易来完成碳期权的买卖。在2017年，广州守仁环境能源股份有限公司与壳牌能源(中国)有限公司通过场外交易的方式，达成了首笔期权交易。自此在全国的各个试点中，不同的企业间开展了不同形式的碳期权交易模式探索，但大多仍旧停留于场外交易的模式中，并未形成成熟的交易体系和大规模的交易市场。

自2011年国家在七个省市开展碳排放交易所试点以来，经过十年摸索，将于2021年7月在上海正式启动全国碳排放权集中统一交易。我国作为潜在的全球最大的碳排放权交易市场，尽管目前碳市场交易尚处于起步阶段，也并无成熟的衍生品品种和相关的交割市场，但随着国家对2060年实现碳中和政策目标的推进，碳交易市场势必将迅猛发展。

上海环境能源交易所总经理刘杰透露："全国碳市场上线交易后，未来会根据碳市场的发展阶段逐步建设碳金融，待市场与政策条件成熟后，再发展各类金融产品。碳金融衍生品中的碳远期、碳期货对碳现货市场有着重要的补充作用。"欧盟作为目前全球最大的碳市场，在市场交易中碳期货交易量是现货的30倍。因此完全可以预见，碳金融衍生品将是接下来的绿色金融发展热点，而碳期权毋庸置疑将是其中一个重要发展品种。

第一百零三节　碳掉期

一、碳掉期的定义

碳掉期是交易双方就某项碳资产达成场外交易，约定在未来某一时间交换现阶段双方认为具有同等价值的碳资产标的物，是掉期交易在碳交易市场中的应用，只是将标的物由一般意义上的外汇换成了碳配额。

目前我国主要存在两种碳掉期模式：一是由控排企业在当期卖出碳配额，换取远期交付的等量国家核证自愿减排量(CCER)和一笔现金；二是由项目业主在当期出售国家核证自愿减排量(CCER)，换取远期交付的不等量碳配额。

二、特点

碳掉期是掉期业务的一种，因此具有掉期业务的基本特点：买与卖在同一交易中同时进行；买与卖的标的物种类相同(即碳配额和CCER)，且现金流价值对等；买与卖的交割期限不同。

三、交易流程

下面以全国碳市场碳排放配额的每日成交价格为例，举例说明一种简单的碳掉期的具体交易流程。

全国碳排放权交易市场于2021年7月16日开市，首日收盘上涨6.73%，整体成交价格为52.76元/吨。此时机构投资者A认为尚未到清缴周期，普遍存在惜售行为，未来价格仍有上升空间；而另一控排企业B认为价格上涨是首日开市带来的溢价导致的，未来不会继续大幅上涨。因此双方协商约定，在7月16日，投资者A以53元/吨的价格购买碳排放配额，而企业B以7月22日的市场价格购买等量碳排放配额，双方互换所购碳排放额（见图8.6）。并在合约到期时，实行差价结算。

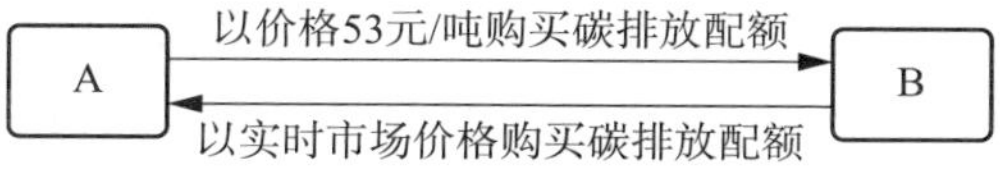

图8.6　碳掉期交易流程

7月22日，全国碳排放权交易市场的实际收盘价为55.52元/吨，双方按照合同约定价格结算，企业B需向投资者A支付2.52元/吨的差价。

遵循这种交易模式，可以开展多种碳掉期交易，大致可以依据交割日期的不同分为：一日掉期交易、即期对远期的掉期交易、远期对远期的掉期交易。

四、功能与作用

（一）有利于控排企业进行套期保值

例如，持有碳配额的企业A和持有国家核证自愿减排量（CCER）的企业B，签订合同约定，企业B在半年后给予企业A一定量的CCER和一笔现金来换取当期的碳配额。这样便保证了企业A所持有的碳配额在半年后交易时，不因碳市场的价格波动而遭受损失。尽管这样的交易会使企业A错失因价格上涨而带来的收入，但是同时它也避免了因价格下跌而带来的损失，为碳配额保值，确保获得当期的预期收入。

（二）有利于回稳企业更新周期

对于中小企业，在推进绿色经济的过程中，无论是对大功耗、重污染的机器进行更新换代，还是对生产流程的审查改良，都需要在前期投入大量的资金，而这势必会给中小企业带来流动性问题，甚至可能影响正常的经营。碳掉期则可以让这些中小企业向资金充沛的大企业或机构投资者出售碳资产，通过换取当期的现金，来回稳企业的更新周期，更加平稳高效地响应减排号召。

（三）有利于碳资产合理定价

对于标准化金融合约，无论制定多么精细的条例，也无法满足市场上所有参与者的需求，而掉期场外交易使得各个企业间可以相互协商，制定符合自身特殊需要的交易合同，增加碳资产的流动性，从而使市场上的报价更加公允地反映市场需求。

（四）有利于降低中间商承担的风险

当碳市场进一步发展后，势必会出现大型中间商，或由传统银行等机构扮演该角色，其与大量的客户交易，将存在巨大的系统性风险。此时通过多笔掉期交易构建投资组合，便可抵消因价格波动带来的损益，消除中间商与客户单独进行单笔单向交易所承受的风险。

五、碳掉期与碳远期的区别

(1)碳掉期交易中的买与卖是有意识地同时进行的，只是买卖的交割期限不同；而碳远期的交易则是由买方或卖方中的一方，来确定其所持有的现货的未来交易价格。

(2)碳远期的主要作用是确定利润，通过规避未来现货价格的涨跌来控制风险，风险相对较小；而碳掉期通过不同交割时期的两笔反向交易来实现风险控制，不确定因素更多，风险相对高一些，但同时能够通过不同时期的价差来获利。

(3)碳远期合约达成后，卖方手中持有的大量现货并不能立刻变现，获取现金流，必须持有到交割日才能变现；而碳掉期合约在达成后，投资者可以立刻进行货币转换，将闲置的现货转化为现金投入使用。

第一百零四节　碳远期

一、碳远期的定义

碳远期交易是指双方约定在将来某个确定的时间以某个确定的价格购买或者出售一定数量的碳单位(碳配额或者减排量)的非标准化合约，一般为场外交易，双方协商确定合约的价格、数量和交货时间等内容，最后以实物交割方式履约。碳远期交易本质上是远期交易的一种，只是交易的标的物指定为碳配额。

二、碳远期与碳期货的异同

碳远期交易和碳期货交易的相同点是：与即期现货交易相比，它们都可以帮助供求双方固定未来交易价格。供给方可以据此组织供给，需求方可以据此筹措资金、组织生产，由此供需双方面临的市场风险都会得到减少。

碳远期与碳期货还存在着以下不同：

（1）交易场所不同。碳期货交易在交易所内集中进行，而碳远期交易在场外分散进行，价格透明度较低。

（2）价格机制不同。碳远期的价格由买卖双方谈判达成，价格的形成过程中参与者较少，依赖于双方对未来价格的预测，市场效率较低，很难做到合理公平。碳期货的价格形成过程中参与者较多，价格公开透明合理。

（3）合约规范性不同。碳远期是非标准化合约，需要买卖双方进行谈判，价格、数量、交货时间均由双方协定，每笔业务的具体条款都需要具体磋商。与标准化的期货合约相比，手续复杂。

（4）交易风险不同。碳远期最终以实物交割，所以存在一定信用风险。因此交易者对对手方的信用风险审查就非常重要，这与监管严格的场内交易的标准化期货合约不同。

（5）保证金制度不同。碳期货合约交易的保证金比例由交易所统一规定，交易双方均需缴纳。而碳远期合约的保证金是否交，交多少，由交易双方自行协商。

（6）履约方式不同。期货合约具备对冲机制，实物交割比例较小，而碳远期合约未经双方一致同意，必须采取实物交割。

二、我国的碳远期实践

在全国统一的碳交易市场建立之前，广州碳排放权交易中心、湖北碳排放权交易中心和上海碳排放权交易中心分别进行了不同类型的碳远期实践。其中只有广州碳排放权交易中心的碳远期完全符合远期交易的定义。而湖北和上海碳排放权交易中心的碳远期则接近于期货。

2016 年 2 月广州碳排放权交易中心推出了碳远期交易，次月，广碳交易中心为广州微碳公司办理了首笔碳配额远期交易合同的备案手续。广州微碳公司在广碳所推出的《广州碳排放权交易中心远期交易业务指引》的指导下，积极与广东的控排企业寻求碳远期交易机会。2018 年广州微碳公司与通明公司约定于 2018 年 6 月两公司进行碳配额的交割，然而通明公司在收到碳配额后并未向广州微碳公司支付合同余额。由于通明公司在 2019 年已经进入破产流程，2020 年广州微碳公司对广碳所发起诉讼，起诉广碳所在交易中没有履行集中结算交易中心的职责，并希望广碳所赔偿广州微碳公司的损失。广州花都区人民法院并未同意广州微碳公司的请求，广州微碳公司的上诉也被广州市中级人民法院驳回。该广州微碳案例，反映了碳远期具有的重要风险——信用风险。

与广碳所的碳远期场外交易场内结算不同，湖北碳远期集中在湖北碳排放权交易中心交易。且湖北碳远期的合约为标准化合约，其数量和时间均由交易中心统一制定，履约方式也不局限于实物交割，可以采取对冲平仓的方式履约。湖北碳远期解决了标准远期的流动性问题，标准的合约和对冲平仓的机制极大地提高了碳远期的流动性。2016 年 12 月上线的上海碳远期则更进一步增加了中央交易对手清算方式，流动性进一步加大，交易对手的信用风险也大幅降低。2021 年 7 月 16 日，华夏银行与国家能源集团龙源(北京)碳资产管理技术有限公司合作落地的碳远期交易保函业务通过全国碳排放权交易系统完成实物交割。

某种程度上来讲，湖北和上海的尝试是我国碳远期发展过程中的一种妥协。由于碳期货交易一直没有正式上线，而碳远期由于其特有的缺陷无法满足碳交易市场的需要，变种的碳远期成了介于标准定义下的碳远期和碳期货之间独特的交易形式。随着碳期货的上线，碳远期与碳期货将在碳市场中分别发挥不同的作用。

第一百零五节　碳互换

一、碳互换的定义

碳互换(Carbon Swap Trading)是指交易双方依据预先约定的协议，在未来某一时期内相互交换碳排放配额或核证自愿减排量的交易。“互换”是一种常见的金融衍生工具，投资者利用不同市场或者不同类别标的物价格差别进行交换，从而获取价差收益。碳互换本质上是一种以碳排放为标的物的互换合约。

二、碳互换的形式

碳金融衍生品市场分为交易所市场和交易所外市场(Over the Counter,

OTC)，后者也可以称为柜台交易。交易所市场的交易类型主要包括规范标准化的碳期货或期权合约，OTC 交易的则是买卖双方针对碳产品的价格、时间、地点等经过谈判达成的协议，其中碳互换就属于后者。一般来说碳互换有以下两种形式。

（一）碳排放权互换交易

图 8.7 是最常见的碳排放权互换过程示意图。图中固定价格交易是指 A、B 双方协商约定，A 方于合约结算日以双方约定的固定价格向 B 方购买标的碳排放权。浮动价格交易是指 B 方于合约结算日以当日浮动价格向 A 方购买标的碳排放权。交易所会根据约定，向双方收取一定的初始保证金，并在合约期内根据现货市场价格的变化情况定期对保证金进行清算。交易所可根据清算结果，要求亏损方补充维持保证金；若亏损方未按期补足，交易所将有权进行强制平仓。交易双方往往不发生碳配额的实际划转，仅就最终结算价格和约定的差额进行资金结算。

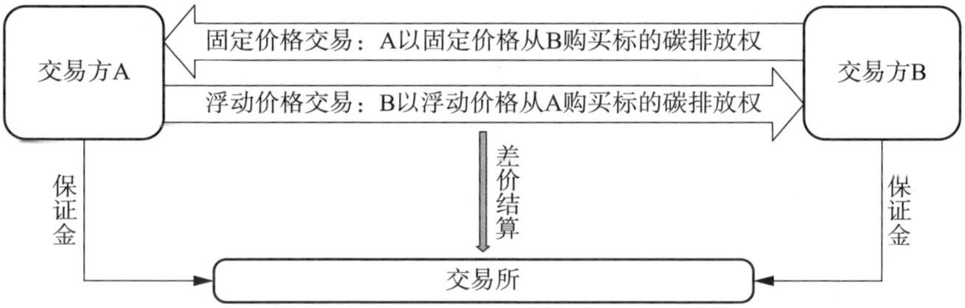

图 8.7 常见碳排放权互换过程

（二）债务与碳减排信用互换交易

这种互换主要发生在国家与国家之间。债务国在债权国的许可下，将一定资金投入碳减排项目，其实质是债务国和债权国之间约定购买碳减排信用额的协议行为。

三、碳互换的意义

碳互换的产生解决了目标碳减排信用难以获得的问题，充分发挥了碳减排信用的抵减作用。由于碳排放配额和减排量在履约功能上同质，而核证减排量的使用量有限，同时两者不同时期内存在价格差，互换正是一种有效的解决方法。

碳互换属于碳金融衍生品，它具备所有碳金融衍生品共有的意义。既为碳交易体系相关企业单位提供了新型融资方式的金融工具、价格发现工具和风险对冲手段，同时也可盘活市场碳资产，加大在碳交易市场中碳资产的流通率和流转率，保证市场的活跃度和交易量，从而助力形成市场价格，让企业单位及时高效地衡量减排成本，以便于开展节能减排工作。

四、中国碳互换的发展状况

2015 年 6 月 15 日，中信证券股份有限公司、北京京能源创碳资产管理有限公司、北京环境交易所正式签署了国内首笔碳排放权场外互换合约，交易量为 1 万吨。交易双方以非标准化书面合同形式开始互换交易，并委托北京环境交易所负责保证金监管与合约清算工作。

2016 年 8 月 31 日，中国人民银行、财政部、国家发展改革委、环境保护部、银监会、证监会、保监会七部委联合印发了《关于构建绿色金融体系的指导意见》，提出要有序发展碳基金、碳远期、碳互换、碳期权、碳租赁、碳债券等碳金融产品和衍生工具。在碳交易市场试点的过程中，北京、湖北、深圳、广州等试点地的交易所都积极开展了相关的碳排放权交易的金融衍生品服务，但多集中在基金、债券、质押融资、回购融资等项目，只有北京地区对碳互换交易进行了创新性的探索试行。

相较于海外碳市场，我国还缺少成熟的衍生工具，碳互换交易尚在萌芽阶段。但 2021 年起，我国碳金融衍生品市场已经加快了发展的步伐。2021 年 4 月广州期货交易所正式成立，证监会指导其推进碳期货等绿色金融产品研发。2021 年 7 月 16 日，全国碳交易市场正式开放，现货市场的启动对衍生品市场发展将产生巨大的推动作用。2021 年 7 月 26 日，国泰君安证券与中金公司成功落地“碳中和指数收益互换”，虽然其本质属于利率互换，但从某种意义上来说，这也是一次与碳互换交易有异曲同工之妙的创新举措。

当然，这只是起点，碳金融衍生品市场发育还有很长的路要走，碳金融衍生品创新也有着极大的发展潜力。我国需要保证严格的监管、有力的市场需求和资金支撑，来减弱碳互换等衍生品交易的推行阻力。

—— 第九章　碳资产管理 ——

第一百零六节　碳资产

一、碳资产的定义

碳资产（Carbon Asset）指强制碳排放权交易机制或者自愿排放权交易机制下产出的，可以直接或间接影响组织温室气体排放的碳排放权配额或减排信用额。

碳资产是政策博弈的产物。碳资产的所有权可以清晰界定，通过设定的标准和机制，其数量可以二氧化碳吨当量计量，长期可以交易，具有经济价值属性、商品属性和金融属性。

二、碳资产的内容介绍

（一）碳资产的主要类型

（1）在碳交易体系下，企业由政府分配的排放量配额。

（2）企业内部通过节能技改活动，减少企业的碳排放量。由于该行为使得企业可在市场流转交易的排放量配额增加，因此，也可以被称为碳资产。

（3）企业投资开发的零排放项目或者减排项目所产生的减排信用额，且该项目成功申请了清洁发展机制项目（CDM）或者中国核证自愿减排项目（CCER），并在碳交易市场上进行交易或转让，此减排信用额也可称为碳资产。

（二）碳资产的交易方式

（1）重点排放单位，在低碳发展过程中，通过监测排放数据，设定适合的排放目标，制定排放策略。如果存在配额缺口，可以从碳市场购买一定数量的碳资产(配额或 CCER)以抵消其配额的不足，但应根据市场的供求情况，进行价格预测以获得最大收益。目前规定 CCER 的抵消比例不能超过其年度碳排放量的 5%。

(2)非重点单位可以选择适当时机出售 CCER，以获取收益。

三、企业碳资产的管理

(一)碳资产管理的概念

企业的碳资产管理指企业通过对碳资产进行主动管理，实现企业效益及社会价值最大化、损失最小化的目的行为。

(二)驱使企业实施碳资产管理的主要因素

(1)政策和法律层面。二氧化碳排放力争于 2030 年前达到峰值，努力争取 2060 年前实现碳中和，是中国的庄严承诺，中国也在法律、政策、制度、产业规划等方面体现了一系列的国家驱动，彰显了我国减缓气候变化的决心。

(2)市场层面。能源及原材料价格上涨，采购商对采购产品提出绿色节能的要求从而满足其打造绿色供应链的目标等要求。

以上因素都将促使企业根据节能减排的新标准进行自我升级改造，主动加强碳资产管理，以夺得市场优势。

(三)企业碳资产管理体系的建立

(1)明确组织机构。根据企业战略规划及定位，确定企业碳资产管理架构形式，组织机构及人员配备，结合企业采用的交易策略、流程制定企业碳资产管理制度，完成碳管理体系的构建。

(2)设立碳资产管理机构。该机构的主要任务是针对企业碳资产开发、碳市场分析、碳配额管理、排放报告编制、质量控制、审核风险控制、碳交易运作等进行实时跟踪和反馈企业管理过程信息，提出解决方案。同时，该机构还应该根据重点功能节点设置数据分析、报告编制、审核质控、交易管理等子部门，这些部门将分别与企业其他专业部门进行信息对接与方案评估改进，通过跨职能部门的水平整合和优化合作，提升综合管理能力以获得减少碳排放的最大潜力。

(3)碳盘查。根据企业自身可靠的、可核查的、准确的基数数量摸清企业碳资产情况；研究行业及区域配额分配方案，根据区域减排政策和企业规划定位进行碳排放预核算。

（4）评估自身碳减排的潜力和成本并实施计划。碳资产管理小组对企业能源管理现状、目前能耗结构、品种、数量等指标的变化情况进行了解，计算分析单位能耗；分析找出能耗成本与生产成本的联系与规律，根据碳排放数据的统计制定企业能源管理的方案；根据能源管理方案进行工艺水平的改进，比较技改成本与碳排放效益，提出更好的方案；根据确定的方案落实节能减排项目。

第一百零七节　碳资产开发

一、碳资产开发的概念

根据《温室气体自愿减排交易管理暂行办法》，企业按照经国家发改委备案的方法学及相关规定流程，投资开发的 CCER 项目所产生减排信用额的过程即为碳资产开发。

二、碳资产开发的政策依据

2012 年 6 月 13 日，国家发改委印发《温室气体自愿减排交易管理暂行办法》（发改气候〔2012〕1668 号）（以下简称《办法》）。《办法》共有总则、自愿减排项目管理、项目减排量管理、项目减排量交易、审定与核证管理、附则 6 章 31 条，如表 9.1 所示。

表 9.1　《办法》的主要内容框架

总则	自愿减排项目管理	项目减排量管理	项目减排量交易	审定与核证管理
温室气体种类 国家主管部门 市场参与方 备案登记制度 国家登记簿	方法学及备案 审定要求 项目类别 申报途径 申报文件要求 审批时间规定	减排量监测 减排量核证 减排量备案 主管部门审查	交易机构备案制度	审定与核查机构备案制度

《办法》中明确指出申请备案的自愿减排项目在申请前应由经国家主管部门备案的审定机构审定，对项目开发的各类申请材料做出了明确的规定。《办法》作为 CCER 及碳资产开发的纲领性指导文件，对开发的申请程序和审定的

核证机构资产认证都提供了一个规范化的标准，对提高碳减排活动的积极性发挥了重要作用。

三、碳资产开发的流程介绍

CCER 项目的开发流程主要有方法学备案、减排量监测、减排量核证、减排量备案等步骤，具体见图 9.1。

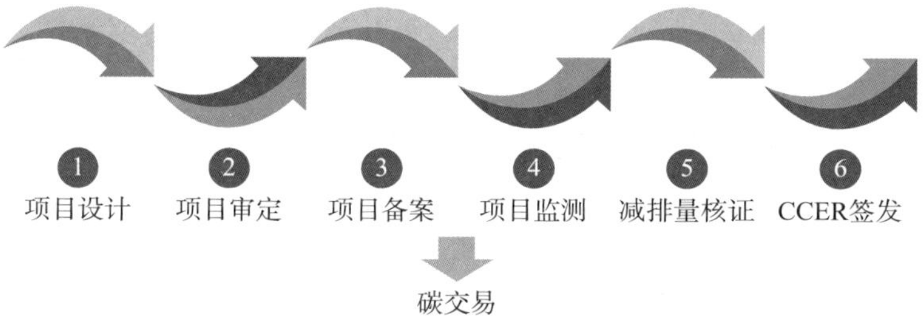

图 9.1　CCER 项目开发流程

项目设计：国内自愿减排项目的文件设计阶段。

项目审定：相关的技术准备工作完成之后，项目企业选择合适的独立经营实体(Designated Operational Entity，DOE)，签约并委托其进行自愿减排项目的审定工作，基于项目开发者提交的项目设计文件，DOE 对自愿减排项目活动进行审查和评价。

项目备案：如果 DOE 经过审定，认为该项目符合自愿减排项目的审核要求，它会以审定报告的形式向国家发改委提出项目备案申请。如果项目通过国家发改委专家评审委员会的审查，则该项目可以进行备案。

项目实施、监测和报告：备案之后，自愿减排项目就进入具体实施阶段。项目企业根据经过备案的项目设计文件中的监测计划，对项目的实施活动进行监测，并向负责核查和核证项目减排量的 DOE 报告监测结果。

项目减排量的核查和核证：核查是指与项目企业签约的 DOE 对备案的自愿减排项目在一定阶段的减排量进行周期性的独立评估和事后决定。核证是指该 DOE 以书面的形式保证某一个自愿减排项目的活动实现了经核实的减排量。根据核查的监测数据，通过国家批准的项目方法学，DOE 可以计算出自愿减排项目的减排量，并向国家发改委提交核证报告。

减排量 CCER 的签发销售：DOE 提交给国家发改委的核证报告实际上就是一个申请，请求签发与核查的减排量相等的 CCER。当 CCER 获得签发后，项目企业便可以将 CCER 放到碳交易平台上进行交易。

四、CCER 项目方法学介绍

方法学是指用于确定项目基准线、论证额外性、计算减排量、制定监测计划等的方法指南。一个项目如想成为自愿减排项目，首先应该属于国家规定的项目类别，并符合经过备案的方法学。方法学的确定是碳资产开发前期可行性评估的重要环节。2013 年 10 月，国家发改委应对气候变化司主办的中国自愿减排交易信息平台正式上线运行，CCER 项目审定公示及备案的国家温室气体自愿减排项目方法学（CCER 方法学）均可查询。截至 2016 年 11 月，已共计备案 12 批 200 个方法学。这些方法学的适用领域基本涵盖了所有联合国清洁发展机制方法学的范围，也为国内业主开发自愿减排项目提供了广阔的选择空间。

五、案例分析——国内首个轨道交通减排碳资产项目：北京地铁 16 号线工程

北京地铁 16 号线工程位于北京市西部中心城区，连接中关村、三里河政务区、丽泽商务区、丰台火车站及丰台科技园等重要城市功能区，经济繁华，将构成北京轨道交通线网中心的南北向干线。起点为苏州街站，终点为宛平城站，共 16 个站点，线路总长度 26.1 千米。项目设计的投入运营日期为 2017 年 1 月 1 日。

据公示的项目设计文件，该项目的业主为北京基础设施投资有限公司，项目选用的方法学为 CM-028-V01：快速公交项目。项目选择 10 年固定计入期，平均每年减排量 205706 吨。项目选用的方法学参考的是 UNFCCC-EB 的整合的 CDM 项目方法学 ACM0016（见表 9.2）。

表 9.2　项目概况

项目活动名称	北京地铁 16 号线工程
项目类别①	（一）采用国家发展改革委备案的方法学开发的减排项目
项目设计文件版本	1.0

① 我国碳自愿减排项目类型分为四个类型，分别为（一）采用国家发展改革委备案的方法学开发的减排项目；（二）获得国家发展改革委批准但未在联合国清洁发展机制执行理事会或者其他国际国内减排机制下注册的项目；（三）在联合国清洁发展机制执行理事会注册前就已经产生减排量的项目；（四）在联合国清洁发展机制执行理事会注册但未获得签发的项目。

续表

项目设计文件完成日期	2014年10月27日
项目补充说明文件版本	—
项目补充说明文件完成日期	—
CDM注册号和注册日期	—
申请项目备案的企业法人	北京基础设施投资有限公司
项目业主	北京基础设施投资有限公司
项目类型和选择的方法学	类别7：交通 CM-028-V01 快速公交项目（第一版）
预计的温室气体年均减排量	205706 tCO_2e

资料来源：中国自愿减排交易平台。

第一百零八节　碳资产评估

一、碳资产评估的定义

碳资产评估是指根据与碳资产相关的标准和方法，预估碳排放权、碳减排量和碳金融衍生产品等碳资产的公允价值。当前碳资产评估的主要业务包括：以交易为目的的排放权单项资产评估，以融资为目的的碳资产评估等。

二、碳资产评估内容

（一）碳资产评估经济学基础

碳资产是一种新兴的特殊资产，但资产评估的一般经济学基础同样适用于碳资产评估，因此，其经济学基础理论首先是劳动价值论、效用价值论、生产费用论等资产评估的经济学价值理论。除了一般经济学基础外，碳资产评估的经济学基础主要是科斯定理和庇古税。

科斯定理是产权经济学研究的基础，其核心内容是关于交易费用的论断。该理论认为，只要产权明晰并且交易成本为零或很小，无论何种初始配置，市场均衡的最终结果都是有效的，从而实现资源配置的帕累托最优。其核心在于发现了交易费用及其与产权安排的关系，提出了交易费用对制度安排的影响。

庇古税，由英国经济学家庇古最先提出，是解决环境问题的一种方式，即通过征收一种矫正税使个人成本与社会成本等同，从而纠正负外部性的影响，这类税收被称为“庇古税”。庇古税对外部性的治理措施是外部性的内部化，即对污染排放征收一定量的税收以达到控制污染的目的。由此，庇古税对环境污染的观点是通过税收方式为污染定价。

（二）碳资产评估方法主要有市场法、收益法、成本法

1. 市场法

该方法是利用市场上同类或类似资产的近期交易价格，经过直接比较或类比分析以估测资产价值。该方法应用过程中的评估资料来源于市场，且评估结果也可以接受市场的检验，符合市场经济的一般原理，容易被交易双方所接受。市场法是资产评估中最直接、最简单和最有效的方法。应用市场法要满足两个基本前提条件：一是需要有一个活跃的公开市场；二是参照物资产与被评估资产之间要具有可比性，且公开市场上要有足够多的可比资产及交易实例。故应用该方法的关键是找到可比的交易实例，但目前我国碳交易市场并不活跃，成交价格普遍偏低，可选择的交易案例较少，且案例之间具有较大的差异，缺乏可比性。

2. 收益法

收益法是指通过估算被评估资产未来预期收益的现值进而确定被评估资产价值的一种资产评估方法。运用该方法需要满足三个基本条件：一是被评估资产的未来预期收益能够预测并以货币形式进行量化；二是资产所有者为获取未来预期收益所承担的风险可以测算，并能够以货币形态进行量化；三是被评估资产获取未来收益的时间能够预测。采用收益法需要合理地预测碳资产所带来的预期收益，不仅包括碳资产进行交易所带来的收益，还包括碳资产所产生的协同效应为企业带来的经济利益。科学合理地衡量碳资产在企业生产经营过程中所带来的价值贡献是一个关键问题，不同地区、不同行业、不同企业之间碳资产对价值的贡献程度是不同的，因此确定其对价值的贡献程度较为困难。总之，运用收益法对碳资产的价值进行科学合理的评估，是一个较复杂的过程。

3. 成本法

成本法是指在评估资产时根据被评估资产的重置成本扣除各种损耗以确定其评估价值的一种方法。成本法的运用需要满足三个基本前提：第一，该

方法以持续使用假设为基本前提，要求被评估资产处在继续使用过程中或假定处于继续使用过程当中；第二，成本法要求必须具备可以利用的历史资料；第三，成本法还要求被评估资产的预期收益能够支持其重置及其投入价值。但在实务操作中，由于碳资产的自身特点以及其重置成本及各项损耗的确定过程较为复杂，风险较大，故应用也较为困难。

三、我国碳资产评估面临的挑战

(1)碳资产评估工作基础薄弱，缺乏专业人才。我国资产评估工作发展较晚，是随着经济体制深入改革和市场经济不断完善而发展起来的。资产评估体系建设时间不长，碳资产评估才刚起步，在理论与实践研究上都还不成熟，基础薄弱，缺乏经验，并且国内碳资产评估专业人员较为匮乏，具有相关专业背景的行业专家较少，高质量的专业人才也难以适应中国碳市场快速发展的诸多新要求，同时缺乏系统的人才教育培训，因此人才建设的滞后性对中国开展碳资产评估等工作产生阻碍。

(2)我国缺乏成熟活跃的碳交易市场，碳交易制度有待完善。虽然我国已经陆续开展了碳排放权交易试点，但多数集中于CDM项目，2021年7月启动的全国碳排放权交易市场则只针对重点控排企业的碳排放权，对于其他类型碳资产的交易涉及较少。相较于欧盟等的碳排放权交易制度，我国碳排放权交易制度的建立还处于较为初级的阶段，相关的法律法规及交易制度等方面还存在一些缺陷，交易制度的不完善，交易细则缺乏较为明确的规定。此外，企业参与碳交易的意识不强，参与度低，市场不活跃，这些因素都影响了选取市场信息数据、判断风险等工作的进行，并且制约了碳资产评估工作的开展。

(3)有关碳资产评估的法律法规需要完善。我国相关法律法规大都是关于CDM项目的相关规定，所涉及的范围较为狭窄，且都属于规章层面。碳资产交易活动越来越广泛，碳交易市场也在不断发展，而我国对于交易双方当事人的权利义务、交易准则等问题的法律法规还不完善，缺乏较为完整的法律法规的引领，这势必会影响碳资产评估的正常发展。

(4)碳会计信息披露制度的欠缺。目前我国对碳资产会计信息的披露倾向于在三大财务报表中列示，即表内披露，然而碳资产自身具有的风险、不确定性及复杂性使得仅在表内披露是不充分的，不能将碳资产的取得方式、使用期限及计量属性等大量信息充分反映出来，这会使得搜集碳资产评估工作所需要的相关信息难度较大，影响评估工作的正常进行。此外，应该充分发挥碳审计的监督作用，以保证碳资产会计信息的质量。

第一百零九节　碳资产管理

一、碳资产管理的定义

碳资产管理是企业围绕碳交易对碳资产进行战略规划和价值管理的一系列活动，兼顾经济、环境和社会三个层面的效益，平衡节能减排与企业发展之间的关系，旨在实现企业的价值最大化。它是企业环境管理的一部分，是对低碳管理的一种创新。

二、具体内容

具体而言，碳资产管理包括综合管理、技术管理、实物管理以及价值管理(见表 9.3)。

表 9.3　碳资产管理的内容

内容	含义
综合管理	包括规划、制度、流程、培训、咨询、风险等的管理，是碳资产管理的基础
技术管理	包括减排技术、能效技术、低碳解决方案等的管理，是碳资源转变为碳资产的技术支撑
实物管理	包括碳盘查、碳综合利用、碳排放等的管理，是价值管理的基础
价值管理	包括 CCER 项目开发、碳交易以及碳的金融衍生品，如碳债券、碳信用等的管理，价值管理体现的是碳资产价值实现

三、流程

进行碳资产管理的流程主要包括设立碳资产管理机构、建立温室气体报送系统、开发自愿减排项目、开展碳交易和企业履约。

(一)设立碳资产管理机构

碳资产管理机构主要是针对企业碳资产开发、碳市场分析、碳配额管理、排放报告编制、质量控制、审核风险控制和碳交易运作等活动进行实时跟踪，反馈企业管理过程信息，并提出相应的解决方案。此外，该机构也会根据重点功能节点设置数据分析、报告编制、审核质控、交易管理等子部门，这些部门将分别与企业其他专业部门进行信息对接与方案评估改进，通过跨职能部门的水平整合和优化合作，提升综合管理能力以获得减少碳排放的最大潜力。

（二）建立温室气体报送系统

温室气体报送系统主要记录企业专业部门上报的全部生产活动数据以及相关信息，包括生产活动及管理沟通中所产生的关键问题。通过该系统可以实时统计和查询企业碳排放量以及碳资产管理情况，保证了碳资产管理的可追溯性，有助于完善碳资产管理过程的质控体系。

（三）开发自愿减排项目

企业可以充分利用减排经验与项目开发经验，结合自身资源特点开发不同类型的自愿减排项目，同时建立自愿减排量内部调剂系统，通过区域范围内优化资源配置，完成温室气体控排目标，降低减排成本。在这过程当中，相关部门和机构需要做好项目的评估、认证和核查工作，引导自愿减排量有序进入，平滑减排量供给的时间分布，从而平抑市场冲击，保证自愿减排市场长期、有序、可持续发展。

（四）开展碳交易和企业履约

通过碳监测和碳盘查，企业可以根据持有配额和产生的排放量进行碳交易，进而完成履约任务，同时提高碳资产价值获得收益。在开展碳交易期间，企业可以利用温室气体报送系统，深入了解自身的碳排放量和减排成本，及时总结经验，梳理出潜在的碳减排途径，并对不同碳减排途径的减排潜力、成本效益等进行详细评估和测算，从而更好地实现碳减排。

在这一阶段，企业也可以充分利用金融手段，联合金融机构，通过其专业的交易手段，在合适的时期买卖碳排放权，避免长期持有可能面临的碳价贬值，或是在碳价过高时买入碳排放权。

四、案例

2021 年 1 月 12 日，国网英大股份有限公司召开董事会，审议通过相关议案，将子公司置信智能全资控股的上海置信碳资产管理公司，划转至国网英大股份直接管理，并将其更名为“国网英大碳资产管理（上海）有限公司”。该碳资产管理公司注册资本1亿元，专业从事碳审核、碳资产开发、低碳研究、低碳培训、碳金融等业务，为政府和企业应对气候变化、实施碳排放管理、发掘产业中碳价值和实现绿色低碳发展提供技术支撑，是目前国家电网有限公司系统内唯一的专业碳资产管理公司。该公司已为多家重点排放企业提供碳审核服务和碳资产开发业务，具有北京、天津、上海、广东、深圳、湖北、福建、四川8家碳交易所会员资质和国际排放贸易协会会员资质，为百余家机构投资者提供开户服务。

第一百一十节　碳核查

一、碳核查的定义

碳核查是指依据国家有关法律、法规和标准，检验和评价控排企业监测和报告的碳排放数据是否符合相关技术规范、技术指南或者标准要求，并形成核定文件的过程。从事碳核查业务的机构需要经过碳交易主管部门备案。政府主管部门依据碳核查机构出具的核查报告确认企业的实际碳排放量。

二、碳核查的意义

从宏观角度分析，碳核查是碳交易的必要前置工作，有利于全国碳市场的正常运转。建立统一规范的碳核算体系、摸清碳排放“家底”，是做好碳达峰、碳中和工作的基础，也是开展碳达峰前景分析的基本要求。

从微观角度分析，企业实施碳核查的意义如下：第一，企业碳核查结果是确定企业碳配额的重要依据，是企业每年完成履约的重要环节；第二，碳核查结果具有核证效力，是企业进行碳排放权交易的依据，是参与全国碳交易的必要准备；第三，碳核查有助于企业建立温室气体排放管理体系，有效管理重点排放环节的减排；第四，碳核查对温室气体排放量进行准确的评价，并进行综合管控，有利于企业的绿色发展，有助于企业履行社会责任，提高社会形象。

三、碳核查流程

2021年生态环境部编制了《企业温室气体排放报告核查指南（试行）》，该报告将碳核查程序划分为八个步骤，包括核查安排、建立核查技术工作组、文件评审、建立现场核查组、现场核查、编写核查结论、告知核查结果、保存核查记录(见图 9.2)。

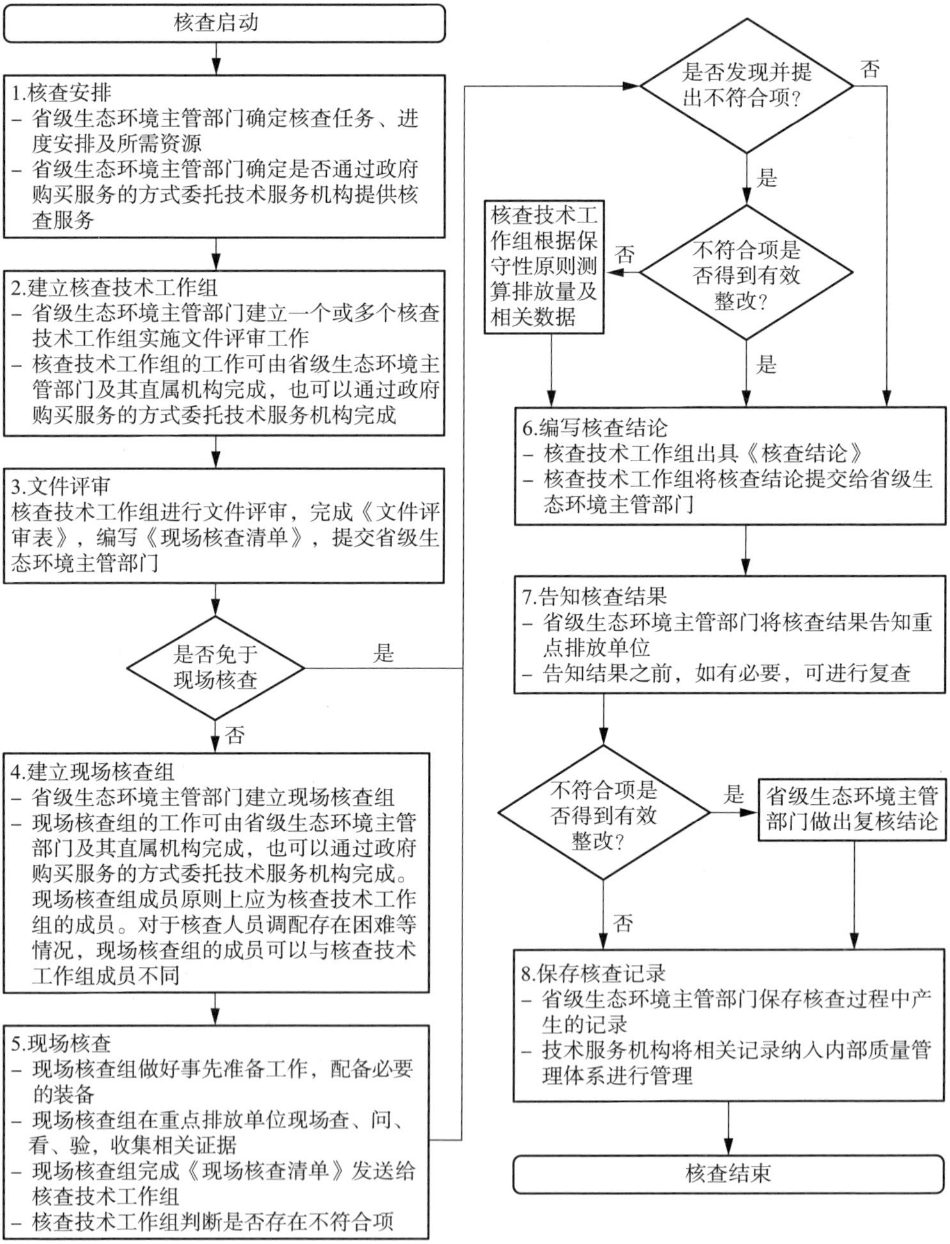

图 9.2　我国碳核查流程

资料来源：生态环境部官网。

四、我国碳核查现状

从各省市碳排放权交易试点的实践来看，我国碳核查采取的主要形式是政府直接指派第三方核查机构，而排放单位自主委托第三方核查机构的情况相对少见。政府指派模式的主要目的是保证第三方的独立性。如果是由地方财政支付的核查费用，在一定程度上就可以保证第三方核查机构的独立性，如果是由企业直接支付的核查费用，核查机构的独立性和公正性将会大幅降低。

碳核查的标准需要完善。现在的核查指南存在与行业划分不符合的情况，同时在公式计算和企业的实际工作流程方面也存在不匹配的问题，这有可能会造成一些企业的监测计划难以实现碳排放指南的相关要求。核查机构对指南的理解差异也会造成企业的排放量计算不一致的问题。虽然各省均是按照国家发改委 1989 号文的要求开展碳核查工作的，但各省对于核查工作的要求并不完全一致，比如核查报告编号、格式、小数点位数、数据抽样原则、数据缺失处理方式、数据统计口径、原始数据举证要求、成果文件提交形式等，这些问题都需要省级发改委给出统一要求。

碳核查体系的构建与优化仍处在探索阶段。全国碳交易核查机构相关的管理办法中明确了现在核查机构的监管办法，但是缺少了行业协会的统一管理。目前全国第三方机构的监管体系不够完善，针对核查机构咨询认证系统的相关监督也缺乏约束作用。因此，建议为全国的第三方核查机构建立一套统一的管理规范，并建立一个提供学习的平台，不仅能够实现统一管理，还可以避免各个地区的监管力度差异大的问题。

第一百一十一节　碳盘查

一、碳盘查的定义

碳盘查，又称编制温室气体排放清单，是指以政府、企业等为单位计算其在社会和生产活动中各环节直接或者间接排放的温室气体。碳盘查针对的温室气体主要是《京都议定书》中指出的 6 种温室气体：二氧化碳、甲烷、氧化亚氮、氢氟碳化合物、全氟碳化合物和六氟化硫。

二、碳盘查的意义

（一）量化碳排放，促进碳管理

随着世界经济的发展，碳排放量日益增加，全球气候变暖问题亟待解决。“低碳经济”作为应对气候变化、实现可持续发展的有效途径，已经成为世界各国实现温室气体减排目标，保证经济持续健康发展的战略选择。想要进行高效的碳管理，首要的是摸清家底，即进行碳盘查。通过盘查政府与企业在各个环节的碳排放量，找到合理减排的空间，从而促进“低碳经济”的实现。

（二）推动政策制定，实现减排目标

2020 年 9 月，我国正式提出“双碳”目标，即二氧化碳排放于 2030 年达到峰值，努力争取 2060 年实现碳中和。碳盘查的有效实施，能够让国家更全面地了解各类企业碳排放的实际情况，给国家提供具有参考意义的政策聚焦方向。

（三）加强社会责任，提高竞争优势

在企业层面，践行低碳战略，有效地进行碳盘查，有助于提高企业未来的竞争优势。一方面，通过碳盘查可以使企业对自身碳排放情况进行全面的掌控与管理，有针对性地制订节能减排计划，减少一定的生产成本。另一方面，进行碳盘查能体现出企业对于国家政策以及社会责任的积极响应与承担，提升企业的公众形象。

三、碳盘查的步骤

在碳盘查的具体实施过程中，主要概括为“边、源、量、单、查”五大步骤（见图 9. 3）。

图 9. 3　碳盘查的步骤

（一）设立组织边界与运营边界

碳盘查时盘查边界分为组织边界与运营边界。

1. 组织边界

组织边界可以是一个，也可以是多个。在实际操作过程中，视情况采用控制权或股权比例法界定组织边界。其中，控制权法是指组织对其拥有财务或运营控制权的设施承担所有量化的温室气体排放或减排，股权比例法是指组织以股权比例分别承担设施的温室气体排放或减排。

2. 运营边界

运营边界的建立包括识别与组织运营相关的温室气体排放与移除，其中温室气体排放与移除可分类为直接排放、能源间接排放以及其他间接排放。

（二）鉴别排放源

盘查边界确定完成后，需要由熟悉设备设施、工艺反应和使用物料的专家鉴定碳排放源。主要的碳排放源分为固定或移动燃烧排放、制程排放和逸散排放。

（三）量化碳排放

碳排放的量化过程至关重要，量化方法主要分为以下几类：

1. 直接测量法

直接检测排气浓度和流率来测量温室气体排放量的方法，准确度较高但非常少见。

2. 质量平衡法

对制程中物质质量及能量的进出、产生及消耗、转换进行平衡计算。

3. 排放系数法

排放系数法是目前应用最广泛的测量方法，其计算公式如下：

$$温室气体排放量 = \sum(活动数据 \times 排放系数)$$

其中活动数据包括燃油使用量、产品产量、交通运输的燃油使用量、车行里程或货物运输量等。排放系数是指根据现有活动数据计算温室气体排放量的系数。

（四）创建碳排放清单

根据测量结果，按照国际标准化组织制定的 ISO14064 体系与温室气体盘查议定书（GHG Protocol）中有关碳排放量的标准，创建碳排放清单。

（五）内外部核查

碳排放清单创建完成后还需进行内外部核查。

1. 内部核查

由公司内部组织碳盘查的核查工作，对数据收集、计算方法、计算过程以及报告文档等进行核查。

2. 外部核查

由第三方机构进行核查。市场上许多企业进行外部核查主要是由于国外客户的要求，需要第三方进行碳排放的核查报告。

四、碳盘查与碳核查的区别

随着国家碳排放权交易市场建设的稳步推进，各省市正在积极配合国家开展历史排放与年度排放的核算与核查工作。碳盘查与碳核查虽然都是促进企业碳排放管理的有效途径，但是在本质上有很大的不同。碳盘查是企业自主的行为，任何企业都可以对自身进行碳盘查。而碳核查则是由具有资质的第三方核查机构对企业的碳盘查报告进行审核，并出具核查报告或声明的过程，对企业来说是被动的行为（见表 9.4）。

表 9.4　碳盘查与碳核查的区别

类别	碳盘查	碳核查
工作主体	企业内部组织或聘请咨询机构盘查	具备公信力的第三方机构核查
工作目的	吸引投资者与消费者关注 提高社会责任与企业形象 满足出口要求	保障主管机构配额分配 确保纳入企业碳排放数据真实有效 保障交易及履约的客观公正
工作要求	无强制要求	有强制要求
标准规范	《ISO14064 体系》 《温室气体议定（GHG Protocol）》	《24 个行业企业温室气体排放核算和报告指南》 《国家碳排放第三方核查指南》

五、中国碳盘查的情况

自 2013 年开始，北京、上海、天津等八省市开展碳排放权交易试点，碳市场陆续开始运营。尽管中国在试点阶段试点数量较少，但覆盖的碳排放量仅小于欧盟碳交易体系。与此同时，各地区也通过一些政策鼓励重点企业自行展开碳盘查。如 2019 年 6 月，广州对于列入国家、省、区、市监管的重点耗能企业或其他生产型、交通运输等企业开展二氧化碳核查并获得专门资质第三方机构出具报告书的，给予 5 万元资金奖励。

近年来，联想、伊利、青啤、海尔、中海油等大型企业也响应国家号召，纷纷加入碳盘查行列，力图摸清自身碳排放家底。但是由于“双碳”目标提出不久，目前国家在碳排放管理方面存在政策不足、技术不足、规范不足等问题，很多企业对于加入碳盘查行列的主动性并不强，这也导致国外对我国排放总量存在种种质疑。因此，全面推广碳盘查、碳核查并积极推动碳盘查等各项工作是一件必要且紧急的任务。

第一百一十二节　碳足迹

一、碳足迹的定义

碳足迹(Carbon Footprint)是指企业机构、活动、产品或个人通过交通运输、食品生产和消费以及各类生产过程等引起的温室气体排放的集合。产品碳足迹(Product Carbon Footprint)是碳足迹中应用最广的概念。它是指某个产品在其整个生命周期(原材料的开采、制造、运输、分销、使用再到最终废弃阶段)产生的温室气体排放量的总和。

二、碳足迹的内容介绍

(一)碳足迹的分类

按碳排放对象的不同，我们可以将碳足迹分为国家碳足迹、企业碳足迹、产品碳足迹和个人碳足迹四个大类(见表 9.5)。

表 9.5　碳足迹的分类

类别	内容介绍
国家碳足迹	包括国家范围内所有为了满足家庭消费、公共服务以及投资所排放的温室气体
企业碳足迹	按照国际标准化组织所发布的环境标准 ISO14064 核算出的企业生产活动产生的直接和间接的温室气体排放

续表

类别	内容介绍
产品碳足迹	产品生产周期内产生的温室气体排放
个人碳足迹	针对个人或家庭的生活方式和消费行为，计算出的相关的温室气体排放量

资料来源：中关村产业研究院。

按能源使用方式的不同，也可以将碳足迹分为第一碳足迹和第二碳足迹：第一碳足迹指的是直接使用化石燃料等造成的温室气体排放。第二碳足迹指的是消费者在使用各类商品的过程中，因为制造、运输、销售、回收等产生的隐藏在商品中的温室气体排放。以某石油公司的碳足迹为例，第一碳足迹主要来源于天然气燃烧的排放、井口的甲烷泄漏等；第二碳足迹主要来源于购买上游公司设备带来的有关排放以及销售给下游公司带来的有关排放。

（二）碳足迹的计算方法

碳足迹常用的计算方法主要可以分为四种，分别是生命周期估计法、IPCC 碳排放法、投入产出法以及 Kaya 碳排放恒等式法(见表 9.6)。

表 9.6　碳足迹的计算方法

方法	内容介绍
生命周期估计法	生命周期分析法是一种“自上而下”的计算方法，通过获取产品或服务在生命周期内所有的输入或输出数据得出总的碳排放量。该方法主要适用于微观层面碳足迹的计算
IPCC 碳排放法	IPCC 碳排放法计算碳足迹时依据的是联合国气候委员会编写的国家温室气体清单指南。计算方法是碳排放量=活动数据×排放因子。其中，排放因子由生产工艺、地域分布、技术水平等因素共同决定
投入产出法	投入产出法与生命周期法一样，均使用“自上而下”的计算方法，该方法通过投入产出表进行计算，主要适用于宏观层面的计算，计算结果不太精确
Kaya 碳排放恒等式法	Kaya 碳排放恒等式法通过数学公式将经济、政策和人口等因子与人类活动产生的二氧化碳建立起联系。Kaya 恒等式具体体现为：碳排放量=人口×人均 GDP×单位 GDP 能源消耗量×单位能耗排放量

资料来源：百度百科。

（三）部分碳足迹的列举

下面将采用柱状图列举出部分用品的碳足迹，经过归纳整理，日用品的碳足迹被分为克级别、千克级别以及吨级别三个数量级（见图 9.4、图 9.5、图 9.6）。

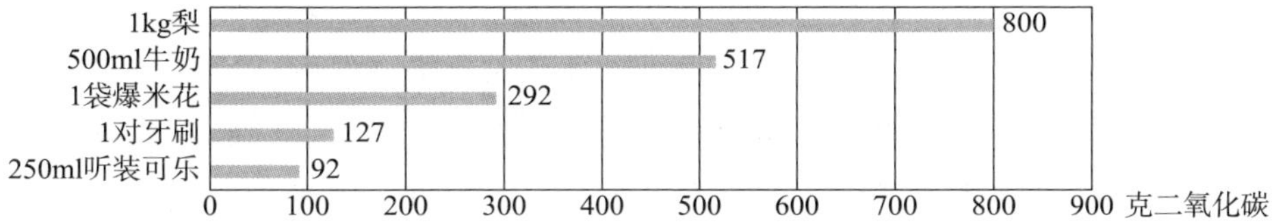

图 9.4 克级别碳足迹日用品

资料来源：碳交易网。

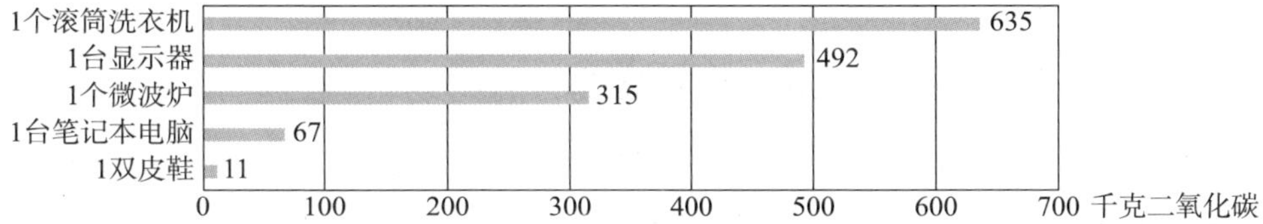

图 9.5 千克级别碳足迹日用品

资料来源：碳交易网。

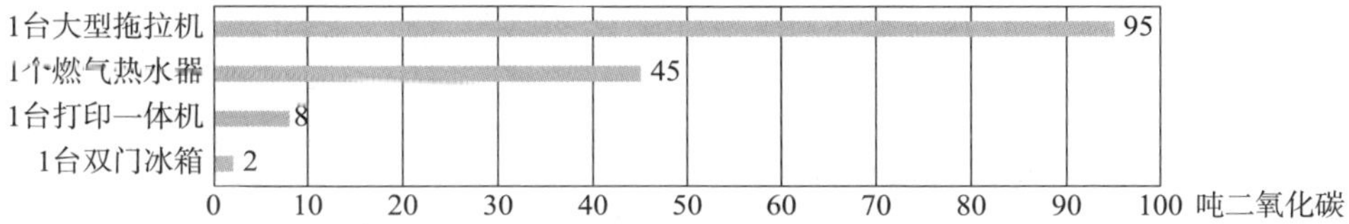

图 9.6 吨级别碳足迹日用品

资料来源：碳交易网。

三、碳足迹的发展展望

近年来，我国绿色金融获得了迅速的发展，正不断向“碳达峰、碳中和”的目标迈进。碳中和的目标是要实现碳净零排放，实现的前提便是做好有关碳排放的计算与披露。也就是说，只有明晰了各项活动的碳足迹，才可以规划碳中和。

中国金融学会绿色金融专业委员会主任马骏建议，要建立覆盖面更广的、强制的环境信息披露制度，并逐步将披露扩大到金融机构，碳排放和碳足迹应该成为披露的基本要求。安永金融服务气候变化与可持续发展合伙人李菁同样表示，完善气候和环境信息披露框架，强化碳排放、碳足迹等信息的披露“既加强了监管，又可以给投资人带来更多的机会”。

2021年7月14日，欧盟通过了名为“FIT for55”的能源和气候一揽子计划，其中包括推出全球首个“碳边境税”。到2026年，欧盟将对钢铁、水泥、化肥、铝等进口商品征收关税。2023年至2025年为“碳边境税”实施过渡期，在此期间，进口商需监测相关产品的碳排放情况并予以汇报。

未来，碳足迹将会成为我国用来量化管理碳排放的一把利剑。我国将建立起统一的碳足迹测算口径，企业应当按照国家标准正确地披露碳足迹信息，碳足迹的强制性披露也将成为每个企业必须完成的工作。

四、碳足迹案例分析

（一）欧盟加快电池碳足迹体系建设

2021年1月26日，欧盟向世界贸易组织（WTO）提交了《关于电池和废电池的法规提案》，该法规计划于2022年1月1日起开始实施。新法规对容量2kWh以上的电池新增了碳足迹、再生原材料、电化学性能和耐久性、可拆卸和可替换性等要求，并提高了对运营商的尽职调查以及废旧电池的回收和处理的标准。此举不仅将影响欧盟成员国的自产电池，也同样适用于进口电池。

电池碳足迹体系建设阶段见表9.7。

表9.7　电池碳足迹体系建设阶段

阶段时间	管控要求
2024年7月1日	电池制造商和供应商随附的技术文档中应包含根据授权法案起草的碳足迹声明
2026年1月1日	产品需加贴表明该电池碳足迹性能等级的标签。其中，碳足迹性能等级根据委员会制定的授权法案计算得来
2027年7月1日	电池生命周期碳足迹值应低于授权法案设定的最大碳足迹阈值

资料来源：电池中国。

此法案立足于可持续性和安全性两个部分，旨在确保投放欧盟市场的电池在整个生命周期中都保持低污染、低风险以及高性能。

（二）巴斯夫致力于减少碳足迹

巴斯夫是全球最大的化工企业之一，也是一家将经济上的成功、社会责任和环境保护很好地结合的企业。

自 2007 年以来，巴斯夫一直在计算每个产品的碳足迹。通过内部开发的数字解决方案，巴斯夫能够计算出其在全球销售的约 45000 款产品的碳足迹。2020 年，巴斯夫宣布，预计于 2021 年底之前，将计算出的所有产品的碳足迹提供给客户。

巴斯夫欧洲公司执行董事会主席薄睦乐博士表示：“可持续发展和数字化一直是巴斯夫企业战略的两大核心要素。通过计算并向客户提供二氧化碳足迹，我们将这两大要素相结合，创造更大的透明度，让客户对巴斯夫每款产品的特定排放量都一目了然。这让我们能够与客户一起制定计划，以减少整个价值链一直到最终产品的二氧化碳排放。”

此外，巴斯夫还通过提供的可替代原料和可再生能源，帮助客户降低特定产品的碳足迹。例如，巴斯夫的生物质平衡方案，通过利用一体化生产体系中的有机废料与植物油提炼出可再生原料来替代化石燃料，并精准分配至相应的销售产品当中去。通过这种方法所生产出的产品，与利用纯化石原料生产出的产品相比，性能相同，但碳足迹大大减少。

第一百一十三节　碳审计

一、碳审计的定义

碳审计是在全球降低碳排放的背景下产生的，是对传统审计体系的扩充。其基本内涵就是借助于审计的一般逻辑，从审计学的视角管理碳排放的一种思路。碳审计是企业的各方利益相关者委托具有资质的社会审计机构依据一定的审计准则，运用一系列审计方法，对企业的碳排放以及社会环境责任的履行情况提供一定的鉴证，并出具公允的、合理的审计报告。

二、碳审计与传统审计的关系

碳审计与传统审计都是审计体系的组成部分，碳审计运用了传统审计的基本理论知识，此外，碳审计是在受托经济责任向环境责任拓展后形成的，是对传统审计的继承和发展。下面对碳审计与传统审计（以注册会计师审计为例）的重点项目作一比较（见表 9.8）。

表 9.8 碳审计与传统审计的项目比较

比较项目 \ 审计类型	传统审计	碳审计
审计主体	政府审计、注册会计师审计、内部审计(以注册会计师审计为主)	政府审计、注册会计师审计、内部审计(初期先以政府审计为主,逐渐向以注册会计师审计为主过渡)
审计客体	包括国务院各部门、地方各级政府及其所属部门、财政金融机构、企事业单位等	包括国务院各部门、地方各级政府及其所属部门、财政金融机构、企事业单位、个人等
审计总体目标	财务报表是否在所有重大方面按照适用的财务报告编制基础编制发表审计意见、出具审计报告并与管理层沟通	碳排放政策执行情况、低碳技术的应用情况、碳排放责任履行情况等,提高资源利用效率,进行环境风险评估
审计具体目标	与所审计期间各类交易和事项相关的目标、与期末账户余额相关的目标、与列报和披露相关的目标	低碳政策、法规和制度制定过程的科学性,实施过程的适当性和遵循性;中央、地方政府和企业单位低碳责任履行的效果性;低碳产品补助资金使用的效率与效果;低碳财税减免的合法性、真实性和效果性;低碳交易真实性等
审计内容	财务报表审计、内部控制评价、专项评价等	低碳政策的制定和执行情况、财税资金的使用情况、低碳行为和产品的认证情况、节能减排的达成情况等
审计程序和方法	检查、观察、询问、函证、重新计算、重新执行、分析程序等	在传统审计程序的基础上,还需要借助工程学、机械学、环境学、物理化学等专业知识和人才,除了审核碳足迹(直接和间接碳排放),还要考虑碳抵消(如植树造林或其他吸收二氧化碳的措施)因素
审计报告	标准意见报告、非标准意见报告、其他报告(如内部控制报告等)	碳审计报告目前有两种报告方式:①合并在传统审计报告中;②单独出具碳审计报告。在开展碳审计试点初期,可单独报告和披露,待时机成熟后再合并

三、我国碳审计存在的问题

(一)碳审计的监管模式存在问题

我国碳审计的主要监督机构是国家发改委,碳审计信息的检查往往委托由发改委负责组织、选派与管理的第三方机构。这样的监管模式存在两点不足:第一,相较于国家审计机关,发改委及其委托的第三方机构在进行碳审计时其独立性、强制力都相对较弱,监管工作质量会受一定影响。第二,被委托的第三方机构资质标准没有确切规定，若由非专业人员开展审计工作会造成极大的审计风险。

（二）缺乏碳审计法律法规和审计标准

围绕碳审计，我国正在完善相关的制度。2016 年，发改委和 7 个碳交易试点地区主管部门公布了碳核查的相关规范，其中对碳审计的范围、核算指南、审计程序等进行了界定，但认真研究发现各地区碳核查的相关规范存在较大差异，仅能指导当地审计机构开展碳审计工作。若在全国范围内开展碳审计，必须建立完善、统一的规范。

（三）缺少碳审计的专业人员

碳审计与传统的财务审计有较大的差别，碳审计具有较强的环境专业性，对从业人员的要求较高，而且碳排放主体众多，包括了石油、交通、电力、化工等多个行业，这些行业对审计人员的专业性又有着不同的要求。因此，碳审计工作严重缺乏同时具备财会审计和资源环境专业知识的复合型人才，再加上碳审计人员缺乏相关的监管考核和培训，碳审计的监督作用尚不能得到充分发挥。

四、我国碳审计发展建议

（一）完善碳审计监管模式

我国是碳排放量大国，尽快建立并完善碳审计监管模式是当务之急，借鉴我国香港地区和其他国家的碳审计实践，可考虑建立“政府+行业+社会+企业”相结合的碳审计监管模式。在碳审计初级阶段，政府审计发挥主导作用，将碳审计工作纳入审计机关职权范围内。当碳审计逐步成熟、完善后，可由行业监管，社会审计起主导作用，由专业的碳审计人员负责监督。与此同时，企业内部审计部门可单独或与第三方鉴证机构联合，开展专项碳审计工作。国家也要积极鼓励企业向社会公布碳审计结果，这样不仅能提高企业社会认可度，还能使企业接受社会公众监督。

（二）建立健全碳审计法律法规及审计标准

（1）完善碳审计相关立法。将碳审计作为一个新的审计项目纳入国家审计准则、注册会计师准则及内部审计准则当中，从法规制度上规范碳审计行为，为审计人员开展碳审计工作提供法律、制度保证。

(2)建立统一的审计标准。除了国家立法保护外，后期的碳审计监管工作更多地需要依靠行业进行统一规范。相关行业组织或协会应尽快根据国际标准和我国法律法规的要求，参考其他国家和地区的先进经验制定一套统一的审计标准。

(三)强化碳审计从业人员的选拔和培养

针对我国目前碳审计人才缺乏的现象，可以从三个方面入手解决。首先，就目前的紧迫形势，可以考虑多方合作，组建专业的审计团队，由专业的资源环境专家与审计人员合作，开展碳审计工作。其次，可以建立一套专门的碳审计学习体系，对从事碳审计的工作人员进行专业培训。为保证审计工作质量，发改委和行业内应抓紧制定监管、考核机制，对当前开展碳审计工作人员的专业性、独立性进行评估与监督。最后，在高等教育中应当注重培养既有审计知识，又有资源环境专业知识的碳审计人才。比如，在审计专业的专业课中，增加环境审计类课程，或是为资源环境类专业学生开设统计、审计等财会、经济类课程，培养其财会审计方面的分析、推理能力。

第一百一十四节　MRV

一、MRV 的定义

碳排放监测核算/报告/核查(Monitoring，Reporting，Verification，MRV)体系是指对碳排放的量化数据进行核查，包括监测(Monitoring)、报告(Reporting)、核查(Verfication)三个过程。科学完善的 MRV 体系是碳交易机制建设运营的基本要素，也是企业低碳转型、区域低碳宏观决策的重要依据。

二、MRV 的具体内容

(一)宗旨

碳市场建设过程中，高质量的温室气体排放数据是碳交易的基础，准确核算和报告温室气体排放量成为碳市场的一项重点工作，因此，需要对碳排放相关数据及信息的质量进行严格管控，确保企业内部产生的温室气体排放数据被准确核算并报告，供政府、企业、国际社会及公众使用。

（二）参与主体及实施过程

MRV 工作由国家和省级生态环境部门、重点排放单位、核查机构共同完成，核查主体（国家和省级生态环境部门）根据国家法律法规及相关政策，通过核查机构，对重点排放单位在生产、经营等过程中产生的温室气体数量（主要指碳排放）进行检查、评价及审核等工作，并出具报告的一种经济行为。

（1）监测（M）：指运营商（企业）根据标准化的指南及核算方法学，统计并核算碳排放数据，以保证数据的准确性和科学性。

（2）报告（R）：指运营商在保证碳排放数据准确性和科学性的前提下，达到规定门槛的企业或设施根据碳排放报告规则参与报告工作。

（3）核查（V）：指第三方核查机构依据相关指南对碳排放数据的收集和报告工作进行合规性的检查，帮助监管部门最大程度地把控数据的准确性和可靠性，以提升排放报告结果的可信度。

（三）重要意义

MRV 体系既是碳排放交易体系的基石，又是《京都议定书》中清洁发展机制、联合履约机制、国际排放贸易机制及《联合国气候变化框架公约》的基础，MRV 体系在碳交易中的重要意义主要体现在以下方面：

（1）MRV 体系能够为碳交易体系提供真实、可靠、强大的碳数据基础。

（2）MRV 体系能够提高碳交易体系的透明度与公信力。

（3）MRV 体系能够监管碳交易体系。

（4）MRV 体系能够便于企业有序开展碳减排工作与碳管理工作，能够促使企业参与节能减排的工作。

（5）MRV 体系能够提供大量的数据资料以为政府有关部门进行决策提供参考，有利于促进建立国家碳减排认证认可制度与碳排放认证认可制度。

（四）中国发展历程

2011 年，《国民经济和社会发展“十二五”规划纲要》提出要“建立完善温室气体统计核算制度，逐步建立碳排放权交易市场”。国务院《“十二五”控制温室气体排放工作方案》中更明确地提出要“构建国家、地方、企业三级温室气体排放核算工作体系，实行重点企业直接报送能源和温室气体排放数据制度”。

2013 年至 2015 年，国家主管部门分 3 批发布了 24 个行业的《温室气体排放核算方法与报告指南》(以下简称《核算指南》)。

2016年，主管部门发布了八大行业21个子行业的企业温室气体排放报告补充数据表，主要内容包括全国碳排放权交易体系管控边界的排放数据、生产数据和配额调整数据及其填报要求。

2018年，为了确保MRV体系的顺利运行，确保做好全国碳排放权交易市场建设相关工作，完善配额分配方法，夯实数据基础，生态环境部办公厅印发了《关于做好2018年度碳排放报告与核查及排放监测计划制定工作的通知》，该通知对2016年的数据表进行细化，明确碳排放报告与核查及排放监测计划应包括电力、建材、钢铁、有色、石化、化工、造纸、民航8个重点排放行业及其子行业。

MRV体系与碳交易市场相辅相成，随着我国碳交易市场的建立与建设，MRV体系不断发展完善，该体系的完善也必然有利于推动我国碳市场的平稳运行及碳交易工作的顺利开展。

三、MRV建设的国内案例——广东碳排放MRV体系建设的实践

广东碳市场目前规模是全国第一、世界第三大交易市场，其较为完善的多层次企业碳排放MRV体系，已支撑广东试点完成10个行业、约700家企业2010—2015年碳排放数据收集与核查，并作为碳交易控排企业配额履约依据，有效支撑了广东省碳交易试点良好运行。

广东省碳排放MRV体系的纳入准则为：控排企业和单位经核查的年度实际碳排放量连续三年低于规定标准的，经省发改委核实确认后转为报告企业；报告企业年度实际碳排放量连续三年低于规定标准的，经省发展改革委确认后不纳入管理。

广东省根据省内企业碳排放信息报告指南编制了碳排放监测计划，该计划主要包括：

(1)碳排放源的基本信息，包括工艺流程图和主要设备清单；

(2)采用的监测设备和方式及测量频次；

(3)数据记录、统计、处理、汇总和保存方式；

(4)质量控制与保证措施；

(5)其他有关信息。

同时，广东省编制了碳排放信息报告制度，报告的内容主要包括：

(1)企业生产经营的基本信息；

（2）企业碳排放相关的能源、物料及生产过程信息；

（3）碳排放量计算的相关参数、方法及结果；

（4）数据质量控制与保证；

（5）若委托服务机构编制碳排放信息报告，需提供委托协议等材料；

（6）其他应说明事项。

广东省碳排放信息核查要求核查机构按照省企业碳排放核查规范要求，通过文件审核和现场核查等方式进行核查，并于每年 4 月 30 日前通过信息系统提交核查报告，同时向控排企业和单位出具书面核查报告。核查报告的主要内容包括：

（1）核查机构的基本信息；

（2）核查组成员的构成及相关信息；

（3）接受核查的企业和单位的基本信息；

（4）核查过程的记录；

（5）企业和单位的年度碳排放量及其计算方法；

（6）核查结论；

（7）企业碳排放信息报告需要澄清或修改的情况；

（8）公正性声明；

（9）其他应该说明的事项。

广东省的 MRV 体系建设为广东省低碳发展宏观决策、企业低碳发展与转型提供数据支撑，对构建全国性 MRV 体系提供了大量参考经验。

—— 附录一　词条涵盖缩略语 ——

涉及词条	涵盖缩略语
京都议定书	JI(Joint Implement)：联合履约机制
	ET(Emission Trading)：排放贸易机制
	CDM(Clean Development Mechanism)：清洁发展机制
气候友好技术	CTCN(Climate Technology Center and Network)：气候技术中心与网络
	IGCC(Integrated Gasification Combined Cycle)：整体煤气化联合循环发电
	IEA(International Energy Agency)：国际能源署
二氧化碳当量	IPCC(The Intergovernmental Panel on Climate Change)：联合国政府间气候变化专门委员会
	GWP(Global Warming Potential)：全球变暖潜值
	CO_2e(Carbon Dioxide Equivalent)：二氧化碳当量
CER 和 CCER	CER(Certified Emission Reduction)：核证减排量
	CCER(Chinese Certified Emission Reduction)：国家核证自愿减排量
碳质押	CERs(Certified Emission Reduction)：CDM 项目下允许发达国家与发展中国家联合开展的二氧化碳等温室气体核证减排量
绿色气候基金	GCF(Green Climate Fund)：绿色气候基金
	KfW(Kreditanstalt für Wiederaufbau)：德国复兴贷款银行
	AFD(French Development Agency)：法国开发署
	ADB(Asian Development Bank)：亚洲开发银行
	UNFCCC(United Nations Framework Convention on Climate Change)：联合国气候变化框架公约
	PSF(Private Sector Facility)：私营部门机制
环境风险	NGFS(Central Banks and Supervisors Network for Greening the Financial System)：央行与监管机构绿色金融网络

续表

涉及词条	涵盖缩略语
ESG 信息披露	CSRC(China Securities Regulatory Commission)：中国证券监督管理委员会
	HXEX(Kong Exchanges)：香港交易所
	FSC(Financial Services Committee)：美国金融服务委员会
低碳经济	APEC(Asia-Pacific Economic Cooperation)：亚太经济合作组织
生态经济	GDP(Gross Domestic Product)：国内生产总值
环境效益	WEEE(Waste Electrical and Electronic Equipment)：废弃电器电子产品
绿色贸易壁垒	GBs(Green Barriers)：绿色贸易壁垒
	ETBs(Environmental Trade Barriers)：环境贸易壁垒
	WTO(World Trade Organization)：世界贸易组织
可持续发展目标	SDGs(Sustainable Development Goals)：可持续发展目标
	MDGs(Millennium Development Goals)：千年发展目标
绿色 GDP	GGDP(Green Gross Domestic Product)：绿色 GDP
	EnDC(Environmental Degradation Cost)：环境退化成本
	EcDC(Ecological Deterioration Cost)：生态破坏成本
	EaC(Environmental Accident Cost)：突发生态环境事件损失
绿色金融体系	PPP(Public-Private Partnership)：又称 PPP 模式，即政府和社会资本合作
绿色金融三大功能	MLF(Medium-term Lending Facility)：中期借贷便利
	MPA(Master of Public Administration)：公共管理硕士
	TCFD(Task Force on Climate-Related Financial Disclosures)：气候相关财务揭露工作小组
绿色租赁	ABS(Asset-backed Securities)：资产支持证券
绿色信托	ESG(Environmental、Social、Governance)：环境、社会、公司治理
绿色基金	PE(Private Equity Fund)：私募股权基金
	PV(Venture Capital)：风险投资
PPP 环保产业基金	SPV(Special Purpose Vehicle)：特殊目的载体
绿色 ABS	ABN(Asset-Backed Medium-term Notes)：资产支持票据
绿色 PPP	REITs(Real Estate Investment Trusts)：不动产投资信托基金
能效融资	ESCO(Energy Service Company)：节能服务公司
	IFC(International Finance Corporation)：国际金融公司
绿色供应链融资	ERM(Environmentally Responsible Manufacturing)：环境负责制造
绿色保险	USGBC(US Green Building Council)：美国绿色建筑委员会
绿色金融管理	PRI(Principles for Responsible Investment)：联合国支持的负责任投资原则

续表

涉及词条	涵盖缩略语
负责任投资原则	CPPIB(Canada Pension Plan Investment Board)：加拿大养老金计划投资委员会
	GIIN(Global Impact Investing Network)：全球影响力投资网络
	UN SDGs(United Nations Sustainable Development Goals)：联合国可持续发展目标
可持续保险原则	PSI(Principles for Sustainable Insurance)：可持续保险原则
	PRB(Principles for Responsible Banking)：负责任银行原则
	UNEP(United Nations Environment Programme)：联合国环境规划署
	FI(Financial Institution)：金融机构
	PRI(Principles for Responsible Investment)：负责任投资原则
负责任银行原则	UNGC(United Nations Global Compact)：联合国全球契约
	TCFD(Task Force on Climate-related Financial Disclosures)：气候相关财务信息披露工作组
	CPD(Carbon Disclosure Project)：碳披露项目
	CDSB(Climate Disclosure Standards Board)：气候披露标准委员会
	IIRC(Incident Investigation Review Committee)：国际综合报告委员会
	SASB(Sustainable Development Accounting Standards Board)：可持续发展会计准则委员会
环境风险压力测试	BIS(Bank for International Settlements)：国际清算银行
赤道原则和赤道银行	EPs(Equator Principles)：赤道原则
温室气体与温室效应	GHG(Greenhouse Gas)：温室气体
	GHE(Greenhouse Effect)：温室效应
清洁发展机制	CMP(Conference of the Parties)：缔约方大会
	CDM-EB(Excutive Board of Clean Development Mechanism)：清洁发展机制执行委员会
联合履约机制	ERU(Emission Reduction Units)：减排单位
	AIJ(Activities Implemented Jointly)：联合开展的活动
国际排放贸易	IET(International Emission Trading)：国际排放贸易
	EU ETS(The EU Emission Trading Scheme)：欧盟排放交易体系
碳边境调节机制	CBAM(Carbon Border Adjustment Mechanism)：碳边境调节机制
	MSR(Market Stability Reserv)：市场稳定储备机制
照常情景排放	BAU(Business As Usual)：照常情景
	LC(Low Carbon Scenario)：低碳情景
	ELC(Enhenced Low Carbon Scenario)：强化低碳情景

续表

涉及词条	涵盖缩略语
联合国气候变化大会	COP（Conferences of the Parties）：缔约方会议
联合履约监督委员会	JISC（Joint Implementation Supervisory Committee）：联合履约监督委员会
央行和监管机构绿色金融网络	ERA（Environmental Risks Analysis）：环境风险分析
	INSPIRE（The International Network for Sustainable Financial Policy Insights，Research，and Exchange）：可持续金融政策洞察、研究和交流国际网络
碳收集领导人论坛	CSLF（Carbon Sequestration Leadership Forum）：碳收集领导人论坛
碳汇	CCS（Carbon Capture and Storage）：碳捕集与封存技术
	CCUS（Carbon Capture，Utilization and Storage）：碳捕集、利用与封存技术
	FRA（Forest Resources Association）：全球森林资源评估
碳泄漏	CL（Carbon Leakage）：碳泄漏
碳检测	WRI（World Resources Institute）：世界资源研究所
	WBCSD（World Business Council for Sustainable Development）：世界可持续发展工商理事会
	ISO（The International Organization for Standardization）：国际标准化协会
	MRV（Monitoring，Reporting，Verification）：监测、报告与核查
碳市场	RGGI（Regional Greenhouse Gas Initiative）：区域温室气体减排行动
碳核算	ICLEI（The International Council for Local Environmental Issues）：国际地方政府环境行动理事会
	GPC（Global Protocol for Community-Scale Greenhouse Gas Emission Inventories）：城市温室气体核算国际标准
	CEADs（China Emission Accounts and Datasets）：中国碳排放数据库
碳普惠	Carbon GSP（Carbon Generalized System of Preferences）：碳普惠制
碳金融	CFU（World Bank Carbon Finance Unit）：世界银行碳金融部门
碳定价	ETS（Carbon Emissions Trading System ）：碳市场交易体系
	RBCF（Results Based Climate Finance ：基于结果的气候金融
	VER（Voluntary Emission Reduction Mechanism）：自愿减排机制
	CEA（Carbon Emission Allowance）：碳排放配额
碳现货	EA（Emission Allowance）：碳排放配额
碳期货	EUA（EU Allowances）：欧盟碳排放配额
碳互换	OTC（Over the Counter）：交易所外市场
碳资产开发	DOE（Designated Operational Entity）：独立经营实体

附录二　词条主要文件政策

词条	时间	发布单位	政策
绿色经济	2011 年	国务院	《“十二五”控制温室气体排放工作方案》
	2018 年	生态环境部办公厅	《关于做好 2018 年度碳排放报告与核查及排放监测计划制定工作的通知》
生态经济	2013 年	国务院	《大气污染防治行动计划》
	2015 年	国务院	《水污染防治行动计划》
绿色低碳循环经济体系	2021 年 2 月 22 日	国务院	《关于加快建立健全绿色低碳循环发展经济体系的指导意见》
环境效益	2019 年	国家发展改革委、生态环境部、商务部	《推动重点消费品更新升级畅通资源循环利用实施方案(2019—2020 年)》
	2020 年 5 月	工业和信息化部、财政部、商务部、生态环境部、住房建设部、市场监管总局 7 部	《关于完善废旧家电回收处理体系推动家电更新消费的实施方案》
可持续发展目标	2001 年	联合国	《千年首脑宣言》
	2015 年 8 月 2 日	联合国大会	《改变我们的世界：2030 年可持续发展议程》
绿色 GDP	2020 年 12 月	生态环境部环境规划院	《绿色 GDP(GGDP/EDP)核算技术指南(试用)》
绿色标准	1993 年	国际标准化组织	《ISO14000 环境管理体系标准》
	1987 年	国际标准化组织	《ISO9000 系列标准》
	2015 年 12 月 22 日	中国金融学会绿色金融专业委员	《绿色债券支持项目目录(2015 年版)》
	2015 年 12 月 30 日	国务院办公厅	《国家标准化体系建设发展规划(2016—2020 年)》
	2015 年 12 月 31 日	国家发改委	《绿色债券发行指引》

续表

词条	时间	发布单位	政策
绿色标准	2019 年 3 月	发改委、工信部等七部委联合	《绿色产业指导目录(2019 年版)》
	2021 年 4 月	人民银行、发改委、证监会联合	《绿色债券支持项目目录(2021 年版)》
	2021 年 7 月 22 日	中国人民银行	《金融机构环境信息披露指南》
	2021 年 7 月 22 日	中国人民银行	《环境权益融资工具》
	2021 年 10 月 10 日	中共中央、国务院	《国家标准化发展纲要》
绿色金融三大功能	2017 年 6 月	气候相关财务揭露工作小组(TCFD)	《气候相关财务信息披露工作组建议报告》
	2017 年	银监会	《节能减排授信工作指导意见》
	2018 年	中国证券投资基金业协会	《绿色投资指引(试行)》
	2020 年 11 月 5 日	深圳市	《深圳经济特区绿色金融条例》
	2021 年 6 月	中国人民银行	《银行业金融机构绿色金融评价方案》
	2021 年	银保监会、国家发改委联合	《绿色信贷指引》
	2021 年	人行等三部委	《绿色债券支持项目目录》
	2021 年	中国银行间市场交易商协会	《关于明确碳中和债相关机制的通知》
	2021 年 5 月 24 日	国务院生态环境办公厅	《环境信息依法披露制度改革方案》
	2021 年 7 月	中国人民银行	《金融机构环境信息披露指南(试行)》
绿色金融体系“五大支柱”	2015 年	中共中央、国务院	《生态文明体制改革总体方案》
	2017 年 6 月 23 日	中国人民银行、发展改革委、财政部、环境保护部、银监会、证监会、保监会	《浙江省湖州市、衢州市建设绿色金融改革创新试验区总体方案》
	2017 年 6 月	中国人民银行、发展改革委、财政部、环境保护部、银监会、证监会、保监会	《广东省广州市建设绿色金融改革创新试验区总体方案》
	2017 年	中国人民银行、发展改革委、财政部、环境保护部、银监会、证监会、保监会	《新疆维吾尔自治区哈密市、昌吉州和克拉玛依市建设绿色金融改革创新试验区总体方案》
	2018 年	贵州贵安新区管理委员会办公室	《贵州省贵安新区建设绿色金融改革创新试验区总体方案》

续表

词条	时间	发布单位	政策
绿色金融体系“五大支柱”	2017年6月23日	中国人民银行、发展改革委、财政部、环境保护部、银监会、证监会、保监会	《江西省赣江新区建设绿色金融改革创新试验区总体方案》
	2019年	中国标准化研究院、中国人民银行湖州市中心支行、湖州市人民政府金融工作办公室、中国银保监会湖州监管分局	《区域绿色金融发展指数评价规范》
绿色普惠金融	2016年	发改委等部门	《关于促进绿色消费的指导意见》
	2016年	全国人大常委会	《中华人民共和国国民经济和社会发展第十三个五年规划纲要》
	2019年	人民银行与银保监会	《绿色产业指导目录2019版》
	2020年	交通运输部	《绿色港口等级评价指南》
绿色信贷	2017年7月	环保总局、人民银行、银监会联合	《关于落实环保政策法规防范信贷风险的意见》
	2021年1月	财政部	《商业银行绩效评价办法》
绿色票据	2004年	全国人大常委会	《中华人民共和国票据法》
	2020年4月24日	中国人民银行等四部委联合	《关于金融支持粤港澳大湾区建设的意见》
	2020年	人民银行东莞市中心支行	《关于开办绿色票据再贴现业务的通知》
	2020年7月30日	人行南昌中心支行	《江西省绿色票据认定和管理指引（试行）》
绿色租赁	2019年	国家金融标准化技术委员会	《绿色金融术语（试行）》
	2020年9月19日	兴业金融租赁公司	《绿色租赁行业标准目录》
绿色信托	2019年12月26日	中国信托业协会	《绿色信托指引》
绿色基金	1994年	世界银行中国技术援助	《中国排污收费制度设计及其实施研究》
	2015年11月3日	党中央、国务院	《中共中央关于制定国民经济和社会发展第十三个五年规划的建议》
	2017年	全国人大常委会	《环境保护税法》
	2017年8月	中共中央、国务院	《关于服务实体经济防控金融风险深化金融改革的若干意见》
	2018年6月	中共中央、国务院	《关于全面加强生态环境保护 坚决打好污染防治攻坚战的意见》
	2018年11月	中国证券投资基金业协会	《绿色投资指引（试行）》
绿色气候基金	2009年	联合国气候变化大会	《哥本哈根协议》

续表

词条	时间	发布单位	政策
绿色 ABS	2015 年	中国人民银行	《绿色债券支持项目目录（2015 年版）》
	2016 年 3 月	上海证券交易所	《关于开展绿色公司债券试点的通知》
	2017 年 3 月	证监会	《关于支持绿色债券发展的指导意见》
	2017 年 3 月	交易商协会	《非金融企业绿色债务融资工具业务指引》
	2018 年 8 月	上海证券交易所	《上交所资产支持证券化业务问答（一）、（二）》
绿色 PPP	2016 年 10 月	财政部	《关于在公共服务领域深入推进政府和社会资本合作工作的通知》
能效融资	2015 年	中国银监会与国家发改委联合	《能效信贷指引》
绿色供应链融资	2016 年	工信部	《工业绿色发展规划（2016—2020 年）》
环境污染责任险	2017 年	中共中央办公厅、国务院办公厅	《生态环境损害赔偿制度改革方案》
	2021 年	深圳银保监局联合深圳市生态环境局	《深圳市环境污染强制责任实施办法》
负责任投资原则	2021 年	全球影响力投资网络	《2020 年度影响投资者调查》
可持续保险原则	1995 年	联合国环境规划署与英国保众保险公司、德国格林全球再保险公司、英国国民公积金公司、瑞士再保险公司等在内的世界主要保险和再保险公司联合	《保险业关于环境和可持续发展的声明书》
	2012 年	联合国环境规划署金融倡议组织	《可持续保险原则》
负责任银行原则	2019 年 9 月 22 日	联合国大会	《负责任银行原则》
	2015 年 12 月 12 日	第 21 届联合国气候变化大会	《巴黎气候协定》
环境风险	2018 年	生态环境部	关于发布国家环境保护标准《建设项目环境风险评价技术导则》的公告
	2018 年	生态环境部	关于发布国家环境保护标准《企业突发环境事件风险分级方法》的公告
	2020 年	欧洲央行与欧盟成员国国家主管部门	《气候环境风险指南（草案稿）》

续表

词条	时间	发布单位	政策
ESG信息披露	2007年4月	原国家环保总局	《环境信息公开办法（试行）》
	2008年2月	环境保护部	《关于加强上市公司环境保护监督管理工作的指导意见》
	2010年9月	环境保护部	《上市公司环境信息披露指南（征求意见稿）》
	2016年8月	中国人民银行等七部委	《关于构建绿色金融体系的指导意见》
	2017年6月	证监会、环保部	《关于共同开展上市公司环境信息披露工作的合作协议》
	2018年9月	证监会	《上市公司治理准则（修订）》
	2020年1月	银监会	《关于推动银行和保险业高质量发展的指导意见》
	2021年2月	中国人民银行	《2020年第四季度中国货币执行报告》
温室气体与温室效应	2005年	149个国家和地区的代表	《京都议定书》
联合国气候变化框架公约	1992年5月9日	联合国大会	《联合国气候变化框架公约》
巴厘路线图	2017年12月15日	联合国大会	《巴厘行动计划》
巴黎协定	2015年	联合国大会	《巴黎协定》
生态补偿机制	2015年5月	中共中央、国务院	《关于加快推进生态文明建设的意见》
	2018年11月	皖浙两省	《新安江流域水环境补偿协议》
气候友好技术	2012年	科学技术部、外交部等十六个部门联合	《“十二五”国家应对气候变化科学发展专项计划》
	2014年	国务院	《国家应对气候变化规划（2014—2020年）》
	2015年11月20日	科技部	《第三次气候变化国家评估报告》
	2020年	国际能源署	《能源技术展望》
CCS和CCUS	2020年	生态环境部环境规划院	《中国二氧化碳捕集、利用与封存（CCUS）报告（2019）》
	2021年	全球碳捕集与封存研究院	《全球碳捕集与封存现状2020》
碳排放系数	2008年	国家市场监督管理总局和国家标准化管理委员会	《综合能耗计算通则》
碳生产力（碳生产率）	2008年10月	麦肯锡咨询公司	《碳生产率挑战：遏制全球变化保持经济增长》
碳检测	2021年9月	生态环境部	《碳监测评估试点工作方案》

续表

词条	时间	发布单位	政策
碳排放交易权	2012 年	国家发改委	《温室气体自愿减排交易管理暂行办法》
	2012 年	国家发改委	《温室气体自愿减排项目审定与核证指南》
	2014 年	湖北省发改委	《湖北省碳排放权管理和交易暂行办法》
	2014 年 12 月	国家发改委	《碳排放交易管理暂行办法》
	2017 年 12 月	国家发改委	《全国碳排放交易市场建设方案（发电行业）》
	2020 年 12 月	国家发改委	《碳排放权交易管理办法（试行）》
	2020 年 11 月	生态环境部办公室	《全面碳排放交易管理办法（试行）》（征求意见稿）
	2021 年 5 月	生态环境部办公室	《碳排放权登记管理规则（试行）》
	2021 年 5 月	生态环境部办公室	《碳排放权交易管理规则（试行）》
	2021 年 5 月	生态环境部办公室	《碳排放权结算管理规则（试行）》
	2021 年 11 月	国家发改委	《关于开展碳排放权交易试点工作的通知》
碳配额和碳税	2010 年	国家发改委与财政部	《中国碳税税制框架设计》
	2021 年 5 月 25 日	世界银行	《碳定价机制发展现状与未来趋势》
碳核算	2011 年	国家发改委	《省级温室气体清单编制指南》
	2013 年起	国家发改委	《企业温室气体排放核算方法与报告指南》
	2019 年 5 月	联合国政府间气候变化专门委员会	《2006 年 IPCC 国家温室气体清单编制指南 2019 修订版》
	2019 年 5 月	联合国政府间气候变化专门委员会	《IPCC 清单指南 2006》
	2019 年 5 月	联合国政府间气候变化专门委员会	《2006 年 IPCC 国家温室气体清单指南 2013 年增补：湿地》
碳普惠	2015 年 7 月	广东省发展改革委	《广东省碳普惠制试点工作实施方案》
	2019 年 2 月	中共中央 国务院	《粤港澳大湾区发展规划纲要》
碳定价	2021 年 5 月	世界银行	《碳定价机制发展现状及未来趋势》
碳减排票据	2021 年 5 月 27 日	人民银行成都分行	《四川省碳减排票据再贴现专项支持计划》
碳期货	2007 年 3 月	国务院	《期货交易管理条例》
碳远期	2016 年 2 月	广州碳排放权交易所	《广州碳排放权交易中心远期交易业务指引》
碳核查	2021 年	生态环境部	《企业温室气体排放报告核查指南（试行）》
碳足迹	2021 年 1 月 26 日	欧盟	《关于电池和废电池的法规提案》
MRV	2011 年	国家发改委	《国民经济和社会发展“十二五”规划纲要》